道極觀

── 揭開萬象的面紗

田台鳳 著

文史哲學集成

文史哲出版社印行

國家圖書館出版品預行編目資料

道極觀：揭開萬象的面紗 / 田台鳳著. -- 初
版. --臺北市：文史哲，民 97.11
　頁：　公分. (文史哲學集成；558)
　ISBN 978-957-549-821-4 (平裝)

1.老子　2.研究考訂

121.317　　　　　　　　　　　　97020292

文史哲學集成　　558

道極觀：揭開萬象的面紗

著　　者：田　　台　　鳳
出 版 者：文 史 哲 出 版 社
　　　　　http://www.lapen.com.tw
　　　　　e-mail：lapen@ms74.hinet.net
登記證字號：行政院新聞局版臺業字五三三七號
發 行 人：彭　　正　　雄
發 行 所：文 史 哲 出 版 社
印 刷 者：文 史 哲 出 版 社
　　　　臺北市羅斯福路一段七十二巷四號
　　　　郵政劃撥帳號：一六一八○一七五
　　　　電話886-2-23511028・傳真886-2-23965656

實價新臺幣六○○元

中華民國九十七年（2008）十一月初版

神，造世界，愛世人，是無稽也虛構的
道，生萬物、利蒼生，是真確且實在的

揭開萬象的面紗

引　言

　　中國的古籍傳說裡有「申公說法，頑石點頭」的“至理大法”流傳著，也有愛智求道者所形容「朝聞道，夕可死矣」的“無上智慧”存在著。

　　人有否可能只經由某種極為基本也單一的理論、或法則、或原理、或觀念等開光啟智下，豁然洞悉了“萬象奧祕、乾坤事理”？如似佛教所謂的頓“悟”。道家所謂的知“道”。西方哲學所謂的“真理”。或近代物理學者所謂的“萬能理論”（The Theory of everything）或“終極理論”（The Final Theory）之類，跳越突變似的在短時瞬間，已成為一個具有著“大智慧”的人？

　　這頗易讓人興趣也好奇的話題，縱使是實在也可能的話，或能認同的是其必然包涵著兩個假設前提。第一個前提是；如果這宇宙自然中，的確存有著一個能洞悉、並解釋天下物事何以“存在”（有）與“變化”（無）的基本運作機理或絕對法則存在著。第二個前提則是；這天下物事得以有（生）、無（化）的自然運作法理，是能被一般人的心智能力理解的，而不是超越了人的心智能力，如對牛彈琴或聚獸說教般，終屬無功與枉然。

　　這兩項前提假設，都蘊藏了深玄奧祕的內涵，並曾牽引出許多精采的論辯，迄今依然。且先從第二項前提來說起；一般人大都能認同人的形體、器官等機體結構,是有著本能也能力限制的。當超越了如此似同"天生"也本能的結構限制時,意味著無能為力或力有未逮。比如說,我們競跑不如羚羊,潛水不如魚蝦,太熱或太冷便無法承受,容易疲勞也容易為情緒所困,需要睡眠,也需要不時的進食,以補充所需所耗等。這些實情告知了我們,人的體系(結構)與本能其實是有侷限的,而且是繁雜嚴苛的。

然而,人們或也大都能認同,人的心智能力(智能),幾乎可說是完全沒有本能與能力限制和制約的。人類的心智能力,豈僅是遠遠超越所有其他的生命物種,簡直可說是隨心所欲,無所不能。諸如虛擬事物,穿越時空,可以話義如仙女散花般的無中生有,也可以建構如數學般嚴謹也邏輯的智慧。不僅能如西洋神話中的水晶球或魔鏡般,顯現出千奇百怪的景象視野,也能將無數的思想願景,幻夢成真般的轉化為科技上的實物。當深入思付著人類心智的可塑性及神通性等,實在很難想像若有任何心智理解上或智能認知上的侷限制約所在。事實上,迄至目前當今,似乎也沒有任何證據顯示著,這自然世間存有著一些不能夠被人智理解,或難以想像的邏輯、機理、或法則等存在著。

再回說到第一項"自然物事存在與變化的運作機理"前提假設上,則也就如大自然的奧秘、生命的迷惘等人與自然的思辨般,從來就聯繫著哲學的源頭,也從來就是個跨越東西文化也貫穿古今哲學的大哉之問了。像似如古印度哲學裡的"梵天"(梵),古希臘哲學中的"宇宙二元論",以及古中國老子哲思中的"道"等哲思與觀念,顯然都多少含混也程度深淺的針對如此的命題談論也摸索著。此外,近代一些物理學者則尤其相信著這大自然的運作,必然隱藏著某種基本的運作機理也自然法則來著。

牛頓從觀察行星和衛星的運行,潮汐的有序變化,蘋果的自由墜落等，隱約見到了物質與運動的"慣性"與"作用力"等相關"力學"等自然運作機理。愛因斯坦在他的相對論中，更宏觀也複雜了此種"相對穩定"與"量能"等物理學範疇，也強化了他認爲宇宙中應有一個運作萬物的統一且基本運作機理存在著。他甚至認爲這"自然的運作機理"應該是一種非常基本，並能夠被人知識和理解的。近代物理學的一些大師，如維敦（弦理論作者）、惠特（黑洞名詞的創造者）、以及萬有理論作者巴落、最終理論作者溫伯特等人，大都或多少認同著如此一種客觀、統一、普遍的基本也自然運作機理存在著。

　　只是，相對於一些經常接觸生命物的生物學家來說，就比較悲觀了些，甚至持反對的看法。他們懷疑既使有個甚麼物理學的基本運作機理或"造"（有）"化"（無）萬物的"萬有理論"存在著，但是否能通用到生物界的複雜領域，仍是令人質疑的。生物的演化近乎是隨機的，無跡可循。生命的現象也不同於物理現象。你從高處丟下一粒石子，石子應聲落地，那是物理現象。你從高處丟下一隻小鳥，小鳥會飛進樹林中，那是生命現象。大自然的神秘奧妙、生命的奇異現象何其多？公雞爲何黎明報曉？毛毛蟲爲何一定要羽化成蝴蝶？天上沒有兩隻完全相同的飛鳥，地上找不出兩張完全相同的人面。實在很難想像有著某種基本且單一的自然運作機理，能夠將上述不同例子一以貫之、確實合理的交代清楚，且爲天下萬物所遵行著。

　　然而，2500年前於東方的古老中國，出現了一位奇言異行的智者，姓李名耳，人稱老子。他狂妄的宣稱；不用出門，也能知曉天下物事生成（有）與變化（無）的"道"理。不用開窗，也能盡窺自然萬物互動與運作的秘密。（註：道德經 47：不出戶，知天下。不窺牖，見天道）。他寫了一本至今人們仍不太看得懂的書，書名老子，也既道德經了。看不太懂的意思，並不是因爲其書中文字的古拙難辨或古意不明，而是經由文字所表達的概念過於古怪艱澀，近於荒誕。比如說甚麼「無生有。有生無」、「道生一、一生二。二生三。三生萬物」、「絕聖棄智」、「以無爲治國」、「天之道。損有餘以補不足」、「人之道。以不足以奉有餘」等，種種詭異不明的形而上言論，不祇是駭人聽聞，實在是已超越了一般人們所能想像與認知的深廣玄奧。而其書中「人法地。地法天。天法道。道法自然」的論見和說法，更是明確的述說著他所觀見的天地萬物運作之道（天之道），也既是一種自然法則，且是天、地、人、自然萬物等共尊並循，一以慣之的自然法則，實可謂是千古奇人也奇書了。只是，其全書雖可說是論述宏偉壯觀、結構怪異奇特，但其實內涵文義卻是普遍的讓人宏觀不清、細窺不明的困攪疑惑著；不明白此書到底在論說些甚麼？

曾有人說，人類歷史上有兩個讓人錯愕茫然、又令人無所置評的奇特理論。一個是愛因斯坦那所謂“彎曲的時空與重力”理論，另一個就是老子的“無生有”理論了。有時候，我會想到愛因斯坦於圖片裡的相貌。他是個頭壯大大，頭髮像亂草，不愛穿襪子，衣著隨便的模樣。但是老子的長相，則始終無法形相出來。雖然如此，我卻能想像的是，當老子對別人談到他那「道法自然」的“自然法”，或「天下萬物生於有，有生於無」的“無生有論”時，可能會遭遇到的情景。這情景應是與莊子的遭遇差不多的。史記列傳裡司馬遷談到莊子時，就有如此的敘述：「莊子者、蒙人也、名周…其學無所不窺。然其本、歸於老子之言。故其著書十餘萬言…以明老子之術。畏累虛亢桑子之屬，皆空語無事實。然善屬書離辭，指事類情，用剽剝儒墨，雖當世宿學，不能自解免也。其言洸洋自恣以適之。故自王公大人不能器也…」，這種包括當時王公碩學之士，沒人聽得懂，也沒有人有興趣聽聞的場面情景，在老子的時代，可能祇會是有過之而無不及的，甚至被人不能"器之"，那當然是被視爲不能成材或頭腦有問題的了。

老子自己的心情也常是鬱卒低落的。他甚至不時會懷疑自己的哲思與觀見會不會弄錯了？爲何他看到的事理真相，人人看不到呢？他像嬰兒般，不知所措。如漂浮在大海中，不知該往何處。但是，最終他仍是回到他所堅信、所認知，並認爲是正確的"觀見與見解"上。這番自述的情景，在道德經第 20 章，他寫實的紀錄下來。他說:「絕學無憂。唯之於阿，相去幾何。善之於惡，相去何若。人之所畏，不可不畏。荒兮其未央哉。眾人熙熙。如享太牢。如登春臺。我獨泊兮其未兆。如嬰兒之未孩。乘乘兮若無所歸。眾人皆有餘。而我獨若遺。我愚人之心也哉。純純兮。眾人昭昭，我獨若昏。眾人察察，我獨悶悶。忽兮其若海，漂兮若無所止。眾人皆有以，我獨頑且鄙。我獨異於人，而貴食母」。(母: 道為萬物之母)。從此篇自述裡，我們幾乎可以清楚的看見老子是站在某種知識塔頂的人，非常孤獨也非常無奈。從自述裡，我們也能意識到老子那許多不爲人知、人識、人信的學說及其思想，大都是他自己的觀察和推理而來。他本人就是那些觀念與學說的整合者，甚至原創者，實在是非常的了不起。

儘管從韓非（2BC）的"解老"開始迄今，在中國至少有 700 餘種對於道德經不同的註解與詮釋，鄰近的日本也有 250 種版本以上。也儘管道德經從 16 世紀就進入了歐洲，曾經深深的影響了包括迪卡爾、羅素、叔本華、康德、托爾思泰、尼采等著名思想家，並以 17 種歐洲文字、500 種版本，暢銷歐洲近 500 年，甚至被稱爲僅次於聖經的書籍銷售量。但或仍可這麼說；2500 年來，老子的哲思精義，似乎從未被人精確完整的掌握及了解過。老子是否真有一套能洞悉並解釋自然萬物何以"有"（生）與"無"（化）的自然運作機理或基本法則？並能通用於自然大千物事？如似所謂的"萬有"（萬能）理論之類？這理論是如何的"模樣"或如何的運作模式？如何理解？是否能被認真的看待呢？似乎從未被人們曾所提及、剖析、和檢驗過，而任其智慧深藏、光華內斂，殊為可歎也可惜了。可為嘆息的原因嘛！倒也不難說解和意會，因為，若言愛因斯坦的廣義相對論，可被稱謂是古始至今人類心智所能成就出來的最偉大推論，那麼，老子的"無生有論"則更應該被超越看待。事實上，若比較這兩照理論，不論是其理論的巨觀性、複雜性、完整性、以及廣大利用性等，就也如似泰山與小垃之比般，愛氏的廣義相對論是遠遠不及也"微不足道"的了。

　　本書試圖以突破傳統也前人對於老子註解的文意曲解，和超越舊有道德經的文思框架。從全新的角度、觀點，且盡可能以簡易通俗的語文意境和表達方式，深入也淺出老子哲思的關鍵觀點與完整觀念架構。並嘗試以重新整理詮釋過的老子哲思，或說"道極觀" —— 揭開萬象的面紗。

　　至於問說，老子是否真正掌握了天地萬物有（生）與無（化）或"無生有"的自然運作機理？解惑了生命與存在的人本意義和生活智慧，且一如傳說昔之"得道者"般的睿智、無憂、與長樂？或，僅是一位哲思者，如瞎子摸象般的堅持？這些千古疑問與迷惘答案，我的謹慎回答不僅是肯定的、是炫耀的，甚至是願擂台辯論鑼鼓大聲的如是宣稱：「神，造世界、愛世人，是無稽也虛構的。道，生萬物、利蒼生，是真確且實在的」。當然，我的如是放言聲稱，尚只是我個人的認知與觀見了。而你？或其他人的若有可能觀念認同？或有所觀見差異？則祇能是交由讀者諸君若閱讀此書後的沈澱整理與自行思量了。

道 極 觀

目　　錄

第一章　概念、觀念，知多少？

> 魚生活於水中，能無覺於水乎？人生活於觀念中，能盲視
> 於觀念乎？污染不潔之水，能災害群魚。不道失德的觀念，
> 能苦難眾生。

一直到近些年來，我才能以略具自信也較能釋懷的"後見之明"予以辨識"觀念"、分析"觀念"、褒貶"觀念"，包括憂心於一些錯誤"觀念"所能帶給人世蒼生的巨大危害與深沉苦難。以及，包括無奈於如此年華老大時際，方識"觀念"的人智關鍵性與生活重要性，頗有些老年悟道，已無助於曾經歲月風霜和蹉跎人生之憾呢。

"觀念"是神秘的，神秘於它能"形而於人心內在"，成爲個人人格也心性的組構部分，和成爲個人的主觀也意識形態部分。

"觀念"另是奇妙的，奇妙於它能"化內形於外在的言行作爲"，成爲個人爲人處事和生活作爲的依循也排斥機制，甚至成爲眾人的集體文化和社會面相。

"觀念"又是深奧的，深奧於它是可能被改變的，尤其是能朝向合理性（真）、良善性、完美性方面改變著。

此外，"觀念"更應被提示和知曉的層面，則是在於它那無所不在也無以迴避的情形事理了。如微觀處，舉凡個人日常的衣、食、行、爲，憎、惡、喜、愛，包括週遭四處的人事互動，讀書、工作、朋友、人際、愛情、育樂、休閒、健康等無不充斥著觀念

的作祟與運作。或如宏觀處，舉凡社會、國家、經濟、政治、法律、文化、習俗、物理、自然、天地宇宙等無不涉及到“觀念”的內涵與結構支撐。事實上，我們每天清醒時的無時無刻，無不是在使用“觀念”、對應“觀念”、分析“觀念”、也整理“觀念”來著。就像我們用語言溝通，其實是溝通“觀念”。我們傳達訊息，其實是傳達“觀念”。我們閱讀書報，其實是閱讀“觀念”。我們讀書求學，不過是在填塞“觀念”。科學家發現“觀念”，文學家描述“觀念”，哲學家解析“觀念”，藝術家把玩“觀念”……，“觀念”不只是主導著個人的喜怒哀樂，關係著個人的禍福吉凶等，“觀念”更運作著國家、社會、政治、經濟、法律、文化等，聯繫著群體眾生的命運前途。如此從微觀到宏觀，從個人到群體，從點線到面積的觀念網，除了直接影響著每一個人生活的方方面面外，若說人其實如同生活於“觀念”網脈中也是實不爲過的。

　　“觀念”是如此的神秘、奇妙、深奧，充斥於內在人心和外在物事，且無以迴避。它足以責成具深度的思想家關心矚目，誘使真正的愛智者著迷於“觀念”的思索、興趣於“觀念”的探究，前仆後繼，甚至樂此不疲著。只是，弔詭也讓人費解的是，當這些“觀念”的學思者，越是深入到“觀念”的世界，越是接觸到不同的“觀念”和越是檢視這些“觀念”的形質之際，往往也就越會驚訝、困惑、甚至惶恐的發現到，何以對於諸多“觀念”的知識，其實是渾沌不清、或貧乏空洞、或錯誤扭曲、或視若無睹如似盲視情形的。包括許多自以爲熟識洞悉且日常使用的簡單“觀念”，如無、有、錢、權、光、電、紅、綠、形、相、美、醜、年、月、時、分等皆然，而一些較複雜的“大觀念”如政治、經濟、法律、美學、教育、道德，資本主義下的和諧社會？共產主義下的理想國等？就更亦是難免如是的了。此外，若再追就諸多"觀念"的源頭時，或另會發現到，越是些古老原始的人為"觀念"，如神、仙、鬼、巫、主、奴、帝王、臣民、擁有、財產、繼承、原始政治、封建法律等也就越見荒謬、失真、愚昧、甚至隱藏著包括人為禍害、階級對立、不平等、非理性等事理或情形內涵其中。而當社會上越多這些古老也"非理性觀念"的存在和延續，這社會人間也就越呈現出一個災禍多有、苦難不止的愚昧也畸形面相了。

如何解釋和理解如上述些相關"觀念"的諸多困惑和複雜作用？我以為或可從了解；「觀念是名符」的，以及「觀念是集結的」，兩項有關"觀念"的基本認知來知悉。分別概論如下。

語言與人生的作者，日裔加拿大籍的早川博士在談述"符號"的複雜作用時，引述蘇珊蘭格的話說：「創造符號是人類早期歷史上最為主要的活動之一。人給予任何『存在的物事』加以命"名"，並附予觀念內涵。在人的心靈（腦）中，它是一種永遠不停的"長智"過程。而人的一切成就，都是以使用"符號"（名、觀念）為基礎的」。如此文意的引用，其實就是告知"名"也既"符號"，而"符號"也既"觀念"了。

"符號"（名）的作用是奇妙和強大的。它對於能認知如此"符號"的人會直接產生出"意義"，或說召喚出"意識"或"觀念"出來。並對人產生影響和效應，包括改變人的心性做為等。且不論是音符（語言）或字符、或圖符等皆能使然。這確實情事，使得矇懂古人認為"符號"原是具有巫術作用的。那也就像西方有關巫婆和咒語（音符）的故事不勝枚舉般。或如中國古老的"字符"故事，也有「倉頡造字，天雨泣、鬼夜哭」的傳說。大意是說，當倉頡造字時，鬼神由於害怕人類掌握文字（字符）

的強大作用後，就會脫離鬼神的掌控，不再敬拜鬼神，甚至驅鬼弄神，因而深夜哭嚎。上天則因爲不忍見人們知識文字後，將會洞悉天機，而違背了"天機不可洩"的天忌法則，反被天降災禍苦難，而雨泣不止。故事構思奇特、文義深奧，饒富咀嚼趣味。

　　雖說　"符號"　可使人產生意識，如同　"觀念"　可讓人產生思想般，具有著相似也類同的智能機理、開竅作用。但是若明確定義或詮釋　"觀念"　也既　"符號"　（名），卻也會因爲過於簡單化"觀念"和概略化"觀念"，而不盡然也不精確。而其細節也差異處，既在於必須了解　"觀念"　是積聚也集結的形成與原理了。

　　"觀念"的集結原理或可援用物理學的原子與分子（原子群），分子與元素（分子群）等，雖關係聯繫卻也類別不同的概念例喻以爲參考。或說，就像音符的集結可形成旋律，旋律的集結可形成樂曲，樂曲的集結可行成樂章或交響樂，而交響樂並不是音符的狹窄意義。或亦如字符的集結可形成詞句，詞句的集結可形成文章，文章的集結可形成書籍，而書籍並不僅是文字的意義了。一般而言，"觀念"是經由"概念"的集結組合而成，而"概念"則是經由名、符等意識的積聚聯繫而來。換句話說，"觀念"通常經由多元卻也有所關聯的"概念"積聚集合而成，且遠比"概念"複雜的多。而意識（名、符），則可能只是"複雜概念"（觀念）結構中的基本也其中元素了。

　　認知"觀念"的名符事理和集結（形成）過程，對於我們解釋和理解"觀念"的諸多困惑是重要和關鍵的。比如說，從認知"觀念"的"命名"事理可知悉，"觀念"，原來是人們對於些"已存在物事"的認知描述。也既是說，先有物事與存在，而後，才有相對"觀念"的生、有、形、成。如此的"觀念"生成知識，除了容易讓我們明白，"觀念"的名符背後，其實是有所實物聯繫或事理支撐的，否則，其“觀念”必然是空洞貧乏、或虛擬失真、或口號囈語、或掛羊頭賣狗肉般的名實不符等事理外。另也能讓我們能認知到由於越是遠古人類的人智未啓、野性未化因故，以致於越是古老的人爲物事與名符觀念中，通常也就會越多愚昧扭曲、荒誕不實、甚至野蠻凶殘的非理性物事存在和差錯觀念呈現了。

從了解到“觀念”的集結形成也積聚原理，則又能告知我們，何以越是“複雜概念”（觀念、學說），則通常是越見混沌不清或內涵矛盾或畸形扭曲或瑕疵不全等事理。事實上，若檢視我們今天所有人文學科（人文觀念），包括政治學（政治觀念）、經濟學（經濟觀念）、法律學（法律觀念）、教育學（教育觀念）、社會學（社會觀念）等，無不似隱若現著扭曲、矛盾、瑕疵，甚至錯誤、邪惡等內涵或面相。而其原因正也與觀念的“集合之理”有關。

由於一個“觀念”或一個“大觀念”（多元觀念的集聚、學說）本是由多數相關概念組合而成的“集合概念”。然，若這“集合概念”（觀念）其中隱藏也參雜了些錯誤、扭曲、不合理、或非關聯貫通等概念，如從古老“神”的虛構概念延伸出來的神話、神蹟、神諭、神仙等集合概念（觀念），或像從曾經“主”的荒謬概念延伸出來的主人、主奴、主權、民主等“集合概念”（觀念）等，就會因內在關聯概念的或古老愚昧、或失真扭曲、或矛盾對立、或“非理性”因素等，而破、碎、散、亂，充斥著瑕疵、經不起推敲與支撐，而無法形成一個邏輯完整或內涵合理的正確觀念（或大觀念）了。不幸的是，時下當今這類內涵瑕疵謬誤也功能錯亂扭曲的“觀念”（或大觀念、學說）充斥也作用著，充斥在文化學問裡，也作用於社會人心中。

有人說，"觀念"的世界就是哲學的世界，"觀念"的學思探究也就是哲學的學思探究，而其說法的依據，是從"哲學既智學"而"智學也暨觀念學"的通俗定義也詮釋而來 — 如西方拉丁文的哲學（Philosophia）古義，原是愛（Philia）與智（sophia）的組合意涵。而"哲"的中文原始字義則可參考如詩經、大雅:「其唯哲人，告知話語」，或尚書、皋陶謨曰:「知人則哲」等，皆凸顯出智慧的意涵明白可鑑。事實上，不難見證人若越是觀念淵博，通常也就越是思想睿智的事實，和不難了解人的思想或智能運作等，是需要"概念"、或"觀念"等才能推動和運作的事理。那也就像似一個電腦若是沒有任何資料等知識軟體的植入或內涵，這電腦是不可能顯示出資訊或產生出智能的。

"觀念"的世界，是"形而上"的世界，是哲學的世界，也是知識的世界。這世界有多麼複雜？有多麼龐大？不妨去些大型圖書館逛逛，就能有所見識了。那是包括了天工開物的天文、地理、物、相、數、化、原理、法則、生命物種等，以及包括了人為創造的神、鬼、信仰、宗教、文、史、商、貿、戲曲、美術、社會、國家等可謂終其一生也翻閱不完、閱讀不盡的知識文物了。不過，也順便一說了！倒也無需因為無法盡識那多如繁星也雜如萬象的物、事、情、理，無奈或遺憾著。否則，豈不陷入如莊子所言述;生命有限，知識無涯。以有限的生命，究無盡的知識，那是無知也無功的人與事了。

然而，仍要提示並強調的是，卻也有些與我們關聯緊密、互動頻繁，影響我們生活與思維至深，主導我們命運與前程至巨，且無以迴避忽視的重要"觀念"或"大觀念"（學說）等，則是有所需要，甚至是有所必要知識了解的。這些如文化、或傳統、或流行的重要"觀念"，雖會因東西地域差異和人種、歷史、文化不同等因素，而呈現出相異且多元的面相。但是，讓人訝異的是這些堪稱東西古今也歷久彌新的人類生活也人生"重要觀念"其實並不算多，甚至屈指可數。那也就像若認真檢視東西方歷史上一些主流也主導"觀念"，事實上不過只是少數幾種"主要也基本觀念"的或持續、或演化、或融合、或延伸而成，且不難脈絡根源追究。然若問，這些"主要也基本觀念"有些什麼？有何重要意義？曾經如何的影響著人們？以後又會將人們帶往何處？在此，僅就一些我個人認為具影響性深遠也重要性重大的東西主要思想也曾經"主流觀念"，做些粗識淺見的概略介紹和個人的觀見與見解，提供以為參考。

一、西哲之父 ── 柏拉圖

「柏拉圖就是哲學，哲學就是柏拉圖」── 美・愛默生

「兩千多年來的西方哲學不過是柏拉圖思想的一連串註腳而已」── 英.懷海德

柏拉圖（427BC-347BC）出生於雅典的一個貴族家庭，從小接觸知識也喜愛知識。20歲從師蘇格拉底，28歲於蘇格拉底被以毒酒刑死後離開雅典浪跡異域它國，40歲返回雅典，之後，循以老師的意志在雅典近郊建立了西方第一所學院（Akademia），收徒教學，傳授知識。80歲時死於學生邀請的一個宴會後。下葬時，全雅典的公民都參加了它的葬禮。

柏拉圖著述豐富、文采風流，傳留下來的文章有蘇格拉底的申辯（Apolgie）、克力同篇（Kriton）、查米德篇（Charmider）、特拉西馬可市（Thrasymachos）、力西斯（Lysis）、理想國（Politeia）、詭辯（Sophistes）、法律（Nomoi）等，至少24篇"對話"和四封書信。文章修辭精練、文義廣博深奧，如此出類拔萃

的思想家兼文學家，廣被當時名士學者觀注、爭議、甚至領導風騷故不足奇，然而，卻能持續其文思擺盪，甚至主導西方思想深遠迄今長達 2000 餘年之久，足以顯示其思想自有其主流與長久存在之道，不容忽視。

　　一般介紹柏拉圖思想的書籍文章，大都會強調柏氏那傾向共產社會主義和推崇哲學家治國等觀點的<u>共和國</u>（Republic）。以及那如似“玄學”般隱晦深奧，讓人百般猜疑思量仍含混糊塗的“理律觀”（Idea）了。柏拉圖的<u>共和國</u>文義離徑破俗、主張令人疑惑，被人關注、強調、甚至爭論、誹議，不難想見。而柏拉圖的“理律觀”之所以被人強調與觀注，則因於其“理律觀”普遍也穿插於柏氏的大多數文章也文思領域。包括早期的<u>克力同</u>（Kriton）篇、中年期的<u>克拉提羅士</u>（Kratylos）篇、老年期的<u>理想國</u>（Politeia）篇、<u>法律</u>（Nomoi）篇等，一以貫之的彰顯事實，明示了其“理律觀”也既柏拉圖思想的核心也軸心“觀念”了。

　　然而，令人思量費解的是柏氏所謂的“理律觀”（Idea），就也像是黑格爾所謂的“絕對精神”、或康得所謂的“純粹理性”（自然理性）般，是出了名也公認的難讀、難懂，難以形象又難以捉摸，讓人倍感困惑也無奈著。怎麼會是這樣？又該怎麼解釋呢？這問題與因由的解答，除了大多讀釋古老文詞通常會觸及到對於古老時代一些文意或隱諭不甚了解，包括一些曾經錯誤扭曲的當時“背景概念”無法理解掌握外，我個人以為更為其實也關鍵原因，或可能是柏拉圖對於自己所謂的“理律觀”，其實是並不完全掌握和明確了解的吧？這又怎麼說呢？請參考下文的解釋。

　　就如柏拉圖於<u>回憶</u>篇中的自述：「我的一切知識和研究，來自於我所認知的回憶」另加上一般也共識柏拉圖是集古希臘哲學的集大成者兩事理來說，若思得掌握柏拉圖思想全貌，實有必要從了解可能影響其思想結構的所有背景知識，包括他那時代熱鬧豐富如百花齊放的各種學說、各方學派，以及他的老師（蘇格拉底）、朋友，甚至它的學生（亞理士多德）等多方面資料著手，或能不致過於離譜的拼湊出柏拉圖思想的類、別、屬、性等較明晰面相。

　　從書籍典故裏不難見識古希臘哲學的多元、複雜、深奧等，可遠比我們一般認為古人學思貧乏、見識膚淺的臆測或想像，落差巨大也不實無稽。概略其中重要也影響重大的"觀念"，包括有"知天"（自然、宇宙）領域的泰勒斯學派。他把一年分成 365 天，將一個月定為 30 天，他曾成功的預言過一次日蝕，也曾成功的預言過一次橄欖的豐收。泰勒斯的哲學有兩大觀點，一則是認為水是萬物的始基，另一則是認為宇宙萬物的運動與變化，是由一種隱晦看不見的神靈所驅動。其次在"知天"的派系中，有畢達哥拉思學派的"數論"，認為"一"是萬物的始基。其哲學的特色是從數學的某些延伸觀點而來，如數學所強調的不變性（靈魂轉世）、永恆性（靈魂不死）、及和諧性（次序與規則）等。另在包括"知物"領域方面則有愛非思學派。其學派思想的特色有"萬物流變"（萬象無常）思想，以及認為"火"代表著"能量與鬥爭"的觀點，並認為火是推動萬物流變的根源。此派也是古希臘早期的"唯物主義派"支持者。其次著名的"知物派"也"唯物主義論"者，則是德謨克力特的"原子論"了，他認為天下萬物的始基是原子，萬物是由原子所結構而成。再下來，還有包括"知人"領域的詭辯學派，如普羅達哥拉思的名言：「人為萬物的尺度」，認為任何的存在事物都是由人的主觀（心靈）所決定，主觀（心靈）決定一切，任何客觀的事物都是虛幻和無常的，沒有客觀的真理等。以及最具典型"唯心論"觀點的伊利亞學派，認為思想為真、感官為幻，精神為真、物質為幻等，極具隱晦艱澀觀點。

除了上述些雖雜亂概略，卻曾經重要的古希臘文哲觀念與學說外，當然不可忽略也必要談及到的，則是對於柏拉圖思想最為關係直接也影響厚實的蘇格拉底了。從柏拉圖常說；感謝上帝我生為希臘人而非野蠻人，生為自由人而非奴隸，生為男人而非女人，尤其感謝是我生在蘇格拉底時代的人，不難意會柏拉圖對於蘇格拉底的尊敬和推崇了。

蘇格拉底博學識廣，是當時雅典時尚"知青"最為愛戴的老師，並被德爾斐城的著名祭司宣稱是全希臘最聰明的人。他喜歡發問、沉思，經常呆杵如石盤般的忘我沉思著，有如羅丹那著名的"沉思者雕像"模樣。據說，有天早晨蘇格拉底正苦思一件困惑的事，想著想著的又出神了。他一動也不動的竟從清晨到中午，中午到晚上仍在思想著。有幾個伊爾尼亞人好奇的搬來了鋪蓋，露天的睡在他的附近，並注意著蘇格拉底，想看他究竟什麼時候才會離開。直到第二天清晨天光，他們看到蘇氏向初昇的太陽作了祈禱後才緩步離開。

書刊典籍描述蘇格拉底的聰穎智慧，凸出於他對於當時希臘各學派哲學的褒、貶、批、揚等，有如權威哲學評論家難以反駁也無以挑剔般的雄辯也睿智事蹟。而蘇格拉底人格的偉大，則彰顯於當他被統治者冠以無神論者的"不敬神祇、蠱惑青年"罪名，並刑以毒酒罰死時，他仍是堅持並維護著他所經常強調的"真理超越一切"（包括超越生命）以及"哲學的實踐性"等觀點，而從容就義。

雖說，蘇格拉底經常自謙的說：「他所認知到的，只是他的無知」，以及「他祇是如產婆般的爲別人的學說接生或催生，沒有屬於他個人自己的學說創建」。但是，柏拉圖卻認爲 "方法論"（歸納法、辯證法）和 "形質論"（Eidos）是蘇格拉底的原創。柏拉圖對於蘇格拉底的 "Eidos"（形質論）定義不清晦澀、解釋不明難辨，有人解讀爲 "概念" 或 "靈魂" 的隱喻，也有人翻譯爲 "精神" 或 "本質" 或 "神靈" 或 "形相論" 等，衆說紛紜。而我卻以用 "形質論" 來稱呼也翻譯的原因，則是從我個人對於蘇格拉底思想的觀見與整理而來，或簡單的說，我以爲用以中文 "形質論" 觀念譯釋 "Eidos" 和解讀 "Eidos"，或更能容易讓人了解蘇格拉底那獨特也原創思想的容貌面相。解釋如下：

簡略言之，蘇氏的 "Edios"（形質論）已具原始也雛形的宇宙二元論內涵，應是蘇氏從古希臘多元也精采哲學的深入了解以及歸納整理而來。而精簡蘇氏的 "形質二元論" 或可這麼來解說；「雖說大自然（宇宙）是物質與變化的乾坤表象（形相），但這物質與變化的生滅消長，則是由某種自然的機理法則（本質）運作也推動的。物質與變化的乾坤表象（形相）雖是可觀見可觸摸的，但卻是無常的，也不長久的。自然的機理法則（本質）雖是不可觀見不可觸摸的，但卻是不變的、永恆的」。我且以爲，蘇氏正是以如此的 "形質二元論述" 雄辯當時詭辯學派認爲 "萬物流變、萬象無常" 的流行也主流觀點。以及認爲蘇氏被控以 "不敬神祇，蠱惑青年" 的罪名根源，或也於此 "形質二元論" 有所關連。

只是，遺憾的是，終其蘇氏一生，卻始終未能透悟出他那所謂；「運作也推動自然萬物生滅與變化的自然機理法則」（自然本質）到底是什麼？或說始終不曾了解這自然的運作機理法則究竟是如何的方法運作？甚至直到蘇氏晚年時仍未能釋懷的經常自我揶揄說，那看不見摸不著卻運作天下萬物的事理本質，是屬於神靈的領域，是不能被俗世人類掌握的。以及常說，除了自然、星辰、石頭、樹木外，我們其實有著太多的物事更值得觀注和談論，如"美德"，如"美好的國家應具備些什麼條件"，如"幸福"，或如"認知你自己"等。

蘇氏那隱約若現但卻並未完整成形的原始"形質論"，卻被柏拉圖茁壯、成長、發揚光大，並後以"理律觀"（Idea）替稱之。柏氏除了將"理律觀"用於"知天"層面的宇宙二元論述上，並擴張的用於在"知物"的物之本體與本質二元解釋上，以及"知人"的肉體與心靈二元解釋上，進而發展出一種可連接也普遍存在於知天、知物、知人之間的單一也統一的二元論出來。柏氏甚至從歸納如此二元論述中的共通也統一"理律觀"，發展如出一種如"理性的本質論"，和"理性的先天存在論"等"觀念"。從而成就出一套複雜、深奧、卻也系統整齊的西方哲學，也成為統合古希臘重要哲學的集大成者。

然而，仍要再次提示的是，既使是伯拉圖，卻也同樣是未能將其"理律觀"中"運作也推動萬物生滅變化的自然機理法則"究竟是什麼？或如何方法運作？洞悉理解。或至少不是全然的掌握了解。這推論是從柏拉圖始終對其"理律觀"描述的不清不楚、解釋的不明不白，以及"只知其然，卻不知所以然"的多所文章文義中可鑑。而柏拉圖如此雖壯觀宏偉，但卻也系統理論上有所重大缺失與瑕疵的思想與觀念，除了釀成人們對於柏拉圖思想的混亂難解外，另也對於其後西方思想與文化產生重要影響。包括如西方早期"神學"的引以為用，也包括如"唯心論"的滋生氾濫。尤其是一些"泛唯心論"的延伸也擴張觀念，如現今政治層面的"民主"觀念，經濟層面的"擁有"觀念，社會層面的

"個人"觀念，法律層面的"人權"觀念、倫理（人與人）層面的"自由"觀念等，都是肇成現今政治、經濟、社會、法律、倫理等複雜觀念（大觀念）的內涵混亂與功能不彰等不完美因素。其影響廣泛東西、遺害深遠古今，遠超出一般我們所能想像的嚴重與嚴肅。

二、笛卡兒 ── 心物二元論

法人笛卡爾（Rene Descartes 1596-1650）是一個有多方成就的思想家。他把變量引進數學，把幾何和代數結合，創立了解析幾何學。在物理領域，他提出了動量守恆的觀念。在天文學，他以物質的漩渦運動說明太陽系的生成。此外，他在醫學、力學、心理學都有具體的研究和著作，除了是位少見具有原創性、博學性的思想家外，他且另兼職瑞典皇后的私人家教。

平實說來，笛卡爾在哲學探索方面的成就，並沒有什麼太過了不起的發掘或太多讓人矚目觀注的精采論述。他的哲學大抵圍繞在"知人"的層面，堪稱單純也不算艱澀。只是，其哲學特色更深入也更強調著人與存在的本體性（主體性）與意義性等"人本哲思"與問題上。笛氏認為人是由兩部分組成，一部份是人體形象（肉身）和器官等物質部分，可簡稱為"物我"。他認為"物我"的特色，是物理性也機戒論的，如同一部複雜的自動機械，與小雞小鴨沒有什麼分別。人的另一部份，則是由沒有物質支撐但又真實存在的"心我"（意識的我）組成。"心我"的特色和作用是能感知、思考、幻想、以及主導人的喜怒哀樂，和推動人的行為處事等，是"人"真正的存在主體。他將這種看不見也摸不著的"心我"婉轉也隱喻的稱謂為"靈魂"或"精神"，並以著名的「我思（意識），故我在（存在）」，來解釋此種"心我"的真實存在和主體作用。

　　不難可見，笛氏心物二元哲學概略，有如古希臘哲學學派中的靈肉二元論述，只不過是更加深入人性也探究人本等哲思也意義上，無甚新奇之處。然而，笛卡兒哲學終究對於西方的觀念世界產生巨大衝擊，並具有為歷史上增添新頁、添加註腳的重大影響，原因則在於其哲學所強調的人性也人本意義，正與他那革命年代背景的革命思唯相對呼應也符合需求著。簡言之，笛氏哲學所強調心我（靈魂）的生命意義性、主體性、自由性等言論，被當時飽經心靈窒梏和政治壓抑的廣大人民，諭為是靈魂的"人權宣言"，一時蔚為名言也帶動風潮，並產生了他那革命年代的明顯也深遠影響。

　　有這麼一說，馬丁路德（1483-1546）以基督教的自由等書，公開對抗了禁錮歐洲政經、文化、思想，達千年之久的羅馬教會，並正式與之決裂，實際上也鬆動了歐洲人民心靈自由的缺口。笛卡爾的人本論述與懷疑主義適時提供了"自由主義"的"理論"基礎，有如重要的臨門一腳，徹底打開了歐人心靈自由的大門，從而導致歐洲一連串驚天動地的大變動。

　　我們看見稍後於笛卡兒世代（1596-1650）的重要思想家，如英人洛克（1632-1704），就推崇笛卡爾的思想和觀念啓萌，他所著作的"政治論"，除了反對君主專制、提倡分權與制憲外，另凸顯的觀點就是"人的自然權力"（人的天賦權力）觀點了。而他這自然也天賦的"人權觀"論述，尤其強調人的生命、自由和財產，對於西方傳統的文化與觀念（特別是政治觀），產生了根本也結構性的巨大影響。另如孟德斯鳩（1699-1755），他所著作的法意一書，除了散播著政治自由的思想外，其中行政、司法、立法三權分立，分層負責，相互制約的政治結構主張、是今天許多國

家包括美國在內的政府組織型態。再說法人盧梭（1712-1778）於
1762 年推出的<u>社會契約論（民約論）</u>，主張主權在民（民主）、平
等、自由、天賦人權等論述，直接衝擊和影響到美國的獨立宣言
內涵和憲法的起源，以及法國大革命。這些激盪巨大的觀念與思
想變革中，笛卡爾哲學所扮演的角色有多少呢？著名思想家胡賽
爾（Edmund Hussel 1859-1938）在他所著作的<u>歐洲哲學的危機</u>一
書中有著如此的敘述；近代歐洲有關人類思想、觀念、理念的混
亂與抗爭，就是理性主意（柏拉圖、康德）和懷疑主意（笛卡爾）
延伸出來的問題。這並不是單純的理論與哲思問題，而是實際關
係著歐洲人民命運的重要問題。

三、現象學

　　承續著笛卡爾"心物二元"哲學的沉思與疑惑，再緊接著影
響西方近代哲學走向的重要學說，可說是"現象學"的應運而生
了。"現象學"（phenomenology），雖然是由"現象"
（phenomenon）與"學理"（logos）兩個源自物理學和科學的詞
彙字語組合而來。但是早期的"現象"研究者卻大多是哲學家，
且是從哲學的學思方面來探究現象，並慣以"意識既現象"的觀
點，來類比現象，甚至詮釋現象。他們認為：「凡是呈現（現象）
出來的意識，必出自於主觀的顯示，而唯有具體的經驗過，才能
被顯示出來。而凡是不曾被經驗過的，就不能被呈現
（appearing）」。換句話說，"現象學"的早期研究，偏向於以人
類的"經驗"與"經驗呈現"（意識）為探究的主要依據，從而
研究經驗與意識（經驗呈現、現象）的內涵、形成過程、持續效
應等。

　　一些西方名士如康德、黑格爾、胡賽爾、尼采等人，都曾對

"現象"有過研究和著述。可想像"現象學"流風曾所引起的熱鬧和風騷。然而,將"現象"類比於"意識"的傳統哲思觀點和認知,無可避免的會陷入到"意識學"－這種既使是時下現今也難以透視了解的"神經生理學"或"心智科學"等艱澀學問,遑論百多年前科學知訊短缺貧乏的哲學家等,僅憑推理或想像,就想能完全掌握意識、透視現象的妄想和困窘了。我們從參閱黑格爾的精神現象學、謝勒的現象與情緒、胡賽爾的先驗(超越經驗)的現象學等都可體會到,源自了解"現象"和"學理"的"現象學"研究,其實已遠遠超出了單純"現象"的意義範圍,並被捲入人類"意識"這種龐雜深奧卻又混沌不明的學知領域。此外,將"現象學"代入"意識學"的後續嚴重效應,是將西方哲學更深入也更全面的陷入"唯心論"的泥沼,更難以自拔,也更難以突破。

四、存在哲學

　　20 世紀 30 年代,從"現象學"的哲思探究,另又發展出來的"存在主義與其哲思",其實是延續著傳統"現象學"與古典"存在"也"人本哲學"的路徑,只是繞過了一些難以穿透的"現象"問題,也迴避了一些難解的"存在"爭論,另加上些東方神秘的虛無哲學影響下,逐漸產生的。到底什麼是"存在哲學"?究竟什麼是"存在主義"?一直是一個誰也講不清,卻誰都有看法的模糊概念。或可如此說,"存在主義"是哲學思想裡少見的從下而上,由許多不同探討"存在"問題或爭論"現象"觀念的不同心得見解集聚融合,逐漸演變出來的。並不完全是從"現象學"的單支也主要慨念開展而出。

　　雖然存在主義者對於"存在"概念的認知雜亂、觀點不一,但是被大多數存在主義者普遍共識認同的論點，倒是有兩項；「**存在先於本質**」、「**存在通向虛無**」。這兩項論點都相當晦澀複雜，卻也具有著某種模糊不明的真實性。從「存在先於本質」的邏輯推演，則易失誤的陷入存在主義者那無奈也悲觀的宿命論觀點。從「存在通向虛無」的觀點延伸，則另會容易失誤的引伸出對於"存在"的否定。而當這兩項失誤觀點相加強化後，通常會對一些固執也認真的存在主義者，產生出人性中極為詭異的一種現象。那就像是如遭受到某種惡魔邪靈的詛咒，或像患有著嚴重的自律神經失調或憂鬱症者般，強烈著對於生命乏味的頹廢鬱卒，以及不耐於如某種失去生命意義的苦悶折磨。我們從淑本華的悲觀論調、尼采的精神分裂、休墨的恐慌、海明威的遺世自殺，以及到60 年代反傳統也反現狀、反理性也反懷疑的嘻皮等，都可看到這類奇特又詭異的現象。雖令人不解，然而讓人感到好奇的是，廣被一些存在主義者認同的存在本質論和存在虛無論，竟然與古老東方佛教學說的"空觀"、"解脫論"，或道家理論的"虛無"與"無為觀"等似乎有著皮骨相似、也互為對應的巧合。是偶然？或必然？如果是必然的，那麼"存在"的意義是"不存在"（**空或無**），如此的真理或觀念，豈非矛盾又奇怪？令人糊塗又難解。

西方哲學中描述"觀念"也建構"觀念"的路途過程，從最早知天、知物、知人的分別領域，到柏拉圖的統一"本質"見解，再到各自主流領域的次流延伸觀念，儘管枝葉參差、觀念紛陣，但仍可簡略分為以"知人"為哲思主軸的"人本哲學"範疇和"知物"為主軸的"物理科學"範疇兩大主流。人本哲學方面，從蘇格拉底的"知人說"、柏拉圖的"理律觀"、亞理士多德的"幸福論"、笛卡爾的"人本論"、康德的"純粹理性"、黑格爾的"絕對精神"、以至於尼采、沙繆等人的"存在主義"思維，雖不乏有人引用實證與分析的科學觀點闡述其論點或學說，甚至如馬克思引用唯物論觀點，但這些“觀念”的基本特色上，除了是不脫於從人的角度，以人爲本位，尋求解決人爲的一些問題，和謀求出路外，另其“觀念”本身，全都可歸納入哲學中“泛唯心論”的哲思類別。只是，我們卻也不難見証著從如此“泛唯心論”延伸出來的西方傳統人本哲學和古典人文科學，既渾沌錯亂也功能瑕疵。那也就像 2000 多年以來，人類社會的戰爭、貧窮、仇恨、苦難、混亂等情形依然持續無解著，模糊的公理、正義依舊模糊，人生的意義、生命的奧秘依然迷惘，政治依然醜陋，法律依然不彰，經濟依然貧富不均⋯⋯。

　　然，另從“知物”的物理科學方面，則格外令人沈思注目。三百年來，科技的快速發展，讓人眼花撩亂，也讓人敬畏。我們知道了飛機何以能在天空飛馳，鐵船爲何能在水上不沈，如何在空間中傳送影象聲光，如何建造出把微物放大億倍的光電顯微鏡，超級電腦、人造衛星、晶片、基因工程⋯⋯等，正當我們暈眩的注視著物理科學的傲人成就時，我們同時見證了核子彈的毀滅力量，科技生物的異形變種，自然與生態的污染破壞，生命物種的大量危殆和絕滅⋯⋯。我們驚恐的發現，當講究實證應用的物理科學，脫離了“知人”的人本主軸後，物理已變得慘酷、冷漠、令人疑懼、也讓人不安⋯⋯。

　　總之，西方哲學在探究觀念、建構觀念的路途上，顯然如進入胡同般，進展失炬、也動彈不得，甚至不明所以。而當西方的哲思者苦思著“觀念”的究竟？“觀念”的功能與指標爲何？且顯然束手無策之際。不妨讓我們轉個頭來，看看東方的一些思想家，他們是如何的看待“觀念”的問題？他們又構建了些什麼樣的重要“觀念”、或主流“學說”？

五、佛教的思想與觀念

　　許多人都知道佛教對於 "知人" 的研究是非常深入的。兩千多年來，無數的僧人、和尚，終其一生伴隨著古佛心燈，心無旁騖的思索著 "人" 的相關問題，然而，他們的觀見與見解中有些甚麼呢？從佛教龐大雜蕪的思想體系，無數的經典著作裡，相信難窺巨細的許多人，都會不失興趣於簡單概略的了解些佛教的一方學說與觀見，到底是在說些什麼吧？

　　佛教年代古老、源遠流長，自然是支流繁雜，理論分呈、也歧見多有了。以致於真想要摸清楚佛教的原貌原旨，實有必要從佛教的創始者<u>釋迦牟尼</u>來找尋。據書籍記載，釋迦牟尼（565BC-485BC）姓喬達摩，名悉達多。其釋迦牟尼、佛陀等稱謂，都是佛教徒對他的尊稱。而釋迦牟尼的原義是 "釋迦族的聖者"，另佛陀的原義則是 "覺悟者"。

　　釋迦牟尼本是於印度與尼泊爾之間一個地方小國的王子，從小就接受了完整的教育，包括文學、哲學、算學、騎射、擊劍等，就像當時其他大多數的貴族般，於養尊處優的環境下生活也成長著。　他那時代的背景若從社會層面來說，那是一個充滿矛盾不安，領主統治的農奴階級制社會。整個印度大陸被劃分為：婆羅門（僧侶、貴族）、利帝利（地方的統治者）、吠舍（百姓）、和首陀螺（被征服的土著、奴隸）四大階級的 "種姓制度"。"種姓制度" 的定義是各 "種姓" 階級之間的關係世代相傳，永遠不能變更，並嚴格的被法律限制區分為職業世襲且互不通婚。我們從古印度<u>摩奴法典</u>的一些規定來看，可以想像出一些當時的社會景象，如；「不應當把任何忠告、任何殘餚食物、任何獻神的食品給予首陀螺」，「殺死婆羅門者要處以死刑，殺死首陀螺者只要簡單的淨身一次」,「法律嚴禁首陀繹和別的種姓通婚」。此外,還有比首陀螺更低下的"賤民"（罪犯),他們是不可接觸的人,這些"賤民"如何在社會上生活,生活的實際面相如何?實在是令人難以想像或不忍想像的了。

另那時代背景,若從觀念與文化的層面來說,雖大體上仍是處於傳統婆羅門宗教信仰攏罩也壟斷的主流影響下,但也開始了一些反對婆羅門教的思想流派,稱爲"沙門思潮"。"沙門"也既出家人之意。這些沙門人大多捨棄世俗生活,走進叢林深山,思想或探索著宇宙的奧秘、生命的真諦等問題。他們或單獨隱居,或結伴雲遊四方,或相互爭辯,或俗世凡間宣傳自己的觀見主張等,這些沙門思想的其中有些,日侯都成爲佛教理論的養分與元素。

釋迦牟尼十九歲時娶了鄰國的公主爲妻,也生了一個兒子。二十九歲出家,成爲了一個沙門人。出家的原因據書上的記載說是他渴望如沙門人般的雲遊衆國四方以尋求智慧,特別是尋找解救世人痛苦的智慧。從佛教日後的學說經文,對人類問題的研究範疇,和強調人類的衆生平等來看,應該是如是的。

釋迦牟尼做了六年的苦行僧,遍訪了城市、森林裡有智慧的人,經歷了危險和勞累。雖然從世人處得不到他所追求的觀念,但是他仍不死心,不放棄他的理想。他不再苦行,轉向安寧,反求自已並深思苦慮。有一次,在一棵菩提樹下,他整整坐了七天七夜,終於悟出了如何渡人濟世的觀念,成爲了一個覺悟者（佛陀）。

釋迦牟尼本身並沒有任何著作,他的學說觀念等都是他的弟子追憶,甚至爭論後而書成。他到底"悟"出了什麼樣的渡人濟世"觀念"已無從確實,這是令人遺憾的。因爲哲學的精萃,常可能依個人的解讀不一，失真的情形往往是失之毫釐，差之千里的了。

雖然說，想知道釋迦牟尼所悟出的原始佛說與觀念似無可能，然我們仍或能參考佛教三大派：大乘、小乘、密教（秘宗）的觀念與理論，試著摸索出一個大約的"佛說與觀念"輪廓面相。

大乘佛教分爲"中觀學派"和"瑜珈行派"兩大派別，"中觀學派"由龍樹（約 150AC-250AC）及提婆（約 170AC-270AC）所創，奉大品般若經爲主要經典。大品般若經的理論簡單的是說；人要解脫痛苦，最根本的是要能體會一切物事的"空相"本質，以及認清一切物事都是變化無常的並無實體自性，都是現象，也都是空。這就是"空觀"，因此這一派也就是"空"宗。

"瑜珈行派"由無著、事親兄弟所創舉（約 400AC-500AC）。"瑜珈"原是印度原有的一種修行靜坐，觀悟真理的一種方法，爲佛教吸取利用，以有助於修持與方便進入解脫境界。這派人士奉解深密經和瑜珈師地論爲經典，並認爲"一切皆空"的說法會導致否定"三寶"成佛的主體和理想境界的存在。從而危及佛教本身的存在。他們提出人的"意識"是萬物顯像的根源，由於萬物"唯識"所變，故萬物是空的，而意識是有的。因此，此派主張相（境）無識有，被稱爲"大成有"宗。

小乘佛教堅持四聖諦十二因緣說，可說是最原始也最保守的基本教義派，或也是最爲接近釋迦牟尼原始思想的本相了。在理論上小乘不承認"萬物皆空"，只承認"人可無我"，所謂"人空法有"。除了理論的不同，小乘與大乘的其他重要差異是，小乘偏重於個人解脫，大乘則重於眾生的解放和普渡眾生，小乘認爲佛只有一個，即釋迦牟尼，凡人修行只能達到阿羅漢的境界。大乘則認爲人皆有佛性，皆能成佛。在修持方面，小乘堅持出家、禁慾、苦行。大乘則不堅持紀律，不堅持出家苦行，強調在現實中求得解脫等。

密教出現於西元七世紀，是佛教世俗化下所演變出來的產物。密教不堅持理論，並混合了波羅門教和古印度的一些民間信仰。他們不分教派，只要有益於修持，有助於解脫，都可接受，所以稱為"真言"宗或"密"宗。而密教的特色是儀式結壇設供，身結契印（身密），意作觀想（心佛密），口誦經言（語密）。他們認為透過某些特殊的方法，可減少成佛的時間，能迅速達到涅盤（無我無相）也解脫的境界。

從上述明顯歧異，甚至矛盾對立的佛教派別與理論見識，實在更易讓人混亂於佛教的學說和面相了。然而，不論佛教之間教派的如何差異、教義的如何不同，我們或可就其教義中的共識，或說真正支撐佛教學說的"四諦"（或四聖諦）觀念來識別佛教的形質究竟。"諦"的佛學字解是"真理"的意義。四諦分別是苦諦、集諦、滅諦、道諦的統稱。

苦諦的真理觀，認為人的本性中原有苦的本質（本能）存在也作祟著。如"心苦"層面的"傷"別離、"悲"老死、"恐"成敗、"懼"安危、疑、妒、憂、鬱、貪、瞋、癡等，除此，也有如"身苦"層面的飢、寒、熱、渴、疼、痛、疲、累等，這些不同的苦，或單獨作祟或摻何混雜，都是真實存在且常是不息不斷的困擾纏人，甚至是令人苦不欲生的。

集諦的真理觀，是對於人苦的產生來由做出理論論述。涉及到「因果論」、「緣起論」等觀念。

滅諦的真理觀，是針對於如何解苦脫苦的理論論述，涉及到無我無相的涅槃觀念，與空相境界。

道諦的真理觀，則是對於如何解苦脫苦的實務與作為上，提示方法與途徑。涉及到戒（戒律）定（禪定）慧（智慧）三學，以及正見、正思、正語、正業、正命、正精進、正念、正定，所謂的八正道。

道諦的"三學"與"八正道"，可說是佛學中真正解決人苦問題中的學修實務也方法（Know How）部分，其重要性、關鍵性不言可喻。其中尤以三學中的"慧"學，因論及到佛教的核心也原始理論，有其必要多花些心思和時間，探究了解。

深入佛學中"慧"學的探究，可直接聯繫到印度古婆羅門教的"梵"（或梵天）概念了。簡略"梵"概念的婆羅門教義解釋，可類比如前述文章中所描述的古希臘宇宙二元論觀念。也就是認為大自然雖然是物質與變化的乾坤表象，但這物質與變化的生滅消長，卻是由某種無形、無相、看不見也摸不著的自然法理（梵）所運作的。婆羅門教相信"梵"（或天地自然的運作法理、或神、或靈、或精神等不一名稱）既是造物者，也是自然萬物的主宰，且是永恆、不滅、也唯一的。"梵"既然是自然萬物的主宰，當然也是生命（包括人）的主宰了。而"梵"的主宰於人之實，也就是"我"（生命主體性也本質性）的概念與稱謂。這就是"梵我一如"的說法。換句話說，人的真正主體性、不變性、也主宰性是"梵"的運作也作用了。此外，婆羅門教也認為，只有了解了"梵"的概念，才能領悟也証悟人和宇宙（大自然）的真諦，掌握萬象無常、諸法無我的智慧，進而才能斷絕一切的無明，真正進入無我無相的涅盤境界。

從"四諦"學說的簡介來看，不難所見佛學其中自有觀念深奧之處。另也不難讓人看出佛學中的"梵"（或梵天）概念，竟然與古希臘宇宙二元論論調的形質描述十分相似、也作用相同。甚至也包括同樣的對於"自然萬物的運作法理"或說"梵"到底是什麼？如何的方法運作？只知其然卻不知所以然的無所答案，和始終"無明"著。不免讓人懷疑兩觀念的淵源性與關連性。

雖然時下台灣佛教蓬勃興旺，佛語竺音、廟宇禪寺、生機盈然。既有星雲法師推動入世的"人間佛教"深入鄉里民間，甚至進入監獄宣揚慈悲解苦的渡世智慧。也有慈濟上師推動"一日不做，一日不食"自濟也濟人的"新大乘"精神，使得佛教無論在形象或實質的佛學、佛法方面等，皆呈現出清新活潑，形質蛻變的契機。但是，若問說是否適宜將佛教成爲全民的宗教信仰、成爲世人的生活哲學、或個人的生活方式等，我則是持這樣看法的。

誠如達賴喇嘛所說：「佛教並不是一個萬能的宗教」。佛教的學說觀念，更像是一帖藥方，一帖針對人之悲苦所開出來的治苦脫苦藥方。這藥方從實證主義的角度來看，的確有著程度上的脫苦應對之道，包括可增強對痛苦的承受力，可說確實有些"相對真理"或說"線性真理"的意義。但是，藥方終歸是藥方，是針對有病的病人研發和功能作用的，對於一般沒病的健康人，當然是不必要也不適宜的。換句話說、佛教或可稱爲是一種生命科學，但卻無必要成爲一般正常人或健康人的生活方式和生活信仰。事實上，人性除了內涵苦的本質外，另也有美、趣、喜、樂、希望、滿足等種種的正面本相。 佛教的戒、定、慧三法，固然可能減消或避免了人之悲哀苦難的積聚集結。但如此三法卻也將人生快樂、希望、滿足等諸多正面情緒一起陪葬了。

此外，另從批評實證主義和線性真理的缺失來說，線性真理（相對真理）是無法解決非線性領域和複雜問題的。就如同佛教理論，不僅對於社會、經濟、政治、法律、生態等複雜問題難以著力和解決，更可能由於不同線性真理間的經常相互扞格互斥，而產生必然的磨擦與衝突。例如說，一些"出家人"的出走遺世，可能使得其家庭成員中的老少殘弱，立刻陷入到悲慘苦難的境界，並產生社會問題。社會的結構亦然，中唐時期，儒家的著名學著韓愈就曾寫了一篇<u>原道</u>的文章，批評佛教。主要的指控為；除了藐視倫常外，也加重了人民的傜役負擔。我們從唐武宗的會昌滅佛運動（842-845）來看，拆毀大寺四千六百餘所，小寺四萬餘所，勒令僧尼還俗二十六萬人，解放寺廟擁有的奴婢十五萬人，收回民田達四千頃等。不難想像當時不從事經濟生產的佛教，吸收了多少民間也民生的生產資源。以及這些自成系統，不生產、不繳稅、不交易、不回饋社會所造成的民生窮困和國力萎縮等情形了（**參考佛教與人生　魏承恩著　大孚書局**）。而這些超越個人層面的宏觀問題也複雜事情等，不能說是不重要或無需理應的塵世事情與問題了，但顯然不是佛教學說與其觀念運作可能對應和適應的。

六、禪宗（中國禪）的智慧

　　佛教初入中國的準確年代說法不一，但是從東漢<u>明</u>帝於永平十一年（68AC）為迦葉摩騰和竺法蘭在洛陽建造了中國第一座佛寺"白馬寺"（**馱載經書佛像的白馬而命名**）而言，至少也將近兩千年了。

　　隨著歲月的遷變、時空的流轉，佛教在中國適應演變下所形成的具中國特色，也具重要"新成"哲思價值的派別，應算是"禪宗"一脈，也既"中國禪"了。有人認為"禪宗"創始於南北朝（420BC），並以菩提達摩為初祖。 也有學者認為"禪宗"真正成為一個獨立的宗派始於唐朝，創始人為六祖慧能（638AC-713AC）。其實，"禪宗"的形成是標準的逐漸演變轉化，並由眾多的前人與智慧累積而出。任何斷代或個人建立禪宗的說法，都不是很恰當的。此外，中國禪（禪宗）的轉化也形成過程，充滿著奇巧妙絕的趣味和驚奇，很少有任何其他重要思想的形成可堪比擬。

何謂"禪宗"（中國禪）？何謂"禪"？既使於時下今天，似乎也少有人能說的明白清楚。由於"禪宗"原有不借經典、不立文字的傳統，以致於"禪宗"（中國禪）的明確觀念，甚至從開始起就如同猜謎般,卻又沒有謎底。而我個人以爲較爲接近"禪宗"（中國禪）的較完整說法，或可如是說；中國禪（禪宗）是佛學的表相,道學的筋骨,再加上些中國傳統士大夫一向好以"詩言志"的儒家習性,摻混結合而成的渾沌觀念也複雜面相。而其演變的效應也結果，則是將原本嚴肅莊重的佛學，添上了輕鬆軟性的一面。或也可說，"中國禪"（禪宗）硬是將原始佛教精緻化也美化了，以及異化了。如此的說法，對於佛學、儒學、道學，都有涉入的讀者應是不難體會的。從歷代著名的禪詩、禪偈中，我們很少見到原始古印度佛法、佛理的嚴肅苦澀內涵，卻多得見如老莊閒怡自在與逍遙天地自然，似如"模式"也經典般的禪理、禪機等旨趣或提示，實已清楚顯示。

所以說，談論"禪宗"（中國禪），其實有必要從了解甚麼是禪定？甚麼是佛教？甚麼是老莊思想？等觀念來說起。因爲這些觀念都是與"中國禪"（禪宗），有著密切也錯綜複雜關係的，或可統稱爲"中國禪"的完整觀念部分。其中任何一部份不了解的話，都不能稱說已了解了"中國禪"（禪宗）。

禪定，原本是古印度人舒壓、靜修、惺想的一種方法與技能，屬於古印度"瑜珈術"眾多分流的一支（催眠術亦然），簡稱爲"禪"。是早在釋迦牟尼悟道之前，即已流傳與存在於印度民間的古老技藝。傳說釋迦牟尼出生後不久，曾有一位神秘的苦行僧來到王宮，伴他成長到少年，並傳授了"禪定"的技法，有師徒之情。釋迦牟尼日後走訪村鎮森林，探尋異人智者等，也都有可能接觸到"禪定"的多方啓示，而"禪定"神秘的舒壓與穩定情緒功能，對於釋迦牟尼一心尋找解脫人們痛苦的方法，是不可能不納入"佛法"之一環的。

古印度的佛教僧侶，至少在西漢（206BC）時，便已隨著絲綢之路上的駱駝商隊，踏上了中國大地。而早期的佛教大都是在中國北方流傳。初來中土的佛僧，根本不通漢文（註：中國的語文一直有地域上的混亂和區別，同文字卻不同語音），無法真正傳授複雜誨澀的佛理。所以大多只傳"禪"（禪定）和"律"的技藝和法門（註：因為禪定是不必解釋太多，也無從解釋的內証也內化經驗，而律只是些簡單的戒律禁制）。這種情形，我們可從後來對佛教與中國禪宗有著重要影響的鳩摩羅什（343-413AC）、佛陀跋陀螺（359-429）、菩提達摩（？-536）等人既可看出來。史書記載，鳩摩羅什的貢獻和影響就是"禪"和"律"、佛陀跋陀螺在長安時只授"禪法"，而菩提達摩更是從不說話，完全只授"禪法"，並以"觀壁禪法"傳授，被時人稱爲"沉默不愛說話"的老師。

語言不通，加上"禪定"這技藝本身又是屬於內證經驗，如人飲水冷暖自知，或有如學騎單車的平衡技巧，難以說的明白清楚，必需真正自身親歷的投入體驗學習。以至於"禪"只能悟、不能說的情形，幾乎早早已被定義了。然而，"禪定"只是修行的一種法門，爲佛學的一部份，並不是佛教的全真與理論。這對於驚異於"禪定"神奇功能的中國士大夫而言，實有著無法滿足的好奇和興趣，但又苦於梵文翻譯人才的素質及數量都缺乏不足，於是，早期對 禪定"及佛學的理解，都與玄學扯上關係。

巧絕的是，重要的佛教理論如般若經、維摩經等“空觀”論，與同被視爲玄學的老莊思想如“無”、“無爲”等觀點，都極爲契合相似。而禪定的現象及法門，與莊子大宗師篇所敍述的「隳肢體、黜聰明、離形去知，同於大通，此爲坐忘」，以及齊物論篇南郭子：「形如稿本，心如死灰」那種“心齊坐忘”的現象描述及法門，尤其如出一撤。越發混淆了佛理與道學的“玄學”相通性。

　　而事實上，早期的佛教思想就是以老莊思想來詮釋的。在佛教進入中土的漢朝至魏晉時期，“黃老”思想在中國原本就是顯學，流行且普及於士大夫之間，且不乏精湛之士。 東漢恒帝在宮中，親禮老子和佛陀。 支遁（314-360）是一位精通老莊道學思想，擅長清談的和尚（不是道士）。他和名士來往，在上層貴族間游走，弘傳佛教，就是以老莊思想爲牽引，並創立了“即色派”。慧遠禪師（314-360）是淨土宗的始祖，東晉佛教界的領袖，卻是從小就在洛陽遊學，精研六經及老莊道學的名士。孫權在江南定都建業（南京），迅速成爲南方的佛教活動中心，其中最著名的支謙和康僧會二人，雖然都是祖籍西域，但是都是出生於漢地中土，深受漢文影響。他們的佛書譯著裡，經常也是使用老子思想來詮釋佛理的。（請參閱佛教與人生 魏承恩著 大孚書局印行）可想見的，當時的社會上，玄學因禪定的神奇妙用而滋補，佛學卻因滲入大量老莊思想而產生“相異”的質變。由此，禪宗脫離佛教理論，形成獨特一派的局面，大勢既定，無法阻礙也自然而成。然而，令人驚嘆妙絕的過程仍不僅如此，由於“禪定”的內證經驗過程難以言語傳授，佛理的部分卻因引用老莊思想，更陷入無法解說，難以文字的窘境。其原因是老子思想本身，較之佛理更加的玄奧隱晦，難以被人理解窺透。於是，“禪”與“道”幾乎成爲玄學的代名詞，也成爲人類觀念史上一門少見奇特，無

法 "思議" 也難以 "形象" 的學說了。

對於一個能長久存在的物事或觀念來說，就算我們無法明確其形象或透視其內涵，但也應能觀察或覺知其物事存在的作用、功能、或現象等，否則其物事是難以存在或難以長久存在的。"禪宗" 能在中國持續二千年之久，由素簡入興旺，由清寡入繁榮，並傳入日本、韓國、越南等地，雖然定義模糊，理論晦澀，但是功能卻是顯然甚至彰顯的。而禪宗的魅力，或說禪宗的智慧，簡單的說，也就是如 "禪之美" "禪之趣" 等 "活的更好" 的生活智慧，也生活哲學了。

簡略說來，佛教以空、靜、滅的哲思與智慧，對應於個人的解苦、脫苦問題。禪宗則是以空、靜、滅的哲思與智慧，牽引出生活中的美、趣、喜、悅等 "樂趣"。禪宗的奇妙，也就是見不到苦澀克制的佛理，反而呈現出更多的樂趣與禪意，而禪宗的秘密，其實也就是一種 "空靜後得取，自在中得覓" 的禪理（禪機）了。引用一些參考例子來說，或更容易明白些：

「古木陰中繫短蓬，仗藜扶我過橋東，沾衣慾濕杏花雨，吹面不寒楊柳風」（絕句 ── 僧人志安）。

「清晨入古寺，初日照高林，曲徑通幽處，禪房花木深，山光悅鳥性，潭影空人心，萬籟此俱寂，為聞鐘聲音」（破寺後禪院 ── 常健）。

「移舟泊煙渚，日暮客新愁，野曠天低樹，江清月近人」（宿建德江 ── 孟浩然）。

「蒼蒼竹林寺，杳杳鐘聲晚，荷笠帶斜陽，青山獨歸遠」（送靈澈 ── 劉長傾）。

「中歲頗好道，晚家南山陸，興來每獨往，勝事空自知，行到水窮處，坐看雲起時，偶遇植林叟，談笑無還期」（終

南別業 —— 王維）。

「晚年惟好靜，萬事不關心，自顧無長策，空知返舊林，
松風吹解帶，山月照彈琴，君問窮道理，漁歌入浦深」（酬
張少頃 —— 王維）。

「清溪流過碧山頭，空水澄鮮一色秋，隔斷紅塵三十里，
白雲紅葉雨悠悠」（秋 —— 程顥）。

「梅雪爭春未肯降，騷人擱筆費品章，梅須遜雪三分白，
雪卻輸梅一斷香」（雪梅 —— 盧梅坡）。

這些小詩的作者，大多是禪僧或帶髮修行的在家居士。小詩
普遍的特色除了具"靜中之美"外，另具有與自然融合的和諧與
自在，也能從當下與四周觀境中擷取出美趣元素，而活在當下。
這些具典型禪之美趣特色的"禪詩"著作其實不易，必須詩人能
做到"靜心的與當下連結，細膩的與情事互動"等前提也條件。
而這前提也條件又必須詩人能做到心緒"忘我無我"也"身心自
在"境界，否則是難以成就的。

中國禪（禪宗）如何？又為何？會有如此特殊且迥異於佛教
的奇特效應呢？除了如前述中國士大夫習性以詩言志的儒學影響
外，另更深入的影響則屬老莊思想了。老子思想的效應與影響，
我們當會在後面的章節中解析細論，而在本章節，我們可先從深
受老子思想影響的莊子和魯迅筆下的阿 Q 做番概略的連接與引
伸，或能有所體會一二。

莊子最大的本事是，別人認為不幸、痛苦、或該難過的事，
他不但不見得會難過，反而能自得其樂。這與阿 Q 每能"苦中得
樂"的本事相當。莊子的妻子死了，族人悲泣哀鳴，惠子來祭吊
時，只見莊子箕踞鼓盆而歌，不見悲容。惠子向莊子說：「與人居，
長子，老身，死不哭亦足矣，鼓盆而歌，不亦甚乎！」，莊子回說：

「不然，是其始也，我獨何能慨然……人且偃然寢於巨室，而我
礉礉然隨而哭之，自以爲不通乎命，故止也」。大意是說，太太死
之初始時，心中也是感慨悲哀的，後來想通了，就沒有悲苦，終
止哭泣了。莊子想通了些什麼呢？大宗師文章中他說：「夫大塊假
我以形，勞我以生，佚我以老，息我以死，故善吾生者，乃所以
善吾死也」。至樂篇裡，對死的看法亦是：「死無君於上，無臣於
下，亦無四時之事，縱然以天地爲春秋，雖南面王，樂不能過也」。
莊子認爲，死是自然、自在、也解脫的，就像佛教徒將死視爲涅
盤般，是解脫與安息的奇特生命觀等內涵也支撐著。

此外，莊子一生貧困潦倒，甚至如司馬遷所述，被那些王公
大臣視爲不能器之。那麼莊子的心境是如何反映這些鄙視呢？在
人間世、逍遙遊、齊物論等眾多的篇章中可整理出莊子的不同反
映。如人間世裡有這麼一個寓言：有一個名石的木匠到齊國去，
經過曲轅，看到一株做爲社祀的櫟樹，這株樹大極了，樹蔭下可
以臥數千牛，樹幹有百圍之粗，幹身像山那麼高，好幾丈以上才
分生樹枝，可以做爲造船的材料就有幾十枝；觀看的人群像在鬧
市一樣的擁擠，可是木匠一眼都不看就走過去了，他的弟子仔細
看了一番，追上木匠問著：「我自從拿著斧頭跟隨先生學藝以來，
從未見過如此美好的木材，先生不看一眼而過，這是什麼道
理？」。木匠說：「罷了！不要再說了，它是無用的散木，用它做
船會沉；用它做棺郭會很快腐爛；用它做器具會很快毀壞；用它
做門窗會流出油脂；用它做屋柱會生蛀蟲；可以說是一株不材的
樹木。也正是因爲沒有一點用處，它才能這樣的長壽。」

木匠回家以後，夜裡夢見櫟樹說出人語：「你希望用些甚麼
和我相比？你要把我比做有用的文木嗎？或、梨、橘、柚等能結
果實的樹木？那些橫腰斧斷、大枝被扭、小枝被折、果實被摘的

樹木，正是因為他們被認為有用的原因，而苦了自己，甚至不能享盡天賦的壽命，而中道夭折。這是他們自己招來的命運與打擊。我求做到無用的地步已經很久了，也曾有好幾次幾乎被砍伐而死。他人的無用對我自己來說正是大用。假使我有用，還能生長到如此巨大和自在，無憂與長樂嗎？」另逍遙遊的全篇大意也是指人之執於世俗小見，就難識大體，而無法逍遙於天地之間，正如他那＂寧可生活（物質）貧窮但自在，也不願生活富貴但束縛＂的名言般，越經咀嚼越能得其妙趣餘味。

再來看看魯迅筆下的阿Q（註：魯迅認為阿Q只是個代表性的人物－代表著每一個中國人或多或少所傳承也內在的道家文化特質）。阿Q的命運及其生命過程上，充斥著種種的不幸，是所謂的天生苦命人。他沒有父母、沒有家、姓氏不清、孤苦伶仃，滿頭癩瘡疤，不識字也不學無術……。但阿Q生命過程中的生命現象，如魯迅書中所述，卻總能以精神上的轉敗為勝（精神勝利法）而高興起來。

他著名的口頭禪有兩句；當被人欺侮時，會說著：「老子被兒子欺侮了，真沒天理」。當被人打了逃開後，會唱道：「我手執鋼鞭將你打」。然而，為何就這幾句口頭禪，卻又有如咒語般的功能，每能讓阿Q忘卻屈辱，人苦、命苦、但心不苦的重新高興，甚至興奮起來？

阿Q當然沒有如莊子的思想深度，甚至你或會嘲笑他的心思扭曲與病態。但究竟是什麼樣的原理，竟亦能產生出如莊子般的無壓、通暢、心寬、甚至愉快的心緒呢？這答案裡面包含了複雜的＂心轉境轉＂互動的問題，也就是＂換個想法會更好＂的奇妙作用。只不過阿Q這套本事，大概是從小被生活適應或逆境導引出來，而莊子這本事，則是承習於老子＂豁達無窒＂的哲學思維了。然而，兩者共同的心緒現象，是出於同樣的"合理化"效應。而合理化（得一論），也正是老子思想中"德經"部分的核心觀點了（註：這得一觀在後面的章節中自有詳細敘述）。

總之，"禪宗"因老莊思想的影響及作用，而使得"禪境"往往能有如風雨後的彩虹展現、冰雪解凍後的綠意盈然，或如一種"新象"般的新生及美感。這是禪宗與佛教明顯有別的地方，也是禪宗被人喜愛著迷的原因了。

禪宗與佛教，都屬於生活的科學，或說生命的智慧。但是其中"觀念作用"的部分，其實僅只對於個人心緒也意識上的一些感受或經驗等發生作用，有如僅具特殊也有限功能的藥方般，僅祇於解決個人也自我的一些心緒問題。對於非生命性質的物理問題，或超越單純個人心緒問題的其他些週遭龐大也複雜問題，諸如社會、政治、經濟、法律、教育、生態、環境等，可說是鮮少助益也無所多大功能的。

七、儒家思想

提起儒家思想，不難所見這巍然龐大、盤踞在東方世界一隅，根深蒂固，生命力強韌的"觀念巨靈"。兩千多年來，它影響深遠，威力尤甚於帝王將相，曾經主導著無數前人的思想行為、命運前程、喜怒哀樂，甚至從而迄今，餘威猶存。

何謂儒家思想？其思想的哲學"精神"為何？它的"觀念"影響和作用又是甚麼？今天的學者在談論儒家思想，仍可見到讚憎互斥、正負兩極的評價。有人說，儒家思想妨礙了中國的科技發展。有人說，儒家觀念要對今天中國的貧窮、落後、及苦難負責。也有人說儒家思想是吃人的禮教、壓迫個人的自由、違反了自然人權，是封建過時的"餘毒"觀念。但是，1988 年在巴黎舉行的第一屆國際諾貝爾獎會議，75 位學有專精的與會者，發佈了十六個"如何面對二十一世紀"的結論中，其中就有一項爲"如果人類要繼續生存，則必須參考 2500 年前的孔子智慧並引爲藍圖"觀點。"新儒學"研究者杜維明教授也曾提出以新儒學作爲建設全球和平理論也思想架構的建議。他認爲儒學的"人文精神"可以兼顧個人與社群、自然與天道。並可對釐清"個人與群體、人類與自然、人心與天道"三大今日世界最急欲解決的複雜問題做出貢獻。只是，儒家思想真能解決上述那些複雜又難解的大哉問題嗎？且讓我們稍作回顧，重新審視番，看看是否能整理出些什麼端倪或眉目出來。

儒家思想的"人文精神"，從儒家學說的一些主要訴求來看，其實充斥著社會主義的內涵和色彩。孔子這人如果以今天的哲思類別界定來說，十之八九是個執著甚至狂熱的社會主義者。

一般說來，觀察一個統合的思想架構與觀念設計，最容易分辨出設計人的思維心智是何模式。而我們從孔子思想的核心、從他的言行作爲等，都可以清楚看到典型的社會主義思唯及其訴求。而儒家學說與西方傳統的人本哲學明顯不同之處既是；孔子不是從個人也自我的角度觀照人的問題，而是從大社會也群體的角度來看人與人本的問題。如此說法，我們可從孔子整理詩經的態度談起。孔子曾明白直言著，他收集民間各地歌謠，編纂詩經的目的，一言以蔽之既是"思無邪"。換句話說，孔子並不是以個人的好惡來篩選集註，他是有理想和目的的。孔子認爲群體也人倫社會的穩定和秩序，遠比個人的價值來的重要，所以他強調天地君親師，強調父慈母愛、兄友弟恭、長幼有序，強調約束與紀律的禮法。有人以"克己復禮"四字做爲孔子思想核心的註腳，基本上是符合事實的。孔子的大社會主義思想，從他描述的

"理想世界"，也可以清楚的顯示出來。禮記；禮運大同篇裡他說：「大道之行也，天下為公，選賢與能，講信修睦，故人不獨親其親，不獨子其子，使老有所終，壯有所用，矜寡孤獨廢疾者，皆有所養，男有分，女有歸，貨惡其棄於地也不必藏於己，力惡其不出於身也不必為己，是故謀而不興，盜竊亂賊而不作，故外戶而不閉，是謂大同」。

我們可以看出"大同論"的整體結構，完全是以大社會為本位和角度來寫的。文章中沒有丁點兒今天西方主流文化中以強調個人價值、或自我價值觀等為出發點的自由、民主、人權等觀點。"大同論"所描繪的理想世界雖令人動容和嚮往，可是讓一些個人主義和自由主義者常所質疑和批判的是，以大社會為理論架構的社會主義，真是一種理想世界嗎？此外，當強調社會與群體價值高於個人價值的結果是個人價值的被壓抑和萎縮，是人性（本能）的忽視和扭曲，正也如同"克己復禮"的儒家精神，其實就是對於個人的規範、約束、和要求。做為一個儒家的君子，就某些方面來說，如似傳統的英國紳士般，是永遠得背負那些規範和要求，甚至壓抑自我（小我）的生命價值觀。也難怪以往那些強調自然與自在的道家人士如莊子等，每當見到儒者就會大皺眉頭了。

孔子學說何以會推崇大社會為優先本位？以及為何強調群體價值應大於個人價值的思維模式？如果我們了解孔子他那時代的背景環境，倒是不難體會的。孔子出生於西元前 550 年前的今山東曲阜縣，父親是一個武夫，老年娶妾顏氏，生孔子。孔子幼年喪父，母親也死的很早，家境貧苦，在很小的時候就被送到貴族世家裡做些雜役，放牧等苦力。史書上記載孔子少年時習得不少"鄙事"。可以想像孔子的前段生命是相當艱苦的。孟子曾說過：「天將降大任於斯人也，必先勞其筋骨，苦其心志……」，其所謂斯人，應是意有所指的。因為孟子這人一生最是推崇孔子，帝王將相都不看在眼裡。

　　孔子被送到貴族世家，是他生命中的一個重要的轉折點，要知道孔子的春秋時代，教育和知識，是只有貴族才有可能接觸到的。孔子年歲漸長時，做過貴族的倉史田史、管理會計等工作，這些工作都需要“識字明理”，於是也開始有機會觸及到文字、書籍、典籍等。孔子好學不倦，他在三十歲左右，便以知識的淵博，名動公卿，受人讚揚，並開啓他後半段影響後世的不朽生命。

　　孔子的年代是史家所謂的“春秋時代”末期（註：春秋時代從周平王49年起至周敬王39年凡242年，約722BC-480BC），而中國史上春秋與戰國這兩個時代，則是中國最為混亂、也最變動劇烈的戰爭與殺戮時代。我們從東周初，中國尚存一千數百餘分封國，到春秋末的五霸（五大集團），再到戰國末年的短短二百年間，只剩下七個大國，不難想像這段時期的征伐鬥爭，吞併殺戮，是何等的激烈和慘酷了。孔子生長在這種“人為禍亂”的悲慘年代，加上他知識的豐富，又兼具如許多諸侯國的國家顧問（家臣）之身分，怎麼可能不深受其困擾呢。按越是混亂，不可測因素越增的原理，春秋時代的各國，根本無法掌握戰爭的發生與變化，包括戰爭變數的難以預測。各國疑神疑鬼，如驚弓之鳥，備戰、防滅亡、串聯盟約，無所不用其極。孟子曾說，春秋無義戰。臣殺君，兄弟相互攻伐，子逐父、父殺子是屢見不鮮的（註：依周室封國，各國間原有血源、親族關係）。這些人為的災難與亂相，以致於波及到廣大也底層人民之生活苦難，從他的學說中強調的倫理、秩序、禮義、仁愛等觀點，明顯反應出來。

　　中國史家謂春秋戰國，是中國史上大社會重整的時期。近代混沌理論及耗散結構理論（DISSIPATIVE STRUCTURE THEORY）等也皆有談到，當混亂達到某種臨界點時，終將回歸穩定。而穩定的原因，是秩序的重新排列與沉澱。這似乎也是孔子的認知與思維模式。孔子思想的重要特徵就是"秩序與排列"，孔子並不完全否定戰爭與武力，可達到秩序的重整效果。但孔子也認爲通過觀念的認知，把秩序建立在人的心識中，更能達成秩序的永續存在。孔子的刪定詩書、集註春秋、有教無類的廣收學生和周遊列國等，都有散播倫理與秩序的"道德"目的。

　　孔子認爲個人的生活或命運，在相對於外在因素互動時，並不是能全由個人所撐握主控的。特別是當個人與大社會對立時，個人的力量總是力有未逮，微不足道的。這應也是孔子會把社會群體的價值，定位在個人價值之上的箇中原因吧！然而，孔子以排列與秩序做爲其社會理論核心的負面後果，是人爲階級與層次的出現。當社會有人爲的階級存在，其社會現象與人類隱藏在內心的複雜人性現象，不免會有衝突和混亂。這是一個難解的功課。此外，以社會群體（大我）價值壓制個人自我（小我）價值的後果，是個人價值的被束縛，不易發展，以致內心苦悶時，不易紓解。孔子似乎也曾考慮到這些問題，他的學說配套設計，在階級方面有"仁"的出現，以圖有和諧的秩序存在。在個人被壓縮抑鬱的部分，他做詩書、倡樂藝，試圖提供軟性的"美"和"樂"等，進而對於個人心靈上的壓抑或慰藉等有所補益和出處。我們從以往儒生對於詩和樂（樂器）是必修之課的重視，可以見其端倪。而儒家整套的思想與觀念，大致就建築在這樣的結構與設計下並成形。

　　顯然，儒家學說在設計之始，就是以解決大社會的次序與和諧問題爲出發點，並沒有太多的研究和關注在個人的問題上，如此學說特色與西方傳統人本哲學強調個人的觀念與個人價值等，是兩個極端了。而如何兼顧到個人與群體的相互要求與滿足，紓解個人與群體的相對矛盾與扞格，是今天也當下社會急迫待解的一個難題，但似乎並不是儒家學說所擅長且能夠宏觀解決的。當然，這是我的個人觀見和見解了。

八、老子思想

老子（約 540BC-？）這人，即使在今天文化繽紛、思想開放的觀念界域，也會被認為是個怪異有爭論的人。他不像歷史上一些典型的偉人，如蘇格拉底、耶穌、穆罕默德、釋迦牟尼、孔子、墨子等有著博愛眾生、憐憫世人的胸懷，以及積極的抱負與作為。他不期求有人跟隨他，無視名利權勢的存在，不像個導師，也不像朋友。他的影響完全出自於道德經，但是從道德經的言論來看，卻又會讓人懷疑老子這人是否心智正常。他說絕聖棄智，民利百倍。絕仁棄義，民復孝慈。他說柔能克剛，弱能勝強，以無為取天下。他的理想社會是小國寡民，回歸自然。他說；天下萬物生於有，有生於無。又說；一生二，二生三，三生萬物……。種種匪夷所思的言思想法，似乎荒謬無知之極，而其中尤其令人莫名其妙的或應是他那“無生有”的理論了。那也就如同魔術師從空帽子裡拿出隻兔子般，人們就算弄不清楚如何發生，但有多少人真會相信兔子會是無中生有，從空帽裡而來？

老子是不是個精神病患者？或憂鬱症患者？沒有人知曉。民間傳說中的老子喜歡騎著青牛，但是身臉卻是朝著牛屁股的騎式。這可能只是反射著老子“背道而馳”的諸多言行有關。至於老子無知嗎？那絕對不會是的。老子的成年身分是周朝世襲的史官，那時的史官也就是掌握國之天下文書史料的官吏。老子的家族，他的父親、祖父、親戚、兄弟可說全都是集天下知識，厚實淵博的智者，在這種環境下出身成長，又本身從事史官工作的老子，其知識的深廣淵博，完全是可以不用懷疑的。然而，如此知識集聚的人所說的話，爲何深奧的幾乎沒人能懂？古怪的無人能信？其中尤其被人說三道四的是老子的狂妄之處了，他說：「我不用出門，就能知道天下事物變化的原因；不用開窗戶，也能知道天地（自然）運作的道理」（見道德經 47：不出戶知天下，不窺牖見天道），真是壯哉、偉哉！也奇哉矣！

　　傳說孔子曾問道於老子，歸後三日不語。有人問孔子：「老子這人是怎樣的一個人呀」？孔子深思後回答：「深不可測，探不見底，有如神龍隱現雲霧，不見首尾」。一般人觀看道德經也多有這種真相事理若隱若現，不見全貌的感覺。如果連孔子這類學識淵博又喜歡思考真理的人，也無法窺視老子思想的精華全貌。那麼，一般人把老子當成瘋子，也就不足爲奇了。道德經的文意晦澀，用字古拙玄奧，令人不知所云。五千餘字的道德經（老子今版本），就如玩拼圖遊戲，卻缺失了太多的聯結片塊般，無論如何就是拼不出一張完整清楚的圖相出來。

　　只是，像如此一部殘缺不全、令人疑惑、百思不解、又似乎無實用價值的老子思想，爲何能在中國歷經二千多年而持續存在。而不是如戰國時代的陰陽家、法家、墨家、名家等思想學說的逐漸凋零萎縮，甚至消失，反而成爲僅次於儒家思想的深遠影響地位？　對許多人來說，這或許都是好奇，疑惑、有興趣的問題了。然而，對於一些熟讀中國歷史的士人來說，可不會看成是有趣的問題。他們會嚴肅的告訴你，老子思想（道德經）中不懂的文詞語義，不可妄加評斷，尤其是不可輕視小看了。

　　單僅就政治方面來說；漢朝和唐朝是廣被中國史家最爲推崇

的兩個偉大朝代，甚至直到今天，大多中國人仍喜歡自稱爲漢人或唐人，就足以說明了這情形。漢朝初年，曹參繼蕭何爲相後（190BC），就是以老子的“無爲”思想作爲治國方針，設計制度，修養生息，儲精蓄銳、固植國本等，以至於才能有後來漢武帝（133BC-）如巨浪海濤般，一波波大規模開疆擴土的事蹟。尤其是漢武帝在西域霸權的爭奪中，取得的絕定性成功，對中國及世界的影響難以估計。而漢武帝源源不斷的雄厚財力、人力、物力、武功等，可說不過是老子哲理的牛刀小試而已。

另唐朝初年，唐高宗尊重老子，自認是老子後裔，並親謁終南山的老子廟，追號老子爲太上玄元皇帝，已然顯示出道家思想的影響了。從唐代關係著民生最直接的刑法和稅法來看（見唐史記）；「太宗貞觀元年（627ac）再命長孫無忌，房玄齡率同學世、法官釐改舊律（隋律），務刪前代酷法。凡成律十二卷，令二十七卷，格十八卷，留司格一卷，較舊律減大辟九十二條，徒流罪七十一條，其他削繁去贅、減重爲輕、不可勝記。稅法方面更見寬大，除土地稅約佔人民收入的四十分之一外，各項雜稅如鹽、茶、酒、關口、礦產等全免」。就這刑稅兩項制度變革來看，唐初的政治作爲，正是以老子“無爲觀”作爲治理國家的方法和原則的。

“貞觀之治”是唐朝的全勝時期，民生社會的秩序繁榮，國家的穩定富強，較之漢朝的“文景之治”更有過之。唐朝的國勢從太宗被西北諸國尊稱爲“天可汗”，東南諸國視爲“天朝”可窺一般。而從漢初唐初歷史的“道治”經驗顯示出老子思想驚人的威力和效果，明告世人事實勝於雄辯，縱使人們對於老子思想恁是如何的迷惘無知，卻是恁誰也不敢輕視忽略了。

老子思想非常奇特，其觀念架構是以“道”和“德”兩概念爲其支柱，並分別以“知道”和“得（德）道”作出全方位也多面相的介紹和見解，非常完整也非常堅實。祇是，了解這完整觀念，一定要精確掌握老子思想中所謂的道、名、無、相、有、實、虛、樸、一等概念，方可貫穿與連結。否則，不只是容易差錯和糊塗，甚至是窮經皓首的苦讀，仍是不會明白其思想精義的。這關鍵，從道德經第一章詞句裏就已明告示知了。他說：「道。可道。非常道。名。可名。非常名」意思是：「我所要論說的道，不是一般人所常識的道，我所要論說的名，不是一般人所認知的名」。只是，老子不但沒有把這些概念解釋的很好，在許多地方更是令人產生混淆不清，無所適從之感。比如他說：「天下萬物生於有，有生於無」。又說：「道生一。一生二。二生三。三生萬物」，那麼 "道" 是否就是 "無" 呢？但他也說：「道之爲物。惟恍惟惚。其中有象。恍兮惚兮。其中有物」。如果 "道" 可以是 "無"，"無" 怎能又如此模糊不清，其中有 "象" 和其中有 "物" 呢？這些例子在道德經裡是經常所見的，也無怪乎會使得他人無從明確知悉老子哲思到底在說些什麼了？

　　我們暫且不去談論道德經中那些隱晦艱澀的概念，而先來看看老子思想奇特的地方何在。如果比較西方哲學、佛教思想、儒家思想，或大致可作如是的歸類；西方傳統也主流哲學是以人爲本位的 "人本" 觀點，來看人（特別是個人）與存在的問題。佛教思想較針對也關注於研究個人的苦難問題與問題解脫。儒家思想是從大社會（人類社會）的和諧與次序爲本位觀點，來看待人與社會的關係與問題，雖說比較西方思想，已早早的就進入 "大社會" 層面，甚至已傾向於 "社會學" 的學思範疇，但仍未脫離於人本意義的人本哲學領域。而老子思想則完全超越也擺脫以人的觀點來看待天下物事或人本問題。老子的哲學是以自然萬物的存在與變化、運作與規律（法則）等觀點角度，來看待事物、和

看待人的問題。也就是說，老子是以研究宇宙大自然萬物的存在
與變化、法則與運作等爲對象，並引伸爲適用於人的天人法則與
道德觀念。可說是人類思想史上獨豎一幟也絕無僅有的一門知識
與學說了

　　然而，話另說來，人有可能僅憑對大自然的觀察，以純粹形
而上的思考推理，就能"悟"出自然的奧秘？甚至宇宙萬物生化
運作的道理嗎？老子的狂妄之言能被"認真"的看待嗎？這些如
玄似幻般的疑問，曾經困擾過多少的哲人與思想家？笛卡爾認爲
是可能的，在他著名的爐房內的思索文章中他說到：「我見過各地
的宮廷與軍隊，訪問過具有各種氣質與身份的人士，累積各種經
驗知識，在命運爲我安排的種種事件中考驗自己，對處處出現在
我眼前的事物加以反省分析。最後從"世間"這部大書的研究，
轉而集中精神於可在自己本身中發現的學問，並且領悟到可以在
"本身"這個基礎上尋到答案」。愛因斯坦是相信的，他說；從地
球億萬年永續存在的事實來看，應該有一種可解釋的道理，而宇
宙萬物似乎也在某種機理規則之下。他相信人類既然能夠憑藉想
像創造出如數學這類精確複雜的東西，人類一定也能夠憑純思維
的能力，找出運作自然萬物生滅變化的統一原理。他並且認爲，
統一理論已有初步的架構和成就了。牛頓是第一位成就了"萬有
引力"（重力場）的理論者。第二位有偉大成就的是麥斯威爾，
他完成的電磁方程式，使電、磁、光三者得以在同一組微分方程
式中相互轉換，顯然是同一性質的東西。愛因斯坦相信如果能將
萬有引力（重力場）和磁力的疑惑解開，就有可能找到宇宙的形
成秘密和自然的運作道理了。此外，物理學家歐本海默晚年時也
相信著，物理的世界，應該是一個可理解的世界，應該有一個可
理解的基本運作原理。

2500 年來，老子哲思始終被人認爲是一種玄學。一般人談起玄學，有點兒像在談論好萊塢的科幻電影般，脫離現實但又如幻似真。對許多人來說，道德經如果是一本闡述觀念與解惑觀念的書，它結果往往使人的觀念更加紊亂糊塗。有人曾開玩笑的說，如果你失眠又找不到安眠藥，翻翻道德經，你就會發現道德經的偉大功效了。

不論老子思想（道德經）是否更接近自然的法則和原理，或說是否更接近真理？但要知道老子可能是人類歷史上貫穿東西，唯一跳脫出以傳統人本觀與泛唯心論哲思，以及超越人之經驗法則來探索事理、建構哲思與觀念，並成就出完整也系統觀念（學說）的一位思想家。他所構建的思想與觀念非但在今天的哲學界域，是一個全然嶄新的 "雖古老卻陌生" 觀念。更重要的是，從他的哲思延伸出來的新觀念及新啓思，不僅可讓我們看到一個與以往也傳統哲學大異庭徑的新奇景象，且也能破格出傳統哲學的諸多泥沼與困境，而爲解決時下當今許多急待解決卻未能解決的複雜也棘手問題，諸如政治安定、經濟均富、法律合理、生態永續、社會和諧、美麗人生等重大問題等有所方法也有所合理依據。甚至，也能讓我們意識到，老子的奇異言論、莊子的古怪行爲、禪宗與佛教相異的模糊也轉折處，可能更真實反映出自然與人生的道理，反映出更具真、善、美的兼容也完美智慧。

第二章　道、道教、道德經、道極觀

在談論老子思想之前，或有必要先就有關 "道"、"道教"、"道德經"、"道極觀" 這些有著淵源，實則不同意涵，卻又可能令人混淆不清的概念，做些概略也明確些的介紹與認知。

一、道

從 "道" 字形體兩千年來並沒有多大的變化來看， "道" 是由「辶」、「**止**」、「目」三種符號概念組合而成。「辶」是走自旁，是行走的意思。「**止**」是方向，也是可到達或通聯某地的意思。「目」是觀見的意思。 "道" 的古老也原始概念描述應是說：「可通聯某地、可觀見、也可行走的路徑」。而如此 "道" 之原始字解從中國最為古老的民間通俗歌謠用語－詩經裡，也可看出。例如南山：「南山崔崔，雄狐綏綏，魯道有蕩，齊子由歸……」，魯道有蕩是說，通聯魯國的道路平坦，有水有草，易走之意。例如蒹葭：「蒹葭蒼蒼，白鷺為霜，所謂伊人，在水一方，溯洄從之，道阻且長，溯游從之，宛在水中央……」，道阻且長是說，通往伊人所在之路徑，既阻礙難行又遙遠的意思。

至春秋時代（722BC-480BC）， "道" 的字義已有逐漸朝向多元化聯通和複雜化延伸的演化面相也概念內涵了。例如孔子的<u>大學</u>；「大學之道，在明明德，在親民，在止於至善……」。<u>禮運大同篇</u>；「大道之行也，天下為公……」。另如孟子談 "王道"，墨子也提出“聖王之道”，而民間的通俗用語如：道理、道義、道行、道歉、任重道遠、道不同不相爲謀、得道者天助之等，可見“道”之內涵，除了原本單純用於通聯地方之間的路徑意義，另已擴張延伸到通聯於不同物事，包括通聯於形而上的思想與觀念層面上，並具觀念指示和正確肯定意義等，如似“哲學”的概念內涵與意思了。

　　將“道”的概念再予提升，並給予玄學意境的開始是陰陽家了。“陰陽”之說，可說是中國奇特獨有的古老觀念。西元前 780年，中國有大地震，周朝史官佰陽父提出：「陽伏而不能出，陰迫而不能蒸，於是有地震」之語。可見 2700 年前的中國，非但已有“陰陽”的觀念，且有著某種雛形的“陰陽”理論存在著。

　　西周末年，已見有以土、金、木、水、火，雜以“陰陽”等觀念，來解釋和說明萬物起源和變化的學說了。之後，更有陰陽家觀測星象，研究五行，配以陰陽學說，而開始有“天道”（天理、自然之道）之說。從戰國時代的陰陽家鄒衍，自號“談天衍”已可看出，此時的陰陽家已有一套理論，敘述天地萬物之間的運作與生滅變化等原理了。而當“道”的字義，擴大和通聯到天地萬物生成與變化的複雜運作知識層面，也自然的將“道”之概念，引入到令人難以思量，和難以爭論的“玄學”層面了。

二、道教

　　“道教”，這被視爲有著宗教色彩的組織，出現最早的有關記載是在東漢末年（184BC）張陵（張天師）所創的“五斗米道”，簡稱“道教”。

　　大致而言，在秦漢之前，各類思想家對“道”的概念認知和“哲學”見解，仍處在重學說和純學術的研究範疇。而張陵組織

平民，成立五斗米道教，卻原本有著政治目的的。所以他所創建
的"道教"並沒有嚴格統一的理論和排斥的信仰，而是綜合了屬
於當時民間本已存在，包括巫術捉鬼，符水治病，卜卦算命，神
仙方術等各行各道的信仰和組織，其中雖也包括了老莊思想，但
並不祭奉老子。後來，民間眾多不同的道教組織和道學派系，共
尊老子為道教之祖（原始天尊），其實是在魏晉時代。其原因當是
黃老思想的風行，以及老子學說（道德經）的博大精深，令人推
崇敬重了。

　　魏晉時代（200-420AC）的"黃老思想"，從貴族到平民都
深受影響。而"黃老思想"顧名思義，也就是"黃帝"和"老子"
的思想與學說了。有人說，黃帝思想包括了黃帝內經與黃帝外經。
"外經'早已失傳，不知說些什麼了。而"內經"則是談論天地
與人體規律等醫療學說，分"靈樞"九卷，"素問"九卷，共十
八卷，是中醫的源頭理論與經典。也有人說，黃帝思想其實也是
老子思想的一支，是當時的人借托黃帝之名，解釋道家思想，以
增道家之聲勢和效果（參考湘潭大學余明光教授所著作之黃帝四
經與黃老思想）。而老子思想，也就是道德經了。

　　"道教"，原本是民間不同學說和不同信仰的湊合統稱，勉
強推出一個共尊也精神象徵的老子以為門面包裝，湊合混雜的不
倫不類。縱向上層沒有統一的教理和教條，橫向下層沒有一致的
儀式和符飾。各自為道，各有信仰的結果，形成道教的多神化。
嚴格來說，"道教"是不是能被稱為單一宗教，仍是可被商確的。

三、道德經

　　道德經的簡單也初步介紹，應可說成是老子這人對於"道"
的獨特觀見與何以"德（得）道"的見解，或說也既老子針對於

人應如何作爲？才可能"得道"或"入道"的"道德觀"了。

　　如前文所述，老子的年代正逢春秋戰國之際，既是中國歷史上最爲戰爭殺戮的時代，也是中國思想史上最爲觀念解放、思潮多起的澎湃也氾濫時代。那時，通聯於各學知領域的不同道見、道思、和道德觀等紛呈出現，各具崢嶸面相也各具內涵才能。

　　孔子也談"道德"，只是孔子這人很老實也很實際，他說：「知之爲知之。不知爲不知」，意思是說，我祇對於我所知道的事情來說事。而他的"道德觀"是以春秋時代，國家之間、人倫之間的鬥爭與失序背景，大社會的混亂與苦難等問題做通聯和研究的。以至於他的"道德觀"強調個人的修身(君子)，以及社會(人與人)的秩序(倫禮)與和諧(仁義)。

　　韓非子的"道德觀"通聯於"治國與強兵"，而推崇"法"。他認爲人性是自利的，世上真正有德的聖人太少，不足以信賴。而人事之間的互動，必須施以法則才能規矩。他且認爲；「國無常強，無常弱。奉法者強則國強，奉法者弱則國弱」。從歷史上我們知道，秦始皇是採用韓非子的"法"之觀點治國的，秦始皇能統一中國，韓非子"法"的影響，起著絕對的作用。

　　老子書"道德"，而老子這本書，原分爲上下二部，上部以"道"爲開啓，通聯也介紹"道"的自然哲學層面。下部以"德"爲論述，有論究如何道"德"(得)的方法實務也行爲科學層面。(註：一九七二年，湖南長沙東郊馬王堆，發掘出二千多年前的手抄老子帛書，是德經在前，道經在後的版本，其中之文字與其他老子註本，也稍有不同)。而道德經則是人們將老子這本書的上部(道經)和下部(德經)，合併合策的統稱。

　　從闡述老子"道德觀"的道德經來看，極其玄奇深奧，艱澀難懂。無論書中對"道' '的"道理"詮釋或對"德"的"德行"見解,都已脫離實象的論證,而以一種形而上的概念與思維,進行著"抽象"的整理與推論。一般人實在很難理解如;「道就是無,無又能生有」或「生而不有。爲而不恃。長而不宰。是爲玄德」等,類似如此的"道德"學說。老子似乎也見悉到這些,他在書中"聞道章"裡不失幽默的說:「上士聞道。勤而行之。中士聞道。若存若亡。下士聞道大笑之。不笑。不足以爲道」。

　　簡略老子的"道""德"觀,從經書中一些相關"道"的描述如;「不出戶,知天下。不窺牖,見天道」。如;「人法地。地法天。天法道。道法自然」如;「道生一。一生二。二生三。三生萬物」如;「天乃道。道乃久」等,不難意會,老子所謂的"道"是在描述著一種能"運行萬物而不軌。生養萬物而不輟"的自然運作機理也法則來著。若再參考經書中如;「有物混成。先天地生。寂兮廖兮。獨立而不改。周形而不殆。可以爲天下母。吾不知其名字之曰道……」,以及如;「道之爲物。惟恍惟惚。惚兮恍兮。其中有象。恍兮惚兮。其中有物。杳兮冥兮。其中有精。其精甚真。其中有信。自古自今。其名不去。……」所描述,"道"又是一種永恆的、不滅的、不變的、循環輪迴的性質,那簡直是與本書前述文章中古希臘宇宙二元論中的"自然的運作機理"論調,以及古印度婆羅門教信仰中的"梵天"觀念完全符合等同了。想像著如此形質相似、面相難分,幾如同一模樣的東西方古老自然哲學,是巧合?是關聯?或是智者所見略同?實在耐人尋味也費人疑猜呢!

　　只是,若比較不論是蘇格拉底或柏拉圖等西方哲人,顯然是從未真正的洞悉宇宙二元論中所謂的"自然運作機理"其究竟爲何?其如何方法運作?或比較古婆羅門教教義或佛教經典中對於"梵天"概念描述的始終含糊不清、不知所云等,再觀照老子對於"道"的概念描述和理解，則可說是有鼻有眼、也有模有樣般的形象面容呼之欲出，而其機理法則則更是方法明確了。

此外，再深入比較"道"、"梵"、"宇宙二元論"等觀念闡述，若說另還有些什麼樣無與倫比的高明地方，則是老子對於"道"的更多駭人觀見以及更多精采的理論深述，那可是西方"宇宙二元論"或印度婆羅門教的"梵天"觀念，只能是遠遠望背、和難以企及的了。比如說，老子認爲"道之理"通聯也適用於天下萬物（包括生命），是萬物一統的原理法則。比如說，老子認爲"道之理"是如天網恢恢般，環環相扣、層層相聯，如牽一髮動全身的宏觀大象也整體關聯著。比如說，老子認爲"天之道"是利而無害的，並以「上善若水。水善利萬物……故幾於道。」來形容如此"道"暨"道之理"。再比如說，老子的觀察與認爲；人（生命）之道與天（自然）之道之間，似乎隱藏有不對磐也矛盾不容的"先天"關係存在著。或簡單的說，老子認爲生命（包括人）原本具有天生"非善"（如利己、侵略等）的本能等內涵也運作著，是與"天理"的"利而無害"本質扞格也對立的。而如何化解如此原本天人之間的隱藏扞格也潛在矛盾，不僅成爲老子思想中的關鍵也彰顯命題所在，也成就出老子道德觀的獨特與深奧。

除此，老子道學哲思中尤其具觀念突破也駭人動容的智慧，則是認爲"道"之運作，其實是極其敏感也非常脆弱，且容易被破壞或被阻滯運作的。而人的"非善"作爲，尤其是肇成或釀使"道"之運作被破壞、被阻滯正常運作的原由了。而人應如何避免破壞或阻滯"道"之正常運作？或如何能使讓已被人爲破壞的"道"之運作，回復也歸還到"善利天下萬物，而無害"的原本"道"之本相也自然運作狀況？則是需要有所法理和原則來規範和遵循的。老子甚至針對如何 "道德"（得道）的自然法理原則，提示出「生而不有。為而不恃。長而不宰」的 "玄德觀" 出來，並以文章「……是以萬物。莫不尊道而貴德。道之尊。德之貴。夫莫之命。而常自然。」闡明著；人只要作為上做到 "尊道貴德" 的法則要求，既可在不需其他方法或命令下，而常歸自然大道了。而如此 "尊道貴德" 的觀點，似乎也既是老子對於如何 "道德"（得道）的聯通知識和智慧，且也是老子 "道德觀" 的精義也觀念核心所在了。

四、道極觀

道極觀，其實也就是各取道德經和太極圖其中 "道" 與 "極" 的兩字組合和觀念接合。這也是我內心坦誠平實的稱呼與反應了。

如前文所述，從來人們解讀老子那五千餘字道德經所欲傳達的觀念或訊息時，總是讓人有如玩拼圖遊戲時，缺少了些許的碎片，無論如何就是拼不出一張完整的圖像。而我在重新探究並試圖完整詮釋老子思想的心路過程和關鍵轉折，是得自太極圖的靈感和 "太極分解圖" 的啟示而貫通和圓滿。從 "太極分解圖" 中，我不僅見到太極圖與道德經的聯繫關係，似乎超越了只是巧合的臆測，也似乎找到了那些失落的拼圖碎片。特別是當我試圖以 "太極分解圖" 整理和排列出道德經中晦澀的 "無生有論" 之際，就像似關鍵的連結和鑰匙的開啟般，道德經全書所欲傳達的觀念與訊息（老子哲思），難以置信的竟然逐漸奇妙浮現並清晰明朗開來。

我驚訝也了然無惑的看見了道德經中那千百年來顯然尚無人全然洞識的宏偉智慧。也見識到老子那 "知天事，解天下惑"

（註：**不出戶。知天下。不窺牖。見天道**）的狂妄之言，其實是
誠然可信且可被檢驗的。我尤其動容於老子那開創性也原智性的
道學哲思如：「凡天下物事得以存在與長久，其必然依賴也必須遵
循著"道"暨"道之理"的卓越觀見」，一如<u>道德經</u>：「人法地。
地法天。天法道。道法自然」那自然萬物也天人一統的天地運作
機理也自然法則描述。而如此"道"暨"道之理"的道學觀見與
哲思，其實已解釋了天下大千物事與存在的原理、意義、暨向性
（**方向性**）等"本質"外，並闡明了天下物事與存在的最為自然、
理想、合理、也合法（**自然法**）之境相。以及，提示了相對於天
下物事與存在最為"利而無害"的上善智慧與前瞻知識了。

　　在我不知太極圖究竟為何人所創造的遺憾之下，內心的尊敬
與感謝無以釋懷。此外，我另也認為太極圖本身除了隱含著解讀
老子那隱晦哲思與艱澀觀念的關鍵外，另也涵有一些超越<u>道德經</u>
範圍的精采且重要觀點。比如說"抱圓守一"的"存在與永續"
思維、太極的"泰平有象"觀念等，都各自具有為億萬人增添福
祉，為百世代傳承太平的大智慧于其中，且是具突破、創新、可
被理解和容易遵循的實用哲思與大用智慧了。而所有上述些的巧
合、機緣、遐思、感觸等，都是促使我一直想用"道極觀"來彰
顯和命名本書的原因了。

第三章 突破傳統道學文思的
"道" 譯與 "無" 解

　　談論老子哲學，如果 "道" 的概念不能明確和掌握，那麼，老子哲學的整體架構是無法建立的，且<u>道德經</u>是很難解讀的。

　　然而，讓人納悶的是，就像當今恁多弄不清楚 "錢" 是甚麼？卻喜歡談說 "經濟"。或搞不懂 "權" 為何物？卻愛話論 "政治" 的名士、達人、甚至書籍、文章般。遍翻時下書市上數以百計談論<u>道德經</u>或老子思想的古今書文後，你或會發現，仍然對於 "道" 的概念是不清不礎， "德" 的法則是莫明奇妙的。事實上，千百年來 "道" 的概念難以形象，精義難以明確，已使得人們總是將 "說道" 和 "論玄" 相提並論了。而 "玄" 的明確字解是指黑暗、深奧、看不深透的概念描述。

　　"道" 之難以解讀的諸多疑惑中，其一關鍵因素，應是與 "無" 的牽連和類比了。<u>道德經</u>中如；「道生一。一生二。二生三。三生萬物」，對照「天下萬物生於有。有生於無」，再從「道之為物。惟惚惟恍。惚兮恍兮。其中有象。恍兮惚兮。其中有物」，對照老子對於 "恍惚" 的解釋是；「無狀之狀。無象之象。是謂恍惚。迎之不見其首。隨之不見其後」。或另從老子認為；「道先天地而有（存在）」。對照；「天地是從無而生」（註；無名天地之始）等哲思論述與觀點來看，都混亂著 "道" 與 "無" 的糾纏和難以分際。而一般談論道德經的文章，也常見將"道"同比爲"無"的可互通概念。甚至一般人也大多認爲；就像佛教思想大祇是"空"和"禪定"的學問。而道家哲學，也就是"無"和"無爲"的學說了。

只是，將"道"通聯或類比爲"無"的概念，實際上卻也將"道"這原已隱晦不明的形而上概念，陷入到更加難以認知，也難以解讀的地步。原因既在於"無"的概念本身較之於"道"的玄奧空洞，遑不多讓，甚至尤有過之。試想，談"無"還能談出些什麼名堂出來呢？

不過，想來倒也奇妙有趣。西方古典也傳統哲學，可說是從物事的"存在"，或說"有"來談起也開啓的。可是兩千年來，西方人似乎從未對於"存在"（有）概念洞悉透視。這從上世紀60年代西方人仍對"存在"概念、"存在哲學"等持續的爭論、迷思、無解可鑒。而另在東方的道學者，兩千年來，好像也沒有什麼人將老子學說中的"無"剖析透徹。而且，令人難以置信的是"有"（存在）、"無"兩個看來簡單通俗的用語、概念，怎麼可能又會是兩個複雜得難以理解，難以釐清的概念？

"無"究竟是一個什麼樣的概念？特別是這概念到底有何特別？或有何重要？竟可能與老子哲思中無與倫比的"道"之概念，旁通類比和相提並論？建議在攪智傷腦之前，不妨先來參考數學中"O"這個同樣讓人疑惑難解，但卻又似可類比同"無"的概念來做些概念擬比，看或能是否聯通些甚麼啓示？得出些甚麼參考？

6減6，3減3都等於O，或說"無"，是沒人持異意的。但是O的概念究竟是甚麼呢？O的由來據說是古代阿拉伯人以手指算數的一種變通方法。人祇有10指，所以每當數到10時，就用粒圓石替示，如此就不用擔心數多時手指不夠用了。這說法，其實也明示著 O 不是一般我們認為的 "無"，也不是我們一般人認為的 "不存在"。它其實可以代表著一個整數（存在數）。就如同中國古老的算盤，不也是將 O 當做一個 "定整數" 才得以運算操作的嗎。

數學家曼德布洛特（Benoit Mandelbrot）挑戰幾何學裡 "唯度" 的概念，也頗令人玩味。如果說，空間有三個唯度，平面算兩個唯度，直線算一個，而一點的唯度是 O 的話（不佔空間），那麼一個毛線團的唯度是多少？曼德布洛特認為，這要視 "你的觀點" 而異。從遠距離看毛絨團，只是一點，是唯度的 O。稍微近看，是平面的二唯，再近看，是三唯的立體毛絨團，當你把毛線團拆解後，毛線團其實是一唯的直線。這數學問題其實也挑戰你那數學觀念裡的數與 O 究竟是甚麼？

O 不是 "無"，而 "無" 不是 "不存在" 的觀念實在詭異。但是日常生活中，我們其實就是經常如此的使用並混淆著 O 的這種詭異概念。試想，溫度的 O 度，是沒有溫度了嗎？O 時的午夜，時間就不存在了嗎？水的顏色真是無色的嗎？黑夜時的大自然，就真的消失了嗎？ "無" 還有什麼奧秘呢？從觀見佛教派系中，不論是大乘中觀學派的 "萬象皆空（無）" 或瑜珈學派的 "境無識有"，或小乘學派的 "人空（無）法有"，或密宗的 "無我無相（涅槃）" 等理論，全都涉及到 "無" 的概念與爭論，使我們甚至可合理的懷疑著 "無" 的奧秘，是否也正是 2500 年前釋迦牟尼在菩提樹下曾經苦思苦悟的其中關鍵概念？

"無" 的奧秘究竟為何？老子的 "道" 與 "無" 到底在說些甚麼？我們或可再多參考些老子對 "道" 的另類比喻和描述、看看是否能瞧出些甚麼眉目或端倪出來。

　　道德經（77）:「天之道。損有餘而補不足」,對照並比較莊子天地篇:「天地雖大。其化均（穩定）也。萬物雖多。其治一（致穩定）也」文義,我們或可憶測老子所謂的"天之道"（自然法或自然之道）也既某種"均勻",或說"穩定"的作用（註:最大的穩定來自最大的均勻）。或也可以直接引申爲"天之道"就是某種"穩定"。另按道德經（16）:「天乃道。道乃久。」的章句來看"道"與"穩定"的關係就更明確了。因爲"穩定"的解釋,是可以用"長久與不變"的意涵來詮釋的。若再參考道德經中,老子對於"道"的較全面描述:「有物混成。先天地生。寂兮寥兮。獨立而不改。週行而不殆。可以爲天下母。吾不知其名。字之曰道……」,其字句中"獨立而不改"的不變與慣性意義,以及"週行而不殆"的永恆與不滅觀點,也全都是與"穩定"意涵的長久與不變意義契合和對應的,就更能加強"道"與"穩定"通聯的臆測了。

　　把"道"視爲穩定的一種靜態觀點,或視爲一種動態穩定的運作機理,在道德經裏是明顯並多見的,如22章:「曲則全。枉則直。窪則盈。弊則新。少則多。多則惑」。16章:「致虛極。守靜篤。萬物並作。吾以觀其復」。15章:「不欲盈。夫爲不盈。故能弊不新成」。道德經第6章:「谷神不死。是謂玄牝。玄牝之門。是謂天地根。綿綿若存。用之不勤」。老子甚至認爲天地萬物之產生,正是因爲"谷神不死"（致虛極、失穩）所致。

　　然而,不論"天之道"是一種"穩定的作用"（動態穩定）,或者就是"穩定"（靜態穩定）,但是,"穩定"與"無"又有什麼關係呢?似乎老子是越扯越離譜了吧?其實不然,我們可以這麼來想想,當我們乘坐飛機或輪船時,如果飛機和輪船在一種非常平穩（穩定）的狀況下行進時,我們是感覺不著速度存在的,甚至我們若說成是速度的"無"也不會有人持異見的。但是當飛機或輪船突然加速或減速,也既當速度"不穩定",或有"變化"時,我們就能感到速度的確存在了。"穩定",可解釋成一種"不起變化"。當飛機或輪船的速度"不起變化"時,速度對我們的感知或意識來說,是不存在的"無"。同樣的,當我們坐在恆溫空調的辦公室裡,溫度被控制在"穩定"(不起變化)時,我們對於溫度的感覺是不存在的"無",但是當空調故障,溫度有著升降變化時(不穩定時),人人都可感受到溫度的存在了。

再來看看化學領域中"穩定"與"無"的關係,我們把物質(包括液體和氣體)的不易起變化,稱為"穩定"。例如我們所知道的氮、氖、氬、氦、等惰性氣體,因為不易起變化,所以他們大多是無色、無味、無嗅、不易溶解、不易燃燒、不易混合的"穩定"特性。這也意味著當物質穩定時,不易產生變化。另看納原子的活潑(不穩定),是因為納原子通常是帶著些多餘的電子,而氯原子的不安定(不穩定),是因為通常少缺了些電子,所以當納原子與氯原子相遇也互動時,雙方的電子狀態在"損有餘而補不足"的道理下,就自然的會形成"穩定"的氯化納(食鹽)結晶和晶體的"穩定"了。再說呈酸性的氫離子(H),易與成鹼性的氫氧離子(oh)結合成"穩定"的水分子(H_2O),而水的特性是酸鹼現象的消失無蹤。

如果我們再將"穩定"與"無"的關係,放在最為複雜麻煩的人之問題上,會有些什麼啟示呢?老和尚尋求情緒的"穩定",意味著情緒的"無"。社會亂相的不存在(亂相的無),意味著社會的"穩定"。生態環境的不被破壞,意味著生態的不起變化(穩定)。都是明顯易見的例子。甚至當我們回顧歷史的過程或人生的旅程,我們可見證到,當歷代王朝呈"穩定"也無所變化時際，歷史的章頁是無可記載"無"，當生活呈模式化、機械化、十年如一日般的"穩定"也無所變化時際，日後這段生命歲月的回憶，似乎是空白一片也無所回憶的"無"。道德經（25）：「人法地。地法天。天法道。道法自然。」，是說"道"的法則，是天、地、人、物、大自然萬物都適用的。我們參考上述的幾許例子，似乎確實存在著某種"一以貫之"的端倪。

整理上述"道"與"無"、"無"與"穩定"的錯踪復雜關係，我們或已能看出其中之間，果然存在著某種關聯了。甚至我們也能辨識到，物事的"不起變化"，在物理世界是以"穩定"或"守恆"等概念來稱謂的。但是在人的感知（意識）世界，則是以"無"或"空"的感知（意識）狀態，做為其概念描述的。那也就像人腦若是沒有任何變化，如同植物人般，是不會產生任何"意識"的"有"，也就成為無所感知，也無所意識的"無"（空）之事實了。如此事理，或又能使得我們看清且認知到，原來"無"並不是真實存在於自然界域的自然物事描述，或說，大自然並不存在著"無"的如此物事。"無"祇存在於人的感知與意識中，且是人腦（智能）得以功能運作的某種機制也原理。

其實，有關"穩定"（不起變化）與"無"的更多些闡釋、解惑，也可從"現象學"的認知和觀點來檢視。"現象"，這被西方哲思者視為可類比為"意識與存在"的人為概念，其哲思觀點就認為，意識也既現象，而現象來自於相對物事的互動與變化持續。更簡略的說，也就是認為，現象（相）來自於變化（失穩、不穩定）。舉用些例子來說吧，我們對於溫度（冷熱）的意識（現象、有）產生，是來自於溫度（冷熱）的相對變化而來。距離（遠近）意識的產生，是來自於距離（遠近）的相對變化而來。速度或加速度意識的產生，是相對於原本速度的變化而來。人腦意識的產生，也是因爲腦部意識運作時的相對變化而來。既然事物的相對變化，是現象（有相）產生的原理也因素，是如一體兩面的關係，那麼事物的不起變化（穩定），也就是"無"的自然狀態和概念"本相"了。

在我思索並整理老子這"道"與"穩定"，"穩定"與"無"如此一體兩面又牽扯互聯之相對關係，是以"物穩相無"這看似簡略，但也內涵複雜的觀點來概念框格的。讀者或可參照，或也可以自己找出一種更好的精簡觀點，來詮釋或解釋其間之關係。

以"物穩相無"的"道"之觀點，對照道德經中那些晦澀難以捉摸的"道"之比喻或描述，如「道之爲物。其中有相。其中有物。」「天下萬物生於有。有生於無。」，「道。可道。非常道……故。長無。欲以觀奇妙。常有。欲以觀其徼。此兩者。同出而異名。同謂之玄。玄之又玄。眾妙之門。」等，我們幾乎已能確定且相當的把握住老子所謂的"道"與"無"究竟是在說些什麼了。

祇是，老子這"物穩相無"的"道之理"，是否可完整詮釋爲"道"？或定義爲"道"呢？似乎也不盡然！概略的說，老子所謂的"道"，的確是在論述著一種"穩定"的概念，但卻又是些與"穩定"相關的"大概念"（觀念）了。或說是由許多與"穩定"有關的現象、問題、和原理組成。包括了"穩定"的現象與存在描述，"穩定"的作用與利用，以及"穩定之理"的深究等，可說是對於"穩定"這大概念（觀念），從現象到結構，從結構到原理，從原理到利用等，多方面的全相論述。然；就也像"經濟"是個大概念，而"錢"雖是此大概念中最爲關鍵也核心的組成部分，但"錢"並不等同經濟。又或像"政治"是個大概念，而"權"雖然是政治的重要也核心部分，但"權"不是政治的全部般。"穩定"與"無"，或"物穩相無"等概念、雖然是"道"的基本也關鍵部分，是"道"的一方面相，但卻不是"道"的全面或完整觀念了。

　　事實上，就如同"物穩相無"這觀念本身，也是由物、穩定、現象、無、四組概念組構而成。而"道"的其他相關部分，我以為應還包括了名、有、實、虛、物、相、樸、一等概念，甚至包括與其相對的"物虛（失穩）相生"延伸觀念等。此外，老子道德經全貌，那更是兼具了"道"（穩定暨其相關論述）與"德"（如何穩定的方法、實踐與應用技術）的宏觀也完整哲學了。

第四章　深入“存在”與“有”的“名”義探索

何謂“存在”？何謂“有”？

西方哲學對於“存在”的字義困惑和爭議，是由來已久的。諸多的爭論因由中，至少有一樣明顯易見的原因，那便是從古希臘時代有關“存在”其字義註解可能釀成的混淆錯亂了。古希臘文對“存在”的字義解釋是「彰顯自己的事物」或「讓事物自己說話」。這麼抽象、古怪、又複雜的概念解釋，也難怪人人會各依角度，各取所需的來闡釋“存在”了。

柏拉圖承襲了蘇格拉底的一方見解，抽出了“存在”的“本質”說，正式的引出了“存在”的詭異之辯和“存在”的唯心論之惑。二千年後的迪卡爾發現“存在”必須經由“我的意識”才能產生。“意識”與“存在”的關悉，如同境中反映出來的物事，這鏡裡顯現的事物，是真是幻？是存在？還是不存在呢？而笛卡爾的如此人與存在論述，除了導引出西方個人主義的偏狹也極端思維外，更也厚實了西方“存在”概念的唯心論色調。

黑格爾的精神現象學，以及胡賽爾的超驗現象學，基本上是把“意識”解釋為“現象”，而將“現象”等同“存在”的觀點來研究的。他們認為以“現象”來解釋“存在”和定義“存在”既使說沒有完全抓住“存在”問題的核心，但是相比起來，柏拉圖談"存在"的價值或本質，迪卡爾談"存在"的懷疑與二元分類，尼采談"存在"的虛無與矛盾等，都只是在"存在"這問題的周圍打轉而已。

　　然而，將"意識"解釋爲"現象"，並將"現象"等同於"存在"所產生的問題與爭論，並不比傳統"存在"的老問題更少或更簡單。比如說，"現象"又是什麼呢？難道這世界不經過我的"意識"（現象）顯像，這世界就真的不存在了嗎？或祇不過是我的世界不存在而已？

　　"存在"的概念，究竟有什麼值得爭議之處？又到底有多少探討的價值？或只是一些哲學家，總能將簡單的事情變成複雜混亂的高明把戲？然而，如果老子能從"無"這種"不存在"問題上，尚能窺得天工開物、天理昭彰的秘密，那麼，"存在"當然有著更多的內涵或真理可待發掘了。

　　放眼週遭四處，瞧那風、花、雪、月、陽光、空氣，那春天的繁花燦爛、秋天的滿山紅葉，那宗教、信仰、社會、政治、經濟、法律、文化、藝術、以及個人生命過程中的悲、歡、喜、怒等一切自然的物事，一切人爲的"有"，都可說是"存在"的。如此重要的"存在"概念，怎可能沒有探討的價值，或不具深究的意義呢？事實上，若能認知到有關"存在"的哲思與思辨，從來就是西方文化中的傳統也主流部分，雖三千年來仍強韌不墜的情形與事實來看，說"存在"的哲學，也既爲西方哲學的"第一哲學命題"，其實是不爲過的。

　　既然西方哲學中的"存在"概念與哲思，基本又真實、關鍵且重要，卻又顯然仍深陷於困惑未解的泥淖中。那麼，若問說東方中國的文思與哲學中，是否也有類似或可類比於西方"存在"概念的概念疑惑或觀念見解呢？我以爲答案其實是有的，但卻是

有其前提的。而其前提則是；如果我們能接受和認同"存在"與
"有"是具同質性、且可互通類比的兩照概念。

　　從道德經（32）章：「史制有名。名也既有」文義來看，老
子時代人們對於"有"或說"存在"的概念，是以"名"的概
念，稱謂和比擬的。非常明確，也非常直接。

　　只是，"名"又是什麼呢？原來"名"也既是我們將一個
"存在"的物事，配以一種如似"符記"或"身份"（I.D）來給
予框格確定，以利於"人腦機制"（智能）對於"物事與存在"
的辨識和類別。再次借用蘇珊蘭格的話說：「創造符號（符記），
是人類早期歷史中最主要的活動之一，人給任何存在的事物加以
"命名"，在人的心靈中，它是一個永遠不停的長智過程。而人
類的一切成就，都是以使用符記（名）爲基礎的」。

　　"符記"的複雜在於它的多元也多樣性，如音符、圖符、字
符、形符、或嗅味符、或觸感符、或多類符名的相混滲合等。然
而，不論是任何種類的"符記"，都是我們人腦對於"物事與存
在"的一種"存有替代"，也既是一種"名"的概念描述了。所
以說"名"既是"存在"，"名"也就是"有"了。

　　不過，卻又也如道德經開章篇：「道。可道。非常道。名。
可名。非常名⋯⋯」所述，"名"雖然可視爲人腦相對於"物事
與存在"的一種替代符記，或概念稱謂。但是老子所謂的"名"
又與上述一般人對"名"的認知和理解，是有著出入和差異的。
而此種差異，奇妙又真實、怪異也細膩，但卻也正是老子對於"存
在"（名）見解的突破關鍵與卓越智慧所在了。

　　老子的"名"，又有什麼"非常名"的睿智或秘密呢？參考
些例子吧！當我們看到"雪"這字符，或聽到"雪"這音符時，
我們腦海裡也"意識中"真正浮現出來的是白茫茫、輕綿綿、漫

天飛舞的白色絮狀樣物，而不是"雪"的字符筆劃結構或音符的餘音嬝嬝。當我們看到或聽到毛澤東，蔣介石，這些符記（名）時，我門腦中呈現的是這兩人的面貌、神情、特徵、模樣、甚至摻雜著些情緒上的喜、怒、愛、憎等，而不是這兩個"名"與"字"的符記本身。當我們想到水或彩虹時，我們腦中浮喚出來的是無色透明，晶瑩惕透的液體和天邊一灣七彩的美麗色象，並不是水或彩虹這些字符本身。換句話說，當人爲符記（名）背後的概念內涵、或物事形相顯像後，符記的作用就消失了。或也可以這麼說，人爲符記（名），並不一定是"存在"的實體、或真實的"物事與存在"本體。人爲符記（名），更像是連繫"存在"的開關、或打開"存在"的門匙。這或也就是老子強調他所謂的"名"，不是一般人所經常認知的　"名"之深義吧？因爲老子的"名"果然另有玄機。這道理或正也是老子欲語還休、解釋不清、且以"非常名"語句，試圖含混帶過的原因吧？或許另也是哲人康德總認爲理解"存在"，應從事物的"本體"著眼，而不應從做爲述詞的字符著手的原因吧？

對於如何能將老子那所謂"非常名"與"有"（存在）的概念聯結，找到更好也更合理的概念解釋。或說老子所謂的"非常名"與"存在"概念類比，應如何正確解讀？如何正確理解？我在久經斟酌，並自認對於老子思想已大致有所概念認知，並以貼切也符合老子思想的哲思義理下，是以"結構"這較現代化、教被人熟悉，也較容易被人解析和了解的物理學概念來替代的。也就是說，是將"有"與"存在"的概念，另以較易於解釋和理解的"結構"概念，來定義和詮釋的了。

以"結構"的概念思維，替代"存在"或通聯於"有"（名）的概念思維，非但可以精確的解釋道德經中一些隱晦不明的文意，如道德經 21：「道之爲物。其中有相。其中有物」或如：「無名（無所結構）天地之始。有名（有所結構）萬物之母」等，晦澀深奧之論述。另也能合理的解決符記（存在）背後另有結構（存在）的矛盾，因爲符記本身既爲結構，而符記背後的本體，當然也是結構，兩者都是“結構”的，也都是“存在”的。

　　將“存在”視爲“結構”的觀點，在西方，其實也是有人倡導的。1992 年在不拉格舉行的第一屆斯拉夫語言會議上，有語言學家提出語言的結構論，而有“結構”一詞的出現。並開啓了結構主義的興起。以至於後有心理分析家啦蘭（J. lalan）的心理結構論，經濟學的經濟結構論，人類學家的人類學結構，數學的數學結構，社會學的社會結構，生態學的生態結構研究等，至於物理學的物理結構觀點，那更是早在結構主義興起之前就已被普便接受的結構與存在概念了。

　　“存在”也既“結構”的觀點，放在具有實體與形象明確的“物”之比擬上，是容易被了解的。一滴水、一朵花、一片雲、一隻小鳥、旋轉的星球、無邊的宇宙，或一首詩、一篇文章、一齣戲等都是結構，也都是存在的。這些存在，不會因爲個人的存在與否，或感知與否而改變。至於，人類因意識（現象）而產生的形而上“存在”（有），也必須知道，“現象”仍是依附著結構，或說經由結構間的互動或運動而產生的（參閱本書結構與存在、相與象等文章）。

　　總之，沒有“結構”，就沒有物事的存在。沒有結構間的互動，也不會有“現象”的生成。老子把一切“存在”視爲“非常名”（結構）的怪異概念，並說出「無名天地之始。有名萬物之母。」的奇異宏偉見解，實以突破了西方哲思三千年來，有關“存在”的疑惑和困擾，且也爲解決新世紀的眾多“存在”（結構）

難題，特別是於人文和人本方面，如經濟、政治、法律、美學、教育、憂、歡、喜、懼，愛、恨等一切存在（結構）問題，提供了最具理性和知性的問題依據和解決方法。並也爲時下當今近乎如死寂如泥淖般無解的"存在哲學"，注入了如活水、如新綠般的生機。

第五章　道法自然？

　　當我們對於<u>道德經</u>中"道"與"無"、"名"與"有"、"存在"與"結構"等概念，有了些概略的初識淺知後，就可以更進一步的來談論老子思想是如何架構的了。或也可說，就可以讓我們得以進入老子內心，那千百年來寂寞冷清的觀念世界溜達也窺視番，到底那是一個如何的意識與認知世界？和有些什麼稀奇古怪的東西在那？

　　如前述，我對於老子哲思（<u>道德經</u>）的重新解讀與解惑，是來自於"太極圖"的靈感和啓示，且是以太級圖的圖符分解與次序排列，對照著<u>道德經</u>中那些關鍵又晦澀的支柱概念，並參考西方哲學中類似概念的分、析、評、比逐步成形和漸生肌裡的。我以爲這方法既容易解讀也容易理解，一目了然，又清爽不膩。依法複製，我們大可仍就從太極分解圖符的概念排列與過程理解開始。

　　太極分解圖的首先也開啓概念，是"道"的概念了。當然，現下的我們或已能概略知曉，甚至也能接受老子所謂的"道"，若客觀也物理概念的解釋，是描述著一種與"穩定"有關的理論。只是，如此的"穩定暨相關之理"作用在人（或生命）的感官機理也"意識"運作上，是以無所感知，無所感應的"無"或"空"之類概念來表示或描述的。

　　然而，當老子說出：「人法地。地法天。天法道。道法自然。」

意味著他所言說的“道”，既是自然法則，且是天、地、人、物、共所遵行，萬物一統的自然法則。如此宏偉壯觀，但卻也駭人聽聞的言論，難免的就會引人關注、沉思、和疑問了。

　　“道”（穩定暨相關之理）的理論，究竟是什麼樣的自然或宇宙理論？是否真如老子所言，那是一種運作自然萬物的基本法則，且是爲天下萬物共所尊循的共通也統一法則呢？

　　當談論“穩定”及其相關理論的諸多困惑或迷失中，或首先面對的混沌迷糊，則是“穩定”這概念的難以定義和諸多面相了。比方說，我們大都能認同“穩定”是“不起變化”的概念解釋，但是實際上，規律閃動著明暗的燈塔訊號，我們可稱爲“穩定”的訊號，持續變化方向的轉動風扇，我們可稱爲“穩定”轉動的風扇。四季的變化、星球的自旋、也都可稱爲“穩定”的運動狀態。那麼，“變化”也能有“穩定”的內涵和理解嗎？

　　除此，與“穩定”相關的另些深奧稱謂，如“個物靜態下的自然穩定”，“雙相對稱下的平衡穩定”，或“多元互動下的均勻穩定”等觀念，甚至包括老子對於“穩定”的另類隱喻，如“無”與“一”等概念，就更加的晦澀難辨，也使得“穩定”的理解與論述，更是難以捉摸也不易談論了。

　　致於另問“穩定暨相關之理”，是否真如道德經中「道生萬物」或「萬物得一以生」等文義所言，是萬物源出的理論，且爲天下萬物所遵行？這些命題與疑問若從「凡存在（結構）的，必然是穩定的。否則，是難以存在或長久存在的」的“結構論”觀點來說，其實已如昭然若揭般，是無須置疑的。這些有關“存在與結構，結構與穩定”的關係與問題，將會在本書「德經的啓示」以及「老子哲思 VS 達爾文學說」等章節中另有論述，且略過不談。在此，則僅就“穩定暨相關之理”是否爲自然的法則？又是些什麼樣的自然法則？做些值得咀嚼與玩味的論述。

　　整理時下當今與"穩定"有關的一些物理也自然理論，隨手可拈得的有，從單純个物的"靜態穩定理論"，到對物雙相的"相對穩定理論"，到多元互動的"複雜穩定理論"等，分別論述如下；

一、慣性定理
（單純个物的靜態穩定理論）

　　慣性定理，也既不變定理，或守恆定理。是牛頓三大力學定理（慣性定理、變動定理、反作用定理）的第一定理。其定理解釋是，當物體在運動（或靜止）時，如果沒有外力的影響（互動），其運動（或靜止）狀態不變。

　　牛頓的慣性定律，嚴格來說，與"力"的關係並不直接和關聯，但是對於慣性也守恆的描述和解釋，則是明確和重要的。而慣性定理的重要科學意義，是可將大自然的許多看似繁雜隱晦的機械現象，都可依據此一定理而得到正確解答。像似如，太空中自旋的星球何以自旋？地球的四季節分何以不歇？個人的主觀與喜好何以難改？都是典型的例子。

　　由於慣性定理是立基也前提於沒有相對外力的介入，或說沒有相對外物的互動意義上，是屬於个物單相的靜態穩定理論。可說是較易於想像和理解的自然之理了。而如此單相个物的靜態穩定理論其實用性和可應用性、較具提示意義的例子，則可見於佛教的一些理論與實踐上。如出家、遁世、識無所寄、根塵脫粘、等拋捨觀點或解脫法門，其實都是建立在如"不受外物影響"，或"不以物累形"則易常保心神穩定、自在等，如似个物靜態穩定理論所論述的事理上。

二、特殊相對論
（對物兩相的相對穩定理論）

愛因斯坦的相對論，有特殊相對論和廣義相論兩種，被譽爲是 "驚世" 的智慧，以及 "人類心靈所能達成過的最偉大推論"。其分際爲，特殊相對論是在某特殊前提或假設條件下，才能成立的相對也穩定（不變）理論。而廣義相對論是在不設限、無條件，也既多元與互動下的穩定（均勻）理論。然而於此，我們則單就特殊相對論，來做些與 "道"（穩定暨相關理論）有關的連接和解析。

在強尼羅傑（Roger s. Jones）所著作的衝擊（Physics For the Rest of us 正中書局管琥譯）一書中談到，愛因斯坦曾想把他的 "相對論" 名稱，改爲 "不變（穩定）定理"。可是那時 "相對" 這個名稱已經在科學界以及一般人的思維和想像中，被廣泛的採用了，連愛因斯坦也覺得改名的時機已太晚而放棄。由此段話，我們其實已略可意會出 "相對論" 與 "穩定" 理論的某種通聯了。

特殊相對論（或狹義相對論）是愛因斯坦在 1950 年所提出的論文研究，他私下稱之爲 "均勻"（均恆）運動。這篇論文的特殊意思是指，此理論必須是在某種特殊也條件前提下，才能成立的理論。而這前置的條件是說，當參考物（座標）與觀察者皆在一種相對也對稱的穩定運動情況下，那麼，（a）物理的法則是相同的（b）光的速度是相等的。

愛因斯坦的相對論，是出了名的艱澀難懂。原因其一是其理論的源出處，是建立在數學的符號邏輯和演算上，而非一般人文哲思的可辨識概念上。只是，將這種 "數學的語言"（數學符號），翻譯或解釋成容易被人理解、能被人感受到的一般可辨識言文或可認知觀念，其實是困難和不容易的。特別是對於一些非文學專長的科學家來說，尤其是強求了點。其次的原因，則或許是其理論確實是超越了些，超越了一般人的經驗法則所能意會，而不易讓人"有所概念"。甚至也有可能是愛因斯坦本人，其實也並不太有把握他那隱約所見到的完美"數學方程式"，到底是在闡述著什麼樣的觀念或理論吧？那也就像他以"彎曲的時空"來描述他那 "重力理論"般，恐怕是連他自己也無所適從和莫明其妙的吧！

就我個人來說，對於特殊相對論的理論詮釋是這樣看待和理解的，比如說，當我們乘坐火車，如果左右都有火車在旁，並以相同的方向，相等的速度行駛時，我們能經驗到旁邊或己方的火車好像沒有在移動，是靜止的。而對方的觀察者，也會有同樣的經驗。而此時際；若旁邊的火車速度，假設是以光速行進時，那麼，我們這方的火車速度，也必然是以相等的光速行進了。

也就是說，愛因斯坦在他的特殊相對論中，雖然沒有明確指出他所謂的物理法則究竟是什麼樣的物理法則，但其實仍是不脫牛頓那"慣性"也"守恆"的基本法則。只是在牛頓那種"个物單相穩定的靜態守恆定理"上，再加上個相對也對稱的客觀關係。包括這種相對也對稱的穩定現象，對人所會產生相對的"物穩相無"奇妙認知與怪異感受問題等。可說是"對稱也穩定的相對穩定理論也物理法則"了。

特殊相對論，或許正因其特殊性和條件性的框架和規範，就其應用性或實用性來說，長久來是較少被人認知和重視的。然而，隨著時下知訊和知識的快速發展和相互滲透、連結。更多也更宏觀的相對論事理、已能讓我們認知甚至熟習了。而特殊相對論其潛在利用性，也已不是如早期科學家所謂：「只適用於供奉在宏偉的學術殿堂」或「走不出高聳象牙塔」的學問了。比如說，特殊相對論所揭櫫的相對穩定內涵和對稱性原理，就哲學層面來看，似乎可以與“同”或“一”的哲學思維相互印證。而“一”的哲思，也正是道德經中“德經”的主要論述和觀念介紹。老子認為“一”（致一）不只是結構何以形成，何以穩定（不變與長久）的因素和原理，另“致一”（同一）的哲思，更是解決“如何穩定”的有效方法了。若再另就“對稱性原理”的科學層面來說，則可參考有關系統理論中的“協同”理論。“協同”學說，為德國物理學家哈肯教授所創，學說內容主要是在闡述解決系統從無序混亂到有序穩定的一般方法和規律。可應用於化學、生物學、物理、生態學、經濟學、社會學、甚至哲學、宗教學等廣泛領域中。（參閱現代系統理論顏澤賢著遠流出版）顯然是個有著“大用”的科學也自然理論了。

三、「熵」理論
（多元互動下的複雜穩定理論）

　　“熵”理論，是熱力學中的一個基本也重要理論。最早由德國物理學家卡西斯（Rudef clausivs）所提出。是說，“熵”值（穩定值）越小，亂度越大。“火商”值越大，亂度越小。“熵”值成零度時，亂度也成 O 度。

　　“熵”理論，雖然所描述是為：「在一個密封的容器內，熱源縱使只是從一點進入，卻會均勻的遍佈到容器內的所有个點」。理論論述似乎不甚起眼。但是其理論的重要意義，卻因可適用也通用於「單位系統內（或共相結構內），多元也開放互動的運動現象和運動模式」，而令人側目與注意。比如說，人為的社會或人為的經濟等，都是種典型的「單位系統內（共相結構），多元也開放的運動現象和模式」。所以，也都符合如；當人為的社會（或人為經濟）其 "熵值" （穩定性）越小，社會（或經濟）的亂相也越大。當人為的社會（或經濟）其穩定性（熵值）越大，社會或經濟的亂相也越小。當人為的社會（或人為經濟）最為穩定時，社會（或經濟）就會以共相宏觀的 "物穩相無" 或說無所亂相呈現。

　　此外，"熵" 理論的另外重要意義，是提供了「如何在多元且交互運動的開放模式下，達到某種共相（整體）均勻（穩定）的可行性和方法」。而掌握了這種「系統內的動態穩定（或均勻）方法」，用處可就重要和重大了。比如說，包括如理想經濟的均富方法、均利目標，社會實務的公義、和諧，以及生態學實務的多元、永續等理想，都可能因如此方法的掌握和利用，而能有所做為了。（註：參閱本書 "梳理與補遺" 章節）

　　"熵" 理論，另也可解釋為 "系統內的狀態函數" ，是反應 "系統內分子運動的狀態和性質" 。其理論的可運用性、可利用姓是廣泛的。從解釋水的結冰、到水的沸騰，從廣告的傳播、到社會的運動，從揉勻麵糰、到食物的調味，從流行的擴散、到流感的感染，從文化的融合、到傳統的消失等。甚至，我們或也能體認到老子哲學的核心與基調，也既建立在 "宏觀均勻（共相穩定）的動態穩定理論" 上，並且是有所論見也有所見解的學問了。

　　大自然中相關 "穩定" 的理論還有多少？老子那所謂 "道法自然" 的 "穩定暨穩定之理" ，是否真是為大千萬物所遵循的自然法則？回答這些問題，或可再參考美國物理學者理查、費曼（Richard P Feynman）所著的物理之美（The charlter of physical Law 中譯 天下出版）書中片段文義而有所啓示。他說：「探尋物理定律，就像在拼圖。我們已經看到許多片段的共通特徵而獲致許多鼓舞，而所有這些物理定理的共通特徵，都遵循著相同的守恆之理。守恆之理，似乎是物理世界中無所爭議也最基本的定理之一了」。從此段的文義論述，我們或能意識到，遠較 "守恆之理" 更全面宏觀也精采整齊些的 "道"（穩定暨相關之理），則應能讓我們對於老子那所謂 "道法自然"，且為萬物所遵循的說法，增添了更多些的信心和興趣吧！

　　事實上，如果我們對於 "穩定暨相關之理"（道及道之理），有著更多也更深入些的了解，就不難見識到，包括人類在內的所有生命物，不論其生命的本能運作、生命的機理、生命的延續等所有生命問題上，都關聯也牽扯著 "穩定暨相關之理"（參閱本書老子哲思 vs 達爾文學說章節）。也就是說，"穩定暨相關之理"（道及道之理），不僅是物裡的法則，也是生命的法則，它不只是可形象的結構與存在，也能是形而上的變動與機理，且存在於自然物理和人間人文的所有領域，無所不在、也無所不受其制約與規範著。

第六章　第三隻眼觀下的
"物" 與 "結構"

　　太極分解圖的第一順序部分，是 "物"、也既 "結構" 的出現了。對許多人來說，既使是在今天，也很難將 "物" 的定義，與所謂的 "結構" 扯上關係，遑論認知及理解了。然而，老子非但將 "物" 解釋爲 "名"（結構），更說出沒有 "結構" 的存在，天地無以爲生，萬物無以而出的奇異宏偉論點（註；無名天地之始。有名萬物之母）。實以超越了一般人們可能經驗及想像的極至，且讓人禁不住的疑惑著，老子這人如何會有如此先知、卓越的見解？

　　其實將 "物" 視爲 "結構" 或 "組合" 的觀點，早在古希臘時期就存在著。泰勒斯（624-547bc，古希臘七賢之一）派哲學有 "水" 的始基說，認爲萬物產生於水，也復歸於水。德模克力特（460-370bc）的原子論，認爲萬物是由不可分割的微小原子結構而成，尤其令人驚嘆。此外，約在 600BC 左右，小亞西亞一帶也已流傳著自然萬物是由水、火、空氣、土結構而成的 "元素結構論" 說法了。

　　這些泛中亞的古老 "元素結構論" 對世界的古早哲思影響很大，也因此有些西方學者認爲，中國的 "五行"（金木水火土）觀念，是受到西方 "元素結構論" 的啓示而形成產生。並以此爲證，引伸出古中國文化就如同古印度文化般，其實是深受到西方文化影響的說法。

　　如果單僅就中國的"五行"觀念來說，的確是有可能與古中亞的"元素結構論"有些關聯的。史載中國古老的"五行"學說，起始於周末春秋時的齊國（約500BC）。齊國靠海致富，海上的貿易繁榮，許多新穎的的思想由海上而來也不足而奇。古史也有齊人多怪誕之語的記述。且戰國時代的五行大師皺衍就是齊人。但是，僅憑一項特例，就將中國文化例為泛中亞文化的一環，也未免太牽扯浮誇了些。試問，有什麼人會因為馬可波羅將中國北方麵條（Spaghetti）和蔥油餅（Pizza）的做法帶回義大利，就因此認為義大利的飲食文化，是中國飲食文化的一支分流呢？

　　從中國以往主流文化（古中原漢文化）的源頭－殷商時期（約1384BC）的甲骨文發掘可鑑，中國古文化與西方古文化是大有分別，且是截然不同的兩種系統和面相。凸出也明顯差異的方面如說，西方文化遠自古埃及王朝時代就有"神"的觀念。但是中國古文化不但沒有"神"甚至連"天"這種觀念也是沒有的。殷商人只有"地"和"鬼"（人死為鬼）的觀念，其崇拜問卜的對象是自己的直系祖先。偉大的祖先則以"帝"的封號稱之，意思是"鬼中之雄"或"鬼中之王"。大量的證據顯示著，中國人從事祖先崇拜的"孝道文化"，可真是源遠流長，且是絕不同於西方古老的"神道文化"的。從檢查河南安陽縣小屯村所掘出的十二萬餘片甲骨文中，沒有"天"和"神"這些字跡，也可解釋為何中國古老傳統的主流文化，如道家和儒家的古老學說裡，皆沒有神、宗教、或奇蹟論的成分。孔子甚至認為君子是不該"怪力亂神"的。中文"天"與"神"的字眼最早出現，見於西周時期，大約在老子稍前的時期。是否與西方文化交流的影響有關可另行評估，但古中文的"天"字，原本也只是和"地"相對的單純名詞而已，並沒有附予如真理、或萬能、或神通等如西方"神"或"上帝"或"救世主"之類的概念與內涵。

老子的"物"（結構）與"名"（結構）觀點，也不同於西方的元素結構論。道德經裡不論是無、名、相、樸、道、一、等重要概念描述或解釋，都自有一番道理，且相通互聯，自成一套完整的觀念體系。事實上，全篇整本道德經裡，完全沒有水、火、土、金、木、等元素觀念或暗示等，實已全然的否定了西方元素論的滲入或影響了。

然而，若說老子思想沒有泛西方古元素結構論等觀念做為靈感或啟示，令人好奇的是他的"名"（有）、"物"（結構）觀點，可能會是由何種觀察或認知導引出來？而我個人的看法則認為可能是與他的造字工作有關了。要知道，老子年代的周朝史官，除了掌握知識文書之責外，另有項傳統也重要的工作就是文字的整理和創造等。傳說中國文字是由黃帝的史官倉頡所創，更真實的來說，應是經過長時與多人的創作和演化而來。而殷商以降，歷朝各代的史官尤其佔了絕對且重要的過程。直到秦始皇統一中國和文字時，這些原本屬於史官的工作才緩慢或停止下來。

造字的困難，不僅在於文字符號背後其意義的呈現，中國符號字的創造和建構，尤其不容易。中國字可說是一種濃縮的"集合概念"，不但只用一個音符表示，也只用一個完整且獨立的形象符號呈現，有如一完整印象派或抽象派的藝術作品，卻被要求祇能用最簡單的線條，最寫意的描繪，表達出最完整且符合實物的內涵或意象。當一些概念涉及到無形無象的"形而上"物事，如善、惡、吉、凶、國、法、鬼、神等，就更加的困難不容易了。

這也是近代一些語言學家的看法。他們認爲，語言或文字等符號背後的結構組合，不但是創造的，更是種組合概念，是非常複雜的。

其實，我們從老子的"名"（物、結構）觀點來看，不僅概括了具有著具體形象的"物"，也包括了無形無象的"物"，甚至將　"道"這種複雜的形而上觀念，也能當成"物"（結構）來看（註：參考道德經　21；道之為物。惟恍惟惚。……其中有象。……其中有物……），這是泛西方古元素結構論僅是從具有實體形象、物質層面的觀察範疇和見解來說，無論是宏觀和深度等，都是遠遠難以企及的了。

將"物"視爲"結構"或"存在"的見解，對於物質也物理世界的"凝態物質"而言，是較容易明白的。甚至包括這些"凝態物質"間，因互動而產生出來的"現象"，如光、熱、電、磁、風暴、地震等，也都是可理解和可檢驗的。但是，對於個人也"唯心"（意識）世界中的形而上結構和存在，不論是如先天也本能的苦、痛、色、味、恐、懼等，或後天也本質的智慧、經驗、仁慈、邪惡、信仰、知識、美、趣、厭、惡等，究竟是些如何的結構和存在？或如何的"現象呈現"？就不容易理解了。不過，本章節仍試圖分別從物質也物理世界，以及人本也"唯心"（意識）世界，兩種不同領域的"結構"與"存在"問題，做些粗略淺見的介紹和闡釋。

一、物質世界的實體（凝態）結構

大自然的實體（凝態）結構（存在），千奇百怪，多姿多彩。有輕如浮雲般的羽毛結構，也有重如鋼鐵般的金屬結構，有細如絲線的條狀結構，也有薄如雪花般的多角結構，大如山岳，廣如

海洋，而又小如分子、原子，更有流動如水銀，彈性如海綿等，
當然更神奇的是有極為複雜的生命結構了。

　　大自然為何會有結構的形成？為何會有如此多元不同的結
構與存在？如果要去細思追究的話，恐怕難免會有如莊子的答
案；以有限的生命，去探尋那無涯的宇宙，是無知亦無功的蠢人
也傻事作為了。可是，人是奇怪的，也不是人人都有如莊子般的
想法，對於好奇疑惑的事情，總是會有人不停的嘗試著去找出他
們意想知道的事情，結構的故事也然。

　　人類過去，經由各種途徑和方法，研究物質的內涵與結構，
結果發現一切物質均由原子所構成。這原子非常小，不要說是用
肉眼了，就是利用一般的顯微鏡也看不到。如果你仍想知道原子
有多小的話，那麼試著這麼想像吧！一個以肉眼無法看見的人體
細胞，有四十六條染色體，而每一條染色體都由上百萬組基因組
成。每一組基因，約有上百萬節核甘酸，而每一節核甘酸又是由
好幾十個原子所構成，你能想像出原子有多小了嗎？

　　20 世紀早期的一些物理學家認為，原子這玩意的“長相”就
像宇宙間一些有著外環的星球一樣，星球本體是由質子和中子所
組成，外層環繞著旋轉的電子。他們真的很相信原子的結構就是
如此，甚至相信原子核和旋轉電子間的距離約十萬倍，並用了寫
實的例子來比喻；電子旋轉的範圍若如藍球場般大小的話，原子
核就像球場中心一枚一元錢幣的大小比例。不久後一些科學家，
如日人湯川秀樹稱謂發現了結合原子與中子間的介子，於是人們
又相信原子是由質子、中子、介子等基本粒子所構成。

　　第二次世界大戰見證了“原子彈”無與倫比的毀滅力量後，
也將更多的科學家帶進入更積極研究原子的秘密行列。他們發現
原子並不是最基本、最小的粒子，原子仍然是可以被再切割的。

換句話說，原子是結構，是由另外一些更小的粒子所結構而成。於是他們使用一種巨大又複雜的高速加能器，利用原子撞擊另外的原子，想從被撞碎的原子碎塊裡查看，原子到底是由那一種基本粒子所構成。被撞碎的粒子顯示出幾十種不同形狀的碎粒（或碎片、碎塊），又使他們迷惑了。他們似乎無法找出真正的基本粒子，因爲他們無法對於一些僅出現約百萬分之一秒的小碎塊，進行瞬間的再加工切割和捕捉。

直到今天，不同的粒子（碎塊或碎片），如介子、微中子等，被陸續的發現，種類也已超過三百種。這種只要想發現，就不難做到的發現。弄得原子到底是什麼？什麼是中子、質子、介子等，也不敢太肯定的亂猜了。甚至也沒有什麼人會真正相信那傳統的原子模型所示；原子是由那種胖都都圓滾滾的原子核和有著如衛星般環繞的電子所組成。

原子顯然不只一種，而是有許多種。目前原子序的排列已超過一百種。不同的原子中有些很輕、很小、如氫、氦、鋰等，有些比較大也比較重，如銅、鐳等，他們有些能相互結合成爲一個新的分子結構，比如氫原子和氧原子可以變成爲一個水分子（H2O），碳原子和氧原子結合，依不同的比例排列就可成爲一氧化碳或二氧化碳這類分子結構。而分子結構的意思是代表一組穩定的原子群。但是有些原子可能本身結構已經很穩定了，所以很懶、也不活潑，不容易與其他別種的原子結合，如氦、氖等。這些原子到底是如何結構而成的？形成條件和基礎是些什麼？這些問題顯然是物理學家，待做的功課和待解的迷了。

由基本粒子的積聚所形成的小結構，另經積聚組合形成較大的結構，再經積聚組合形成更大的結構，依此累進推增，就形成宇宙萬物不同的結構，也形成我們今天的花草動物、山水石木等凝態物質的世界與存在了。人體火化了會成爲一堆灰燼，樹木亦然，所有凝態物質澈底解構後，都會化爲基本物質，散失而不存在，又成爲不存在的無。凝態（實體）物質的結構積聚組合，和結構存在的關係是直接的，也是無所爭議的。

二、物質世界的共相結構

原子是如此的微小，以至於就以往年代人們的"眼觀"世界而言，原子是不存在的。20 世紀時，科學家又發現了比原子更小，更微觀的粒子世界。一些粒子微小到能穿越一千哩厚的鉛塊而不受到影響和打擾，能貫穿地球無數次，才可能被地球內部結構阻擋碰撞到的機會，可說是已小到超越出我們可能想像的地步。

這麼小的粒子世界與我們人類有什麼關係呢？甚至一些早期的物理學家也認爲，這些微觀的粒子世界可能只對於哲學有些啓示罷了，對於科學而言，實在是過於微小空無，而不具太大的意義。然而，由於近代電磁學、光學、量子力學、混沌科學等的快速發展，粒子世界正逐漸顯示出無與倫比的重要性，這重要性若說成是革命性的物理新思唯也不過分。如就有人說，能真正代表 20 世紀的傳世科學只有三項，分別是相對論、量子力學、以及渾沌理論。而這三項科學都與粒子世界有關。

基本粒子的世界，是能源的世界，是整個宇宙的建構材料，也是整個宇宙萬物顯像與變化的動力。它與原子以上的結構世界有著極大的不同，它不但挑戰著牛頓的古典物理學觀點，也挑戰著人們對於物理事物認知的許多觀念。事實上，我們所知道的物理世界，的確可劃分爲次原子下的粒子世界，和以往古典也較熟悉的原子之上的結構物理世界。而它的分際，正可藉由老子所謂的：「無名（沒有結構）天地之始。有名萬物之母」駭人理論來分際和詮釋。

　　粒子世界的被注意，從牛頓對光學的研究時就開始了。那時的科學家對於"光"究竟是一種波？或是一種粒子？有著迷惘與爭論。直到愛因斯坦的"相對論"出世後，有關的爭論才趨於平息，也大致接受了光是粒子（光子）的看法。愛因斯坦解釋光是粒子但又有"波"的性質理論，終於觸發了 20 世紀最偉大的科學發現，也就是"量子力學"的出現。

　　光粒子非常小、非常自由、也非常獨立，自由又獨立的原因簡單的說，就是光粒子實在太小了，小到穿過任何結構時，除了極小部分會被阻擋反射外，其餘大部分的光粒子會從你我的身體、鉛塊、水銀等這些結構的隙縫穿過，而這些隙縫空間對光粒子而言，仍是太大、太空洞了。然而，像光粒子或類似基本粒子這樣各自獨立、自由、又不形成凝態結構的粒子，既然不屬於結構，爲何又能產生如光、能、電磁、溫度等"現象"與存在呢？豈不是與老子所謂的：「有名（結構）爲萬物之母」相互矛盾？這些問題，正是近代量子力學所研究的其中領域了。

　　量子力學，顧名思義，就是極爲龐大數量的集聚粒子群，在與物質互動時，所能產生的現象或影響。比如說，有科學家認爲我們指甲大小的面積上，每秒至少有五十萬次數的空氣分子相互間發生接觸或碰撞，每秒鐘有十又十四次方（10^{14}）的微中粒子，從我們的身上穿過。光粒子同樣是以龐大密集的"粒子場"方式"平行移動"著，這種密集但又各自獨立的"粒子場"能算是結構嗎？這就要看你到底如何定義結構了。

　　量子力學，有個奇怪又頗值玩味的理論可供斟酌和參考。這理論說，任何"能"與"功"的轉換，不論是熱、磁、電等，必須是以"量塊狀"的互動方式才能產生。或說必須透過量子集聚，形成 "場結構" 的方式才能產生。而量子理論中不論是薛丁格的 "波動力學"（Wave macnanic）或海森堡的 "矩陳力學"（Matrix macnanic）都可以稱之爲一種結構力學。這話也許不好懂，但是看些例子就較容易明白了。水力發電場，可以將水流（水能）轉換爲電流（電能）。但是，如果這水流是呈穩定不斷的情況下，則是不能產生水能的。既使將發動機設在海中央也不行。水流必須如瀑布般，破碎分裂，並形成塊狀的水流，才能轉動發動機。再看一個 "紊流"（水能流）的例子，當水流流經峽谷、灣口、或岩石區時，往往會形成急端沟湧的水能流，這紊流的起因正是因爲水流的被阻擋與磨擦後，產生斷流塊狀等破碎結構，這些碎塊形成的結構間，相互擠壓傾軋，能量釋出，而產生沟湧急端的 "紊流" 了。這與科學家解釋風暴形成的原因是差不多的。在複雜一書中，作者引用一些科學家在電腦模擬風暴產生的情形，明白顯示風暴的形成，正是由於雲層內無數的各自也塊狀結構，相互擠壓、衝擊所致。厚實的雲層並不會產生風暴，如同厚實的水流並不會產生水能流，特別是在穩定（持續不斷）的情況下尤其如此。這也正是老子認爲；「只有結構與結構間的互動，才能產生現象（能或功）」的道理了。

　　量子力學，這種大數量但所有粒子又各自獨立的集結也結構群，也另有一個形容稱謂，叫做 "共相結構"。此種 "共相結構" 在近代，尤其是理論派的物理學者，有以 "場" 的觀念來看待的。他們將 "場" 解釋爲 "範圍內物質粒子的密度和排列"，他們甚至將堅硬的鑽石或鋼鐵，同視爲 "場" 的一種，只不過是密度大些，排列整齊或雜亂些的 "場" 了。從哲學的思維角度來說，這是將 "存在" 問題與 "結構" 的概念做更深入的類比、聯繫、剖析、和解釋，是別具哲思深意和看法的。

近些年來，這種"共相結構"的存在和特殊問題，廣泛的被不同領域的科學家重視和研究著。實際上，人體由數兆個細胞組成，腦部由數十億個各自獨立的神經元互通有無，世界經濟由無數個各自獨立的經濟單位建構，國家由大數量的不同個人組成，文學由無數個不一樣概念也意象聯繫，生態也由無數個生命物種和機制形成。所有今天的"龐大問題"或說複雜問題，幾乎全都與"共相結構"的性質有著極多相似的地方。21世紀，無疑也將是個"共相結構"的世紀，生活在此新世紀的人類，如何能穩定和諧的相處？如何能避免動亂戰爭？如何能群體利益與個人利益兼容並顧？端看我們對於"共相結構"與穩定的關係也祕密，能有多少的掌握和作為了。

三、心智世界的印象結構

兩千多年前，莊子在一個夜夢中，夢見自己變成了一隻色彩亮麗的蝴蝶，快樂的飛舞在花園裡。夢醒後，景象仍是清晰鮮明，細節一一如在眼前，困惑了莊子。莊子為何會在夢中變幻成蝴蝶？蝴蝶與莊子有什麼關係？莊子一定曾努力並認真的去想過這些問題，因為在他所著寫的"齊物論"中，他不但將此事紀錄下來，並且放在全篇文章的結尾也結論處。

「莊周夢蝶」的困惑，其實不只是蝴蝶與莊子物化的困惑問題，另更深層的困惑是人在深眠時，在眼不視物，腦無感知的情況下，為何腦中仍會出現色彩鮮明、景象活潑，有如即時目睹的活生生蝴蝶？此類"夢中視物"的困惑不只是莊子個人而已，從東西方的歷史、甲骨文的符號記事、古人的卜卦解夢、到今人時下仍喜歡談論佛洛伊德的"夢之解析"亦可了然，這些困惑，已是伴隨著人類文明數千年了。

　　人有黑白的夢、彩色的夢、重複的夢……。夢中的情景更是包羅萬象不受限制，上天下海、追星摘月、少年入白頭、仙女變妖姬、變幻莫測，自有喜怒哀樂。人為何會作夢？為何能回憶？夢中的情景與現實的人生有否相關意義？夢為何大多是隨機片段的？為何沒有邏輯的整理、沒有理性的過程？為何大多數的夢無法記憶，而有些夢卻又如歷歷在目無以忘懷？這許多有關夢的疑問，包括與人類能回憶情景的本事，到底是怎麼回事？而人的回憶可以如錄影機般重複的取用，像電腦的資料般不斷的可被呈現，實在奇妙。這些困惑非但是百思不解的莊子弄不清楚，甚至佛洛伊德也是不太明白的。佛洛伊德認為“夢”與人的“潛意識”有關，人的一些“潛意識”長期被壓抑，對心裡的健康是不好的。所以有時需要透過夢的宣洩，舒展此種壓力。此種說法其實並不能讓我們對於夢的了解更清晰些。夢是否具有意義或功能性？如何產生？可否解讀？一直是個頗具爭論也讓人好奇的話題，但是在此，我們想探討的“夢”或“回憶”等，是以“意識”（現象）的概念，或說是以“結構與現象的關係”來論究的。

　　近代認知科學的蓬勃發展，加上電腦的問世，讓我們對於人腦意識的運作，似有逐漸撥雲見日的認識，雖然仍談不上全盤的掌握和了解，但是許多關鍵的部分應該更接近真實。比如說，錄音機內的錄音帶，與電腦內的資料軟體，是真正產生音樂或資料影像的結構與存在。拿掉帶子或取出資料軟體，錄音機就無旋律可出，電腦的影幕也就無相可取，或如同“現象”就消失了般。“現象”無法脫離結構而存在，是不難意會的。而且“現象”與“結構”也是有區別的，比如說，我們大都曾有過腦部一片空白、茫然無知的經驗。像似當首次聽到“超弦理論”，或在一個陌生的地方恰巧被人問路之時際，那種茫茫一片、空無一物、如同“豆腐腦"的情形，當然不是頭殼壞掉了，那只是我們的"腦"無法產生出圖像或概念（現象）而已。但是當你詢問著一個酒鬼的酒經，一個賭鬼的麻將經，或是一個小朋友的小寵物時，你會發現這些人的頭腦簡直像個錄放映機般，一幕幕的圖像有聲有色，夾摻著手足舞蹈、細節尾末、如數家珍。真是個圖像清晰、歷歷如目又充實。查其原因，則是腦中圖像或資料的"湧現"。只是，人腦可以經由一些外在訊號（名符）的輸入、連接，而迅速能從豆腐腦變成放映機，這實在是個有趣也奇妙的事情和問題。

若說腦部運作圖像（或意識）如似放映的過程（運動），而人腦的部分功能有如硬體的放映機，那麼放映用的帶子或資料，究竟是什麼呢？我們大都能很輕易的回答這問題，放映機用的帶子或磁片，是儲存也能產生「現象」的一種意識結構或系統，或說是一種「印記結構」。

人腦能與外在訊息產生"意識"感應的內在結構有兩種，一種是原本就已設計在人腦內的感知系統（感應結構），如能產生痛、累、酸、甜、苦、辣、喜、樂、音、色、香、臭、等"現象"的"本能結構"。另一種則是後天的經驗留存、印記等"記憶結構"。是人腦隨時將人與外物的接觸、互動等經驗，透過感官系統，以某種結構元素的形態與方式，內化、連接、並儲存了起來，以備需要或參考所用。這情形，我們也可從觀察小朋友的遊戲中看出端倪。

幼稚園的老師問：「有那位小朋友會裝可怕的鬼請舉手」，小朋友群中，有舉手以及沒舉手的兩種。如果你先挑出沒舉手的小朋友來表演"裝鬼"，通常這些小朋友只會茫然天真的望著你，而不知所措。這是因為這些小朋友的腦中不知"可怕的鬼"是何模樣，沒有鬼的圖像或資料等結構儲存著。但是，如果先挑出一

位最會裝 "可怕的鬼" 的小朋友來表演，只見這小朋友擠眉弄眼、故做可怕像，可能還會蹦蹦跳跳、比手畫腳、甚至嘴裡吐舌、吱吱亂叫等，端視這位小朋友原先對 "可怕的鬼" 的結構材料收集和儲存了多少。表演完了後，當你再問有誰會裝可怕的鬼時，全班的小朋友大都會舉起手來。然後你會發現，原先茫然無措的那些小朋友們表演 "可怕的鬼" 時，幾乎都是一模一樣的了。換句話說，小朋友腦中已被輸入 "可怕的鬼" 的結構材料，形成記憶也組合結構，依模按樣，自己也能複製並產生 "可怕的鬼" 的模樣表演了。這也是說，有經驗過後才能產生意識，有意識結構後才能產生現象。

　　人的心智（智能）系統，努力不懈的將經驗換成心智的結構資料並儲存著，並不只限於 "眼視" 的圖像。我們 "鼻嗅" 到飯焦的味道，不用掀開飯鍋蓋，也可想像出已成棕黑色的焦飯。"耳聽" 到熟悉的狗吠聲，腦中就會顯現出鄰家那隻討厭掉毛的柏美狗。"觸摸" 到衣櫃中的衣料，也會知道那是件夏天穿過的麻紗襯衫。換句話說，記憶結構也可經由耳、鼻、舌、手等，聽、聞、嚐、觸、等感應召喚產生。事實上，人腦內的記憶結構是非常複雜的，一位少女眷念一位男士的情懷，可能不是單僅一個迷人的微笑，或寬厚的肩胸所產生。特癥後面的完整結構可能還包括了行為舉止的適當、風采能力的肯定、低沉磁性的聲音、機智幽默的對話、安全放心的感覺等整體的組合。甚至與原有的一些美好儲存記憶連接，如迷人的微笑，聯繫著影星克拉克蓋伯在電影亂世佳人（Gone with wind）裡的那種情景，寬厚的胸膛，聯繫著屬於男性陽鋼與安全的感覺。昔日偶像歌星翁倩玉小姐唱的那首 "珊瑚戀"，就是很好也完整的印象也印記結構。在優美的歌聲中襯托出對一個陌生人的懷念，包括了美麗的海灘、潔白的貝殼、古銅健康色的肌肉和皮膚、旅遊人閒暇放鬆的心情、被尊重關懷的感動、浪漫的偶然、怡人的氣氛、甚至可能還有海濤的拍浪聲、椰風的清柔涼爽、那屬於南國特有的花香等，所有的細節，就如不同的結構材料，並形成一個完整複雜的軟體結構。只要訊號的開關被啓動，這軟體結構就能如複製般的產生回憶的感應意識了。當結構組合是如此的多重美麗和多元感動集聚，它自然牽引或觸動出一種美麗又羅曼蒂克的強大感應或眷念作用了。

四、心智世界的形而上結構

"意識結構" 可分爲兩種，一種爲 "有形像" 可顯的 "印象結構"，如回憶一些往事、景象、人物、或一個蘋果。另外一種爲 "無形像" 可顯的 "形而上結構"，如神、鬼、偉大、理智、吉祥、幸福、純潔、高尙、邪惡、愛、恨等。這類「形而上」的意識結構，在我們的生活以及思維的過程中，佔據著非同小可的角色，有語言學家說，"形而上" 概念，在我們人類傳達訊息所占的比例，依文化不同而稍有差異，在文化較厚實也複雜的國家，其所占的比例甚至可達到語言結構的百分之八九十之多，可想像其重要性。

此外，也有生物學家認爲，人類 "形而上" 的心智能力，是人腦優於其他動物最明顯的特徵。這種能力使人類的意識更爲敏銳細膩，也更能精確的適應環境。比如說，松鼠雖由於某些原因，能在寒冬季節來臨前，儲存了一季的食物。可是比起人類種植五穀、蓄養牲口、儲備世代的食物來說，是遠遠不如的了。一般動物大多要在真正危機的來臨或眼前時，才會感受到危機，如敵人的出現、或暴風雨的來到、或地震的前兆等。而人類的隱憂、煩惱、擔心、害怕等 "形而上" 意識與作用，則能意識到尚不存在的潛在危機。正因爲人類的 "形而上" 心智能力，使得人類在漫長的生物演化過程中，有著擺脫其他一切生物原始生活模式的動機與契機。

　　人腦奇妙的 "形而上" 概念（意識），是如何存在於人腦？如何運作？一直是科學家們疑惑和爭論的話題。但如果比較人腦與電腦（時下的電腦）的差異，至少有兩點或可明確的說，人腦優於電腦的地方，就在於人腦可以處理如 "形而上" 概念的能力，其次是人腦處裡概念時，能以整體結構的方式互動，而不是如一般電腦，必須呈線性方式一件件的細節處裡。也就是說，人腦能以見林不見樹如森林整體也大概念的轉換處理，而一般電腦仍是以見樹不見林的個物方式處理，人腦這種 "形而上" 性、共相結構性、也量子性的處理資料方式，有如量子力學的理論和方式，使人腦無論在思考、會意、辨識等能力，都比電腦更敏銳、快速、細膩、和龐大。當然，人腦劣於電腦的地方是如果人腦內容是根本沒有多少概念的豆腐腦，或原有植入概念本身是有瑕疵、缺失、甚至是錯誤或誤導的了。

　　大致說來，與人腦相關的諸多問題中，最具吸引力也最爲一般人所感興趣的，或是連結著與夢的關係和問題了。莊子夢中的彩色蝴蝶對莊子而言，意味著什麼呢？我們於夢中天崩地裂或悲歡喜樂的情境有任何意義嗎？佛洛伊德的 "夢之解析" 探究，與 "形而上概念"，可能有著如何的關聯嗎？

　　了解 "形而上概念" 如何形成、如何運作的最佳方法，我以爲莫過於參考中國字是如何創造的了。當我們了解中國字的創造方式而後，對於 "形而上概念" 的結構與存在，以及可能對夢的了解、作用等，就能得到更多的啓示和助益，包括也更能體會老子結構論的精義。

　　今天世界上所有原始的繪畫符號（象形文）文字，幾乎都已改爲拼音式的音符文字了。只有中國字仍是保存著比較原始的表意畫符文字。這種原始表意的圖符文字有如人類文字演變的活化石，是人類文字演化的活標本。無論從歷史、藝術、文化等各種角度而言，都是彌足珍貴的。相比而言，中國的萬里長城若說是屬於世界人類的成就和遺產，那麼中國文字當應更被如此認爲和對待。今天許多中國人仍可直接或間接的藉由中國一脈相傳的中國文字，明確無誤的了解兩千年前古人的生活方式、習慣、思想、及喜怒哀樂等，是令人羨慕的。這也意味著只要願意，那些人便能將他們的生活領域及思想空間，擴張到兩三千年前人、事、物的當時情景，使心靈的世界更爲多元和開闊、也更爲睿智。

　　音符文字與圖符文字最主要的差異是"耳"與"目"的功能分別。音符是以"耳"爲主，你只要聽到 Man 或 Woman 的音符，你就大概知道如何拼出音符字了。而畫符文字則是兼具目視的文字功能，字音和文字的關係並不直接，通常也沒有太大的關係。比如說，音符文字如 Man 或 Woman 與真實的男人或女人並沒有什麼直接意畫表徵的作用，但是中國的意符文字則有，如"男"，是由"田"和"力"兩個意畫符號組成。而古時在田裡使力工作的人當然指的是男人。同樣的中國字如"女"則完全像是個大肚子人物的寫意線條畫。而古時挺著大肚子的人自然指的是女人了（胖子不算）。

　　中國意畫文字的特色是一個字一個音，也就是把一個事物或概念，規格出一個濃縮也抽象的意畫符號。這種字符建構需要極大的創意，又要了解並配合地域文化和習俗習慣的本事，是很不容易的。既使在今天，大多數的藝術家也無法輕易做到。讓我們看看以前中國人是如何把複雜概念，尤其是一些屬於無形無象的

"形而上"概念，化縮成具目視意義的單一文字符號。

　　中國意畫字的創作法有五種，分別是象形、指事、會意、形聲、假借。象形字就如同印象畫或抽象結構，我們參考中國最古老最原始的甲骨文就明白了。例如甲骨文的「⊟」日、「☽」月、「⛰」山、「〣」水、「🐦」鳥、「🐟」魚等，這些文字是如何的創造並不難了解，因爲是圖畫，是把事物的特徵描繪下來。而其餘的四種，大多是"形而上"的概念創造了。我們以"鬼"這"形而上"概念爲例，甲骨文的鬼字寫作「🯄」，有如祭人的面具，若你有興趣去查閱古代不論東西方部落民族的祭人面具，你會發現其形狀和色彩大都恐怖驚人，也就能體會古人是如何看待"鬼"這概念了。

　　再看吉祥的"祥"字，"祥"是美好的意思。甲骨文的祥是「🐏」（羊）的同義字。原來古人狩獵時，獵羊是被認爲是最爲美好的事了，因爲羊不僅是肉味鮮美，而且獵羊時也不易遭遇凶災危險，簡直太好了，所以"祥"的美好意義就用"羊"代替了。

　　"德"是非常形而上的典型概念了，古人所謂的"品德"或"德行"都很難給予一個簡短明確的解釋。甲骨文的"德"字寫作「🯄」，左邊「彳」是可通行走的意思，右圖上方「🯄」是直路，右圖下方「🯄」是一個心的符號，全字義是人心要走直（正）道之意。

　　豐富的"豐"也是一個很難概念符號的文字。甲骨文的"豐"寫作「🯄」，上「🯄」有如大盤裡有牛有羊的意思，下「豆」有如祭奉或裝呈用的高腳鼎，獻上裝滿牛羊的奉祭，不論是豐收的獻祭，或是大家享用的食物，都可以完全表達豐盛滿足的意義。

　　再看"國"這字，甲骨文的國是「🯄」的意畫符，"口"是土地或範圍的意思，「弋」戈是古時的一種兵器，也就是武力的象徵，執干戈以衛田園社稷就形成“國”，這種一目了然的字符解釋，比起一些政治學者解釋半天仍是讓人弄不懂“何謂國家？”不是高明的多？

　　再舉一個“萬”的例子，“萬”是許多許多的意思，這也是一個不容易以符號聯通概括的一個形而上概念。甲骨文的“萬”字寫作「🦂」，形狀如蝎子，甚是奇怪，蝎子如何能聯通“許多許多”的意涵呢？原來蝎子為胎生昆蟲，母蝎產子時每胎可達數十甚至百餘之幼蝎不等。幼蝎出生後即自動盤附於母蝎身上，背部尤多，密密麻麻的數不甚數。古人見其數繁且不甚數，就用此意象來比喻“萬”字了。1968 年 3 月份美國出版之國家地理雜誌有圖片可見，蝎子的確是多胎，且幼蝎遍佈母體數不甚數（**參閱萬象甲骨文詩畫集馬若白編輯**）。

　　從上述人工造字的例子來看，一些形而上概念字的形成非但多姿多彩，其實也牽涉到時人的生活環境、文化、機緣、等複雜因素。如秋天的“秋”，甲骨文寫作「🦗」，是一個小虫（蟋蟀）的樣子。我們若是不了解這小虫的典故或從未在秋天時見看過這類小虫，就很難體會這小虫與秋的聯通和對稱感覺了。“形而上”概念字的結構，雖然沒有實物可做為對應或引為抽象的依據。但是通常會依附在另一種可作為象徵性的結構上。這象徵性的“依附轉換”，是以一種非常微妙的“感覺突現”支撐，這是中國文字在創造過程裡，“假借”和“轉注”的意思。這也是佛洛伊德在他的夢的解析書裡，所謂的“意識投射”。比如說“偉大”這“形而上”概念，其概念對古埃及的人民而言，可能是以他們最崇拜的太陽神做為投射的表徵。對於兩百年前的夏威夷土著而言，是以火山女神的“聯結與感應”概括。而對於 1950 年代的無數中國大陸人民來說，可能是以相對於毛澤東的那種凸出感覺來表示了。

　　人腦在清醒時，處理（感應）意識，似乎是以一種如 "概念叢" 的整體連結也突現方式進行和運作著。此種龐雜的整體 "概念叢" ，又如同 "見林不見樹" 的模式，快速也不斷的在某種邏輯、合理的運作下轉換或聯繫著。但是在睡夢中，由於某些機能的遲鈍或關閉，導致邏輯功能的連接中斷，以至於對外界訊息的制約式刺激反應，只呈現出 "見樹不見林" 的簡單景象，或說回到個別景象圖畫的制約似機制狀況。以至於人在夢中，通常是以明確的圖像方式顯示意象，當遇上 "形而上" 概念時，就以投射或替代圖像來表示了。如你夢中的 "陌生人" 或 "陌生的地方" ，可能是你對於 "某些事物迷惘、無知" 的投射。女人夢中的 "蛇虫" 之類出現，可能意味著有些 "討厭不舒服的感覺" 在生活的周遭。男人夢中出現的 "逃亡" ，可能意味著 "不想面對一些事情" 。如果夢中逃亡時出現災難，如地震天搖、房屋建築倒塌等就更複雜了些，它有可能除了想逃避某些事情外，還包括了信心的動搖或崩潰等。這些圖像另又由於邏輯中斷之故，所以我們的夢境，常又是片段、不可測、不連續，而令人百思不得其解的了。

　　"形而上" 的概念，必須有著某些結構以供轉換或必須依附在某類結構上，才能產生的情形，我們可從一些更隱晦，更捉摸不定如時間、距離等，這類概念來說。古時中國人對時間的概念是依附在春夏秋冬、月圓月缺、日出日落、或 "一柱香" 這種概念上。英國人早期 "呎" 的概念是指成年人足趾頭到足跟的長度。這些小例子給我們一些額外的啟示是，人類的形而上概念，與生活文化、環境、習慣、以及從小到大的遭遇等都有很大的關聯。而夢境不論是淺睡時與某些外界事物互動（如味道、聲音等）

的制約式反應，或連續著白日有待釐清解決的思維，都是可能被解釋的。傳統的解夢說，或許不能說全是無稽之談。但或要記住這點，夢只有自己解，才是最靠的住的。因為別人無論如何是不太可能有你一生從小到大，心靈成長的所有資料和經驗。找別人解夢或可做為參考，千萬別當真，否則你恐怕是仍然不甚了解什麼是"形而上"概念了。

天下任何的物事與存在，都是結構與存在，或經由結構之間互動而產生出來的現象（變化持續）與存在。包括如日、月、山、川、雪花、彩虹，草、木、蟲、獸、幼童、老婦等自然世界的自然結構。另也包括如語、文、詩、書、衣、履、車、船，以及複雜混亂的政治、經濟、法律、社會、國家等人類世界的人為結構。此外，當然不可忽略的是我們每個人，都有一個屬於自我也意識（觀念）結構的內在世界了。而當這些自然世界的不同自然結構、或人類社會的不同人為結構、或人心內在的不同觀念（意識）結構間，相互對應，形成不同或雜混的聯通也互動之際，就會產生出多相也變化的大千"現象"世界出來。

只是，關照這大千萬象的自然世界，也許光明亮麗、山清水秀、繁花燦爛、眾生悠閒，也許風暴沙塵、荒山臭水、環境髒亂、生機摧殘。關照這人類社會的大千景象，也許鬥爭血腥、混亂衝突、不公無義、人人自危，也許禮善往來、和諧平靜、互助互利、人人自得。關照個人內在也自我的心緒現象，也許陰霾灰暗、不見光彩、憂慮恐懼、不得安寧。也許心齋明亮、心思寬暢、不憂無懼、安怡自在。何以有著如此極具差異也絕然不同的"現象"（意識）？若從現象學理論；「現象來自於結構之互動，而什麼樣的結構互動模式，必然會產生出什麼樣的現象出來」來看，那是結構與結構間互動模式的因由與邏輯了。換句話說，一切現象與存在問題的根本解決，包括選擇現象或改變現象等，都必須從掌握結構的本質以及結構間互動模式著手，才是正確和方法的。這也是俗世諺語－救苦、救難、不如救思想（觀念結構）的說法與深義了。

　　至於問說，結構是否能被改變？能否被形塑？結構之間的互動模式可否被調整？或被設計？人類理想的外在結構世界應是如何的大千世界？個人理想的內在觀念世界又應是如何的意識結構（意識型態）？從緊接著的這些有關結構與現象的重要問題和更深疑惑來看，結構的故事顯然還有著更多精彩、有趣、但似乎也更麻煩的內涵深藏，且有待發掘、釐清、和完整了。

第七章 不可混淆的"本能"
與"本質"

　　太極分解圖的第二排序部分是"陰虛"的出現。從示意圖來看這"陰虛"的部分，若有似無、似存在又非存在，連接著實體結構，又似乎是整體結構的一部分。對照著道德經中「萬物負陰而抱陽」的說法，著實是古怪之極、也頗費人疑猜。

　　"太極"有陰陽虛實之分，這是大家都知道的。可是什麼是陰？什麼是陽？虛具何功？實又具何能呢？兩千餘年來，一定曾有許多人認真的去思考過這些概念與問題，只是，謎底究竟爲何呢？

　　道德經第六章：「谷神不死。是謂玄牝。玄牝之門。是謂天地根……」，其意是說天下萬物的產生，是因爲物之"玄牝"的關係，而物之"玄牝"的原因，是因爲"谷神不死"之故。換句話說，這"谷神不死"是天下萬物產生和變化的一個關鍵，其重要性自是不言可喻了。

　　道家的"谷神不死"概念，是一個不易解釋也不易理解的概念。"谷"是兩山之間空凹之處，也是"虛"的解釋，古人常說"虛懷若谷"便是此意了。"神"是道家一種永恆不滅的觀念，有元神不死、精神不熄的說法。所以，"谷神不死"完整的說法應是說一種不會消失散滅的物之"虛質"作用，而此種物之"虛質”的“元神觀”，與道德經第四章所謂的「淵兮萬物之宗」應有著通聯一貫的意義了。

如果對上述有關道家陰虛概念的解釋，仍是一頭霧水、茫然不知所云的話，我們或可試著以較白話、也較一般人熟悉、甚至常用的類比概念，來對陰虛的涵義做另一面相的比擬和解釋。想像這麼一個問題；結構（存在物事）中的何種隱藏作用或內在因素，能使結構產生變化？而此內在作用又與結構相連，如同整體結構的一部分？且永不消失散滅呢？大家應會同意，若能找出這麼一個最為貼切也符合意象的可類比概念，莫過於結構（物事）的“本能”（或本質）這概念了。

老子所謂的“物”是具“實體”、可觀察、也可解析的“結構”觀念。是“實”也有“陽”的比喻。而“本能”則是無形無象、隱晦不見的“潛存在”，是“虛”也有“陰”的比喻。當結構的“本能”運作呈顯出“至虛極”（失穩、也本能的極限）時，便是結構“玄牝”（變化）的開啟也開始了。這正也是老子那“物穩相無”的相對觀點──“物虛相生”的道理延伸了。

陰虛與本能，可說是老子思想，包括道家哲思的基本也重要概念了。本章就來談談“本能”的一些問題，也順便談談“本質”這概念，因為這兩種極易被混淆不清的概念，不論在哲學上或在科學上，都有必要做一番釐清和分際的。

一般人對於“本能”這概念的直觀或認知，大多是仍停留在解釋生命結構（生物）的原本也“天生”能力或作用意義上。如嬰兒不舒服時就會哭鬧，小狗被火灼時會哀鳴逃跑，飢欲食、渴欲飲、累欲歇、倦欲眠等，這些都是本能的作用和反應，非常明顯實在，似乎也沒有什麼不對。但是從老子思維的觀點來看，“本能”的意義就複雜了些。廣義而言，天下任何的存在結構都是具有其“本能”或“天性”的，如水的漲力、木柴的浮力、鋼鐵的硬度、棉花的柔軟、皮球的彈力等，都是物之“本能”。這些非生命結構的“本能”概念較爲單純，因爲基本上來說，這些物之“本能”所能產生出來的作用，其實就是“物理作用”。包括物質間互動時產生出來的抗力、阻力、磨擦力、反作用力、核力、磁力、重力等，都是物之“本能”作用使然。通過這些物質互動之際的本能也物理作用，加上一些如物理的慣性法則等，我們其實已可看見一個物質背後的能源世界了。而我們也知道，“能源”是一切變化和“無生有”的關鍵，也是萬物生化轉換的關鍵了。

只是，相教於非生命結構的物之“本能”，我們或可看出生命結構的“生命本能”是更爲複雜了些。你從高處丟下一粒石塊，石塊應聲落地，扮演著“物理本能”的作用和角色。你從高處丟下一隻小鳥，小鳥會飛向樹林，扮演著“生命本能”的作用和功能。如此截然不同的區別差異，或使我們對於“生命本能”的複雜現象，是禁不住的沉思、迷惘著，而我們當然也能意識到人的複雜遠甚過小鳥。

人類的許些“本能”令人乍舌，專業的香水嗅覺師，據說能分辨出 5000 種以上的不同味道。一位好的大廚師，其口感的精準靈敏勝過一般的化學檢驗儀器。盲人可區分數萬種不同的聲音。一般人的眼睛也能將色彩，分辨出上百種細微的差異。至於情緒，就更有意思了，佛教的經典說人的情緒有 10 萬 4000 種之多，僅是人的痛苦分類就達 110 種。雖然我們不知道佛教這些說法的源出及真確性，卻也可想像人類情緒的細緻與繁多。事實上也相較而言，我們不曾見過一隻微笑的小狗，一隻憂鬱的小鳥，更看不到除了人才能展現的那種噙著淚水的微笑。然而，既使是如此複雜的人之本能，當相較於人的“本質”時，“本能”的複雜性就顯得微不足道了。

　　西方古典也傳統哲學對於"存在"的哲思探討，一直有三種意義欠明、混淆不清、又非常重要的相關概念，就是"存在"，"現象"與"本質"了。柏拉圖時代將"本質"視爲存在與存在價值的唯心論思維方式，影響了西方主流文化達 2500 年之久。近代的"存在哲學"，將"現象"視爲"存在"的思維方式，幾乎將古典"存在哲學"陷入無法掙脫的無解窘境。好奇的讀者或會奇怪著，又是什麼樣的理由會讓人們被"本質"的概念，弄得頭昏腦漲？

　　讓我們先從檢閱字典對於"本質"所做的詮釋，或許能意會一二。標準國語字典對"本質"的字義解釋是"事物原本的性質"。如此的解釋，就像是小和尚解釋"無"就是"空"、"空"也是"無"一樣，好像懂了，其實更加不懂了。事物原本的性質又是什麼呢？蘇格拉底認爲人的"本質"也同靈魂（心靈），需要經常自省、充實、與自愛。柏拉圖強調"本質"的"理性"作用。孔子認爲人的"本質"（本能）是肆野的，所以需要教育與教化。荀子認爲人的本性（本質）原本是性善的。佛教則認爲人無自性（中性或空性的本質）能善也能惡，端視因果而定。而時下一般人對於"本質"概念的濫用、混用，則更是漫無標際。如認爲鐵夠堅硬可以做武器，木能浮水可以做船艇，羽毛輕柔保暖可以做冬衣，蝴蝶美麗可以做標本，羊肉味美可以做食物……。這些從人的觀點，利用物質特性的意義，也能稱爲"事物原本的性質"嗎？或許你還聽人說過，宗教的本質是愛，戰爭的本質是仇恨，女人的本質是溫柔，科學的本質是求真，金錢的本質是邪惡等，包括了價值說、目的說、因果說、真理說等多元不同的"本質"抓義。但事實上，細觀歷史，因爲宗教所引起的戰爭、壓迫、和血淚、不勝枚舉，與愛有何關係呢？女人溫柔的個性是天生如是，還是後天的教養，尚有爭議，與本質又有何關？此外，今天的科學發展是出自於求真或求利，恐怕很難講得明白的，再說，金錢真有所謂的本質嗎？

“本質”這概念究竟是什麼？能否明確定義？或“本質”與“本能”原本就是同義字的兩種說法？問題與回答仍就從老子的陰虛觀點來說吧。道學觀見下的“本能”是指所有存在物事(結構)普遍也必定具有的陰虛面，也是偏指物理性的一面。而“本質”這概念，則是窄意的單僅從靈智類生物演化及發展出來的一種只適用於靈智類生物，尤其是指人類那格外明顯，且非同於“本能”反應或“天生”作用的“後天性人格特質”。

這麼說吧，我們先從物之“本能”來看，水遇冷凍會結冰，遇高熱會蒸發，只要是水，都具有同樣的本能（物理）作用，反應也都一樣。而所有常見的蜜蜂都會採集花蜜、分工合作喜群居、具相同的溝通傳訊方式、生活方式、延續方式等，那是因為出自於相同的物之“本能”與物理作用。也就是說，完全相同的結構組合，在相對於同樣的物事互動和反應上，應會產生完全相同如制約式的“本能反應”（或物理反應）。但是，人的先天硬體結構和組合，如 DNA 雖然沒有什麼基本的不同，可是人的“後天”行為、思想等，卻有著明顯甚至巨大的差異。你只要觀察街上川流不息的行人如何面對著一個乞討者，就可看出有同情者、施捨者、迴避者、嫌惡者、鄙視者、等不同類別的反應了。

此外，想想我們經常接觸的眾生面相，不也同樣是形形色色、各具特性？如自大傲慢者、愛現耍寶者、緊張嚴肅者、熱心助人者、吝嗇自私者、諂媚阿諛者、自尊自重者等，如此明顯的“後天”差異，絕非本能的的概念或意涵所能解釋或概括的，因爲這不合乎物理的普遍和真實情況。若說酸、甜、苦、辣、疼、痛、飢、渴等感知，或悲、歡、喜、懼等情緒意識，是與生俱來，且是人皆有之，可算是人之"本能"的範疇。但虛榮、忌妒、自卑、自優、自私、大方、仁慈、暴戾、聖人、魔鬼、等，後天發展出來的互異多相性格（人格），分明已超越了"本能"的範疇，應是"本質"的概念了。而人之"本能"與人之"本質"的分際，應是"先天具有"的相對事物制約反應，和"後天發展"出來的相對事物制約反應之分別了。

除了先天與後天的分際外，本能與本質另引人注目、也令人興趣的奇異之處，可從"人與行爲"的行爲科學來觀察。大致說來，屬於"本能性"的行爲反應，是直接的、單純的、立即的，也就是說"本能性"的行爲反應大都是屬於一種"無意識"（不經心、下意識）下的即時自動反應。然，人的行爲也可以是在一種思慮周詳、驗證再三後的"意識下"行爲，或說人也可以依據腦中有所規劃、有所藍圖、有所方法、亦步亦趨般的行爲複製。此種意識下的行爲反應，通常有著複雜的"後天性"經驗或認知做爲比較和參考，是明顯屬於"本質"的分際了。

本能與本質在人類行爲科學上的分際和作用，自有其重要的探究意義，無須贅言和強調。然而傳統上本能與本質廣被一般人關注和談論之所在，仍在其哲學的層面上。比如說，物之"本能"相對於物的存在或功能等，會是什麼意義呢？另比如說，人之本能與人的本質相對於人智的哲學意義爲何重要呢？

仍先從"物"（結構與存在）之本能的哲學深義來說好了，如果我們不以人的主觀意識反應，也不犯上"替事物說話"的毛病，或可得到如此的觀見；就非生命物的物之"本能"意義而言，包括如物之阻力、抗力、磨擦力、鋼鐵的硬度、羽毛的柔軟、皮球的彈性、水的漲力等，全都是物理作用。而物質的物理作用，雖然涉及到物質的結構、成分、排列，以及與外物互動時的制約式反應或變化，但是對其物質本身來說，是沒有也無所謂存在功能或存在意義的。

不過，另就生命物（**包括人**）來說，生命的"本能"對於生物的"存在和穩定"功能和深義，則是明顯和實在的。特別是對於一些能敏銳反應生命現象的動物而言，尤其是凸顯的。就像從高處丟下的小鳥會展翅高飛的"本能"，像嬰兒在飢渴不適時的哭鬧"本能"，像小狗被火灼時哀鳴逃竄的"本能"，或像侯鳥寒冬南遷的"本能"，另也包括青春男女愛慕親近的"本能"，或成年動物的交媾"本能"等。若深究所有這些"本能"的深層機理，就會歸納也整理出－全都是與其生物（**生命結構**）的存在和穩定（**不變與長久**）之宗旨，關聯牽扯，且不脫其深義的。換句話說，生命"本能"對於生命結構的"存在和穩定"，原是有著保護或維護意義和功能作用的。而如此的生命"本能"作用和意義，不但普及於所有生物，且是如真理般可實證與檢驗的。除此，我們或另也能看出，生命本能是祇爲其生命結構自身服務的，是利己、私利、且是與生命結構一體並存、共生共滅的。

再說到"本質"，人之"本質"其最爲凸顯並如似寶石般閃爍著光華、彰顯著價值與意義的所在，是可將人的動物也獸性原始"本能"，改變並昇舉到利它、慈悲等人性也理性層面。比如說；是什麼原因讓蘇格拉底甘願喝下明知是絕命的苦酒？讓文天祥無視於錢財富貴，無悔的寧死不降？讓耶穌基督平靜安詳的上釘十字架？讓釋迦摩尼棄捨王位浪跡苦行？讓無數的革命先行者爲著理想血濺身亡？……這些有著無私、奉獻、利它、甚至犧牲自己生命的行爲，不僅絕不同於"本能"，更是與"本能"的自我、利己、侵犯、殘酷等功能和存在意義，矛盾也互斥不容的。

　　"本質"的如此巨大變化和非常作用，不祇令人側目、關注，甚至讓我們震撼並嘆異著。我們看到人的"本能"，可以是戰爭、仇恨、欺騙、殘暴、自私、貪婪、邪惡等，我們也可見證著人的"本質"，可以是利它、仁慈、奉獻、善良、犧牲等。如此的差別，豈祇是令人沉思、注目，甚至也能讓人體會到如蘇格拉底的"靈魂說"，康德的"理性論"，以及孔子那所謂"文質彬彬而後君子"的教化深義與苦口婆心了。

　　無可否認的，人的確可經由後天的教、育、學、養、突破並超越那猶如先天也"本能"般的"自我框框"，包括腎上腺主導的動物情緒與本能行為。並發展出崇高、莊嚴、光華也令人感動的"本質"或美德。而透過"本質"的細膩觀見與啟示，我們其實是仍可對於人性，人類的前途，包括時下不完美的人為社會，人為的人禍問題，生態的人為災難等，仍抱予信心、給予希望與企盼，並思有所作為和有所改善的。

第八章 相與象

　　太極分解圖的第三順序部分是"相"，或說"現象"了。而談論"現象"，就也如其望文生義的字形所見，那是難免要談及到"象"的概念了。

　　"象"這字的甲骨文寫作🐘，是標準的象形符號演進而來。從"象"的抽象也原始意義來看，應是包括實存的、可形狀的、可描述的、以及龐大的意涵（象是現存陸地上最大的動物）。對照古人一向對"象"這字的用法和用處，如萬象、星象、景象、氣象等，這類龐大及有著實物與存在的意涵，倒也相當。但是"相"這字的結構就古怪不堪了。目與木的組合是"相"，我們知道木（甲骨文木）是樹木的意思，而目（👁）是眼睛的意思，可是眼睛望著樹木，或說木與目的組合併呈，是傳示著何種意涵？應做如何的解釋呢？

　　的確，"相"（現象）這概念，可說是人為概念中最為複雜艱澀的少數概念其一。因為"相"既不是對有形物的抽象描述，也不是對形而上概念的投射、轉注、假借。它實際上是闡述著某種非常深奧且難以洞悉的原理。而此"現象學"原理，又正如胡塞爾所言；是一切哲學和科學的終極基礎。且是康德、黑格爾、胡塞爾等近代西方哲學大師曾經絞盡腦汁、探究爭論，但卻始終未能精確掌握和完整透視的麻煩學問。

　　有學者認為最早鑽研現象學原理的學者，是德人郎貝爾特

（1723-1771），他在其所著作的<u>新工具</u>一書中，探討了“現象”與“假象”的分別，也揭開了近代現象學的帷幕。其實，佛教在兩千年前，對於“現象”的研究就相當深入了。佛教所謂的“根塵脫黏”、“識無所寄”、“幻象無常”等觀念，都是對“現象”的精湛體認作為理論基礎的。然而，若說對於“現象”這概念，有所真正突破且具完整大全的洞識理解，我以為仍得從老子學說來以擷取知識了。

　　一般人對“現象”的概念認知或直觀解釋，大概是如“雨後天邊的彩虹”，“晨葉上的露珠”，“暴風雨中的閃電”，或“失戀老張的眼神”等，那種“事物的顯現”，或“異象的發生”之類，似乎不難意會。可是若要深入理解或試圖解釋“現象”可也不那麼容易。事實上，就像康德，黑格爾、胡塞爾等哲學，其重要也主要的基調大都是圍繞著“現象”和“自在之物”（**物之本體**）的關係打轉的。只是，弔詭的是，若你想從他們論述“現象”的學說著作中，明確並了解“現象”這概念，你就會如走進浩瀚的森林，迷失了路徑方向，無論如何的摸索、試探，既走不出去，也無所頭緒。或簡單直接的說，就是你盡管閱讀了他們那些所謂現象學的著作，但你或會發現你仍然弄不清楚他們所謂的“現象”究竟是在說些什麼？

　　至於問說怎麼會是如此的情形？該如何解釋呢？這原因就要從康德這位哲學巨人來說了。原來早期的現象學探究，及被凸顯，幾乎沒有人能超越康德的了。而康德的見解中，“現象”這概念總是與“意識”、“本質”等概念，不清不楚的相關並論，並包涵在“認識論”（**有經驗才能被感知**）範疇中來探究的。其實，康德開始也早期時的現象學探究，是從物理的現象觀察著手的。他就機械的運動和變化關係，闡述現象的發生和現象性質等，原是容易也方向正確的。然而，當康德將他的現象學研究，另加添描繪並扯進人類"意識"的運作層面時，不僅因爲有關意識學的學問太過於龐雜與貧乏，另也因爲將原本具機械論的唯物論現象學觀點，捲入到"意識"此種具傳統維心論調的現象學觀點，兩種絕然不同且對立互斥的理論，又因爲無法解決相容統一問題，終而將他的現象學陷入到歧途，並導致於混亂和無解。不過，既使如此，康德對於現象學的一些觀察與部分見解，仍是影響和彰顯的。論點如；「任何現象的產生必涉及到相對因素」，以及「現象是以一種運動的形式呈現意義」等，都是正確無誤的現象學重要觀點 。

　　康德之後，有黑格爾這位大師承續了康德有關現象學的一般觀點，黑格爾的現象學觀點，大致上是承襲著康德對現象的見解，除了小部分差異處是批判了康德認爲；"現象"與"自在之體"（物之本體）是一分爲二、互不相同及不可逾越的二元存在觀點。黑格爾認爲；現象與物之本體，雖然是二分面相、但又是統一的。他的一些論點如，現象是本體（本質）的表現，是本體（本質）的存在形式，本體（本質）就是現象的內容，以及現象加本體（本質）等於真相等，全都是企圖將現象與本體（本質）等同或統一的闡述。除此，黑格爾的哲學，其實是著力也凸顯在"絕對精神"層面的探究與論述，他所著寫的精神現象學大有名氣，書中探討除了主客體二元之外的"第三類存在"，也既他所謂的"絕對精神"，曾引起廣泛討論與爭議，可說是黑格爾哲學的特色了。除此，他的精神現象學其它影響，或可說是將"現象"的概念，越發的推向於"意識"此種複雜也唯心的認識論領域，也越加混淆了"現象"與"意識"的分際。

　　到了胡塞爾的時期，"現象"如同"意識"，幾乎已是所有研究現象學者的共識，現象學已成爲不是討論"現象"的學問，而是討論"意識"的學問了。胡塞爾的現象學，被許多人認爲是二十世紀主導歐洲的兩大哲學主流之一（**另一個是實證分析哲學**）。並也被一些人士認爲；若以笛卡兒因爲找到了"我思"爲"人本主體"的存在，而成爲大師，那麼胡塞爾則通過笛卡兒的"我思主體"進展，並肯定客體的"物存"，而被尊敬爲近代的思想大師（**參考西洋哲學十二講　鄔昆如著　東大書籍**），是可與笛卡兒相提並論和被推崇的。

只是，就如胡塞爾自也以爲；現象的意義是五官可以感覺到、理性可以推論出、感情可以滿足到的事實，以及認爲現象學的研究是；「現象學最關心的是經驗及其結構，而不是現象本身」或「現象學的目的在於研究經驗從而揭露經驗的本質，以及隱藏在本質裡面的理性」等，已是明顯將"現象"視爲"意識"或"本質"的概念類比與詮釋了。總之，胡塞爾的現象學研究，其實已是"意識"的研究，而非"現象"這概念的本身探索了。

"現象"（相）是否能等同？或類比於本質或意識呢？從老子的哲思來說，當然不是。在本書前面的章節裡，我們曾提及過長久來西方哲學一直有三個糾纏錯節、模糊不清、但又無比重要的概念，就是"存在"、"本質"、和"現象"。這三個概念都是不同的，而"意識"的概念，則更是迥然有別的。就老子的思維來說，"存在"是可類比如"結構"或"名"的概念。"本質"是些"已內化的後天經驗"。而"現象"的概念，則是可用老子那"有無相生"的"原理"來理解了。再說，另相較而言，老子對"現象"（相）的概念解釋，是純粹就"現象"這概念本身來做"原理"說明和解釋的，與"意識"的概念是完全不搭嘎的。

從<u>道德經</u>第一章談及道與存在的概念（**註：道可道。非常道。**

名可名。非常名……），第二章緊接下來就談及到“相”（現象）
這概念（註　天下皆知美之為美。斯惡也。皆知善之為善。斯不
善已。故有無「相」生……），可見“相”在老子哲思中的重要和
關鍵意義了。老子對於“相生”的概念解釋若簡單來說；他認為
“現象”（相）的產生，是人智（人腦感應機制）對於物事與存
在的相對改變，而化成的，也是一種“物事變化相對於人腦感知
的關係和原理”。

　　老子這“相生之理”藏有多少的真實和智慧？若仔細剖
析、並觀察這些字句；物事變化（運動過程）＋化（對人之意識
而言的第三類存在），你會突然的發現，老子已將現象產生的原
因、過程、和結果全都交代了。也可以說，那已是包括了康德和
黑格爾對現象的觀察見解與研究心得了。真耶？假耶？或是巧合
耶？

　　若有人認為，說是老子在 2500 年前，既對這近代兩百年間
才被人關注和研究的艱澀概念，有過研究和精湛的見解，是否太
過胡湊和誇張了些？我要說那是對於老子思想不甚了解了，比如
說，我們若將老子“相生之理”的相對與變化論點反證來看，或
說成：沒有相對與互動的問題，就不會產生變化與現象的問題，
是可理解和可被接受的現象學觀點。就應能意識到老子的“相生
之理”其實是“物虛相生”的道理，是與“物穩相無”的“道”
之觀點，有著一脈且相通的道之理，那正是老子獨特的哲思及專
長了。

　　老子對於“現象”（相），如此的深入探討與精湛見解，不
是沒有原因的，“現象”不但是哲學的重要命題，也是科學的根
源，更是自然界普遍存在又令人困惑的基本問題。我們且就順從
著老子“有無相生”的思唯和見解，來試著探究“現象”的原理

並解釋"現象"的存在。

先參考些例子,一杯紅茶不去碰它,它只是一杯紅茶。混入了牛奶之後就變成了奶茶,而奶茶的結構、顏色、味道等,都與紅茶或牛奶不同,是全新的另類存在(第三類存在)。而原來的紅茶呢?其實已被變化而不存在(無)了。從紅茶到奶茶的關係,正也是從"無"到"有"或說從"慣性"(穩定不變)到"化"(被改變)的關係,且使我們產生了紅茶變奶茶的"現象"意義出來。同理,"雨後天邊的彩虹"爲何會讓我們產生"現象"的存在與意義出來?因爲原本下雨的"慣性"情景,被出現的一道彩虹"改變、化"了。再看晨葉上的露珠(有),替代了平常也慣性時,葉上是沒有(無)露珠的景象,老張那慣常微笑的眼神(慣性)被憂傷無神的失戀眼神所替代(變化)。這種"變化取代慣性",或"有相對於無"的互動,都會因爲被我們"覺"(意識)知,而"相"(現象)生,那正是老子"有無相生"的事理比喻了。那也使我們認知到,"現象"的秘密,原來隱藏在"有"與"無"這種複雜的人腦相對於事物變化的感應原理上。

想想也是,中國以往的走馬燈以及電影的原理,不正是利用圖像(慣性)的不斷改變,才能產生現象或"活化感知"的效應嗎?而以往那些研究現象學的思想家,若是未能掌握"有"與"無"、互動與變化的相生之理,想要解釋現象和了解現象,怕會是不容易的了。

從人智與意識上的無與有(或慣性與變化)互動關係,來解釋現象的相生之理,同樣可以作爲理解物理上的一些深澀問題之用。比如說,近代的"複雜系統理論"中,有一個著名的動力理論,或說突變理論,既是討論著一種"不連續的因果關係"(慣性中斷)。其理論最早由法國人托姆於 1972 年所著作的<u>結構的穩</u>

定與型態發生學中所提出。此外，前蘇聯的動力學家安德洛諾夫和數學家邦姆里辛基在 1935 年也提出類似的論文，其重要的論點是：「慣性的不連續關係（改變關係），是動力產生的因素，也是“相變”產生的因素」（參考顏哲賢著　現代系統理論　臺灣遠流出版）。我們可以看出“現象”這人爲的概念描述，在客觀的物理學領域裡是以其他的名稱及概念出現的，是與能、功、力、動力等概念相關，甚至是可做概念類比的。

　　以往現象學的研究，除了有關人之“意識”上，“有”與“無”的互動與改變事理艱澀難懂外，其次隱晦不明也亦混淆不清的現象與存在觀點，就是有關“現象的有”（存在），和“結構的有”（存在）其間的分際和區別了。此兩種不同的“存在”觀點不僅常被爭論及困惑，甚至也雜滲入西方的一些思維與文化中，包括與西方文化有著相當淵源的印度佛教理論中。比如說，“現象”是否具有真實的意義？是否無常？是否只是幻象？如此的問題，似如詢問著大自然的能、或功、或力、是否真實？是否存在等？現今並不算是難以回答的問題，但卻是古印度佛教理論中的一個核心也思辨問題。康德認爲“現象”是以運動（變動）方式呈現出意義，相同於“能或功”祇能產生於物質的交互作用或互動過程。當交互運動的停止，或互動關係的中斷，“能”或“功”就隱匿無跡。換句話說，“現象”或“功”，都只存在於相對與互動的前提或條件下，都只存在於慣性中斷或慣性改變的意義上。

　　佛教認爲“根塵脫粘”、“識無所寄”的“解脫”方法，都是對的。因爲沒有相對與互動，就不會有“現象”（或功）的生成。認爲“幻相無常”也是對的，因爲“現象”（或功）是產生於不斷改變的基礎上（過程上）。但是，若因爲對於“現象”是否真實存在的疑惑？而否定結構世界的客觀存在事實，以爲“萬物皆空”或“唯識無境”就錯了。因爲結構不是現象，且是客觀也真實存在的。老子說：「道之爲物。其中有相。其中有物。」其實已指出了現象與結構的關係，那就是；結構不一定會產生現象（物穩相無），但是現象一定是由結構間的互動，才能產生出來（物虛相生）的道之理了。

　　老子以“無”（穩定）與“有”（變化、第三類存在）的關係，來解釋“現象”的意義及原理，不僅是哲學上的重大突破，其對於實證科學的一些啓示，也是不容小窺的。比如說，不論是哲學家或科學家一直不確定人腦是如何與外界事物形成互動，或說不確定人腦是如何開啓與外界訊息交流的開關？眾說紛紜下，有電磁理論、能場理論、量子理論等，不是過於玄其空洞，就是過於複雜難懂，迄今仍沒有一套完整合理、可被共識的理論。

　　但是，若以老子這“相生之理”來解釋原由，非但簡單，也是可被檢驗的。我們可觀察“雞”是如何與外界事物產生互動的。當外界的整體環境（整體結構），在慣性的不變情形下（穩定情況下），若突然的產生變化（不論是聲音的突現或另物的出現），都會導致原本整體結構的穩定狀態被改變（慣性被中斷），此時，“雞”就會有所感應（相生）了。如果我們觀察夠仔細的話就會發現，此時“雞”的眼頸一定是朝向結構被變化的源出與關鍵處張望著。但是，當新的結構（整體環境）新成到穩定慣性的不變情形（包括聲音、氣味、物體等），“雞”又會回復到“穩定無相”也　“自在”的模樣了。老經驗的獵人大都知道如此道理，他們會告訴你，當遇到某些動物時，只要屏息不動，這些動物就會因穩定與慣性的原理，無法意識到或忽略到你的存在。智能尚未開啓的嬰幼兒也是如此，只對於移動、變化的事物，產生興趣或好奇，對於那些慣性不變的事物，視若無睹如同不存在。此種"相生之理"的運作模式，另也可運用在被動雷達上。依此"相生原理"的設計，只要再加上些輔助的空間資料與數據對比等設備，就不難做到了。

"相生之理"的更多實用意義，應算是電腦了。許多人都知道電腦的運作原理是 O 與 1 的互動與關係，顯然與不連貫的動力原理有關了。電腦能整理並顯現資料，與人腦能意識事物且能邏輯運作，其間的關鍵與秘密似乎都與"相生之理"有關。而人類意識的秘密，若能被掌握和了解，則無數有關"人"的問題，都將能迎刃而解。而有關人本的哲學，或也將走入盡頭。這是包括蘇格拉底、康德、和胡塞爾等人的看法，也是佛教的見解。雖然你我可以不必完全贊同上述他人的看法，但至少可認同的是"相生之理"的掌握和應用，對於教育與人性的改變，應是有所助益的。而僅憑這點理由，應也能讓我們意識到，老子那所謂"相生之理"的重大意義了，並或也能讓我們體會到，緣何近代西方哲學會專注也深陷於"現象學"的挖掘與爭議了。

第九章　洩漏天機的“得一觀”

「昔之得一者。天得一以清。地得一以静。神得一以靈。谷得一以盈。萬物得一以生」（道德經 39）。太極分解圖第四圖形正是老子的“得一觀”，也是道家人士推崇的“抱元守一”觀念了。

進入老子思想的世界，彷彿走進滿佈置放思想界域的奇珍異寶之地，且時有驚艷的喜悅。所有珍稀的不同瑰寶中，乍看上去最為閃爍耀眼的概念，或為“物穩相無”的“道之理”概念，但是幾經把玩之後或會發現，光華內斂、澤潤綿綿的，則是這“得一觀”了。我個人的經驗是當我體會老子“物穩相無”概念的奧妙時，不時的會拍案叫絕、興奮難止。然而，當我逐漸深入這“得一觀”時，我只有肅穆虔誠的心情，和有著想學古人沐浴更衣、焚香敬禮的意願。那出自心底深處的憬仰、尊敬，可是從未曾有過的心情體驗了。

父母與子女的鬥氣不合，是年齡的代溝嗎？你可以如此的認為，但是什麼是代溝呢？其實是與雙方思想的無法“得一”（同一、致一）有關。談判為何會破裂？戰爭為何會啓動和發生？或許有著眾多的複雜原因，但是所有原因的背後，其實只有一個，仍是無法“得一”之故。我們都能體會不能在習作數學的同時，背頌一首唐詩，不能在打籃球的同時，計劃著晚上的一場約會，但是我們不知為何一心不能二用？中國諺語：「龍生龍，鳳生鳳，耗子天生會打洞」，這句話被引用到天生的種族、階級、或能力等優越比喻上，是有欠良知和誤導的。但是蘋果樹不會開綻出玫瑰花，雞蛋孵不出小鴨，這是較爲複雜的"得一"問題了。物以類聚的真實情形是年輕人鮮少與老年人混在一塊，農人的朋友大多仍是農人。另再奇特些的得一觀察，是如所謂的線性系統了。分解一道方程式，或一道邏輯的推演，必須在可成一貫連接的制約系統中延展，其中任何一個部份的差錯，或連接的不連貫（不一、失一），這道方程式或邏輯的推演，就難以成立或無解了。

美學（如繪畫）的"得一"問題，是情（情緒）與境（畫境）的互動與契合（得一）。力學的"得一"問題，是物質的交互作用。玄學的"得一"問題，就更複雜了。像似瑜珈、催眠術、氣功、禪修等玄學共通與關鍵處，就是先求達到一種集思貫"一"的層次或狀態。氣功是集思貫一於丹田，禪坐大多是集思觀一於中心，催眠師通常要求被催眠者，集思貫一於小道具上（如擺動的水晶球等），而印度的瑜珈生手或初學者，則會在兩眼中心的上方，點上一個紅點，以助集思貫一的進行。

"一"能有多大的內涵或學問值得深究與探討？巧妙的是早在公元前 500 左右，東西方都有人在研究了。西洋哲學史紀錄了西方最早出現且具有"唯心論"特色的哲學派系，是畢達戈拉斯學派（約 580BC-500BC）。此派的奇特言行，包括禁食豆子、不可碰觸白公雞等，但真正令人稱奇也難解的是他們對於"數"的觀點，他們認爲自然世界是由"數"構成的，自然世界的建構就是數學的建構。而"一"則是"數"與萬物的"始基"。此派的學說，沒有被完整的流傳下來，祇是片段、散失的被早期的一些哲學家提及或引用過，所以學說的內涵與細節，也就沒有人知道了。想著如此奇特有趣的哲學，僅如流星般短暫而逝，實在是件可惜的事情。

　　另在東方幾乎是相同的時空，對"一"發表觀念看法的就是老子了，其中"得一觀"以及"萬物得一以生"等奇異也駭人觀點，使致了"一"在道家的思維體系中，從來就佔有著重要也關鍵的地位。這從早期的"道教"也被稱爲"不二門"的稱謂，就能有所意會了。

　　比較畢達戈拉斯派將"一"視爲數與數學的屬性概念，老子那"萬物得一以生"的說法，則顯然是將"一"看成是某種哲學與原理之類的屬性概念了。若再整理道家思想中強調"一"爲"道之本體"，以及"一"爲"存在的形式"等道學觀點，我們甚至可認爲老子所謂的"一"，其實是與"存在"與"穩定"等概念，有著密切關係的。怎麼說呢？且看些例子吧；觀察天上排列成人字型的移動雁群，如果每隻雁的飛行速度、方向、距離、高度等，都呈一致性（得一）時，雁群看上去會如似一整體結構，且也是"穩定"的結構。了解汽車的人都明白，汽車引擎轉動時的穩定，是與引擎室內活塞的移動、風油比的比例、分電盤的電力分配、噴火的次序等都有聯動關係的，且是必須達到精準"致一性"（得一性）的。其中任何部分的邏輯性或制約連貫性等有所差錯或中斷（不一），引擎轉動時的穩定狀態就遭破壞，或說無從產生了。再說一個"禪室效應"的例子，一般人進入禪室時，因顧忌到禪室內他人的禪修靜坐，所以都會自動輕手貓腳的，避免發出聲響。當人人有所"一致性"的顧忌，和"一致性"的作爲時，禪室的"安靜"就形成了。從上述些例子的啓示是；"穩定"是可以經由"一"（得一、致一）的過程和原理達成的。包括也能讓我們認知到"一"與"道"的某種關係，是真實且存在的。

　　除了"一"與"穩定"的某種關聯外，我門可再從老子那

"萬物得一以生"的論點,來看看"一"與"物"(結構、存在)的關係,或說"一"與"結構形成"的關係有多少奧妙高深?

物質(結構)如何形成?爲何會形成?形成的關鍵是什麼?如果你不知道如何回答上述問題中的任何一項,沒有關係,也不必感到慚愧。因爲除了一些尚不成熟的理論,如維敦(Edward Witten)的"弦"理論(Super String),認爲是與基本物質的形狀也長樣有關。或一些物理學者認爲,是與物質間的"電子量價"(能階)有關(也既重力與場的理論)。或一些化學家認爲,是由相同的"鍵結"(相同的原子結構)相互連接有關等。似乎沒有人能明確也證實的有所答案。但是值得注意的是,當歸納這些不算成熟的理論,卻隱約透漏著共通的形成模式,就是某種"一致性"。不論是通過形狀、場、或相同的原子鍵等,其實都是建立在某種"一致性"(得一)的基礎上。

結構間的"得一性"才得以結構形成?若沒有科學的實證支撐,也減弱了說服性。我們不妨換個另類且與我們較熟悉的結構形成,如社團、政黨、甚至國家,這種人爲結構的形成,觀摩透視番,看看也是否與某些"一致性"(得一性)有關。社團可大可小,小至七八人的登山社、禪修社。中至千百人的青商會、江湖幫派。大至百萬人的政黨、宗教團體等。不論這些社團的數量大小,從社團的名目分類,其實就已能看出社團(結構)形成的某種"同質性"(同一性)了。"同質性"是一種概括也抽象的說法,對於"社團"這種大家熟悉的人聚結構,我們其實可輕易的再深入的細究和解剖番,看看是否能得到更多些有關"同質性"的解釋以及看出"同質性"的某些不同面相。

一、由內（本質）而外的人聚結構形成模式

登山社、禪修社，是最為明顯經由個人內在"本質"的"一致性"而形成的人聚結構。這種"由內而外"也由"單相到共相"的結合（結構）形成模式，是所謂的自發性形成模式了。自發性模式的特徵是興趣的相投，單純和諧的接合，也是自主和人性的接合模式。此外，觀察自發性社團的運作情形，或能發現常有所謂"核心"的存在，"核心"的意思，是指此人聚結構中少數自發性活躍、熱心付出、且能力幹練者，做著如穿針引線、聯繫服務、並與所有重要的結構份子形成直接或間接的網脈及通路關係。是維持如此共相結構接合與運作的催生者和引導者。然需要強調的是，此催生者絕不同於傳統所謂的"權力"者。因為時下現今所謂的"權力"，祇會產生在不平等和剝削的結構中，而不會產生在和諧、自發性、由內（本質）而外的"自然形成"結構裡。

二、由外（外力）而內的人聚結構形成模式

外力型的結合，如一些會社、民防團、盟邦等，通常涉及到外在壓力的存在。不論壓力來自於安全、威脅、誘惑、目的等，都可說是由外而內的形成模式。由於外力型的人聚結構，其"同質性"（同一性）是外在因素。所以結構的組成份子通常是在所謂壓力、扭曲、及無自我（無自在）的意義或情況下集合而成，並且也無結構的核心。其凝聚力全視外在壓力的強弱而定，外力越是強大，結構越是堅實，如岩石、晶體。外力越是微弱，結構越是鬆散，如雲霧、氣流。

三、自發與外力綜合型結構

　　人聚結構的第三類型，是涵蓋了自發與外力的綜合形結構，也是人聚結構中最為普遍的存在形式。若比較前述兩種其實少見的人聚結構形成模式，可說是更值得探究和思索的人聚結構形成模式了。綜合型結構，由於包括著不同的人聚結構與組成因素，格外複雜，所以也可稱為複雜結構。比如說政黨結構，任何政黨的初始形成，大都具有著鮮明主旨或理想，並契合著一些同質性與自發性的人加入。但是當政黨擴張強大能產生政治能量時，本身也會對社會形成壓力（外力），並吸引一些或覬覦權與利、或遵從力與誘惑等不同的外力型人士加入。當外力型的加入者遠多於自發性理想者時，就可能將居於少數的理想者稀釋淡化，並以主流取代核心，不但將政黨的原旨或理想邊緣或丟棄，甚至會產生如掛羊頭賣狗肉的怪異現象出來。

　　複雜結構，由於具有多元與“不一”的“同質性”（同一）使然，以致於看上去不如自發性結構形成的那種單純與和諧。也不如外力型結構形成的整齊與規則。而是如樹枝或“碎形”般，雜亂無序。通常此種複雜的人聚結構越大，同質性越是多元與間接，以致於穩定和持久性也越差，且非常相似於大自然一些自然結構（自然物）的形成模式與模樣。

　　若從上述人聚結構的剖析，仍然無法看出結構形成與“得一”的關係，那麼我們另換個話題，來談談“不一致性”（失一或不一）對於結構存在及穩定的重要意義。參考些例子！將兩片同樣的玻璃圖案疊放在一起時，如果重疊的完全一致時（得一），圖案就非常的明確清晰。若疊放得不一致時（不一或失一），兩個相混的圖案就模糊不清、難以辨認了。當老張在街上遇到多年不見的小林時，非常驚喜，但也有點不敢熱情的召呼相認。原因是多年前的小林，瘦長的身材、濃黑的頭髮、清純大眼的學生模樣。與現在所看到的小林，肥胖發福的中年人身材、稀鬆微禿的頭髮、世故的面容等，無法一致（不一），因而產生怕認錯人的尷尬和猶豫。當社會有不一的標準、不一的聲音、不一的主張等不一現象出現時，通常也是社會產生矛盾與混亂的時候，甚至是衝突與分裂的開始。事實上，如何分類或區別結構間的不同，如種族、宗教、服裝、食物、觀念等，正是以不一（不同）的多寡及凸顯等，來衡量並產生出來的。

　　整理上述有關“一”（得一）與“不一”的例子，我們應能或多少思悟到“得一”概念的深邃和複雜，且顯然是藏有著大智慧的概念。這概念至少包括著結構的穩定與形成（結構的何以形成？），以及結構的不穩與變化（結構的何以變化？）等理論。那也正是道德經裡“穩定”（道）與“一”（德），“一”（德）與“結構”（有）的更深入觀見，也是老子所謂“萬物得一以生”的高明見解了。

　　此外，另於此處想要順便一提的是，有關“得一”的相關理論中，或許更重要也更實際的智慧，則是“一”（穩定與無）與“不一”（多元與有）的互補關係與整體問題了。道德經裡說:「無之以為用。有之以為利」，認為無與有都是可被利用的，且是不可或缺的。也就是說:我們既需要“一”（穩定與道）的智慧，也需要“失一、不一”（多元與變化）的智慧才是完整的、睿智的。這就好比地球雖以 50 億年的慣性（穩定、致一）方式存在著，卻是包容並允許著無數多元、不一（有、變化）的結構生、有、成、長著。像是國家的整體穩定（得一），是容許並建立在動態多元（不一）的人民生活上。或像是經濟的穩定（得一），並不意味著經濟行爲的停頓或靜止。包括人腦情緒的穩定（得一），也不意味著沒有思想的空洞運作等。這些複雜深邃但卻無比重要的"道之理"等，也全都可能在掌握了"一"與"得一"的秘密之後，得到其相關現象的理解和問題解決。

第十章　開啓 21 世紀哲學新頁的

“無生有論”

太極分解圖尾首銜接的最後圖案是太極、也是“人之道”了。

兩千餘年來，雖說太極圖一直廣被人識知爲道家的表徵與符號，但卻少見有人對這符號背後的深義或內涵做過些令人側目的研究或凝思的見解來著。其實，若就太極圖這三字的說文解字來看，此圖應可被相當的認爲是有所玄機與深義的，而非僅止於一個空洞茫然無所意義的符號而已。

“太”與“泰”原是通音也通義的，參考古人將中原五獄名山之首的山脈尊封爲“泰”山，將皇帝的父親稱爲“太”上皇，將皇帝的家廟稱爲“太”廟，將不幸與苦難的轉變爲吉祥如意稱爲“否極泰來”等皆明示著“太”（泰）的原本概念，聯通著崇高、美好、偉大等意義也內涵描述。另說“極”，“極”是形容一種無法超越的意義，也是一種終極的意境。如將南北方的盡頭極限，以南極或北極稱謂，如將無極的字義與無限的字義類比互通等。再說“圖”這概念，認清“圖”與“符”是如似而非的不同概念。“符”可以是轉注、假借、投射、甚至是虛擬的表徵創作。但“圖”則是具有真實內容內涵的寫實描繪，是具體的、也是具可實證性質的複製參考物，如地圖、海圖、星象圖等。所以說，太極圖若從整體字義的解讀來看，原是說，具有著無上崇高與美好境界的指引圖或說明圖了。

對於太極圖是否有所內涵？欲傳達何種訊息？我個人是有所看法，也有所觀見的。但是，我卻想留到最後的章節中再來討論，一方面可讓本書的首尾有著一貫也完整的聯繫。另一方面則是若想完全掌握太極圖所欲傳達的深邃意涵和美好境，仍有必要了解老子思想中的一些其他重要概念，包括本章篇所要探討和介紹的"無生有"理論了。

在人類思想史上，老子思想的奇特宏偉、且令人敬畏之處，我以為並非僅在於其"道"與其"德"此類明顯已超越了人本意識與經驗法則等認知層面上，而更其實的則是在於他的"無生有"理論了。

"無生有"？多麼奇怪的觀念呀！對於以往那些不曾掌握老子哲思精義的無數人來說，"無"怎能生"有"呢？自然是匪夷所思、難以置信的了，既使是那些古代的煉金術士也是不敢奢望的，他們最大的願望不過是想把水銀變為白銀、黃銅轉為黃金而已。

老子的"無生有論"，當然不是如魔術師從空帽裡抓出隻兔子或白鴿般，如障眼法的機巧。或如在空中畫些大餅，大餅就能真實的落在眾人面前的那種神仙方術，和傻子的幻想。甚至你我或也無法借由他的"無生有"論理解出宇宙由何而出？毛毛蟲為何一定要變為蝴蝶？何以混雜著不同的音符卻能產生出令人感動的美麗旋律？或如何將心中那隱藏的秘密，美夢成真？

雖然如此，但卻要知道；老子的哲思與觀念中，無論是他的道、無、名、有、相、物、一、樸等概念，其中任合一項概念的重要意義，以及老子對於這些重要概念的突破見解，都足以成就

出一位 "思想大師" 出來。而他的 "無生有論" ，更是將這些璀璨瑰麗、精緻無方的不同物事見解，如邏輯、如項鍊般，連接排列也串成融合成統一、完整無暇、也嘆為觀止的壯觀兼細膩智慧了。

"無生有" 理論的震撼性和意義性，是不言可喻的。試想，天下萬物的存在和產生，不都是 "無生有" 的意義和問題嗎？宇宙的誕生、星際的形成、雪花的飄落、彩虹的橫空展現、花園裡已結果的芭樂樹、鏡裡白髮斑斑的老者、商場中的大亨、廟裡求子的少婦、功、成、名、就，喜、怒、哀、樂…..。有什麼物、事、情、景、不是 "無生有" 的哲思？不是 "無生有" 的意義呢？只是，老子的 "無生有論" ，果真能貫穿所有上述從無生有的疑惑？並給予明確合理的解釋？又或真能使之從無生有、心想事成？

其實，老子的 "無生有論" ，非常簡單卻也相當哲學。相當哲學的意思是因為必須先把老子所謂的無、有、物、名、相、一等這些堪稱哲學思維中最為基本又玄奧的哲學概念，弄得明白、透徹。而當掌握了這些頗具哲思與深度的概念後，有關 "無生有" 的迷思、疑惑等，就立即變得簡單清爽，容易咀嚼，也容易下嚥的多了。

正如 "太極分解圖" 清楚所示，我們可明確無誤的看出 "無生有論" 其完整的從無生有過程與原因。且可認知到 "無生有" 理論，其實不過是說從某種原本結構（物）與存在（有），變化到另種組合結構。或說從某種存在狀態，轉換到另種存在狀態的理論了。如此簡易的 "無生有" 論點，對於一些篤信「一切化學不過是物質（結構）之間的合成與分解、互動與變化」的化學家。或相信「一切物理，不過是物質不滅、互動與作用、功能與呈現」的物理學者來說，或是可被認同接受的。但是對於更多的一般人來說，如此過於簡單，幾乎如被耍弄玩笑的論點，就需要些補強，以及另予更多些觀念的啓示和原理的論就了。

　　清晨的露珠、天邊的彩虹、鏡中的白髮、結實飽滿的芭蕉樹、失戀老張的眼神，都會令我門容易產生"無生有"的意識出來。其實都是因爲人腦對於原本某慣性（穩定）結構被相對變化，而產生出來的意識變化也現象效應。這些"無生有"原理，我們在前面論"現象"的章節中，都也談論過，是種"相生之理"也是"意識"（現象）從無生有的運作機理，不難辨識理解。然而，有關"無生有論"中更多被人關注、疑問、甚至觀念挑戰的所在與論點，則是具形質完整的"物與存在"從無生有其完整過程與順序、原理和細節，是否真如太極分解圖所示、並契合無誤？針對如此的命題與回答，我們可分別就"天工開物"的自然物（自然結構），與"人工成物"的人造物（人為結構），兩種"產物"的　"無生有"過程與細節做些探討與論述，以供比較參考。

一、天工開物

　　從大自然基本粒子到原子的形成、再到元素或分子的形成、再到物質的形成、再到天下萬物的生成。我們或可體認到，越是複雜的結構，也越是曾經有過難以計數的"無生有"過程，輾轉變化與積聚而成。複雜的生物（生命結構）亦然。有科學家說，細胞的演化過程是由約三十億年前既已存在的"原核生物"（與現今的梭形芽包桿菌類似）合併 15 億年前始出現的"真合生物"（單細胞、藻類）後，再進入到複雜且不同的多細胞，再進入到多細胞的結構組合。期間無數繁雜細微的的無生有變化與產生過程，實在是難以追蹤了。若再參考人工造物的形成，如一架由上萬件大小零件組構而成的汽車，或數百萬機件組建而成的大飛機、船艦等，就應能體會，那種如魔術或仙術般的"無生有"觀念，是不實在和虛幻的。而真實物事的"無生有"過程，是有如系統或結構工程般，循序漸進、由簡入繁、由小而大、且是以難度遞增的模式積聚也建構的。也就是說，一件物事的存在或形成，常是由眾多"無生有"的"成物"過程與變化積聚"演化"而成。至於如此積聚過程的多寡、演化程度的煩雜，則通常是與其結構的積體性、複雜性、功能性等成正比的。

暫且將這硬扯進來的人工造物例子擱下，仍回到天工開物的"無生有"過程也模式例子上，且以一個簡單也較爲我們熟悉的水分子形成過程，來檢視其程式也程序，是否與老子那"無生有論"的因果邏輯與排列順序相對契合。"水"（H_2O）是由兩個氫原子一個氧原子結構而成。不論是兩個氫原子如何與一個氧原子結合，或一個氧原子如何結合兩個氫原子，但可確定的是，水的產生必涉及到除了本體之外的"相對有物"（**本體加相對物**），且是最爲初始的必然也生成條件了。

再看其程序的第二步，爲什麼一個氧原子可以與兩個氫原子緊密的結合而成爲一個整體的結構（或兩個氫原子與一個氧原子**緊密結合**）？而不是互斥不容？這問題最爲簡單的回答，當就是"本能"（**或說本質**）的不斥或相吸了。我門曾在前面的文章中談到過，結構的本能作用，其實也就是結構的物理作用。是與其結構的材質、結構方式、形狀、或運動狀況（**自旋或對稱**）等"得一性"（**契合性**）有關的。無論相對物之間是以何種物理作用的相互結合，都可說是"本能"（**或本質**）的契合，而這解釋，也正是與"無生有"論中之過程順序和見解描述，所見略同的。

"無生有"過程的第三部分，是"現象"的部分與論述，也是較隱晦艱澀的部分。我們或可與第四部分"得一"的理論部分相提並論，且一併論述，或許更容易讓我們清楚和了解其間的關聯和差異。

　　恰如分解圖明白所示，當物質間的互動，若僅是種交互作用，如蜻蜓點水，或如撞球台上色球間的磨、擦、碰、撞後，仍各自回歸穩定與獨立。那只是"現象"（有相）的意義，是"現象"的"有"。但是當物質間的互動，由於本能的某些"得一"（致一）作用，就可以在"得一"的穩定原理也條件下，結合成統一也整體的全新結構（物）了。那正如同兩個氫原子 H2 與一個氧原子 O 可在相互本能可契合的"得一"條件也前提下，既可形成一個穩定也全新的水分子 H2O 了。

　　再次強調，"現象"（相）在物理學的概念描述，是互動和過程，也是"能"或"功"的涵義，但不是具實在形體的結構。而形體結構得以形成關鍵的第四程序，則有如化學中"合成"的意義。而"合成"，可說是結構間的重組或連接，也可說是一種相互契合（得一、致一）的全新結構（物），或全新的穩定狀態形成了。

　　天工開物，盡管是精妙玄奇、鬼斧神工，甚至迄今我們仍不知曉天工是如何建構出那些基本物質，如基本粒子或原子或分子結構等，但是在原子以上的物質"合成"世界，我們的確可見証著其中"無生有"的形成過程與方式，且顯然是與太極分解圖所示，且完整也精確契合的。

二、人工造物

　　太空繞的有衛星、天空飛的有飛機、水面行的有船艦、水裡游的有潛艇、路上跑的有汽車，高樓巨廈、運河大霸、公路橋樑、牧場田莊……。環顧四週，人工造物正以舖天蓋地，改變環境結構，摧毀生態體系的情形，以及令人憂心的速度，分分秒秒不停不斷的正在進行著。且暫不談這些人爲之物，是否人爲的成就？或是人類對於自然大地的作孽、濫觴。我們仍僅就從了解人工成物的 "無生有" 過程，是否與太極分解圖所提示的 "無生有" 論點契合互通，以及順便就人工成物與天公開物間的差異所在，做些探究和檢討。

科學領域一直有發現與發明的爭辯，好比說牛頓發現了力學原理，而不是發明了力學原理。愛因斯坦發現了相對論，而不是發明了相對論。佛來明發現了盤尼西林，而不是發明了盤尼西林。或侖琴女士做陰極射線管的試驗時，發現了 X 射線，而不是發明了 X 射線。這類型的發現與發明之分際，不難分辨，也很容易瞭解。那就像哥倫布發現了新大陸，而不是發明了新大陸般。

發現與發明較多爲人困惑，也較多爲人爭論的是；人工造物的 "從無生有" 成物與過程。如蔡倫發明了紙張、來特兄弟發明了飛機、愛迪生發明了電燈、貝爾發明了電話等，那些原本不存在，且需要大量人工心力投入，以及眾多 "無生有" 的結構轉化與積聚合成之物。有人認爲，若像電視、電腦、衛星、晶片、此類複雜、前所未有、又難以直接自然成物的人爲之物，若仍不能稱爲發明的話，那麼科學領域就沒有所謂發明的任何事物了。

但是，堅持科學就是發現而非發明的有些人，仍執意的認爲，所有人造之物，終究不過是元素、材料的合成之物。就像你用麵粉、水、蛋、香料、酵母、高溫等製作成了一個蛋糕般。你不能說你發明了蛋糕，你頂多祇能說你發現了某種蛋糕的製作與合成方法。一如在化學領域的新合成物，你只能說你發現了某種新合成物或新物質的合成或製作技術（**方法**），而不是發明了新物質。他們且認爲，既使複雜如飛機、精密如衛星等，仍不脫離合成之意義。而這些人為合成之物，全都涉及到許多的理論與技術（**方法**），而任何理論與技術，都只能是發現而不是發明。那也就如同真理祇能被發現而不能被發明般。

發明，真正少被人質疑、困惑，甚至能被人普遍接受的是那些非真實、虛擬、不能實證、也經不起檢驗的人為創造事物。包括如神、仙、鬼、怪，巫婆的咒語、道士長生不死的金丹、好萊塢的科幻電影、古龍的武俠小說，寡頭政治下的烏托邦、以及資本主義體制下的社會正義與平等均富等。然而，類似如此想像而非真實，也不可能真實實現的所謂發明，其實已超越發現與發明的爭議，且已涉入到真相與假相的另類哲思了。

從發現與發明之爭辯，引伸出來的真相與假相思維，可以放進很多人類思想與觀念領域，包括如現今資本主義思維下的專利法、擁有權法、財產法等其法源與法理的合法性。以及如貨幣（**錢幣**）幣值的實虛性，或股票、公債、有價證卷等其價值的虛偽性等。可說是個大有用處的思維及觀念了。不過，我們在此所要談及的主要論述與觀點則是要提示並強調；人類任何的人造之物，其實都是合成及轉換的事實與意義。也就是說，全不超脫於老子"無生有"論的"合成與轉換"意義。只不過人造之物的"無生有"過程與模式，比較天工成物的合成過程與轉換模式，顯然另有隱晦、奧秘、和複雜性，有待理解和探究，且讓我們繼續深究下去。

若問大自然創造出來的天下萬物如日、月、山、川、木、石、花、草、飛鳥、走獸等，對大自然而言，有否任何的存在意義呢？除了一些無法證實和不具邏輯性質的宗教教旨、或故事傳說外，似乎沒有人能回答了。但是反觀人類所製造出來的任何物事，不論是石斧陶皿、鞋帽衣飾、埃及的金字塔、中國的萬里長城、神

鬼仙佛、算盤電燈、法律政治、鈔票證卷、文字符號、雕塑圖畫
等，則全都是有著某種相對於人的作用、功能等，或說是有所相
對於人的存在意義或存在目的的。

　　由於任何人爲創造之物，原是具有著預期也絕對的功能性、
或目的性等"人爲物事的存在意義"。以致於人造之物的每一個
"無生有"過程，都必須是邏輯的、制約的、因果的。就像一個
能反射七彩光色的三錂鏡般，從玻璃的選材、冶煉的形成、磨光、
調整等，每一段過程與細節都是不可缺失的，且是整體的因果連
接與完整的邏輯貫通的。或像一輛汽車，雖然有著繁多複雜的組
合與變化等"無生有"過程，但所有這些合成過程，都是整體邏
輯的一部份，如此才能與預期的功能、目的，契合、一致。

　　比較了天工成物與人工成物的存在也本質差異，其實在於天
然物是隨機、偶然、無所特殊目的和存在意義的自然也物理形成。
而人工造物一般而言，是有所預期功能，和特殊存在意義的人工
產物。如果另再深入觀察與了解人工產物的每一段"無生有"過
程與細節，是如何的被人爲精確也邏輯的執行著，我們就會難以
避免的進入到人腦（**意識、思想**）與行爲的複雜、奇妙、又神秘
的學知領域了。有關人腦與行爲的聯繫和運作關係，將會在本書
的下一章節中另行討論，在此先就簡單也略爲提示的觀念認知
是；人腦必須先得有某種所謂過程與細節的作爲（**行爲**）藍圖或
設計，才能有所作爲（**行爲**）的依據，也才能確保人工成物的過
程性、預期性、功能性。換種簡單說法也就是"藍圖與複製"的
概念與意義了。實際上，也只有如 DNA 藍圖般複製的模式，才
能確使小雞不會變成小鴨、蘋果樹不會開出玫瑰花、飛機能上天、
潛艇能下水。而了解到藍圖與複製對於人造之物的必要性和絕對
性，才能說對於人工成物有了些較深入的了解。也較能清楚人工

成物的"無生有"過程,其實是先有人腦藍圖的"無生有",才會有後來複製的"無生有"等因果邏輯與過程關係。而且,不論是藍圖的"無生有"或複製與過程的"無生有",都另涉及到甚多"無生有"的合成過程與積聚變化(演化)。這也正是與太極分解圖的順序排列所契合無誤的

總之,若能從上述的一些"無生有"論述,而能認知到,結構(物事與存在)的生有形成,確實如同"無生有論"其合成哲思與過程描述,並認同結構的轉化或合成,果然如同"無生有論"的排列與順序所示。那麼,就或能認同老子的"無生有論",實已涵蓋也明確的交代了天下萬物、甚至包括了人爲物事何以"從無生有"的秘密了。

老子的"無生有"理論,不僅是老子藉以"知天下、見天道"的主要工具,也是人類智慧上無以比擬的重要突破與成就。這種成就,我以爲就像一些"萬有理論"(終極理論、萬能理論)的尋求者所言;當"萬有理論"的終將出世或被拼湊發現,必將爲人類一切有關"存在"(物事與結構)的問題畫上句點。姑且不論此話的真確性如何?或老子的"無生有論"是否就是萬有理論?但是我們的確可以將老子的"無生有"論,引伸到幾乎任何"物事與存在"(結構)的問題中,並藉由了解"物事與存在"(結構)的爲何而有(存在)?及如何而生(有)?甚至如何變化等?而能相對於任何"存在"(結構)問題,有所方法對應或問題解惑。換個明確也簡單的說法也就是說;"無生有論"就理論上而言,它的確是一個可能讓我們"知天下事、解天下惑"的全能理論也全通智慧了。我個人甚至深以爲然,如此具大用和大智的"古學新知"也哲思理論,必然也必將會成爲開啓 21 世紀哲學新頁的新觀念與新理論呢。

第十一章 "意識與行為"的 關聯與解密

承襲著前章"無生有論"的隱晦艱澀,也狐疑著老子這"無生有論"是否真能被實際應用於看清問題?和解決問題?於是,找來了這意識與行為的話題,試圖用著這容易令人集思和興趣的話題,並引用穿插著老子的"無生有"觀點來推釋、臆測這有關人之意識與行為其關聯的從無生有過程。一則,可檢驗也考驗著老子"無生有"論的實用性、精確性。二則,或有助益我們對於意識與行為的精確認知和掌握。

人的行為,是生命最真實的呈現,也是生命最切身的問題,不只是直接的聯繫著生命的豐盈空虛、安危吉凶,且間結的關係著生命過程上的枯榮興衰、喜怒哀樂。以至於,在那曾經民智未開,迷信、巫術仍主導著人們心思的漫長古老時代,人們對於行為的從無到有,特別是其不可預測的後果效應,充滿著猜測疑懼。

西方古老的瑣羅亞斯特教(拜火教),也包括稍後些的猶太教與基督教等,都認為人是受到善與惡、光明與黑暗,兩種存在力量無休止的鬥爭所影響,以致於會有善良或邪惡兩種極端差異的行為產生。而東方的有些習俗與傳說,也有以邪靈附身,或觸犯了禁忌等原因,來解釋某些行為的失常、詭異。

對於一些不以怪力亂神來解釋人類行為偏差的思想家,包括孔子、蘇格拉底等都注意到人之意識（心智、觀念）與行爲的密切也互動關係。孔子有「質勝文則野。文勝質則彬。文質彬彬。而後君子」的人性本惡論說法。蘇格拉底也有：「人需要不斷的充實和培養自身的靈魂（心靈），才能使靈魂昇華到善良和理性境界」的心靈論。兩者雖然將人之行爲的“無生有”產生疑惑，較真實的引進了思想（意識）與習性（本能或本質）的制約影響，但是對於意識如何影響行爲，行爲如何被實際啓動和如何運作的無生有完整過程，以及思想與行爲的其他些深入問題，則是相當空洞、無知、甚至是錯誤的。

致於，近代探討人類行爲的主要理論則可大致分爲三派，分別如下：

行爲主義派（behaviorism），此派的倡導者爲德國的馮特（Wihelm Wundt 1832-1892），他創立了世界第一個正式的心理研究室於萊比錫，著重於研究人類意識（思想、觀念）與行爲的物理（物質）基礎。而後有俄人巴夫洛夫（Ivan petrovich povlov 1849－1936）用狗作實驗發現“交替反射”（conditional reflex），並獲得 1904 年的諾貝爾獎。此派強調人類和動物的行爲，是藉由外在的“刺激和反應”產生，是如制約論、如機械論的關係。並強調行爲的功利性，和觀念形成的社會學習影響，屬於社會習得理論的一支。

心理分析學派（Psychoanalysis），由佛洛伊德所倡導。佛氏認爲人類行爲的推動力，是由一種人心內在的“衝慾”（Drives）主導。而衝慾是由“自我”（本能）」和“超我”（本質）兩種意識組成。此派最大的特色是強調人的淺意識及衝慾，也就是強調行爲的內在動機論了。

格式塔心理學派（Gestalf　Psychology），此派強調行爲不能從局部因素了解，而因從整體面相探求。他們雖然接受行為學派的交替反射（制約反應）的觀點，但也不忽視觀念、情感、和內心經驗的影響。他們實際上是綜合了行為學派與心理學派的統合派。此外，他們另有的特色是強調人會因為年齡的不同、身體結構的差異等，而對行為產生或特殊、或階段性的重要影響。

檢視上述三派的行為理論，顯然可見得的是；強調外在"刺激－反應"的行為學派，是傾向以外物影響、"由外而內"之相對也唯物論觀點，來解釋動物（包括人）與行為的聯繫關係。心理分析學派，是強調著內在"衝慾"（動機）此類"由內而外"，具"自發性"的唯心論觀點。而格式塔學派，則是明顯的試圖將心物兩派的不同觀點合併整合，並成為某種統一完整的理論，只是，似乎一直沒能做到和做好。

是什麼樣的不同觀察與角度？會使一個如此的單一命題產生出多元不一的面相與爭論？在我們嚐試從老子那"無生有"理論、另行推釋意識與行為的疑問之前，可先從一些明顯有別，又值得探究的不同行為面相，做些觀察與參考。

一、無意識下的行為

"無意識下"的行為最能說明行為學派的論點，那是如本能般的"刺激－反應"機械也制約式反應模式，且也是一般動物最基本的行為模式。我們都知道越是簡單的動物，行為越呈現出單純與機械化。青蛙比蛇更機械、草履蟲比青蛙更機械、而 DNA 又比細胞更機械。人雖然遠較一般動物複雜的多，但一些行為的基本模式，或說本能模式則是同樣的。像是嬰兒不舒適時的哭鬧、幼兒受到驚駭時的恐懼、青少年尤其具凸顯自我和榮譽的傾向、以及青春少女被異性多瞄兩眼就會"不自主"的引起體內化學變化般的全身異樣反應。此外，人們普遍喜愛做些自己喜愛或熟悉的事情、也普遍在受到威脅時會感到憤怒、不喜歡承受壓力、不喜歡被肆意騷擾等這些如似本能的制約式反應和動作，似乎從個人 DNA 的生成層面時，便已被植入了，並極爲精緻、複雜的主導著我們生命的機制和行爲。而其奇妙又顯著的特癥就是；人可以在完全無意識（不經心）的情形下，完成這些行爲（動作）。

　　人除了有著如一般動物的本能也制約式無意識行爲外，人類另一項讓人感到神秘，並值得探究的事實，便是人可以經由不斷相同的經驗重複，或說不斷的熟悉和訓練，而使得原本需要心智主導的“意識下”行爲，內化或轉化成如“習慣成自然”般的慣性且“無意識”行爲。這種奇怪的慣性養成，並能真實內化形成如似本能的事實，我們可從生活上的許多實例觀察看見。如嬰兒時的抓物、站立、蹣跚學步等動作與行爲技巧，都是在幾經學習、跌倒、摸索、平衡等經驗形成後，就會因慣性與經驗的內化與轉化，成爲如本能般，在無須專注和意識下，已完成了完整動作。包括如人們在學習騎乘腳踏車的平衡技巧、學習手排擋汽車時的手腳並用、打字時的眼到手到、彈奏樂器或吹奏薩克斯風時的心（音）意（手）相應的動作（行爲）等，也都能在幾經學習、“熟能生巧”的慣性也內化效應下，成爲“不經心”也無意識下的制約動作了。另如人們學習語言時的復雜過程，同樣是一段驚人也奇異的經由內化而成爲本能的過程。從外語初始習練時，試圖使用唇、口、喉、舌等不同肌肉的運用，試著發出字正腔圓的音符，到心智的記憶、詮釋，到連接著完整字句的概念整理與傳達，包括無數次的不順與沮喪……但在飽經訓練與熟悉後的某天，你突然發現你已能在無須刻意的搬舌弄唇和全神灌注之下，即可如想到說到般，同步的脫口而出了。也就是說，可以在不經過心智的明顯運作過程下，你已可以如本能般的完成聽、講、或傳送訊息的制約式動作和行爲反應了。

此外，人類其它些具隱晦且細膩的慣性成自然例子，是如"潛意識"（意識型態），或說主觀的思維與觀念了。這種主觀也慣性的制約式意識（潛意識）是直接反應、直接運作，不需要另作思考的。佛洛伊得在他所著作的日常生活的心理分析一書裡認爲人類每日行爲的百分之七八十部分，都是屬於此類慣性意識（無意識或潛意識）的行爲，或說被如此的慣性意識所主導。可想像"不經心"下的制約式行爲模式，對於人們生活的普遍性與重要性了。

其實，從生物演化的角度思考並不難理解，想像一隻飛鳥不可能在做飛行的行爲（動作）時，同時要去不斷的思附著飛行的技巧。羚羊在逃避追獵時，不可能去分心想及如何奔馳的方法。人在危機時任何的遲疑猶豫，那怕是零點幾秒都可能是致命的。其次，再要知曉的是動物的制約式反應，常是如邏輯或骨牌般連貫也繁雜的。尤其是突發危機事件時的制約反應，更常是需要直接應運著血脈的噴張、血液的流速加快、供氧增加、肌肉緊縮、內分泌大量釋出、口甘舌燥等，全都已爲行爲的爆發，做出所有關繫連接的完整也周詳預備了。而這些制約反應，是在瞬間乍時如本能般就必須做到的事情，根本不容許思想的臨時召喚、意識的蹣跚整理、或體內生化反應的費時運作了。

二、意識下的行為

傳說以往中國人在還沒有文字之前，是採用結繩記事的。重要的事就用大節（大結）表示，小事則用小節（小結）來提醒，而這也是中國"節"慶、過"節"的字義與由來了。

　　人能記住三天前或更早時所安排今時當下該做的事，執行一些久遠前所託付的工作，這種"本事"，可是其他動物絕無僅有且難以相比的了。也使得我們或能體認到人類的意識與行為關聯，自有其特殊性、複雜性、及超越性了。

　　人的意識隱晦又神秘，有關意識的明確定義也一直是被爭論的。較簡單些的意識定義，有被說成是感知或感覺。複雜些的意識詮釋，如被說成是"選擇性的注意力"，或"思維摸索時的探照燈"。另更為艱澀也哲學些的定義解釋，則涉及到現象學的認知與理解等，可說是一個仍舊混沌不明、複雜難解的概念和學問了，而其複雜艱澀的深廣層面，也遠遠超出我們的一般想像。包括就有科學家，如科學之終結（The End of Science）作者，約翰.霍更就認為，太空不是科學冒險的最後疆域，心靈（意識）才是。

　　早些時期的一些西方意識研究者，大多是哲學家。他們喜歡將意識與存在與現象等概念，混淆也綑綁在一塊研究。其實，意識遠較現象這概念複雜也深奧的多。現象最為簡略的定義也既變化，是物事在某種互動（運動）情形下的被改變，或說是結構在不斷被外物介入改變下的變化持續。而意識則是人腦的智能系統，利用如此的現象原理，綜合併整理產生出對人具有特殊意義的感知（感應）描述。

　　人類意識下的行為（動作）類似如作畫般，其重要的特徵是作畫前已有著某種或概略大致或細實精密的藍圖，如似"成竹在胸"般由內而外、由點而面，也一如人工成物般的複製模式，是有條理、有方法、有意識介入的整體行為過程。由於人類意識下的行為，大都具有複製或模仿的特色，也絕非無所意義或無所目的的事實，這應也是心理分析學派如佛洛伊德所認為：人類行為的產生，是由某種動機（衝慾）或潛意識（內在藍圖、意識型態）

所主導且推動的觀察吧。

從上述“無意識下”行爲與“意識下”行爲的一些明顯不同特徵描述來看，的確可以得出行爲的不同面相與論點。且也可讓我們體認到，不論是行爲學派的制約式交替反應理論，或心理分析學派的動機和潛意識理論，顯然都過於簡陋不全。而任何一派理論的堅持或排斥，都只會讓問題必然的無解或扭曲。

從老子“無生有論”的提示和掌握可清楚的看出，任何“有”的產生（包括行爲的從無生有），首先必涉及到外物的介入。這顯然是行爲學派交替反應的唯物論觀點了。然而再看下去的第二部分，又涉及到本能（或本質）的契合和作用，這又是心理分析學派具唯心論調的觀見和主張了。更妙的是第三、四部分現象與得一觀點，似乎與格式塔心理學派所認爲的內心和外物統一合併論有關了。如此的無生有論述竟能將前述三種行爲理論全部包含概括了，真是美妙的巧合呢？或自有定見？

對於如何將上述差別互異的意識與行爲理論，依據“無生有論”論的排列與觀點，併湊成完整的意識與行爲線性理論，我們或可試著用一個小狗的意識與行爲（動作）例子，來幫助釐清這些環扣相結、連鎖互應的“無生有”過程和關聯問題。

小狗第一次見到火時，本能也好奇的注視著火，既想玩弄、也想了解，但又也有些本能疑懼般的不太敢靠近，踟躕著不知如何是好。或因於新鮮、好奇、好玩的感性本能強力驅使，仍是忍不住的觸及到火，並遭受到火灼的傷痛。而如此的火灼傷痛經驗，經由“內化”（印記）過程，成爲本能（或本質）的部分。從此後，小狗再次見到火時，就會因外物（火）與本能（或已內化的本質）的契合（致一）印證，而產生直接（主觀）且不經心的懼怕或迴避等制約式行爲了。

　　上述的一般制約也線性式行為反應例子，也是典型所謂的社會（環境）習得理論範例，並不難想見。我們可再參考些較複雜的情形與例子；當小狗發現自己最喜愛的肉骨頭（**另一種已內化形成的制約式反應**）緊緊的靠在"應懼怕和應迴避的火"旁邊時，問題又產生了，小狗究竟會接近火以便能取得肉骨頭？或會因恐懼火而放棄肉骨頭呢？顯然小狗已如失去了"主見"般，自己也不知道該如何是好。因為只見小狗徘徊不定、欲去還留的口中吟吟作聲，似乎煩惱又焦燥。

　　令小狗猶豫不決，再次無法完成制約式完整行為的原因又是什麼呢？從老子"無生有論"觀點來說，其實也簡單。而這次涉及到的問題則是"迴避火"和"取肉骨頭"，兩種不同（**不一**）的制約式效應同時被刺激、被激起之故。就也如同鋼琴的琴鍵同時被激出兩種不同的音符般，無法產生明確一致的音符訊息。或說無法整合、形成出整體一致的邏輯指令（**藍圖**）之故。

　　若繼續的觀察下去，你會發現小狗多半回揚長離去，離開的原因你或許會認為是小狗"決定了"放棄肉骨頭，但其實也可能的原因是小狗因"無法決定"，加上某些其他原因而離去。要補充說的是，若是一條老狗遇上如此情形的話，老狗或會嘗試做些如伏匍前進、小心翼翼、並用前爪勾移肉骨頭等較複雜的行為。若是一隻老猿的話，則可能會利用樹枝了。這些更複雜的行為（**動作**）都涉及到更多的經驗和技巧，那是更多的內化（**本質**）與藍圖複製等"無生有"過程與運作了。

　　人類意識與行為的複雜，雖說是遠較小狗老猿複雜的多，但運作原理似乎仍是基本相似類同的。我們大都經驗過在同時處理不同的問題，尤其是相互矛盾或對立的問題時，會因為無法一致性（**得一性**）或連貫性（**致一性**）而毫無章法或不知所措的無法產生行為，更不用說是制約式的直接行為了。至於問說，為什麼必須具備"得一"或"一"的先決條件，才能產生行為呢？這問題的回答，又要扯回到人工造物的藍圖與複製之邏輯也關係上了。也就是前面章節已談論過的，任何"不一"的相對關係，也意味著"無以聯繫"或"邏輯中斷"的關係，是無法形成整體(也既單一)藍圖或明確藍圖的，而腦中的藍圖無法形成，或說腦中無所藍圖，是無法運作(複製)行為的。此外，另也因為只有在完整且邏輯的腦中藍圖(腦中指令)明確下，人在行為(動作)中所必須仰仗的肌肉、內分泌、赫爾蒙、神經傳導等化學或電子等連接與反應，才能明確也貫通無阻的運作或配合。

了解藍圖對於複製的意義，複製對於人類行為(包括意識下或無意識下行為)產生的關聯性、必要性，我們當能體會到，藍圖的明確完整和貫通無斥，有如替行為做出了開展啟動的必須準備，祇等待另一個制約式的激發，也既又一個從"無生有"的互動也啟動了。

人類行為的「無生有」問題，長久以來就是人們關注也難解的大問題，涉及到的學知領域廣泛又深奧，聯繫著的無生有過程，且常是繁雜不易釐清、或深奧不易透視的。比如說，單就腦中藍圖的如何連接和形成，構成藍圖的材料資訊或結構知識是如何的植入或培育等，就已是有關教育問題中的重大挑戰了。此外，我們或另可看出，藍圖並非狹義的思想資料，而是思想資料的積聚集合，並經過智能整理和排列的沉澱結果。而這些有關藍圖的從無生有、形成和運作等問題，都可以牽扯出更多的「無生有」問題了。

從整理老子的「無生有」論，延伸出來這有關人類行為的從無生有觀點，雖然仍過於概括和臆側，不足以讓我們全然的掌握意識與行為的完整和精確全貌。但是若比較前述三大有關人類行為的理論，無可否認的是，不但合理的涵蓋了行為學派「由外而內」的制約式交替反應理論。也概括解釋了心理分析學派「由內而外」的動機衝慾論點。且也無窒滯的解決了格式塔心理學派，試圖將上述兩派理論如何相併兼融的困攪。可說替人類意識與行為的理論，開創也詮釋了一種更全面、完整，或許也更接近真實的全新見解。

第十二章　唯心？唯物？

太極分解圖對於老子"無生有論"的完整運作過程、排列、原理等，明示出除了"道"的"穩定無相"深意與本相外，第一順位出現的是"物"，或說"相對有物"的出現了。如此的出場順序是依照道德經第七章：「天長地久。天地所以能長且久者。以其不自生。故能長生。」的宏偉觀見而來。而如此"物不自生"的觀點也觀念，其實也可視爲是"物事（結構、存在）不會自我產生與變化"的經典也標準唯物論觀點了。

只是，這看來似乎沒有瑕疵的"無生有論"排列與"物不自生"觀點，在時下現今的哲學與科學廣泛領域裡，卻是個十足的心物衝突、二元爭論導火線了。捲入爭論的諸多人物中，我以爲柏拉圖、亞里士多得、達爾文、康德、黑格爾、佛洛伊德、以及禪宗的慧能和尙等，都是反對、不同意的。他們寧可將排列順序第二順位的本能（或本質）置放在第一順位，強調"物可自生"或"心實物虛"等"唯心論"觀點。而贊同老子"物不自生"看法的人則有拉馬克、馬克思、愛因斯坦、和中國禪宗的神秀和尙等人。

唯心？或唯物？的二元哲思與爭辯，雖說已是如化石、如老調般的哲思與問題。然其所涉及到的學思層面與學說影響，既深且廣，甚至遠超出我們所能想像的嚴重與嚴肅。這從上述分別且對立的極具代表性人物來看，就可略窺一二了。

其實，哲學上的心物二元爭論，就如同哲學上有關真理的爭論般，原都是西方傳統文化的特色，也是西方人的"發明"。對於古早時期的中國思想和文化兩者而言，都是舶來品、進口貨。傳統中國人講道理而不講真理，談務實而不談物虛。甚至從而迄今，依然有許多人，仍是怎麼也弄不清楚所謂的心物二元爭論，到底是在爭扯些什麼？

西方人對於"唯心論"的發明，最早可推溯到古埃及王朝的"一神教"信仰。一神教信仰中如萬能、絕對、且唯一的真神，神既真理、是自生的、自發的、是先天存在的、無法超越的等觀點，全都是典型且標準的"唯心論"觀點。之後，到了古希臘的蘇格拉底、柏拉圖時期，西方人在原已熟悉也習慣的"泛唯心論"論調中，又添加了如本質、靈魂、精神等，有關"存在的主客體論"爭論，更寬廣也豐富了"唯心論"的領域和範疇。之後，再經由羅馬帝國近千年的"一神教"壟斷文化影響，"唯心論"可說在西方根深蒂固、也眾口鑠金效應下、難以撼動了。其含蓋層面也已充斥在幾乎所有生活習慣、傳統文化、慣性思維等泛文思領域裡，且難以自拔了。

另說"唯物論"，近代西方"唯物論"的重新被提出也較早被重視的唯物論思想家，可說是德人佛藍西斯·培根（1561-1526）了。他繼承了早期古希臘人德摩克立特的原子論說，認為原子才是構成真實世界的基礎，並反對獨斷和狹義的"主觀經驗"和"人造真理"等"唯心論"說法。其次是十七世紀英人托馬斯·霍布思（1589-1679）。他認為宇宙就是各種物體（物質）的總合，既然世界是物體所構成，物體也就成為哲學探究的唯一對象。他並以機械論觀點解釋世界，甚至用機械論觀點解釋感知、意識等深澀的"認知論"問題。再其次的"唯物論"彰顯者，就是迪卡爾了。迪卡爾雖不完全是個唯物論者，但是在他的哲學裡，卻是將人的完整成分，分成身體也器官部分的機械"唯物論"觀點，和本質也心靈（意識）部分的"唯心論"觀點。如此嘗試將心靈與物體統合併論的觀點，其附帶的效應，是使傳統西方文化中的"唯心論"主導（主流）觀點（如一神教），大大的減少了對唯物論者（通常也是無神論者）的排斥和壓力了。

　　總之，形形色色的泛唯物論與泛唯心論觀，不時的穿插出現在西方思想的巨流史頁中，且隨著西方的強勢文化擴張延伸，深入世界各地，併產生不一強度的衝擊和影響。而概略來說，這些傳統西方泛唯心論觀點包括了：

a、贊成事物的生成或變化，是可以不經由外物的介入而自發的（如柏拉圖認為生命是自發自生的）。

b、贊成有先天的存在或絕對的存在（如康德認為理性的先天存在。黑格爾認為大自然有所謂的絕對精神）。

c、贊成宿命論（天命）或自然目的論的存在（如一些宗教認為萬事皆是由命或神所安排，是半點不由人的。如達爾文的物競天擇觀點認為生物的演化是有所目的的）。

d、贊成所謂物事存在的主體性或價值性是物之本質而非物之本體，如人之存在的主體性、真實性是心靈或意識。（如佛教的唯識無境、如蘇格拉底強調人的存在意義在於價值）。

　　而"泛唯物論"觀點，則是包括了相對主義的因果論、制約反應式的機械論、以及認為自然世界的運作是由物質而非精神所主導等。簡約的說，泛唯物論者頗能接受老子"物不自生"的觀點，也頗能認同說任何物事的形成或變化，必有其相對另物（外物）的介入等說法。

　　參考和比較下列些較具體例子，或更易於明白"唯心論"與"唯物論"的分際、不同。

一、達爾文與拉馬克

　　提起達爾文這位被尊稱是"為恆古如黑夜的自然科學燃亮了一盞明燈"的科學家，想必大家都是知曉的。他所著作的物種源說迄今仍是幾乎全世界中小學教課書中，必讀必學的課目。其學說的影響力被認為是超過任何單一宗教或信仰的。

　　其實，生物演化的觀念很早就有了。古希臘時代亞里士多德就曾說過；魚沒有四肢，是因為不需要之故。人與非生物之間有植物，植物與人之間有海綿、海參、水母等。動物與動物之間是由簡入繁而有貝殼、昆蟲、甲殼類、頭族類、胎生四族類。他並且注意到生物的型態，具有適應生活環境的特性，且生物也有相似的屬性類。另近代法國博物學家浦豐（Georges de Buffon 1707-1802）是最早重新提到動物演化（變化）的科學家，而後有達爾文的祖父伊落思麥司　達爾文（Erasmas Darwin 1731-1802）投文支持浦豐的看法與見解。然而，實際上最早將生物演化觀念整理併體系化的科學家是拉馬克（Cheuaiitr de Lamarck 1744-1829）了，他的代表作有動物哲學（Philosophie Zoologigue 1809）及無脊椎動物誌（Historie naturelle des Animarx Sans Verte/bres 1815），其中動物哲學是倡導動物演化理論的最早研究。拉馬克的著作和研究由於受到當時宗教、貴族、和一些有影響力的學者壓力而未能普及，消沉了將近五十年之久，直到英人達爾文的物種源說一書出世之後，才重新被人提及。

　　物種演化的事實是無須質疑的，無數的化石證據已明確顯示。然而從比較拉馬克的演化理論與達爾文的演化理論，則可發現極大的不同之處，且正與心物二元的爭論有關，尤其是在理論的核心部分更顯差異，我們可用一簡圖來解說和表示。

拉馬克學說與達爾文學說之差異比較（有關長頸鹿之頸長演化理論）		拉氏認爲	達氏認爲
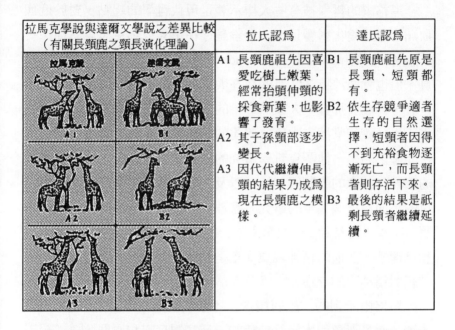		A1 長頸鹿祖先因喜愛吃樹上嫩葉，經常抬頭伸頸的採食新葉，也影響了發育。 A2 其子孫頸部逐步變長。 A3 因代代繼續伸長頸的結果乃成爲現在長頸鹿之模樣。	B1 長頸鹿祖先原是長頸、短頸都有。 B2 依生存競爭適者生存的自然選擇，短頸者因得不到充裕食物逐漸死亡，而長頸者則存活下來。 B3 最後的結果是祇剩長頸者繼續延續。

　　從簡圖裡我們可清楚的看出，拉馬克的演化理論認爲生物演化是由外在環境（外物）所主導。併經由一種生物內在複雜的生命適應機理調適和促成，是頗爲符合＂唯物論＂觀點和老子那＂無生有論＂相對觀點的。達爾文的理論則認爲生物演化是物競天擇、適著生存等隱藏著競爭、天擇等絕對論、先天論也目的論的＂泛唯心論＂觀點。並認爲物種演化的方式，是經由物種內在遺傳基因的自我突變、自然產生。如此＂由內而外＂的事物產生（或變化）方式，可說是典型的＂唯心論＂觀點了。從上述兩種理論核心部分的不同見解來看，顯然可見，拉馬克是傾向唯物論的演化論觀點，而達爾文則是泛唯心論的演化論基調。

二、黑格爾與馬克思

　　黑格爾的哲學被有些人標示著是現代哲學的起點，對於近代歐洲的思想變化影響巨大，無論是存在主義或馬克思思想都深受其影響。他的精神現象學（Phanomenologie des Geiestes）厚達 765 頁，但也就像沙特 722 頁的存在與虛無（Letre etle neant 1934）巨著，都屬於那種"大象無形"的著作，複雜又深奧，很難讓人真正也精確的掌握書中所要傳達的訊息或面相到底是些什麼？比較能確定的是，他認爲哲學研究的對象是宇宙大全，包括了自然的事理、社會的體制與功能、以及人的意識、思唯等。而哲學的目的是通過這個大全的研究、整理，掌握出它的最高也"絕對本質"（或絕對精神），並揭示它（絕對精神）的普遍性、通用性、和真理性。而他的精神現象學正是如此的嚐試，試圖去闡明那種"絕對精神"的存在。

　　黑格爾所謂的"絕對精神"不屬於對象（客體），也不屬於本體。而是對象與本體互動時的一種客觀存在和原理。這"絕對精神"就像三角形的構成三點，底下兩點對立處的交會頂點，就是第三點或"絕對精神"客觀存在和顯現的所在。這"絕對精神"可以接合或調適對立的一方，也有轉換對方位置的作用。他並引用了一個生動但怪異的主奴關係來比喻，他說：在兩人的自我意識相持之下，不怕死的一方將成爲主人，唯恐死亡的人將成爲奴隸或順從者。奴隸會抑制自己以侍奉主人，主人則驅使奴隸爲自己所用。這種相互的承認與默契，原本並不屬於雙方的真實關係，但也正是這種"絕對精神"接合和調適了對立的雙方。他甚至認爲人類歷史的演化，就是被此種"絕對精神"所主導，而人的"意識"同樣也是被此種"絕對精神"所作用或運作，由此

邏輯的推演，他認爲決定人類歷史面相與走向的因素和原理，也
既是"絕對精神"的作用和原理了。

黑格爾哲學的最爲簡單說法，我以爲或可用化學的"合成
論"來理解或解釋，當兩種結構（存在）混合成一體時，就會產
生出第三類的"絕對存在"，有如紅色混合了藍色，會產生出原
本不存在的紫色。黃金與白銀的合金，會呈顯出綠色且性質也不
同的青金。這種第三類的"絕對存在"，與康德強調的理性形成
之宏觀也折衷考量，有著某種相似之處，是屬於原不見未知，但
又真實存在的超越存在也第三類存在。

黑格爾的"絕對精神"說，原本也具有開創性的思唯和唯物
辯証的論點，只是黑格爾過於強調如此絕對的、先天的、主導的、
也超越存在的論點，已與西方神學的某些觀點契合並連接了。難
怪有人會認爲黑格爾的哲學，有爲西方神學尋找理論之嫌。也因
此他的哲學雖然被稱爲是一種"客觀的唯心論"但仍未脫離泛唯
心論的範疇。

馬克思的唯物論是非常鮮明的，他認爲不是意識或精神主導
歷史和決定生活，而是生活決定意識或歷史，而生活（生命與存
活）又是由外在因素（環境與物質等）決定或主導的。

三、慧能與神秀

至於慧能和尚與神秀和尚的禪偈思辨，就輕鬆有趣的多了。
那只是一無傷大雅的小故事，如同茶壺理的風波般，不用太認真
也無需太嚴肅。

話說弘忍老和尚自忖年紀已老大，想找一個能傳承法衣的弟
子繼承衣缽，於是傳令寺僧徒弟作偈呈驗，以試眾人對禪的理解
功力和深淺。弘忍的大弟子神秀呈作一偈：『身是菩提樹，心如明

鏡台。時時勤拂拭，莫使惹塵埃』。我們可看出神秀是以根塵脫粘、明心見性、不以物累形的精湛理論做作此偈，果然迅速傳誦全寺，博得稱讚。而慧能將神秀的原偈稍作修改爲：『菩提本無樹，明鏡亦非台。本來無一物，何處惹塵埃？』慧能以中觀學派的"空觀"修改原偈，一時舉座爲之驚詫譁然、爭相議論，弘忍老和尚也當場把衣缽託付給了慧能，了卻心事。

暫且不論弘忍是否老糊塗了？怎麼會將衣缽給了慧能？從神秀的偈句裡：『時時勤拂拭，莫使惹塵埃』有"唯物論"的論調，而慧能是以"相由心生"、"心空故相空"的古怪邏輯修改原偈，則是個標準"唯心論"論點了。

唯心？仰唯物？心物二元的爭論何以會長久以來一直的困惑著人們？一些對於哲學不甚關注也較少接觸的人甚至會奇怪，爲何總有那麼些思想家，對於如此小問題能永不厭煩、永不止息的執著與爭論，且長達千百年。他們甚至會要求那些無聊的思想家要多些包容和開放呢！

其實，這是不了解心物問題的嚴重性、深入性了。從上面的幾許例子所見，我們實可看出，心物問題不但主導著人類思想與行爲、人本與人文等問題已達數千年之久。甚至也滲入到科學的一些理論中。比如說達爾文的遺傳理論就涉及到 DNA 突變的原因，到底是自發的，或是被外物所介入影響所致，這爭論的重要性不但關係到達爾文物競天擇理論的真確性，並也關係著包括生物基因工程、癌症、試管生物、植物改良等重要也重大領域的研究方向正確或錯誤。再說磁鐵的磁性，如果說磁性是磁鐵的一種特性，是自發的、是天生的，麼就沒有多大的研究價值了。但是將磁鐵的磁性以唯物論的觀點論究，認爲磁性的產生必涉及到外物的作用和介入影響，就有著完全不同的認知方向，並具有積極

的研究意義了。事實上近代物理學者將"磁力"視爲"力"與
"能"的一種，其實已放棄磁鐵的磁力是出自於磁鐵內部自我產
生的唯心論觀點。因爲任何"力"與"能"的產生，必涉及到物
質間的交互作用，是物質本身無法"自我"產生的。人類意識與
行爲之間的關係同樣如此，如果堅持人性是遺傳和天生的，或人
的命運是被一種宿命或天命主導，那麼我們人類世界的前途，照
目前沉淪的事實與走向來看，是黯淡和沒有希望的，我們的教育、
法律、監獄、政府等其實是沒有什麼多大存在意義和功能的。

　　"理性之夢"（Dream Reason）的作者派吉爾（Heinz
R.pagels）認爲，人類文明延續的世紀課題，便是如何解決心物二
元的矛盾與統合問題。胡塞爾在歐洲文明的危機一書中也強調，
若不能解決理性（客觀、唯物觀）與感性（主觀、唯心觀）二元
的衝突問題，歐洲人的前途是灰黯、沒有光明的。1999 年 11 月
21 日西方的一些主要國家領袖，包括美國總統柯林頓、英國首相
布萊爾、法國總理喬思潘、義大利總理達勒馬、巴西總統卡多索、
葡萄牙總理古提厄斯等人，在義大利的美麗古城－佛羅倫斯，舉
行了一場所謂"第三條路"的非正式高峰會。試圖替人類在 21
世紀找到一條，既能跳脫出具有著極端"唯心論"觀點的資本也
個人主義社會觀，也排除具有明顯瑕疵之共產也社會主義基調的
偏激"唯物論"觀點。這西方社會 20 世紀末的最後一場，也是爲
迎接 21 世紀的第一場腦力激盪高峰會議，是否意味著心物二元矛
盾與衝突的有待解決，其嚴重性和急迫性已達到必須即時關注、
立刻解決的首要問題了呢？

　　事實上，我們若環顧四盼、舉目遠望，不論是宏觀所見如生
態的破壞、環境的污染、國際的紛爭、和平的威脅等，或近觀所
見如社會的失序混亂、貧富的兩極對立、法律的正義不彰、道德

的危機淪傷等，或微觀所見如個人生存的越形不易、生活的苦行越形嚴酷、生命的規劃越形迷思等，幾乎所有相關人文、人本領域的全面無解，甚至出現全面惡化和嚴重遞增的現象與趨勢。而所有上述亂相與迷思背後的根源深究，又似乎全都與唯心？或唯物？思唯的錯亂拉扯甚至顛覆傾軌有關。

　　唯心？唯物？面對著這千百年來讓人困惑與爭議的哲思與問題、也面對著時下現今已無從迴避且急迫待解的哲思與命題，你會是如何的看待這問題呢？是否有所觀見？或有所見解答案？而我嘛！卻是混合著樂觀與信心和這麼看待的；那也就是隨著老子哲思的新解和啟示，以及經由後續有關心物二元辯證的例證和文章等，我們終將能見到一個清晰正確的結論浮升出來，也終將能知識到一個能予解惑也解困的有用答案出來。

第十三章　老子哲思 VS 達爾文學說

　　宇宙中為何充斥著結構？地球上為何有那麼多的生物（生命結構）？生物為何不停止的演化（變化和複雜化）？彼此間的差異又為何如此的不同？

　　上述些疑問，乍聽來如似童話故事的開場白，而不像是需要認真和嚴肅看待的問題或學問等，而事實上，這些疑問也太過於深奧和龐大了，深奧的讓人無法透視，龐大的讓人難以概念。然而，千百年來，喜歡述說這故事的許多人中，有兩人說得特別好，也特別精采，因為這兩人將這故事說得就像真的是那麼一回事般。其中最有名的一位是近代的英國人，叫做達爾文。他寫了一本物種源說的故事版本、將演化的 "為何" 產生？和 "如何" 產生？以 "唯心論" 的觀點，雖粗略概論，但不失為有頭有尾的交代了一番。大意是說；生物因為 "物競天擇" 類似原因，而必須不斷的演化（進化），以利於競爭和存在。至於生物是 "如何演化" 的疑問？他認為生物以基因的自我突變方式自我演化。如此，不僅可解釋世界為何產生了多類物種的原因，也解釋了基因以自我突變的優劣競爭性，決定了那一種物種可以存活，那一些會被淘汰的 "天擇" 意義。

　　另一位講說到類似演化（變化、複雜化與多元化）故事的人物，則是 2500 年前的老子了，他以一套 "萬物得一以生" 以及 "一" 生萬物的 "無生有" 道理，從 "唯物論" 的觀點，闡述了物種何以多元，和生物"爲何演化"以及"如何演化"的"道之理"。其道理是這麼說的；生命結構（生物）爲了維護生命的"存在與長久"（穩定），它必須要能與週遭外在的環境（物事）形成相對也互動的"穩定"關係（得一性或適應性）才得以使然。只是，因由外在環境與週遭互動物事的無常性、變化性等事理。如此，也促使了"生物"神秘的"生命機能"，在不失本體（自身機體）穩定的基礎上，以逐漸增加（新生）適應結構與穩定功能的方式，來契合相對穩定（得一性）的需求。如是，長而久之，終而形成了生命物種的多元性和複雜性。

本來，這兩種故事版本聽聽也就罷了，無須認真或執著，畢竟這些學說與理論既龐大複雜，與我們當下的生活也過於遙遠。如此難以驗証又空洞的形而上理論，就當作故事般看待也就算了。祇是，這演化故事所衍生出來的理論效應和嚴重影響，卻是令人目不轉睛、心驚動魄、甚至是耽憂駭怕的。特別是達爾文的演化版本，更已是如同"觀念物靈"般，活形活現的出入我們的生活、深入我們的思想、主導我們的行爲、甚至成爲構建我們的社會、文化、法律、經濟、命運等"內涵"與材料，揮之不去、迴避不了，越發的令人深陷入其故事的真實性。

比如說吧！西特勒這人就深受達爾文學說的影響。他自己也承認他的思想來自於達爾文的"天擇論"，以及戈賓奴和張伯倫那些有關人種不盡然平等之類的"優越論"觀點。他在我的奮鬥一書中，就是以「人民與種族」「種族優越論」等議論爲核心，倡導也灌輸亞利安人無論在體質、智慧、體能、道德上，都是最爲優越的，亞利安人是上帝的唯一選民，而亞利安文化，則是唯一可永遠適合於世界的優質文化等言論。

只是，這人可不是僅只動動嘴皮子，如民粹主義者的自我高潮番說說而已。他真實的引發了 20 世紀的一場世紀大戰，並認真的 "謀殺" 和處決了數以百萬計 "低劣" 和 "次等" 的非亞里安人種。

在達爾文故居，達爾文紀念圖書館的架子上，至今仍可見到一本有馬克思親手簽名，且自稱是達氏虔誠的仰慕者所贈送的<u>資本論</u>。而恩格思於 1867 年也曾寫了一本名為<u>勞動在猿類轉變為人類所伴演的角色</u>（The part played by labor in the transition from Ape）的書，從這兩件事，已隱約可見達爾文學說對於馬恩兩人的可能影響了。這影響有理由讓我們懷疑，原本學理和學術上可為探討的 "唯物論" 與 "共產主義"，為何會轉變到慘酷血腥的階級鬥爭理論，兼實務的執行。

除此，我們或也可看到，近代西方強權的殖民及資本主義，對於世界人類及生態所造成的巨大傷害和影響，有著 "適著生存" 的幽靈在作祟。看到今天資本主義者奉為理論經典的<u>國富論</u>著作，隱藏著達爾文 "物競天擇" 的魅影。也看到社會上弱肉強食、巧取豪奪、階級矛盾等現象，竟也能被隱喻甚至合理為 "雖或人倫道德瑕疵，但天理自然如此" 的社會叢林法理。如此鬥爭血腥的社會 "達爾文現象"，真有可能會是宇宙的自然法則？會是天地之所以長久且永續發展的運作機理嘛？

再說老子的演化理論，也就是老子那所謂 "萬物得一以生" 的版本，卻因為其理論的艱澀隱晦、論說不清，以及千百年來人們對其理論的誤解、扭曲。以至於其影響僅祇於小範圍的滲入在如中國漢醫的一些醫學理論裡，以及中國民間傳說信仰的某些習俗文化裡，而恁其璞玉深藏、光華塵封、不見精采……。這些贅言絮語題外話且擱置不談，仍是回到老子那完全有別於 "物競天擇" 理論的演化故事內容，聽聽老子是怎麼說的，且也順便檢視老子那番「道生一。一生二。二生三。三生萬物。」以及「萬物得一以生」的奇言異說是否可信？如何理解？

　　在前面文章中，我們曾談及 "一" 的諸多深澀意涵和作用，並述說了 "一" 不只是 "穩定" 的意義， "一" 也是組構成 "結構與存在" 的關鍵。只是其論述是以非生命結構的 "結構與存在"、 "存在與致一"、 "致一與穩定" 其間之關係，或說是以 "物理" 層面以為說論範疇的。在此章節裡，由於說論命題為生物（生命結構）與演化（變化與複雜化），所以自當從生物 "生命結構" 的 "存在與致一"、 "致一與穩定"、 "穩定與變化" 問題，兼比較達爾文的 "物競天擇" 演化論來說談了。

　　地球上的生命結構，無疑是宇宙間的一項奇蹟，而既然是奇蹟，當然是難以理解、難以置信、但又真實存在的事情了。事實上，就我們所知道的銀河系裡，似乎還沒有任何其他的星球已被証實有著生命結構的存在。甚至，雖然迄今我們尚不能將 "生命結構"（生物）與 "具生命意義的結構" 或 "結構的生命現象" 等概念詮釋的很好，但我們卻都知道生命結構的 "完整" 與 "致一" 是不可破壞、不可替代、和不可逆轉的。

　　一杯紅茶混入了牛奶，就變成了奶茶。奶茶的結構與原本紅茶的結構是不同的。換句話說，原本的紅茶已被 "異化"，已不存在了。再說糖，糖是由炭氫氧依其比例結構而成。如果我們掌握了如此炭氫氧的比例與完全一樣的組合結構方法，理論上來說，就可以複製出完全一樣的糖。但是如果不小心混入了硫氫氧，既使是極小的錯誤，原本糖的結構就會因為硫酸的脫水作用而形成焦黑的炭了。對於這類非生命結構的茶和糖而言，互動後的任何變化或異化，並沒有什麼實質或特殊的意義。但是，對於生命結構來說，身體內任何結構的被異化或被改變，則是事關重大且完全不可同於事比的。

生命的某種定義，來自於生物（生命結構）內在多樣結構間制約式的互動與邏輯關係。將生物的任合單一器官取出，器官本身是無法產生"生命現象"的。也就是說，器官與器官之間（結構與結構之間），必須發揮出某種生命的制約關係與邏輯（得一、契合）功能，才能產生出生命的現象或意義。其中任何結構的若遭異化（不一）或被中斷改變，生命就難以持續或無法運作了。這道理淺顯易懂，比如說，人體內心臟或腸胃等器官，如果被異化或遭破壞而無法產生其原有"正常"功能，生命則立即會陷入危殆、中斷、且無法持續了，而這生命物也就不能存在或長久存在了。

然而，這還只是有關人之生命的內在結構或內部運作等"得一"（致一、致穩）問題。生命結構與外在結構（外在環境）同樣具有著必要也必需的"得一"（致一、致穩）問題。一粒油麻菜仔雖然平賤，但是若落土在土壤、氣候、或環境無法適應的土地上，仍是無法存活和茁壯的。既使是生命力強韌的吳郭魚，若放進已遭污染的河水中，仍是無法存活的。人類若是超出"生命結構與本能"所能承受適應的極限，不論是氣溫、大氣壓力、空氣、水質、環境等，在無法適應（得一、致穩）的情形下，都會危及生命的存在與長久的。

生命結構對於生命內外結構間"得一性"（穩定性、和諧性）的堅持和無法妥協性，挑戰著生命的本能，也決定著生命的存續。這是與達爾文認為生物演化是"競爭"或"天擇"的目的論觀點，完全不同的了。其次是生命結構"如何演化"（如何改變與複雜化）的疑惑了。達爾文解釋生物"如何演化"的問題上，將之歸於遺傳基因的"自我突變"。這是另一層次的"唯心論"了。

科學家很早就懷疑基因"自我突變"的理由，難以合理解釋如"人眼"或"人腦"這類精密複雜且龐大系統的建構與形成。事實上，這類龐雜系統組織間層層相接、結構功能間環環互扣，而任合細部結構的"突變"或被隨便改變，極可能破壞整體機能的協調性（致一性）及運作性，更別說是整體結構的系統精密契合與運作無間了。那麼，生物的"自行演化"能有其他的解釋或方法嗎？

　　道德經 54 章有「善建者不拔。善抱者不脫」的說法。可作如此解釋；複雜（多元）結構，是以"穩定的累進與增加"、"不斥的積聚與組合"，等方法與原理建構和形成。另若再配合對於老子"無生有論"的掌握，其實已可得出老子觀見的"如何演化"觀點了。也既；當生命本能挑戰生命內外結構等必須"得一"（致穩）的存在也必要問題時，生命本能的運作方式是以"增加新的可適應（得一）結構"來應對和解決，而不是以"突變原有的結構"來對應（參考本書無生有論文章）。那不只是準"唯物論"的論調，且明顯是與達爾文的"突變"說法完全不同的。

　　顯然老子與達爾文的生物演化觀見是有所差異和不同的，但是，我們應可看出老子的演化理論比起達爾文的演化理論，合理也真實的多。我想大多數的基因工程師也會同意，改變蕃薯的抗病蟲性，若從增加（植入）蕃薯抗病蟲性的它類基因著手，應比起改變（突變）蕃薯的原有基因著手，不但合理、也可行得多。同樣的，一些細菌對於抗生素的抗拒或適應成功，並不是突變自己原有的基因結構，而是增加其可適應或可抗拒的基因。如此以增加結構的可適應（可致穩）功能，或增構以可抗拒不適應（不一）作用，在長久不斷的運作下逐漸的改變著結構本身，可能更真實於生物的演化事實。這從我們觀察逐漸對於高山症適應的人體內部變化情形來看，就能有所啓示。如血液中紅白血球數量的增加，是方便攜帶更多的氧提供器官的穩定需求。體類內分泌的變化，是對低溫的更能適應與穩定。廢活量的逐漸擴大，是能在稀薄的空氣中吸取更多的氧等。種種“內在”的變化顯示著結構間“得一性”（相對穩定性、致穩性）的需求，的確能促使結構本能作出盡可能的相對調整與逐漸適應，而完全不是基因突變或競爭等意義和解釋。

其次，再要談論到的是有關“一”是如何經由「道生一。一生二。二生三。三生萬物」的方式或過程，產生萬物？而這“一”（道）生萬物的千古疑問，且從來就是研讀道德經（老子哲思）者最爲經常也難以面對的迷思和困惑了。達爾文以麥田中總有幾株特別高大或奇特的麥株，豬仔中常有一些怪異的品種，兄弟中也會有高矮不一的情況爲例，認爲基因突變是產生多元的原因。表相上看來，這些基因突變（變化）的事實是很難辯駁的。但問題的核心且必需要認真探究的是，其基因突變的原因，是否真如達爾文所認爲是基因內部的“變化自生”？仰或是由“外物介入”所引起？否則，將生物（生命結構）的變化與不同，盡推給基因的突變所致，豈不像是佛洛伊得將人類複雜不解的行爲現象盡推給淺意識，或古人將一切吉凶未知的事物盡推給上帝的旨意或魔鬼的詛咒等，是偷懶且不負責的。

老子說生命機理因爲結構內外的“得一性”（穩定性）要求與堅持，以至於當結構間出現“不一”或“不穩定”的情況下，生命機制也本能上必然會產生某種相對呼應的契合反應或調適變化，以使能契合或能達致新成的整體穩定（新結構、新存在），也終而導致多元。這理由比起以“基因自我突變”理由來解釋“變化之理”感覺上就好得太多，且事實上也更合理。

比如說，爲何非洲人特別黑？——因爲黑色對於非洲終年陽光和強烈的紫外線有適應和符合（契合）的作用。爲何深海裏的動植物億萬年來改變不大？甚至少有改變大多有活化石之稱？——因爲深海裏的環境結構相對穩定，少被打擾、也改變不大。爲何泰國菲律賓等地的傳統房舍都是離地懸空的設計與模樣？——因爲與熱帶潮濕的水氣、昆蟲、草艸等環境有關。爲何阿爾卑斯山腳下傳統的建築房頂設計，大多有誇張的的傾斜度？——因爲它能使經常的山區大雪容易滑落和減少壓力。爲何人在高山上血液中的紅血球數量會遽增？——因爲紅血球的激增可攜帶更多的氧以供應各器官的穩定所需。爲何潛水人不可以從深水中迅速也直接的浮出水面？因爲迅速改變的水壓結構與人體內的壓力結構難以迅速的調適和穩定……。

引用老子的內外"得一"（致穩、契合）的理論，上述例項的原因、結果、以及多元化的必然性，一目了然、清晰又合理。是不是比"自我突變"或"內在的自發性"等，這類艱澀難以理解的答案或詭異解釋合理也可信的多呢？

檢視並比較了老子和達爾文對於物種演化的爲何演化？及如何演化？不同見解外，或更爲重要的另一分歧，仍是在於他們對於所觀見的"自然法"結論上。達爾文對於大自然物種演化的自然運作方法觀見和領悟上，得出"物競天擇"的著名結論，如此結論是真實和正確的嗎？其實，我們若將達爾文物種演化學說的理論部分，也既"基因的自我突變理論"以無法證實、不足採信的理由（事實如此）抽離出來的話，那麼他所謂的"物競天擇"自然法則，還有些什麼其他的學理可作爲其結論的支撐呢？實在說，我們只看到貧乏、偏見、和不真實的結論。

若是以人人都能看到的老鷹撲殺小雞、猛虎撕裂羔羊、大魚追逐小魚、蜘蛛以網代勞獵取蟲蛾等，這些鮮血混雜著哀鳴的現象，參照著人類歷史或社會上無數的戰爭與苦難、爭奪與失落，暗示著生存的意義是建立在鮮血、眼淚、屈辱、痛苦、慘傷、死亡等“鬥爭”和“強勝”的意義上，那麼達爾文其實並沒有告訴我們什麼了不起的大道理。他只不過是重複或加強的提醒著我們原有的一些膚淺認知而已。除此，充其量他只是那些許多證實並提供了物種演化事實的學者之一，不過工作上是更辛苦也更整齊了些。

　　反觀老子那“穩定”“得一”的自然運作法則也機理下，我們則可見證著數億年來，海水不會一直上升也不會一直下降，且始終保持在穩定的相對溫度上下，陸地上的溫度也然，雖然有南北極和赤道的差異，但是地球的平均溫度永遠維持在十四度攝氏度左右。大氣壓力更是如此。甚至整個太陽系顯示著在一種長久不變與宏觀穩定的狀態下。此外，也就三五百年前，大自然的生態、能源、環境等在尚未被人類破壞摧毀時，不論是碳、氫、氧等無機結構（元素）的轉換重組，或有機結構（生物）食物鏈的新陳代謝等，都處在一種循環不息的相對穩定情況和機制運行下。

　　再看看我們自己，整個人體的生命結構就像一個恆穩器，或說像一個“自我穩定”的運作機器般。我們的體溫、我們的血壓、我們血液中所含的鹽分比例、血液的濃度、內分泌的釋出、甚至細胞中鹽水、礦物質的精確比例，都必須在某種穩定的調控或容許下。我們穿衣、吃飯、呼吸、喝水、流汗、睡覺、以及所有生命本能的作為，幾乎沒有一樣不是與“自我穩定”（致穩、致一）的原理有關。事實上，人體的所有器官組織都是為整體穩定而設計、亦為運作穩定而存在的。你會認為人體內的細胞、內分泌、神經系統等，是為了競爭或“進化自己”的目的而忙碌嗎？或你真會認爲老虎撲殺羔羊、蜘蛛張網補食是爲了競爭或天擇的意義而作爲嗎？

　　那麼，在比較了老子與達爾文對於生命物（生命結構）爲何演化？如何演化（變化與複雜化）？以及演化結論等故事的不同解析後，你會認爲"穩定"（得一）、"失穩"（不一、變化）或"物競"、"天擇"，那種觀點更真實於自然法？或說，你會認爲那種故事版本更爲內涵精采也更有趣些呢？

第十四章　馬克思、唯物論、共產主義、烏托邦

　　不知是否出於善意的疏忽？或是不忍心再觸及到那仍在止血療傷的前共產國家？當 20 世紀已隱入歷史，21 世紀已開啓新頁之際，卻少見有大塊文章，針對那曾經有如戲劇式崛起和災難般崩潰的共產主義及其思維，作出些深入也全面的省思與回顧。

　　對於一些曾經走過這段歷史與巨變過程的人們來說，或除了些無以磨滅的記憶、難以平息的情緒等，怕是至今仍深切的迷惘著，何以這曾經如同巨人般有著堅實肌肉、年青又雄偉的共產國際社會，竟然會在如此迅速的擴張崛起時際，卻又如此急促的崩潰傾頹？對於那些曾經胸懷著革命理想，心頭熱血沸騰、眼框噙著淚水，手中拿著步槍或筆桿，雖驚、懼、恐、慌，卻也執意獻身共產革命運動的無數工農婦女、知識份子等，或尤其是無法理解也無法釋懷的吧？爲何那曾經以無數青春、鮮血、歌聲、理想、生命等建構出來的共產社會，如此虛幻不實的如同一場春夢；它曾發生了，它又消失了……。

　　望著已凋零殘破的共產主義社會及其哲思體系，混雜著幾許憑弔與感傷，沉默的檢視著，是否能從這已荒殆寂靜的斷垣殘礫中，“後見之明”的透視些這人類歷史上曾經最爲宏偉壯觀的社會革命運動，及其得失成敗的原因究竟。

　　其實，人類社會的共產現象曾緊密的伴隨著人類，跨越過原始也長久的時空已很難估計了。有人類學家認爲遠古時的部落族群，甚至當今仍存在著的一些原始土著部落，大都是生活在所謂的共產社會思維和其結構體係下的。諸如獵物資源爲大家共享、勞務工活爲大家分攤、沙場戰爭爲大家共赴、危難責任爲大家共擔。相互依持、分工合作等，雖然沒有所謂的共產主義其名，但卻是典型非個人、非私利的共產主義其實的。

　　曾幾何時，此種普遍存在於世界各角落、各部族、各文化等有如天經地儀般的共產社會現象，卻逐漸消失在所謂“文明”與“進化”的複雜社會形成上。人口的巨量增長，可說是一切複雜社會現象產生的根本原因。農業社會的形成，是私有制的催化因素。而威權、統治、階級的產生，更是人類不平等的起源。當錢幣與財產的概念被創作出來，並通用之後，人類社會古老的共產現象終於被澈底的摧毀瓦解了。

　　恁時空歷史轉換到有文字記載的人類“信史”階段，也就是我們所謂的“文明”史時，人類原始也原本平等、自在、資源共有共享的共產現象，已幾乎完全的被改變和替代。我們看到屹立在埃及基沙沙漠上的大金字塔，據說是動用了 10 萬奴隸，費時 20 年的苦工所完成。另東方的秦始皇陵墓，更是動用了 60 萬奴工，費時 39 年的工程。東西方的人類社會現象，已普遍的被君臣、主奴、貧富、貴賤、私有、獨占、爭與奪、強與弱等“文明”社會現象所取代，且從而至今。

　　1516 年英人湯瑪仕.莫爾（Thomas More 1478-1535）寫了一本烏托邦的世界（Utopia），可能是歐洲最爲著名，也最早被視爲替共產主義招魂的牽引者和倡導者。莫爾眼見當時的貴族及資本家，爲了羊毛的豐厚利益，爲了能飼養更多的羊，瘋狂的把土地用柵欄和籬笆圈圍佔有。將原本居住在這些土地上的農民和牧人，用盡一切卑劣不堪的手段驅離逐趕。這些卑微被驅逐的人民之後來，大多是如宿命般的淪落爲社會下層裡的乞丐、盜竊、娼妓、無癩、浪人……。

馬克思曾說，這些歷史不是用文字，而是用血淚和苦難來記載的。莫爾雖然寫出了心中的憤怒、不平、與悲憐，可是代價卻是沉重也難以承受的，1535 年 7 月 6 日，他在那著名的倫敦鐵塔裏被秘密處決了。

1602 年湯瑪索.康潘內納（Tommaso Campanella 1568-1639）在漫長漆黑的監獄裡，寫出了一本可與烏托般世界相對應的太陽城著作。太陽城是一虛擬幻想的故事，敘述有一些航海人，在赤道附近的島嶼上，發現了太陽城。城內人民體格健美、行爲高雅、市容整潔美觀。最爲特別的是一種 "公社制度"，在此公社制度下，人人沒有貴、賤、貧、富之分。怎麼說呢？因爲它們共有一切，所以人人都是富裕的。因爲他們沒有私產，所以他們也都是窮人……。

此外，歐洲社會運動中，以 "共產精神" 爲主要目的的著作，還包括了杰拉得.溫斯坦尼（Gerrand Winstanley 1609-1650）的真正的自由共和國、湯瑪士.閔采爾（Thomas Munzer 1490-1525）的千年天國、莫瑞里（Morrelly Abbe ）的自然法典、馬布里（Gabriel Bide Mably1709-1785 ）的完美共和國、梅葉（Jean meslier 1664-1729）的遺書、巴貝夫（Francios Noel Babenf 1760-1799）的平等主義等，這些著作大都是透過沉痛的控訴，指出人類社會私有財產和壟斷資源的罪惡和錯誤，且導致正義和公理社會的無法顯現、以及人類社會的黑暗與悲慘。

歷史上，人類不平等的現象與其延伸出來的苦難，在被民智漸開並遭逐一揭發真相時期，尤其是在 1789 年的法國大革命被引爆後，民心已如被洗滌與喚醒。事實上，19 世紀的歐洲已是處在一個極度混亂、激盪、不穩定的情況下。歐洲各國的國王、元首、外交大臣等，於 1815 年在維也納召開的協調會議，除了協議國際間應盡量避免以武力解決事端外，協議最主要的目的和內容，其實是共同抵制各國內部自由及人權思想的澎湃洶湧，以及民族主義和社會革命運動的蠢動與擴張。同年，俄國沙皇亞歷山大一世與其他列強，在巴黎又召開了一個相同性質的會議。1816 年在亞歷山卓的四國同盟會議依然是相同的問題。1820 年在圖歐波（Tuoppaur）仍然是談論著如何維持及穩定這些由國王、貴族所壟斷的政治、權力、資源、財富，及利益等結構問題。而當此會議的同時，西班牙、葡萄牙、拿不勒斯等國內部激烈的革命戰爭，正火紅也激烈的進行著。

　　霍布思‧巴姆在他所著作的革命時代 1789-1848 一書中認為，此時期暴發的革命，包括思想上、武器上的革命，是形成人類歷史上自創造農業、冶金、文字、城市、以及國家以來，最為巨大的改變。悉波拉斯則認為 1780-1850 年期間，是人類自新石器時代轉變到農業時代而後，最為重要、也最為不可逆轉的改變。而馬克斯與恩格斯出生在這樣的一個風起雲湧、因緣聚會的大環境背景下，終於整合並匯集了共產主義革命運動的大事業，當然不是偶然的了。

　　18 世紀，延續著馬丁路德與笛卡兒等自由和懷疑思潮，直到 1789 年的法國大革命爆發，整個歐洲社會的結構鬆動、人心思變，幾乎已是知識份子間的潮流與共識。但是如何變？變的方向也目標是什麼？一直是 "思變者" 的困惑和爭議。因為，破壞不等於建設，若血腥革命後的社會現象，仍是如換湯不換藥的回到原味或原貌，那豈不是荒唐也無意義？可想像，此時期任何有關新思維、新觀念、新學說的提倡、宣導，都是很容易成為思變者的關注所在。而當時的實情，也正如馬克思所言，革命思維及其現象，在英國發生了工業革命、在法國是政治革命、在德國則是哲學（思想與觀念）的革命。

德國從康德以來，思想大師叢生雲集，儼然已成為歐洲的思想重鎮、意識型態的大本營。而馬克思正是此時期間的學人也學者。書上說，從高中開始，馬氏就是一位對於哲學有著濃厚興趣的鑽研者。最早是崇拜康德和費希特，後來又轉向黑格爾，而後又轉向費爾巴哈，最後是沒有真正的對象。從這些轉變來看，馬氏應是個相當用功、相當聰明、但卻不讀死書的人。

馬克思思想涵蓋面相當龐雜，經濟、政治、歷史、自然科學等，無不涉獵，其中不乏獨特精采的見解。但是在此，我們就衹針對馬氏的主要思想，也就是他的哲學部分，尤其是他的 "唯物論" 觀點與共產主義能有什麼必然的邏輯關係，包括為何會導引出 "共產主義" ，這顯然具有絕對論也 "泛維心論" 的矛盾觀點出來，作些談論。

姜新立教授在他所編寫的分析馬克斯一書中談到，從嚴謹的學術立場而言，他是不願將馬克斯思想等同共產主義的。他並且認為時下共產主義的潰潰，也並不表示馬克斯思想的終結。這應也是許多人的看法，包括今天的中國共產黨，雖然已改稱實行的是 "具中國特色的社會主義制度" ，但卻仍是不願放棄以馬克斯思想，作為中國式社會主義的內造架構。顯然馬克斯思想結構中，有著某些值得探究的價值或意義存在著。

馬克斯在 25 歲當時，寫出了黑格爾的哲學批判，挑戰了當時的哲學大師黑格爾。26 歲時寫出了經濟學的哲學手稿。27 歲時寫出了費爾巴哈論綱挑戰了另一位哲學大師費爾巴哈。29歲寫出了哲學的貧困，30歲與恩格斯起草了共產黨宣言。從這些事蹟來看，他的確是個勤奮好學、才華洋溢的學者和思想家。然而，需要了解的是，哲學，尤其非同於一般應用學科。哲學可說是一種"大器"，也是一種"晚成"的學問。必須經過一種複雜的演化和成長過程，是經驗與實證的累積，也是宏觀整理後的沉澱，所以不太會有"哲學天才"的出現。簡略的說，人在30歲以前，是學歷的階段，較傾向直觀（主觀）的認知與感應。40歲以後，才真正進入學經歷的融合沉澱階段，也逐漸發展出來宏觀（客觀）睿智的見解。另更簡俗的說，哲學有其轉化成熟的孕育和必經過程，生命青澀單純的年青人等，是難以真正掌握得很好的。有人從不閱讀三四十歲年齡人所書寫的哲學或心理學文章之類，便是此故了。這原因或能解釋何以一些研究馬克斯的學者、傾向將馬克斯這人分爲青年期批判的馬克斯，和中年成熟後科學的馬克斯，兩個不同階段的馬克斯吧！事實上，馬克斯晚年時期，明顯的收起了批判的態度，並強調經驗、實證、客觀等宏觀因素。

　　馬克斯與恩格斯共同提出共產黨宣言其時，年齡是30歲，是否對於共產主義有過宏觀的認知與深入了解，是令人懷疑的。我們甚至可質疑的是，馬克斯究竟是預先已設定了共產主義的烏托邦理想社會後，再去尋找可支撐拼湊的"唯物論"？還是因爲"唯物論"的邏輯和原理延伸而推理出共產主義的結論？這疑問是相當有其意義和差別的，因爲正確的因，不可能導致錯誤的果，或也可說若真是"唯物論"的因，是不可能會產生"唯心論"的果的，而共產主義，這在當時被宣稱具有著"絕對論"的烏托邦概念，其實已是"泛唯心論"的觀點和邏輯了。

　　此外，若了解馬克斯背景與其一生的貧窮、不幸、和委屈，可想像年青又鋒芒匕露的馬克斯，感性駕馭於理性之上的許些作為，是不會讓人意外和可被理解的。或也可這麼說，馬克斯與恩格斯合作撰寫的共產黨宣言，是有替當時共產國際運動背書的意思，是有替當時的社會革命運動標示方向、推波助瀾的用意，但是，至於他的"唯物論"是否可學術上的必然推論或導引出共產主義的邏輯性、科學性，可能是他自己也不那麼有把握，或強烈要求的吧！

　　然而，馬克斯思想仍然可說是成就出共產主義及其社會體系的奠基石。為什麼這麼說呢？其中原因既在於他的"唯物論"，以及他與恩格斯共同研創出來的"唯物辯証法"了。

　　就先從"唯物論"的話題來說起吧！在西方，"唯物論"原本也不算是什麼新玩意、新創見。早在古希臘時代就有以赫拉克立特（540BC-480BC）為代表的"愛非斯"唯物主義了。18 世紀時，法國的唯物主義者也早在馬克斯之前，就已提出機械論的唯物觀，認為人是環境下的產物，不是精神下的產物。並主張歷史事件的原因，和歷史發展的動力，不應從人的觀念、思想、感情、性格中去尋找，而應從人的環境、政治、法律中去尋找。另在其他領域如生物、自然、物理、應用科學等領域也普遍都有"唯物論"的呼聲與支持者。

　　馬克斯的"唯物論"格外受到重視的原因，至少有兩項。第一項是馬恩二人可說是西方歷史上第一次對於"唯物論"作出整理且深入探討，並有所成就的唯物主義者。怎麼說呢？原來傳統西方哲學，雖不時間斷且稀稀落落的有著"唯物論"的呼聲和論調出現，但少有真正全面深入的系統整理著作產生。這其中的原因不只是西方"唯心論"的傳統主流地位太過於強大，難以撼動、挑戰，另更為重要的理由是"唯物論"對於神、宗教，這種

典型的 "唯心論" 觀點與產物，是反對和排斥的。可想像此種對於神和教會的公然反對，在西方以往曾經的社會，不論是傳統、習俗、文化、教會權威、主流共識等，都是大大的禁忌和需要非比尋常的勇氣、甚至犧牲等，才敢於有所作為的。馬恩二人赤裸裸也大辣辣般挑釁的揮舞著 "唯物論" 大旗，並以其唯物史觀著作，彰顯著 "唯物論" 的普遍性、真理性，果然是令當時人們側目和為人關注的了。

馬恩 "唯物論" 受到重視的第二項理由則更是直接和有力。原因是馬恩二人將他們的 "唯物論" 與共產主義接合掛勾，並作為社會革命運動的方向和實踐理論了。如前述，共產主義作為西方社會運動的一個理想與方向，一個烏托邦世界的召喚，是長久來一直存在的。馬恩二人以他們的 "唯物論觀點" 重新詮釋了物質與人類生活（生存）的必然也制約關係，並從唯物史觀中找到了自然資源（物質資源）的私有與獨佔、剝削與壟斷等因素，是造成社會（你我他）階級矛盾、衝突鬥爭、扭曲苦難等絕對原因。似乎合理的聯繫並且符合必須以無產階級領導的共產社會主義完整邏輯。（註：馬克斯晚年時將絕對因素改為主要因素，並列出其他因素如法律、文化、宗教等上層結構因素）。

馬恩二人的 "唯物論"，其影響是深入且巨大的。不只是給予了革命者所認為的正義性、合理性，並給予了革命者明確目標和方向，對於共產革命運動的推動與擴張，遠遠的超出了僅是推波助瀾的作用了。然而，馬恩二人對於共產運動的更大助益尚不止於此，而談到這附加也倍增的助益，就另要談到馬恩二人的 "唯物辯証法" 了。

"唯物辯証法" 是由三個基本概念組成，稱為三個基本定律，並被認為是如同 "自然法" 般的適用於自然界、社會界、以及個人思維界的共通法則。不但是哲學的、且是科學的、另也是以往共產黨員奉爲革命行使方法的最高指導法則。下例是對辯証法的三個原本艱澀法則概念經由整理後的簡略說明。

矛盾律

矛盾律的最爲簡潔解釋，可借用老子哲思中的"一"與"失一"的道理來闡述和了解。是說，當"共相結構"（社會結構）內有著失一（不一）的問題或現象時，也就是如此"共相結構"失去穩定，甚至產生變化的開始。此種"失一"的現象，作用在"物理層面"的意義是"能階"的產生，且是動能產生時必要也先決的條件。作用在社會的意義則是二元或多元的對立，是矛盾和衝突的產生或開始。而創造"不一"就是製造矛盾與衝突，凸顯"不一"就是製造分化與對立。是革命或鬥爭的有效方法與有用手段。

質量律

質量律是說"共相結構"在轉變（變化）的過程中，失一（不穩定）固然是解構和變化的首要因素，但是如何轉變？如何主導如此的轉變？就屬於質量律的問題了。質，可謂本質，是內在的也慣性的。量，則是外在數量的也力量的，但不一定是慣性的。質可以引導量的積聚和形成，而量同樣可以影響質變，如同量變導致質變的社會集體意識理論。而如何掌握量變與質變，則是決定革命成功與否的挑戰與關鍵了。

否定律

否定律可說是馬克思取自黑格爾哲學的直接證據，幾乎沒有什麼修改的直接延伸使用。如前文述，黑格爾的哲學精華可比喻為化學領域中的合成論，也就是說當不同的結構形成或融合為整體的單一共相結構時，事實上已是一種全新的結構了。不僅原有的結構被異化、被改變，同時也否定了原有結構的存在。否定律，也可稱為異化律，理論啟示是若思保持結構的長久存在、不被異化、不被消失等，就必須保持結構的純粹性、致一性。這或許也是共產主義體制也機制下，為何要堅持無產階級專政，與革命運動需要不斷持續、不時運作的原出理由吧！

　　馬恩二人的唯物史觀，挑戰了、甚至否定了數千年來歐洲主流也慣性的“唯心論”思維模式也意識型態，宏觀的指引了當時人們對於政治、經濟、哲學等多方面的新思維、新視野。他們的“唯物辯証法”更適時的為共產社會革命運動，提出了可為應用且堪稱頗為正確的技術和方法，終於替後續的共產革命運動，成功的在蘇俄取得了政權，並擴張和襲捲了將近半個世界。這些成功事蹟與馬恩二人的影響、關聯，無疑是難以否認和切割的了。以至於說，馬克斯思想是為共產主義社會建立的奠基石，應是實不為過的。

　　共產主義及其社會（或國家）運作傾頹失敗、難以為繼的原因很多，也似乎每個對於政治或歷史稍有涉獵的人，都能講出些或多或少的見解出來。其中有著名者如前蘇聯總統戈爾巴契夫先生，他認為理論家虛擬想像的共產主義及其建制，其實從未真正存在於蘇聯和東歐，而實際存在的是史達林式的社會主義與其制度。另也有如中國的鄧小平先生自始自終的認為，共產主義的“本質”（或精神），是合乎公理和正義的，是天理的、也是人道的。只是，共產主義理想並不是可一蹴可及或能一步到位的，且必須是階段的、邏輯的、合理的、圓融的漸進方式，自然而成。

　　除了上述兩位宏觀睿智，但也多少有為共產主義說項辯護的
觀點外，更為大多數人們質疑並強調的觀見，則是共產主義相對
於政治與經濟的不堪與缺失，以及懷疑共產主義是否真能帶給人
們實在的幸福，和聯通烏托邦的理想社會境界了。

　　事實上，不可諱言也揮之不去的 20 世紀共產社會（國家）
普遍現象，是幾乎所有認真、執著、且確實進行共產主義與其社
會建制與改造的“有所作為”國家，其普遍的實情也既是，經濟
上的凋閉與貧困，以及政治上的壓力與窒梏。不幸的是，政治與
經濟這兩項因素，偏偏又正是決定著人民生活是否安和與無慮，
是否幸福與快樂的直接也明確因素。不只是西方以往哲思觀念上
用以評斷是否更為接近烏托邦境界的決定指標，另也是傳統中國
人用以評比是否“太平有象”盛世的依據。何以這麼說呢？我們
不妨參考下述的例子或能有所觀見、有所心得。

　　西方文明史上，最被大多數西方人和學者讚譽眷念的時期，
應可算是古愛琴文明及古希臘的雅典文明了。這兩個文明都充滿
著亮麗的色彩、精緻的藝術、多元活潑的市民活動、以及比較當
時相對於其他地區的明顯富裕。

　　對於古愛琴文明的被發現，頗富戲劇性和趣味性，可順便一
提。話說源出於荷馬史詩的伊利亞特（Iliad）故事中，敘述了一
個曾經存在過的古文明與富裕城市，後遭希臘人以木馬屠城的計
謀毀滅了。這故事深深的打動了一位名叫許利曼（Heinrich
Schliemann）的 19 世紀德國人。他收集了所有有關這故事的資料
及傳說後，竟然整裝上路，且認真的在小亞西亞一帶尋找這傳說
的古城。更不可置信的是，真的被他找到了。1870 年特洛伊古城
的大規模挖掘工程開始，且發掘出多處古愛琴遺址，其中英國考
古學家伊文斯（Sir Arthur Evans）掘出的古城「洛薩斯（Knossos）」

被許多學者認為是克里地王（克里地島）的都城所在地，也是古
愛琴文明的發源地，具有著獨特與重要的價值。

　　經過將近一個世紀的努力，並在逐漸對於古愛琴文字的更多
掌握後，古愛琴文明的事蹟才得以更真實也更清晰的被了解。從
挖掘出的土文物資料顯示，民間的商業交易非常繁榮，既使是在
城邑最為貧苦的區域，房舍也大都堅固寬敞。人民生活條件稱得
上是豐富和歡悅的，婦女享有與男人平等地位，她們也參加各類
的社交活動，並從事各種行業。上層社會的喜慶裝飾有漏胸、緊
身寬裙，有如 19 世紀歐洲婦女的服飾。社會上遊樂風氣靡盛，博
弈、舞蹈、賽跑、角力、鬥牛等種類繁多。一般民間的房舍也大
多有五彩繽紛的壁畫，顯示日常生活的色彩豐富，和彰顯著對於
生命的喜悅（參考王德昭著　西洋通史　五南圖書出版）。

　　古愛琴的文明現象比起當時近東的一些其他城市，從史料得
知其差距是明顯的。就以奴隸來說，克里地王的城市雖然也有奴
隸與主人的階級存在，但是奴隸與主人從階級到物質之間的差異
是不大的，奴隸的生活條件與自由程度也是其他城市難以相比
的。顯示著克里地的奴隸有著某些基本的人權與保障。

　　若問，為什麼克里地城所代表的古愛琴文明，民生何以富庶
充裕？社會何以和諧安樂？從資料的整理後，不難看出些端倪。
克里地島在地中海位於埃及和愛琴世界的中介地位，海運發達、
貿易繁榮、連帶著製造業的興旺。工藝品類有精美的陶器、紡織、
與金屬製品，農業有橄欖由的輸出等，工農商貿的發達，為克里
地創造了大量的財富。

　　經濟的繁榮、物質的豐裕外，另就要談到政治了。建都於洛
薩斯的克里地君王米洛斯（Minos）與比較埃及的國王，雖然同
為法老王的神權君主，但是在克里地本土上，米洛斯似乎未曾建

立強大的軍隊以制馭人民。他的人民也未曾以文字或美術或雄偉的建築等頌揚他的功績或英明。洛薩斯的宮殿，雖然門戶眾多、結構複雜，但外表則平淡無奇，既無奢華誇張的裝飾也無雄偉莊嚴的尊貴氣勢。種種跡象顯示著，米洛斯這君王非但不是一個威權專制的君主，可能克里地的政治結構設計，也非如我們所想像的傳統君王統治式權力運作模式。而可能的政治體制似乎是一種權力明顯被節制、約束，甚至是一種沒有寡頭獨裁，如古雅典元老合議制的權力與政治設計。

當政治不被寡頭壟斷與個人擁有，當獨裁（個人決策）的寡頭政治不被容許與承認，政治的本質（穩定與維護）當更為功能和彰顯、政治的品質當更為周全和完美、政治的面相當更為和諧順暢，而人民也就更為安和樂利。

克里地民生經濟的富裕、國家政治的「上道」（穩定與維護），可說是造就出古愛琴文明的關鍵了。而愛琴海附近的島嶼風景秀麗、氣候適中，古愛琴文明的人民生活在如此美麗環境、物質豐饒、社會和諧的情境下，的確有如人間的天堂和令人嚮往了。

另再要談及到的西方古雅典文明、常會讓我們聯想到音樂、詩歌、戲劇、美術、建築、和哲學。那是浪漫的雅典、詩人的雅典、柏拉圖的雅典了。在古希臘人建立的諸多城邦中，最具特色的兩個，可說是斯巴達與雅典了。斯巴達憑藉著軍隊與武力，侵略和奴役鄰邦的人民，掠奪他國的土地與物資，達成自身的富裕和強大，是可怕的早期軍國主義也 "邪惡軸心" 國家。雅典則是以發展自身的農工商致富，兩者絕然不同的致富原因，當然有著明顯不同的社會結構與現象。斯巴達城的兒童從兩歲開始便交由國家扶養，七歲時接受軍事（戰士）的訓練，女人則是鼓勵雜交的，家庭的機制是不存在的。原因是有利於戰爭的需求和配合戰爭的設計。城邦內是絕對的寡頭權威與獨裁政治，國家一切的生產由搶來的奴隸提供，法律也禁止斯巴達的公民從事生產事業。整個國家由寡頭、權威、戰士、女人、及奴隸結構而成。

相比於斯巴達的陰鬱不安，雅典的閒適燦爛，則是建築在經濟的繁榮以及政治上"非寡頭"、"禁獨裁"的結構上。雅典的民主（公民自主）政治，是西方最早的民主政治，也是人類早期政治史上的一個異類。它如何會產生？如何運作？一直是一些歷史學者的好奇與爭論所在。

其實答案也簡單，當公元 700 年前，雅典城邦的形成便是阿提克半島上原有的不同城邦人民，各自放棄原屬地區的"主權"和"公民權"而共同成立的。也可以說，雅典城邦的從開始起，便是由下而上、多元族群"自主"決定的，而不是由單一壟斷的寡頭權力，由上而下的經由壓力的政治手段建構而成。從"慣性定理"來說，雅典的"公民自主"政治體制非但是從開始就自然（原本）存在的，若是在沒有更強的外力干擾、破壞前提下，這"民主"的政治體制會是一直呈慣性方式存在的。這從雅典雖然經過至少三次試圖轉變為寡頭權力體制，都被流血推翻的史蹟來看，顯然是確然可鑒的了。

雅典國家政權的非寡頭、非擁有、非獨裁等性質與制度設計，使得雅典的公民，不論是貧富貴賤男女等，都有資格和機會被城邦公民選舉為公民議會的成員，並參與政治的運作。而政府的決策，則是必須經由如此的公民議會同意才可被合法與執行，如此政治被公民箝制、以及條件下的權力與政治運作設計，雖然仍不盡然完美、無所缺失。但是相較於其他君王擁有或寡頭獨裁等城邦，以權力和武力控制和統治人民，或以政治和權力為自己個人謀私圖利等普遍現象。古雅典公民，不是為君王或權力者服務,而是為人民自己服務,不是為少數權貴者的名位私利生活著,而是為自己的幸福生活著。

　　古雅典的天空是蔚藍的、古雅典的空氣是自由清新的、古雅典的人民是富裕快樂的。這曾經是多少吟遊詩人歌頌讚譽的雅典,多少年後,仍縈繞迴蕩在無數詩人學者的腦海心中……。

　　相對於西方的古愛琴、古雅典文明,中國歷史上的唐代盛世(627-745),也總常是聯繫著中國文人雅士等靈魂深處與神遊之處。『三月三日天氣新。長安水邊多麗人。態濃意遠淑且真。肌理細膩骨肉勻。繡羅衣裳照暮春。蹙金孔雀銀麒麟……』,杜甫的麗人行告訴了我們,唐朝時長安的仕女們,慵懶閒逸,既美麗又溫柔。在治安良好、民風開放的社會下,春天的太陽都已快下山了,這些仕女仍無所畏懼的在河邊遊蕩戲嬉著。她們穿的是由蠶絲編織的衣裳,頭上整固秀髮的飾物,是由黃金打造如孔雀的樣式,或由白銀輾塑成如麒麟的吉祥物……。

　　唐代的詩、歌、樂、舞、社會的繁榮和樂、民間的富裕閒適、是絕不輸給古愛琴、古雅典,甚至是猶有過之的。不但是當時已超越百萬人口數的長安如此(註:柏拉圖時期的古雅典城居民人口數不過一萬人上下),既使是間距約 160 公里遠的鄰城洛陽,在牡丹花季的花市上,具有特色的牡丹,甚至有以千兩黃金與之交易的。社會上的唯美風氣盛行,被稱為是凡有水井、楊柳的人家,都喜愛吟詩作對的。

　　是什麼樣的社會文明,能產生如唐代"貞觀之治"的社會現象呢?我們在前面的文章裡曾稍微提及過,那正是老子的學說及理論在運作了。老子的"無為"思想,是唐朝初年的治國方策,政治的權威和運作是放恣寬鬆的,無論是刑法、稅法等,都是青淡薄弱、若有似無的,任何擾民、不便民的制度都盡量的給予修改或棄置不用，社會現象上，幾乎有如法國無政府主義者普魯東的理想世界描述；一個無政府、無權威，但卻有法律和秩序的社會。

　　唐代貞觀期間政治上的"無為"之治，除了造就出中國史上最為富裕和樂的社會現象，另也產生了中國史上最為豐富瑰麗的文化部分，且不論唐代的詩詞歌舞燦爛顛峰，後世已難以超越。另比如說，當時的佛教、回教、摩尼教（波斯拜火教）、景教（基督教的一支）等，都能在長安成立分支並自由的傳播著。異國風味的胡服、胡藝、胡樂、商品、雜食等大駟流行。僧侶、傳教士、異國商人、外國學生等大量湧入。1400 年前的長安，實際上已形成國際性的第一大國際城市。有歷史學者就說，在唐代，單僅是猶太人在中國各地定居的人數（大部分居住在長安及其近郊），最高峰時曾達到十萬之眾。可想像當時社會上人種族群的混雜、文化觀念的交流，是多麼的頻繁熱鬧了。

　　然而，奇怪又令人訝異的是無論是當時的史冊、當地通誌、或傳說等，皆不曾見聞有嚴重的種族間衝突、文化上的排斥，或宗教上的歧視等。這有如"無為之治"的附加功能和特色，頗值玩味、省思，是值得深入與探究的問題。

　　例舉了東西方人們對於曾經歷史上可作為理想社會的共同典範，且在排除如烏托邦或桃花源等虛擬也空洞的遐想社會後，我們其實已能清楚的見識到，經濟上，人需物資的豐裕無缺，政治上，民生安定人心自在，可說是"理想社會"能否成就、能否落實的絕對也關鍵因素了。這結論應不難理解，因為經濟與政治這兩項人為事物，都直接深入到人類生命與靈魂的深處。一如經濟（生產與分配）是存在的基礎，政治（穩定與維護）是安生立命的憑藉，而存在與安適，是任何生命結構缺一不可的需求，且也是所有生命的本能（或本質）與真諦。事實上，政治與經濟從遠古迄今，它牽動著每一個人的喜怒哀樂、聯繫著每一個人的福禍吉凶、觸及著每一個人的前程命運，且是無可迴避也難以妥協的問題。不幸的是，人類始終未能將經濟與政治掌握和處理的很好，共產主義國家也好、資本主義社會也罷、皆然。兩者之間不過是表相的差異與程度的深淺罷了。

　　馬克斯曾說，共產主義並不是著眼於現實既有的財富分配問題，而是著眼於未來以後，經由共產主義之機理運作，重新創造出來更多也更平均分配的"均富"經濟。而另於政治方面，馬克斯則認為通過無產階級的普遍建立後，真正也絕對的"民主"才會產生與實現。這些頗為花巧也令人心動的推論臆測，有多少真實性、可行性，暫且不論。事實上，我們目睹的是 20 世紀，幾乎所有的共產主義社會或國家，其普遍現象是經濟的貧困匱乏、政治的壓迫緊縮，顯示著馬克斯的共產政經理論，已不在於其理論的落差性問題，而是關於其理論的正確性問題了。畢竟，如果共產主義並不能帶給人們人需物質的滿足，也不能帶給人們政治上的安適自在，那麼，共產主義存在的烏托邦價值或意義等，會是什麼呢？

　　其實，若從認知觀念也解析觀念的哲學思唯來看"共產主義"這觀念，明顯可見其原始觀念，是出自於曾經封建時代，針對帝王將相君主貴族等權勢個人，將天下資源產物等個人化、擁有化、壟斷化的相對也對立觀念。"共產"觀念本身，除了涉及到私有（個人利益）與公有（眾人利益）的平等、公義、以及如何兼顧個人與群體互利等哲思與問題外，另也涉及到"共產"概念的渾沌模糊，有待釐清。比如說，是財富（人為錢財）共有的定義？或資產（自然資源財物）共有的定義？或生產工具（土地、水源、科技、文化、知識等）共有的定義？或以上全包（人為財富、自然財產、生產工具）的共有定義呢？

　　需要觀念釐清和定義的原因不難可見，像是如個人辛苦工作產生出來的錢財，若必須為所有人所共有，如此的財產共產觀念是否合理？或如土地、水源、自然資源、文化、科技、知識等生產工具，能否容許被個人私有、獨占或專利？另若再加上如何才能解決私有與公有的兼顧與兩難問題，或說如何解決個人與群體利益的矛盾等複雜問題？僅從上述幾許小例應已可見共產主義這觀念，其實自有其內涵爭議與問題難解的所在。除此，從上述小例另不難可見共產主義這觀念，其實原本聯通著社會資源的公有與利用合理，生產工具的釋放與分配合理，經濟運作的順暢與公平合理等相關現代"民生經濟學"的本質與內涵等。換句話說，共產主義這概念，其本質上原是一個與現代民生經濟有關的概念，是一個闡述也探討如何"均富"經濟也"均有"工作的可用方法和可行手段，是屬性為"民生經濟學"範疇的一方學問也觀念了。

　　暫且拋開共產主義的觀念模糊、內涵困惑等問題，讓我們仍回到馬克思有關共產主義與政經效益關聯的臆測與高調上，瞧瞧是否能被認真的看待？或可能被實踐落實？且先從共產主義是否能創造出更多，也更平均的財富（均富）觀點來談談。人之所以苦難的致成因素相當複雜、也相當的多。但是，人之所以貧窮的致成因素則只有人需物質的缺乏，尤其是指人需物質中，民生必須物質的缺乏單項因素而已。那麼，人何以會有人需物質匱乏或不繼的貧窮問題呢？

　　以往共產主義者大多傾向將人們人需物質缺乏的貧困原因，直接歸罪於生產工具（包括自然資源、公有財、智慧財等）

的被獨佔或壟斷、被剝削與分配不均等因果結論上。雖然這些貧困肇因的指控，在以往也傳統西方的封建時代，是明顯、凸出、且不容否認的，但實際上卻是不夠宏觀並也將問題過於簡化了。特別是與傳統東方地區的人們人需物質匱乏實際情形有所差異。

　　比如說，台灣的證嚴法師 50 年前，以其瘦小孱弱的女性之身，單人孤影的深入台灣的許多偏遠農村和山區，在完全沒有政府及其他機構組織的幫助下，花耗了 6 年的青春歲月，祇為了要探究那些卑微善良的鄉野人們何以貧窮苦難的真實原因。而她以為，最為直接也緊要的原因是傷、殘、病、患。她的研究中有超過 60% 的最窮困家庭，是因為家有傷殘病患者的不能直接從事勞務生產，甚至需要被家人照顧而更減少了農事生產的投入，另再加上龐大額外的醫療費用等原因，終於讓這些不幸的家庭陷入無法自拔的貧窮與苦難深淵裡。這也是她立志要在偏遠地區為窮人建立醫院的緣起也因由了。這真人真事的小例只是指出，貧窮的眾多原因中，不盡然是資源與剝削的僅有問題而已。除此，她另也指出農村山區其他貧窮的原因，還包括了傳統農村習慣的人丁過剩、耕地有限、人口與資源的合理比例嚴重失衡，生產知識和技術的落後，以及交通閉塞貨物不易流暢，運送成本太高等一些相關經濟的基本也基礎建設和問題了。

　　這份個人的觀見與見解，其實也相當的反應出以往中國大多數貧困農村何以貧困的實際情形和原因。由於以往中國的農村大都是屬於自給自足、自食其利的封閉式體系，被剝削的情形並不是普遍也不是那麼嚴重的。另也因為剝削只會產生於領主（地主）階級或交易行為等互動的情形下，若是沒有交易的互動，自然就不太會有剝削的問題存在。而領主、貴族、農奴等類似以往也傳統的西方典型封建社會的結構元素與因素，在中國自秦漢大一統的中央集權政治形成後，以及中國傳統的宗親、家族，大家庭等特殊文化也架構下，大多已是式微不復普遍了。反之，在中國歷史上有關農民被剝削、被掠奪、並導致民生物質貧困、苦難、的歷代詩歌文章中，被控訴或指責的矛矢標的所在，大都是直接指向中央政府或地方官吏的或因為戰爭備戰、或因為好大喜功、或因為貪贓枉法等橫徵暴斂，以及壯丁、人力的被徵召而導致大量勞工缺失所引起。而這些貧困因由，其實已是另一層次的貧困因素了。

　　然而，在當今已知識化、工業化、服務業化、全球化的大社會下，人們之所以貧困或貧富不均的更多層次原因，正如同馬克思老年時所謂的上層結構了。那是涉及到哲學、法律、文化、教育、財經政策、金融貨幣、外貿外匯、以及人口數的大量過剩、人口與資源嚴重失衡等更廣泛也更複雜的經濟問題了。

　　就舉用個時下經濟問題中的“專利法”例子來說吧，“專利” 原是個封建扭曲也唯心論的“壟斷與獨佔”觀念，是由英國政府於 1624 年“創建”並於當年通過且執行的“人造”法則。除此，“專利”其實也早已發生在中國歷史上以往君主朝代、帝王時期，諸如鹽、鐵及錢幣等壟斷與“專利”的事實上。

　　了解“專利”與“私利”是兩類不同的概念，“私利”雖然是指個人的利益，但是個人的利益，並不一定意謂著有害他人的利益來著。事實上，一般也正常而言，個人的利益大多是通過與他人互惠、合作如“正當交易”而來。但是“專利”則是絕對直接損及到眾人利益，有害於整體公義，也破壞市場“健康經濟”（均利與永續）運作的重要也關鍵因素。而當“專利”再加上“暴利”（幾乎是必然、也難以避免的），其實已是當今扭曲的經濟法下，“公然”且“合法”的剝削甚至掠奪了。只要看看當今世界上幾乎 97% 的專利權是掌握在工業富裕國家，再看看社會上又有多少財富是掌握在少數高新科技或企業財團的壟斷（如同專利）利益上？就應能看出爲什麼這世界上富國何以更富？窮人何以更窮的普遍也箇中原由了（註：有關如何解決有害的專利，授權保護個人創作權益，兼平衡公眾權益的問題，請參考本書梳理與補遺文章）。

另再談談當今所謂 "自由貿易" 的經濟法規問題。曾經歷史上西方貿易強國對於 "自由進出" （開放）他國的商貿市場，往往免不了船堅炮勵的武力過程。這些被強迫 "自由進出" 市場的商貿經驗，對於近世紀兩百年來的中國和日本來說，都曾是傷痕深刻、令人難忘的。撇開這種以武力打開對方市場的貿易方式，是否符合 "自由貿易" 的 "精神" 不談。我們當然會有疑問，如果 "自由貿易" 真的那麼好，又爲什麼總是需要以武力或壓力來脅迫就範呢？

其實，若撇過傳統也以往不當的 "政治（統治）經濟學" 或 "財富經濟學" 思維與觀念，另就新世紀 "民生經濟學" 的 "均富和永續" 宗旨也機理來說，任何國家的 "國家經濟體" 概念，其實也既 "國民的命運共同體" 意義和概念，是與其國家所有國民福禍相依、休戚與共的關聯和因果的，且是必然由其國民自身的創造和管理的。換句話說，任何國家經濟體，包括錢幣的發行管理、金融的流通控制、資源的合理分配、生產的效益方法等運作機體和法規建設等、都應是計劃與管理下的運作模式也方法作爲，那絕不是 "自由" 的概念與運作原理。尤其不是無所方法也無所管理的向外國開放市場（尤其是金融市場）。而任何經濟體的對外市場開放，或與外國 "自由貿易"，都必須是在 "有利" 於，或至少不能 "有害" 於國家（國民）經濟體的 "均富與永續" 前提也原則下，方可能被允許的。

　　事實上，若檢視並整理以往曾經無所規範、無所管理下的國際自由貿易情形就會發現，互惠互利的貿易少，而無法無天也掠奪剝削的貿易，只會令原本積弱落後的國家更形的孱弱，和絕大多數人民生活的更形辛苦和潦倒，甚至喪失國家自主經濟的支配和主導，淪爲被殖民式的經濟狀況，成爲以往西方經濟繁榮、民生富裕的附庸或代工。這些實際情形，我們可從觀察自 18 世紀以來，全球資源財富被源源不絕的流往西歐及美國等強權國家，以及全球商業貿易幾乎完全掌握或壟斷在這些經濟強權之手的事實可鑑。可想像，當“合法”的專利與壟斷，加上美其名爲自由經濟、自由貿易、自由市場等如似“猛虎自由進出羊群的愜意與貪婪”，再加上扭曲的國際商貿法規、金融的主導、強勢（優勢）也單一國際市場貨幣的操控等方法也手段等，相加相乘的巨大好處了。也無怪乎英國早期重商主義的最主要代表托馬斯·摩爾會堅持：「對外貿易是國家致富的唯一手段」了。

　　至於說文化因素也能對於貧富問題產生作用與影響嗎？這倒是個少被人關注提及的一個“次經濟”問題了。其實文化對經濟的影響是相當深入且廣泛的。比如說，西方傳統文化裡的唯心論、錢財（貴重幣材如黃金）觀念、以及 17 世紀後的個人主義與自由主義等，都是有利於資本主義滋生茂盛的沃土和養分。另也有人認爲如儒家學說、佛教思想、道家理論等東方傳統也主流文化，似乎都具有著阻礙重商主義在中國歷史上興起和發展（擴張）的重要因素。

　　“文化”，是個不太容易簡單定義的概念。我個人以爲；能讓人產生如慣性也制約式行爲或思維（意識型態）之元素，都可被稱爲“文化”的結構元素部份。另又由於人的“意識型態”（思想與觀念）與人的行為，是有著直接也互動的聯繫關係，所以說，若將 "文化" 直接詮釋為：「能讓人產生具有特定人格特質的思想與觀念」，應是不致離譜的。而如此的詮釋和理解，恰也可用於解析 "文化" 從單純到複雜，從個人到家庭、家庭到社會、社會到鄉里、鄉里到國家、國家到世界等不同層次兼細膩的文化結構與淵源關係。

　　當把 "文化" 稱謂為「具特定思維和行為的人文特質（本質）」意義時，文化與經濟的聯繫和邏輯關係就變得清晰明朗了些。比如說，以往中國傳統的儒家思維（儒家意識型態），的確是有將商人貶值在如士農工商社會階層排序的底層之位置的。另比如說，中國以往的其他些傳統文化如道家思想、佛教思想等，更是將道德或心靈（非物質）層面的追求和素養（修養），置放在生命價值的重心也首要地位，且認為物質財富的無限追求與愜意滿足，是有傷天和、有違道德的。而當社會上商業不被重視、商賈為人鄙視，商務有違天合等文化流通和觀念深植，再加上從來中國貨幣政策的浮濫與不穩定等因素（參考本書錢與經濟文章），自然的就不易會有如西方重商主義的產生，也自然的不易會有如財富至上和積聚無限的資本主義經濟現象與問題了。

　　另說政治影響經濟與貧富的問題，應是大家都不陌生、耳熟能詳、甚至是身歷其境的受利或受害者吧。其影響層面從隱晦到公開、從細微到宏觀，可謂是秤不離砣、砣不離秤的共生體了。

　　近些年來在台灣獨特的政經環境下，三不五時的，就會聽到如「多拼經濟，少談政治」或「政治放兩旁，經濟擺中央」或「政治不應干涉經濟」，或「經濟應交由經濟學家來解決，而不應交由從政者來主導」等，其實是既不懂經濟也不懂政治的言論了。原因正如前述；雖然說政治是人們安身立命的屏障，經濟是人們生活所需的方法與工具，但其實這兩門學問卻又是牽扯關聯且難以切割的學問。簡單如說，政治的穩定，同樣意味著經濟的穩定，經濟的穩定，更是需要建立在政治穩定的前提也基礎上的。

　　既然政治與經濟的關係是如此的密切也關聯，那麼政治影響經濟也就是必然和無以避免的了。其實，早期也封建時代的政治影響經濟情形，那可是全面性也嚴重性的。而事實上，有關西方經濟學的早期研究和發展，就是從封建政治（**統治與管理**）的角度和思維來著力並發展的。換句話說，西方早期的經濟學，原本只是附屬在政治學下的一個旁枝學問，是爲政治而誕生、也爲政治而服務和存在的。參考一些西方早期的經濟學著作，如薩伊的政治經濟學概論（1803）、李佳圖的政治經濟學與賦稅原理（1817）、西斯蒙地的政治經濟學原理（1819）、麥克庫勒赫的政治經濟學原理（1825）、希尼爾的政治經濟學大綱（1826）、里斯特的政治經濟學的國民體系（1841）、約翰.穆勒的政治經濟學原理（1848）、杰文斯的政治經濟學原理（1871）、瓦爾那的純粹政治經濟學綱要（1874）等，也就有所概念了。（**參考西方經濟學名著提要　昭明出版社**）。這些事實並不奇怪也不難理解，原因是18、19世紀的歐洲，仍是處在"普天之下皆爲王土"的封建也王國時代。有關經濟學內涵的資源、生產、與分配等實際問題，其實是幾乎掌握這些天生也世襲的統治者和擁有者手中。而當時的經濟學者所認知、所研究的經濟問題，不過是如這些權貴家族的私人管家、或財物管理、或財物顧問之類的"私事"罷了。頂多也只能稱爲經濟學的初始萌芽階段。

　　祇是，不可思議的是，如此原始扭曲的18、19世紀政治經濟學思維和觀念，從而迄今般的大多被承續也留傳下來，並持續的唬哢和扭曲著我們時下當今的經濟面相與認知。比如說專利的觀念、股票的制度、金融債卷的發行、銀行可被私人擁有，幣值、利率、匯率等財經政策的可被人爲操控等，諸多且顯性的財經結構問題，幾乎全可見到原始政治經濟的運作黑手，或公然、或隱晦的不當運作著。

　　"經濟"是否需要有所規範與管理？答案是肯定也是必要的，但是，可不能恁由那以往原始也膚淺的"政治經濟學"思維，或時下當今"財富經濟學"思維主導也扭曲運作著。換句話說，"經濟"已不能只是爲了少數統治者兼資本家的利益而存在或服務著，而是必須重新定位也落實在某種善良和理想的存在價值與意義上。或更直接明白的說，今天的經濟學觀念，應定義並落實在能爲最大多數人，得取最大利益的"均富"，以及能"永續"發展的新世紀"民生經濟學"宗旨兼原理上。

　　人們何以會面臨人需物資匱乏？甚至陷入到飢寒交迫、無以渡日的赤貧現象與問題？從上述如冰山一角的幾些例項和參考，我們或已能意識到，經濟問題的龐雜巨碩且盤根節錯，似乎已遠超出一般人所能想像與整理的範疇了，也遠超出共產主義簡略的剝削和壟斷思維與見解等可解決的了。相反的，強制又絕對的共產主義思維，本身就如同另一種人爲的經濟黑手般，恐怕只會更加損害均富與永續的健康經濟發展，甚至釀成人民貧困問題的更形嚴峻和複雜難解了。

　　另致於說，對於馬克思認爲真正的"民主"是必須通過無產階級的普遍建立或形成後，才能產生的見解，同樣是個不易咀嚼也難以消化的見解。或許我們可從他的唯物史觀與"唯物辯証法"等思維中意會到，他是如此執著的認爲；物資財富的擁有差異、決定了權力與階級的差異，權力與階級的差異、決定了"民主"與"人權"的差異。如此以物資的擁有與獨佔，進而影響一切，包括身體的苦難勞累以及心靈上的屈辱羞慚等，只有在"私有體制"的不復存在後，才有可能真正並徹底的消除，也才能達到真正的大同與民主。或許我們另也能更深入的體會到他那"矛盾律"的延伸觀點如：「最大的穩定（和諧、均勻），來自於最大的一致性。而最大的一致性，來自於私有制的不存在（公有制或無產階級的建立）」。祇是如此的思維堅持，是否就能聯通著"民主"與"無產階級"的必然也邏輯關係呢？

其實，若從較嚴謹的思維來檢視西方文化裡所謂的"民主"概念，可說是一個非常封建扭曲也邏輯錯亂的古老"唯心論"概念，且也是個從而迄今仍讓無數政治學者或社會學者，拍腦袋扯頭髮也解說不清的詭異概念。西方最早的類似"民主"概念，可追溯至古希臘雅典城邦的"公民政治"、與古羅馬時期的"民眾政府"觀念。近代"民主"概念的被復甦喚醒，則可溯源到 18 世紀的伏爾泰、孟德斯鳩、與盧梭等人所代表的"新思潮"期。而盧梭整理了他那時代眾人與自己的思維，提出了民主、自由、平等，所謂的"天賦人權"觀念，之後，並被滲入引用到美國獨立戰爭和法國大革命的革命內涵與精神。再而後，終於擴散並成為當今世界思想與觀念上的重要也主流地位了。

只是，儘管兩百年來"民主"的呼喊震天動地，"民主"的聲勢沛然難抗，儼然已如真理、至理般，不容質疑、不容思辨。然而，當你囁囁諾諾、惶恐不安的問起；"民主"到底是什麼樣的重要概念呀？怎麼解釋或理解呀？你就會發現那些經常嘴不離"民主"、話不脫"自由"的自由派人士或知識份子等，就會嗯呀、啊呀、的如同生病般表情，不是矛盾不通的說不出個所以然來，就是滿臉鄙視的故作訝異狀，似乎責怪你怎麼會問起這麼一個幼稚又傷大雅的無聊話來，害得你更是無地自容、滿臉羞愧。

最常聽到有關"民主"的詮釋，大約是如"民主"應具有

“自由”的內涵以及人權的保障，或如經濟史學家熊彼得詮釋
“民主”就是競爭性的選擇及被選擇的制度，或如政治學者道爾
認為“民主”就是政治平等這些有如“經典”也有如“陳腔濫
調”般的回答。另其他通俗些的說法則有，“民主”就是數人頭
代替打人頭（少數服從多數），“民主”就是政黨政治和選舉制度，
或“民主”就是人民當家做主（主權在民），或“民主”就是人人
一把號各吹各的調等，洋洋灑灑也讓人頭昏腦漲的“自由”見
解。當然，偶時也會聽聞到如，“民主”就是無關是非對錯實為
妥協的“玩意兒”，“民主”是分贓、吵鬧、和“無釐頭”的本
質，“民主”是作繭自縛也自作自受的制度等一些雖片面且負
面，但卻也方面寫實的見解。

　　其實，就像“共產”概念，原是相對於以往封建時代帝王將
天下一切資源財物私有也“私產”的對立概念而來般，“民主”
這政治唯心論概念，原是相對於另一個曾經封建也畸形的“君
主”概念而來。就如似一面扭曲鏡面的另一個扭曲鏡相般，西方
“民主”概念的緣起生由，原是根植在一個愚昧也封建時代的
“畸形”概念上，且一如曾經“神權”時代的神祇、神諭、天命、
天主、天子等一連串天神或上帝等人為概念般，這些概念本身，
其實隱藏著虛構、對立、盲從、和荒謬等“非理性”本質的。

　　自然物事本是“無主”的，水源土地、花草樹木、飛鳥走獸、
天下萬物原是不可被“主權”的。人尤其是不可被“有主”的。
因為人是能感受到痛苦，情緒到悲傷的生命物。當人的自我性、
自在性、自主性等“人性”被以政治上的主人或王（主）權的觀
念和方式，被驅使、被剝奪、被扭曲、被奴隸等無法解脫又無法
承受時，必然就會產生如不自由、不民主、不自在無自我、沒人
權、不平等、無正義等一系列有如靈魂被枷鎖，生命被窒梏的呼

喊或呻吟了。

　　若深入病情也對症下藥的看待不論是君主或民主、主人或奴僕、自由或解放等這些封建時空也扭曲背景下的畸形也“餘毒”概念，包括如何解決“不民主”的政治問題等，其實不難辯證和理解；那就是必須針對如君王、臣民、主人、奴僕、主權、被主權等，此類封建也愚蠢概念，徹底解構，或丟入曾經人禍甚至罪惡的歷史垃圾堆裡，恁其腐爛、陪葬、或消失，才是方法和原理的。也就是說，解決政治上的“不民主”問題，需從人類社會何以會有如君、王、主、奴、寡頭、獨裁、威權、主權、專利、壟斷等這類根本也源頭問題著手和解決，方有可能根本不存、亂源不附的真正解決。而不應是如“民主”對立“君主”，“主權”對立“被主權”等錯誤也“僞”命題的鬥爭、搶奪上，或對於“主”與“權”的名位“如何分享”等迷思上。

　　事實亦然，就像西方共產主義思維，原是萌芽也聯繫著“資源與分配”等屬性的經濟學相關概念而來，而西方的“民主”概念，卻原來是聯繫著“權與治”等屬性的封建政治學相關概念而出。然而，不論政治是“處理眾人之事”或“權與治”的本事或本質，不難所見的是，當“公權力”（政治力）處理人與人、或人與眾人、或人與社會的互動或政治問題時，任何凸顯個人的“自主性”或堅持人民的“權主”（主權）性等，或強調政府官員、行政者等的“奴僕”（公僕）性、“下人”性等“民主”思維或“民主”觀念，都是幼稚、可笑、失真、也無功的。特別是在一些人口過剩、資源匱乏、貧富懸殊、階級明顯對立、或種族多元且差異巨大的社會或國家，任何“主權在民”或“人民當家做主”或“民主至上”等“民主”論調或思維等，更像是從潘朵拉盒裡釋放出來的災難般，除了鼓勵衝突的更爲激烈、鬥爭的更爲理直氣壯、以及社會的更加對立不安外，其實是完全無助於“合理”或“方法”解決“行政”或“政治”等問題的。

　　此外，嚴肅並仔細的檢視今天一些所謂的“民主先進”國家或社會，實不難見證著其“民主”思維，相對於貧窮苦難問題、社會罪惡問題、教育無功問題、法律不彰問題、道德淪喪問題、倫理荒蕪問題、生態破壞問題、環境污染問題、政治鬥爭問題、經濟剝削問題、戰爭不止問題、和平無方問題等幾乎所有重要人本也人文相關問題，完全無能解決也束手無策，甚至是致使情形越形惡劣嚴重的因素等，不免讓人困擾也狐疑著“民主”這概念，可絕不是什麼一個了不得的“偉大”概念。甚至是一個“祇能制造問題，無能解決問題”以及“成事不足、敗事有餘”的一個愚蠢概念了。而若“民主”概念，或“民主”主義等既然不是一個可能成就出什麼美好也理想世界的一個有用概念，甚至是一個內涵對立、扞格、也非理性的“不道”概念，那麼，馬克思認為通過共產主義可達到“絕對也真正民主”的花巧理論，其實不過是一個誤導、無知，也無所意義的呼哢理論了。

　　『觀時光流轉，有多少模糊和褪色的聲光色相回憶。

　　見無常世事，有多少不捨和殘存的喜怒哀樂牽扯』

　　20世紀共產主義的崛起與殞落，在人類歷史上曾掀起了一陣眩目無比且澎湃洶湧的驚濤巨浪，也曾在人類以往長久苦難的塵世人間，隱約的透亮著如夢幻如流星般的一線希望與光明。然而，卻也於瞬間，消失於歷史的篇章和時空的長河裡。若問我能從這些難以磨滅的歷史刻痕中，看到了些什麼樣的重要啟示？我的觀見與回答大略是這樣的；人類歷史上任何重大的變革或動盪，都是有其因果原由的。人民自主性由下而上的革命運動，更是如此。在以往人類建構出來的不完美社會上，最能感受到此種不完美，甚至扭曲醜陋面相，是那些身受其苦難和不安的醒覺人士。這些人士中，有人試圖喚醒那些無視、或無知於如此現象或狀態的機戒也夢遊著。有人則以著書立言的啓智方式，直指問題缺失或提出建言。也有人不懼挑戰不惜犧牲，願以生命和鮮血凸顯也衝撞問題的所在。馬克思、恩格思、金恩博士、鄧小平等人，都足以代表上述類型的醒覺人士。

然而，能發現問題並不等同能解決問題，雖然馬 恩二人似乎已隱約的抓住了人類人本問題產生與人文問題解決的“心物二元論”關鍵哲思與問題，並對於傳統“唯心論”及其延伸觀念提出批判與指責。但是，顯然並沒有能對改造這不完美社會有所多大實質助益。因爲事實上，若從現代“均富與永續”民生經濟學的宗旨和理論而言，我們不需要“共產”概念或主義以爲方法，也行不通。另若從“穩定與和諧”的政治學宗旨和穩定理論來說，我們不需要“民主”概念或主義作爲手段，以避免治絲益棼。而“均富”經濟和“和諧”政治的問題若是雙雙無解，無論是建構西方“烏托邦”樂園或東方“太平有象”的太極理想世界等，都不過是個空洞口號也南柯一夢罷了。

此外、檢視共產主義及其結構運作無以爲繼也失敗因素，所能給予我的額外啓示是；實在很難想像如此一個堪稱人類歷史上第一個國際性、全球性、最具理想、也最具龐大複雜性的系統工程，竟然是在一種理論瑕疵、沒有藍圖、沒有經驗、也沒有前例的情況下，盲目也無明的進行著可能會是種如何“驚險”的情況，甚至災難的情景？而以如此省思對照著曾經鄧小平先生那句“摸著石頭過河”的苦澀名言，你是否除了心有戚戚焉外，或也會覺得那可真是入木十分、傳神也貼切的描述，和多少參雜著許些不忍國難，也不捨斯人憔悴無助的無名情懷吧！

第十五章 慧態與神秀的禪偈
思辨兼談禪之美

　　延續著"老子 VS 達爾文"、"馬克思、唯物論、共產主義、烏托邦"前述文章及所隱藏於其理論中的心物二元爭論，其實、慧能與神秀的禪偈思辨，依然不過是唯心抑唯物的本質思辨了。

　　雖然，輸贏勝負的得失之心，已不會牽掛在這兩位禪士高僧的心緒上，思辨與爭論實屬無謂，但是，若想對於禪學有所精進和了解，特別是對於"禪之美"有所體認，那麼就仍有深究的必要的。因爲不真實的事物，不會有所真實的價值，也不會有所真實雋永之美。

　　在前面談論"觀念"的文章中曾略述了佛教與中國禪宗的不同本質，不單是因爲中國禪宗具有著道家的肌理與內涵，其更爲精簡的分際則是佛學以"唯心論"立論，而禪宗則是"唯物論"的思維與哲理了。比方說"萬象心生"是標準的"唯心論"，也是惠能的認知與看法。而"萬象經由心生"則是"唯物論"的論調，是神秀的認知和看法了。那麼！你會認爲哪一種說法更真實呢？另如"因果論"，若說"此生則彼生、此滅則彼滅"是"唯心論"的見解，而"彼生則此生、彼滅則此滅"則是"唯物論"的看法，你會認爲哪種說法更合理呢？倘若你仍不太能確定的話，或可做如是想；假如慧能有天在松樹下坐禪，又巧被陣風吹落下的松果打到頭上,慧能仍會說出「松樹本非樹,松果亦非果,本來無一物,爲何會頭痛」嗎?慧能一定說不出,因爲他毫不懷疑的知曉,那頭上腫痛真實的原因來由是松果,而不是無故無由的"心生相起"或"相由心生",且是可實證的。

"相由心生"、"心空境空"等術語,雖也都是禪學之術語、佛學之法門,但卻是某種心相狀況的描述,和指導如何進入也通往"禪定"的途徑。如「妄念不生爲禪。坐見本性(空性)爲定」原是"禪定"的入門智慧。然需要了解的是,上述的術語、概念,其實是在描述一種心智現象或心緒境界,而不是解釋能產生如此境界或現象的原理。若處理大千事務、省視因果原由,仍堅稱"萬象心生"或"心空境空"則會離真、一念離真、皆爲妄想,就無法洞明事理、真正悟道。任何佛禪之法,原皆用來有助於解無明、見菩提而存在,不能只是供奉在心中,不明所以、不知所用、甚至爲其所困、所惑。常有人能在短時之間頓悟禪機,更多的人一生無法明鑒禪理,端看你是執而不悟或悟而不執了。

神秀與慧能的禪偈思辨,可說是較爲單純的心物二元迷思,不難釋疑也無須多費章篇。不過,在此倒可藉由論禪說理的剖析,順便來探討一些有關"禪"之獨特魅力,或說"禪學"的究竟與所謂,到底是些什麼?

從往迄今,大多禪學者也禪修者或會認同的是;禪學何以能脫離佛教自成一家,經續兩千年之久,且仍爲廣大的人們,尤其是那些文人雅士所喜愛、投入、吸引等,其原因與所在,並不是因爲禪學者的心有牢役,也不是禪修者的尋求苦之解脫,更不是如宗教信仰者的心有所依、靈有所託等依託之感,而是禪的一種獨特魅力,那魅力也就是禪之趣、禪之美了。

一種不太精確的比喻如;基督教或能帶給我們某種皈依庇祐

的心靈踏實感。佛教或能使讓我們更容易平順內心的混亂不安。而禪的特色，就是有別於一般宗教信仰或救贖功能的美、趣、喜、悅了。如前文章所述，禪之美趣是建立在"心靈空靜"後的"破相與啓示"，這種"再被啓示"的感應物，也許是一滴晶瑩的露珠、一張追紅的落葉、一聲清脆的鳥語、一片重疊的山水、一個無邪的微笑、或一張飽經命運風霜、卻眼神慈祥的面容。"破相與啓示"的禪趣無所不在、處處彰顯，充滿著變化、禪喜、超越了佛教寂靜落寞的"無餘"境界和自我放逐，重又回到生命之"有"的喜悅。讓人對於生命與自然，總能懷著無限的感動與謝意。

禪爲何會有著如此奇妙的作用？迷人的效果？該如何解釋呢？這正是本章節嚐試深入探討的要點了。

談論禪之美，或許首先應談談什麼是美？美又是如何被產生的疑惑。此外，還且要知道禪是什麼？禪與美的聯繫關係又是什麼等許些問題了。那麼，美究竟是什麼呢？我們且先聽聽別人怎麼說。

聖·湯瑪士：美的三要素是完整、和諧、明麗。

達 芬 奇：美的欣賞始於感覺，但是需要通過智力的活動。

瓜 里 尼：悲喜混合劇的美感作用，優於單純的悲劇或單純的喜劇。

迪 卡 爾：美是判斷和對象之間的一種關係。美是恰到好處的協調和適中。

萊布尼茨：美感是一種混亂的朦朧感覺，是無數微力共漲感覺的綜合體。

斯賓諾沙：美是對象作用於神經系統所感受到的一種舒適。

沃 爾 夫：美在於一件事物的完善，這種完善能引起快感。

柏　　　克：鬆弛、舒適。是美的特色、特徵。

穆越陀尼：美感產生於新奇，是能引起快樂和喜愛的「東西」。

　　參閱了上述一些大師對於美的見解後，你對於美的領悟或認知了解了多少？是否已抓住了美的概念意象？或者因爲這些紛亂的見解反而更增加了美的神秘莫測，也倍感糊塗？

　　任何人都不致於不知"美"的概念，那幾乎是隨時可觸及、經常可感受到的美，如此接近、也如此熟悉。然而，又爲何人們自古希臘時期，就在尋找所謂的真、善、美，雖已是歷經了千百年之久，卻仍是如水中撈月、風中尋聲般無所得覓？事實上，既使在今天，任何嚐試定義或解釋美，幾乎如同美學論述者的禁忌，特別是面向那些有所名氣的藝術家或美工工作者談論美，那是連外行人也不會輕易觸犯的忌諱事情了。

　　康德曾經悲觀的認爲，人的某種"內在之物"，和宇宙的某些"外在之物"可能是人類永遠無法真正認知和了解的。而他所謂的"內在之物"也就是指一些極爲精緻細膩的"意識"作用，如美、愛、色彩、憂鬱、信心、快樂等究竟是什麼？或是如何被意識（感應）出來的疑惑了。康德的看法顯然至今仍是正確的，美這種"感知與現象"涉及到意識和情緒等複雜學知領域，是今天仍屬生澀未明，且有待探究理解的學域。所以，在此也順便要強調的是，當從老子的哲思也角度談論美與美感等，那也只是從另外一個層面提供美學的另一些參考而已了。

　　有理論說，人類任何明確的意識、凸顯的感知等，都是一種如印證或複製般的契合感應與互動現象。美感的從朦朧到明確，從微弱到強烈應也是如此。加上另若了解情緒與本質（已內化的經驗）原有著直接的聯動關係，則可能意會"美"爲何總是主觀和直接的原因了。

　　長久以來，人們就注意到美是主觀及個人的了，你所謂的美
對於別人也許沒有多少意義或感覺。法國人難得稱讚印度菜的味
重辛辣，一般人也很難真正感受畢卡索或梵谷的繪畫到底美在何
處？當下年輕人風靡的重金屬搖滾樂對於許多年長者而言，簡直
是種虐待與折磨。早期的好萊塢影星查理士布朗遜被當時許多女
士稱爲“最醜的美男子”，同樣的令許多時下女性覺得怪異不解。

　　可是，在另一方面，人們也注意到有些美似乎又具有客觀性
與普遍性。如楊貴妃的美是被公認的。白居易在長恨歌裡形容楊
貴妃的美是：『回眸一笑百媚生。六宮粉黛無顏色。』堪稱絕句。
對全世界衣著入時的女性而言，大都會認爲黃金很美、鑽石更美。
嬰兒真稚的微笑、幼兒質樸的歡樂聲音、對天下所有的曾經父母
來說都是美妙的。米開郎基羅的壁畫、貝多芬的月光奏鳴曲、羅
丹的雕塑，對於同行業的人來說，是公認的成就與美。此外，夏
威夷的氣候宜人、中國的黃山奇景、美國德克薩斯州原野的野花
燦爛無邊，也是幾乎所有曾經接觸過者經驗過者都能認同也能感
受到的美感。

　　然而，不論是個人主觀的美。或是普遍客觀的美，我們可注
意到，其實都是與人的本質有著必然關聯的。而人的美之感性正
也如同人之理性般，是可以隨著歲月和經驗成長的，且越是更多
的美之經驗運作、美感也就越是細膩與敏感，和越是明確與厚實
了。

　　人的美感究竟始於何時？或說如何從清淡朦朧逐漸清晰強
烈？雖是與個人的經驗有別，但是可確定的是，越是年幼單純，
也就越是不具美感。幼兒只有直覺如本能的喜歡於否，是如本能
般的需求或排斥等制約也回饋反應。三五歲的幼兒似乎已具有雛
形淺淡的美感了，此種美感除了人之“本能”因素的需求與滿

意，所回饋制約出來的歡悅喜愛外，明顯的美感元素中另也開始夾摻著"人為的價值"附加元素了。比如說，英雄的、高貴也名牌的、稀少的、王子、公主、金髮碧眼等，而當美感中，有所人為價值的注入加持，美的複雜性也開始進入混沌的面相了。

當人的年齡漸長、不同的更多經驗積聚，美感的滲入也構成元素也更加繁雜和更加細膩。比如說"理性之美"，正如達芬奇認為；美感始於感覺後，尚要經過智力的活動。登過無數山峰的人更能欣賞黃山之美。曾經生活在不同氣候地域的旅者，尤其能感受到夏威夷的宜人氣候。精研物理、或書法的學者，才能體會出所謂的書法之美、或物理之美。換言之，越是形而上的"理性之美"，越是需要經過相關意識更多的集合比較和沉澱而出。

上述些混合著本能、本質（人為價值），以及理性（比較）之美等複雜美感，實在很難剖析分解了。然而，人類更高層的形而上美感元素，還又要細膩和複雜些。如來自於挑高遠望，大地山川之壯觀瑰麗。來自於山林深處，靜聽鳥鳴流水。來自於看見一纖小的幼兒依附於母親的懷裡，安詳的睡著了。來自於農村中，農忙歡樂的收成時刻……。這些"形而上"的美感，似乎已超越了膚淺的本能與生活經驗作用，並與天地自然之美也真理之美等深意連接也融合著。道德經裡稱這種美是"大巧不工"的。也就是說，純粹的美，如同自然的美或真理的美，毫無瑕疵、自然天成。似乎已超越人類人為價值的感知意義或主觀情緒作用，真實也客觀的存在著。且隱含"真"與"善"的美之"本質"，且是與天地長存的。

不論是個人本能也情緒上的主觀美感，或超越個人情緒與經驗的真與善自然之美，美的產生都涉及到對象（客體）與本體（本質）兩種不可缺失的構成因素。早些時期的一些藝術工作者顯然未能全然掌握美的如此相對因素，且認爲美是產生於客體，是天生也渾然天成的。並傾向以"唯心論"的觀點來論斷美。他們會說，貴妃的美，難道不是天生的嗎？牛排的美味、鑽石的光彩，不都是渾然天成的嗎？那時候的藝術工作者也習慣從對象著手，並尋找美的構成元素。他們講求顏色、對稱、光線、形式、細節、技巧等，畫景要畫好山好水、畫人要像貴妃美人，務使每一件作品都像一個漂亮寶寶，直接傳達出美的訊息，可算是對象複製的美學時期。

　　從笛卡兒的"心我（心靈或意識的我）主體論"，以及十八世紀"現象學"的被重視，再配合著自由主義、存在主義、個人主義的興起及流行影響。西方近代的一些美工藝術者，尤其是一些書畫藝術者，開始傾向於個人內心也自我主觀的觀感複製。一時浪漫派、印象派、野獸派、虛無主義派等，都以強烈之表達個人自身的主觀感受而活躍於書畫界域。只是，個人風格或特色的作品，明顯的缺點是普遍和客觀的美感缺失與不在了。由於美感被個人化、狹窄化，不易與群眾的"普遍本質"形成互動或契合，一些偏激及強烈的個人風格，甚至引人反感。如此曲高合寡或難以共鳴的畸形流行性和其後續效應，終於也逐漸地將一些"新潮"和流行藝術，深陷入如同泥沼、落寞、且死寂的"無人眷顧"境地。

　　藝術的價值或許尚包括了除美感之外的其他要素，如創新、突破、超越等意義，但是如果沒有能與他人產生美之互動的感動因素，是否仍能被稱爲藝術？其實是大可被質疑的。畢竟，只是些表達個人自身感受、虛擬夢囈、甚至是無病呻吟等"與他人無關也無以互動"的創作，那是很難讓他人產生出"藝意"也意義的。而沒有普遍或客觀"美感"的藝術，也能被視爲是"真實"

的藝術嗎？

　　"美"的構成要素，相當隱晦也相當複雜然，然上述的一些美之要素，若從"無生有"的哲思也觀見來說，卻也過於雜亂和無序了些，不足以讓人真正看清並掌握"美"的完整面相。而美的完整面相，特別是美的如何生、有、形、成等掌握與了解，或還得從"無生有論"的原理和過程來理解。

　　在"無生有論"的道理排列也過程中，首先涉及到的是"相對有物"，也就是客體（對象）的出現了。穆越陀尼認為「美感產生於事物（客體）的新奇，是能引起快樂和喜愛的東西」。這看來像似廣告設計師座右銘的見解，雖不完全正確，卻也明確指出了"對象"的重要性。"對象"的重要意義，亦既如康德所說，沒有"對象"，無法被感知。換句話說，沒有"對象"，也就根本沒有美或醜的問題了。

　　但是，若說"對象"的"新奇"一定會產生美感，卻也未必。因為美感是與個人的本質運作，和是否能產生"特殊現象"（特殊感應）有關，是本質的也是主觀的。嚴格來說，對象祇是能否湊巧被本質反應，或說制約出美感的物件而已。而"新奇"所意味的創作和功能，則是要從"有無相生"的現象學原理來解說了。也既越是新奇，就越可能因為非常性（非慣性）的出現（或說慣性的被破壞）而產生"互動現象"，並引發感應。通俗的說法就是較能輕易的抓住一般人的目光，吸引人們的主意，或也可說是易燃起那美感火焰的特殊薪火。

　　"美感"產生所涉及到的"無生有"其次因素和過程，則是"本質"（或本能）的部分了。人的一切喜、怒、哀、樂、美、醜、是、非等，都是發生在這有如黑盒子般神秘也複雜的"本質"內。儘管千百年來沒有人能完全看穿這黑盒子的所有秘密，但或也知道這秘密中，至少包括有所謂的"印記結構"（**本能感應與後天經驗等意識結構**）與如此"印記結構"的被"召喚呈現"（**複製感應**）如此兩方面相與相關問題。

　　人的任何明顯意識（**感知**），皆是種意識的"召喚呈現"，也是種"感應"複製。這意識絕不會無故而生，而是種制約式的反應。就像針刺會痛、撩搔會癢般，必有他物（**外物**）的介入和互動才會發生。整理說來，美感的產生，是客體相對於主體（**本體**）本質中的美之經驗，產生聯繫並形成制約式反應。而主體本質中的美之經驗，除了包括了前述"先天本能"層面的"正面"（**歡悅**）感覺，後天"人為價值"層面的附加感覺，以及無所窒滯的邏輯與理性、良善與無邪等自然也"真理"美感。當所有上述感性兼理性等美之經驗都齊備時，有如已為燃燒美之火焰儲備了薪材，而美感的強烈微弱、深廣窄淺、持久或短暫，也全視薪材儲備的豐儉厚薄是如何的前提也條件了。

　　"美"之形成（**產生**）最後要談到的關聯也關鍵部分，是"無生有論"的"得一"觀點了。在前面文章中我們曾提及過"得一"也既"致一、一致"的概念解釋。涉及到"一"（**整體的、結構的、穩定的**）的連接或契合等互動也"現象"持續。是一個算是蠻複雜且深奧的"現象學"概念和原理了。

　　正如萊布尼茨的美感觀點；美是無數微張力的積聚（**致一**）展現。如詩詞之美，是詞句能聯繫也契合著許多能產生微小張力的內在感動與感應，並融入最後也整體的"現象與感應"狀態。如繪畫之美，則是要能契合人們已內化經驗（**本質**）中的某些感動部分。若銜接面越是廣泛深入，則美感越是明確和強烈，而越是印證（**契合、致一**）的完整全面，則越就不會有美中不足或有所瑕疵之感了。

　　美依然有著太多待解的謎，但是若從比較前述的一些藝術大師及美學家的見解中，我們可發現似乎全都可涵蓋在老子那“無生有論”的範疇也原理中。是巧合？還是必然？實在是能予讓人咀嚼再三的疑問呢。

　　至於問說什麼是禪之美？禪與美的聯繫或關係是什麼？初識乍學的禪修者或會直接也簡潔的照答說：「自在就是禪，禪就是美」。如此概括解釋禪與美的關係，就像是有人告訴我們，經濟就是生產與分配、政治就是權與治、社會就是你我他一般，著實太過於簡陋與空洞了。但是，若真想將禪與美的關係解釋的詳盡明白，卻也不容易。因為禪與美的關係似乎並不是那麼的直接，而是間接的。或這麼說吧；「若說美是種感性的意識，是種現象的生成。那麼禪則是能幫助如此意識或現象生成的更容易些、更無窒滯些、也更明確些。若說美似一波意識的奔流，那麼禪就如同低窪斜凹的水道，自然也必然的將此波奔流輕易的納入或導入」。或用另種說法，如禪是種素養或特質，由於禪者的此種素養及特質，使他更容易觸及到美，那也就像一位智者的特質與素養，總能讓智者更容易接觸到“真”一般。為甚麼會這樣說呢？且從禪的幾方面相來談談。

一、禪理部分

　　了解中國禪宗的理論，其實是以老子的思想為其內在支架的，而老子思想的重要論見，不僅是洞悉自然的事理，另也可說是一種無所窒滯的大通之理。舉個例子說吧，佛教開釋人們解苦脫苦的一個主要法門是“能捨”，認為“能捨”才能空，而能空才能無所窒礙也大通無滯。而老子思想其“德經”部分中的一個重要學說也觀點則是“不有”（不擁有、不為主）。比較“能捨”

與"不有"兩種觀點，就會發現"不有"的觀點其實比較"能捨"的觀點合理也超越了許多。試想，既然不曾擁有或從未有過，當然不大會有難捨、不捨的問題。也不會爲了因擁有與否而生出來的患得患失等困擾或桎梏了。

上述的例子或可用更具體些的例子來說明，莊子對於老妻之死，爲何能不見悽容的鼓盆而歌後從容離去呢？一般人對於伴隨多年的老妻之死，就算能坦然面對，心中難免著某種莫以名狀的悲情起浮、感傷波蕩。如此悲情其實正是來自於心靈某些難以割捨、失落、缺失、破碎等原本整體也慣性的心靈狀態，突然被破壞、被不適應、被空洞等如似心靈"受到破壞或創傷"的複雜感應。

莊子以老子"不有"（不擁有）的道家哲思，來觀看夫妻分、割、離、別等事情，就不太會有失落、破碎等心靈被"受傷"、或"心碎"之類悲傷問題。因爲，人不太容易會被一些不曾擁有也從未擁有的物事，而產生強烈的或斷裂、或破損、或"得失"等心緒與問題。此外，道家思維中所謂的"無生有"論，其實也既一種"緣有"的概念（參閱本書梳理與補遺章節），且是一種唯物論屬性的概念。而唯物論觀點是強調事情產生或變化時，必有所相對的因果原由。換句話說，持唯物論觀點者更傾向於客觀、理性的看待事情和處理問題。而事實上，若是以客觀、跳出自我也主體（主觀）的思維也感性模式，特別是跳出"曾經擁有"的心境，來看莊妻之死的問題，或會更易於接受如此看法：「莊妻這人一生若是不快樂的話，死亡有如解脫，有何不好？莊妻這人一生若是快樂幸福的話，死亡有何遺憾？那有人不死呢！」。

莊子對於老妻之死的平靜淡然，其實不是俗世眼中的冷酷無情，而其實是隱蘊著大智慧也"處世"智慧的。事實上，當人能

以 "不擁有" （不有或緣有）的心情及認知，觀看大千世界也萬象物事，包括權力、富貴、愛恨、情仇甚至家庭、兒女等。就比較能體會或感受到 "我有" （緣起）的喜悅珍惜，且較少會有 "我失" （緣滅）的傷悲困擾，也就能更爲接近逍遙無所窒滯的大通自在之境了。而只有人經常處在無所窒滯的自在無惑境地，也才易於進入空靜自在，也才能於聯接到週遭無所不在的美之物事和美之經驗。

二、禪修部份

禪如何修？禪需要修嗎？一直是個爭議的問題。禪偈：『尋牛訪牛跡、尋禪訪無跡』暗示著禪的尋訪見得，需經由 "無" （空靜與穩定）的跡象與過程。或說必需是經由「空靜中得、自在中取」的前提也過程了。除此，就也像本章前文對禪的另類比喻：「禪是一種素養或特質」，而任何種類的素養和特質都是一種內化的本質，也是個人從小到大的心緒經驗與知識積聚等。這也是說，禪修是父要也必然的了。

那麼，禪修需修些什麼呢？我則以爲禪修的訓練，就是 "活出穩定與自在" 以及 "活出美趣與喜樂" 的哲思素養與訓練等。只是， "活出自在" 以及 "活出美趣喜樂" 的素養或境界，不只是個學思與辯証的哲學問題，更是一個需能自我知識體驗、自我養身活命的實務問題。可說是一個包括 "如何存在" 與 "如何樂於存在" 完整也複雜系統的 "教育" 問題了。這些教育訓練，至少涉及到洞悉事理的基本智慧（註：如基本語文、哲學、物理、倫理等），具備足以謀生活命的專業技能，具備能產生與美趣相關的多元感性薪材，具備身心的健康等。總之，一位禪修者所具備的智慧、修養、謀生技能、良好的身心狀況、以及多元豐富的美感元素儲備等，所有這些禪之必備的學養、特質，不僅是禪者得以無憂、無惑、安適、自在的憑藉與支撐，其實也已為美感的催生或導入，創造了大通無滯與厚實廣泛的前提也條件了。

三、活在當下

台灣佛光山的星雲大師曾描述禪為；『搬材運水是禪，行為坐臥是禪，方便靈巧是禪，逆來順受是禪…』。如此讓人糊塗無明的禪偈禪話，其實也就是告知 "禪既當下"、"禪也既生活" 的禪機也禪意了。

將禪視為是一種真實存在的物事，而不是如天邊的浪漫彩虹或如 "談禪說玄" 般的形而上高調，其關鍵處，就在於是否能洞悉 "活在當下" 的奧妙了。想像孩提時的嘻笑無邊，想像年青時團體活動的群集歡樂與 "共振" 效應，再加上審思諺語；『人之快樂總在無我之際，人之煩惱總在有我之時』，或已能意會何以有人會說禪另也是『止他想，繫念專注一境。正思、正審、正慮』的禪說與禪解了。

『止他想，繫念專注一境』，能幫我們回到生活的現實中而有所生活踏實，『正思、正審、正慮』的與當下事物互動，則容易讓我們細膩察覺生活中之處處禪機妙趣。諸如春花之美、秋月曉潔，如鳥鳴清脆、風雨輕柔，如飯香菜甜、茶甘水沁，如睡眠安穩、呼吸順暢，甚至如 "陽光溫暖般的笑容"，或如 "乘著歌聲的翅膀美妙飛翔" 等遐想情懷中，包括一草一木、一花一石等都可能充滿著妙趣禪喜。總之，"活在當下" 才能讓生活真正接觸到禪，而生活中有了禪，生活就會變得有所味道了。

從上述禪理、禪修、禪境的參照了解，應不難意會不論是禪理的空靜中得取，或禪修的安穩自在中得覓，或活在當下的禪機妙趣等，每一方每一項等都已爲美趣之生成作出準備，可謂“禪”不僅與美是如此接近，“禪”幾乎本身就是美趣的某種存在形式了。

　　雖說是禪理玄通、禪機玄奇、禪境玄妙，然上述所有有關禪的概念描述、解釋，對你而言，若仍是模糊不清，仍是未能體會禪與美其間的牽引關係話，那麼在此，就再以李商隱的一首小詩來做些意象的補充和比喻，也作爲一個何謂“禪”的論述後總結。

　　『向晚意不適。驅車登古原。夕陽無限好。只是近黃昏』。

　　這首輕易能感動且擄獲眾人心弦的小詩，因爲他撩撥也觸及到許多人對於夕陽的不同觀感或共鳴。一般也普通的觀感者，或會是如詩人般的愁傷著年華的老去、美麗的短暫。或是如存在主義者，高調著“存在通向虛無”的荒謬與宿命。或是如佛教徒的觀見與認爲；夕陽、黃昏、美麗、消逝等都是現象的、無常的、甚至是不真實的，且是不必被困擾、也無須被苦澀牽連的假象等。但是，對一個有著禪學素養的禪者來說，則會本質也自然的將此首小詩略予變動、或稍作修改爲：『向晚意不適。驅車登古原。雖是近黃昏。夕陽無限好』。那是洞明事理後的平靜，順應自然的無所窒滯。那也是活在當下、活出現實的美，活出生命大通喜悅的智慧與素養。

第十六章　思維與思辨

第一節　權與政治

　　30 年前，我曾往夏威夷群島觀見了被稱爲是世界上最大的活火山－摩啦奴奧（Munaloea），也參觀了火山旁的火山博物館。印象中，館裡有一幅很大的壁畫，高度約有兩個樓層，寬度也似乎如此。那壁畫用著鮮艷明亮的的色彩，繪出了火山爆發時壯觀又令人生懼的景象。橘紅色、金黃色的火焰和熔岩，泉湧奔泄般的佔據了半幅畫面。黑色、灰色的濃煙，密佈天空。遙遠的雲層有奇異暗紅的光彩，閃電處處，幾束耀眼的白色電光穿雲直下。地面上狂風夾帶著巨大的海嘯，吞噬著渺小的村舍、蹂躪著無助的樹木耶林，天搖地晃也天昏地暗中，驚恐的牲畜四處奔逃。島上的居民攜老扶幼的逃往村後的高山，沿著高聳的懸崖峭壁攀爬，有小孩、婦女、和石塊齊落斷崖，墜入死亡與黑暗……。

　　我凝視著這幅巨畫，似乎也能感染著畫中人畜的驚駭恐懼。友人告訴我，這畫是根據島民代代相傳的火山爆發故事寫實而來。傳說那火山女神的頭部就藏在山脈裡，巨大的身軀則隱伏在海面下。當火山女神動怒時，他的頭髮就如那燃燒奔放的火焰溶岩，由山口向外噴溢，被火焰般頭髮接觸到的任何東西，都會立即燃燒與死亡。島上的商店多有出售火山女神－"珮蕾"的紀念物與明信畫片。火山口的邊緣，也經常可見到有當地居民，以圈有紅絲帶的豬頭和鮮花，祭奉著女神，顯示著島民內心迄今猶在的虔誠與畏懼。

　　如同神話與傳說總聯繫著各民族文化的源頭般，人類的"泛唯心論"曾經古老又普遍的存在於幾乎所有也不同的古文明中。大自然的雷電風雨、地裂山崩，夾帶著難以抗拒也無法承受的毀滅力量，不斷的提醒著人們，生命是如此的脆弱也低賤、無助又渺小。在絕對的敬畏、屈伏下，輸誠似的膜拜、賄賂般的奉獻。威權和信仰，很自然的深植在代代先民的心中。

　　然而，火山的爆發，並不是火山女神的憤怒。大自然的災難，也不是神鬼權威的執行。雷電風雪、地裂山崩，也全都可追溯論就出結構間的互動因果使然。人類傳統心物二元論的爭論與疑惑，其實已進入尾聲與結論。事實上，已 21 世紀的今天，凡所有以 "唯心論" 觀點衍生出來的學說或理論，全都呈現出可證實的錯誤或不可證實的鬆動。從柏拉圖的生命自發性說、笛卡兒的靈魂存在說、牛頓的地心引力說、達爾文的基因自我突變說、IQ（智商）的先天遺傳說、政治上的君王與天命說等，都已如同失真且幼稚的傳說故事般，少有人置信了。一些搖搖欲墜的泛唯心論點，包括如佛羅伊德有關性的心理分析學說，甚至被譏評為；有創意的點子，但卻是蹩腳的科學觀察與研究，其最彰顯的成就和功能，不過是使商業市場上多賣出了些性感的內衣小褲、唇膏香水、和保險套而已。

　　自然災難的啟示已明白清楚的告知了我們，如果不能排除"泛唯心論"的執著和羈絆，非但不能知曉天災的何以發生？且也是無助於如何的預防或解決災難臨頭的。祇是，天災如此，人為的災難亦是如此嗎？這跟隨著而來的人為災難或說人禍問題，極其自然的被聯帶並論、被提示出來、其實是不讓人意外的。事實上，若比較歷史上曾經人類也以往迄今的苦難與不幸，將天災相較於人禍的肇使因由來看，實在是微不足道的。人為的災禍苦難中，不論是因由他人他事等外在的成為因素，或因為自身無知、無德等肇成的苦難原由，總常是更廣泛、更深沉、也更持久的。除此，我們當也能意識或目睹著，這些人為的災難和禍害，仍持續的在氾濫著，且已從以往人對人的罪惡劣行，延伸也擴張到人對其他生物、生態、環境等的蹂躪與作孽了。

　　天災有其必然的發生邏輯與因果關係，也都有其可論究的結構與互動問題，只是這些相關問題，有些是我們可解決或可預防的，如雷電、水患等。但有些卻是力有未逮也束手無策的，如地震、颱風等。那麼，人禍也有其必然發生的理由？或無可抗拒、無能為力的困窘情況嗎？這問題我以為或可這麼來回答；細究以往人類的人禍問題，就正也如同佛教的一方見解，認為古今人為的災難與痛苦，終歸總結的來說，仍是與人的“無明”（無知或自以為是的錯誤認知）多少關聯的，以至於許多的人為災難就如必然也自然般的發生了。然而，若再深究這些曾經錯誤的認知或無知的作為等，則又會發現，大多是與古老也傳統的“唯心論”觀點契合或相關的。換句話說，以往曾經的眾多“唯心論”觀點，正也是人禍、人災的根由與源頭了。

　　因此，只要認清“唯心論”其觀點的無稽，甚至是災難的本質，並建立起具“唯物與辯證”的思維與素質，我們當不祇能解脫曾經為禍人類的人為災難，預防尚未形成的人為禍害，甚至也能移禍為福、轉危為安的，為我們增添福祉喜慶。而本章節，且就擇選“權與政治”以及“錢與經濟”這兩項極盡複雜卻也極為重要的人為物事為例，做些較深入也全面些的人為“物事與存在”之“唯心論”溯源也原始追究，和如此的人爲“物事與存在”如何從早期“唯心論”觀念孕育生成，但卻總歸也終將朝向“唯物與辯證”方向改變的趨勢與事實明鑒，以容易我們知識和了解爲何說是要建立以“唯物與辯證”的思維與素質，來探索事理也解決問題的原由了。

　　檢視歷史上人爲創造出來的以往迄今災難中，爲害最爲全面、影響也最爲深遠的事物，莫過於政治內涵中的“權”以及經濟內涵中的“錢”兩類物事了。然而，弔詭也令人沉思的是，從另一方面來說，這兩項物事也可能是人類從而迄今的人爲創造物中，最能帶給人們真實福祉和最大利益的事物。這種集善惡利弊、兩極對立，卻又實爲一體的人爲物事，充滿著矛盾與玄機、疑惑與學問。

　　此外、另也因爲“權”與“錢”的人爲物事及其概念，歷史古老也源遠流長，且在其長久的形成過程上，有過太多的變動與演化，其中更不乏凸顯的巨變。不僅是其原始形貌否變，且因持續不斷的加入（融入）不同的內涵與面相等，實已成爲龐大、複雜、又難以看透的混沌物事了。以至於說，與其說是深入也全面的談論這兩項人爲複雜物事，倒不如說是雜談碎論般的拼湊著這兩項物事的人爲存在過程中，其中不同變化的面相輪廓與內涵描述，而如此雜談碎論的論述方式，恐怕難免的會讓閱讀者不甚習慣、不太順暢、甚至容易有疲累吃力之感，先予以告解，並請見諒了。

一、權與政治

　　在西方，一般認爲最早開創政治學研究的思想家，應是亞里士多德了。亞氏參考了古希臘城邦政府的不同類型，分別出君王政治、貴族（精英）政治、公民政治等，並研究其不同的結構、現象、與其影響，被喻爲是西方政治學的鼻祖。而西方政治學，也正是延續著如此的思維與脈絡，將政治詮釋爲"權"與"治"的物事和學問等。只不過是以往也傳統政治上，較更凸顯"治"（統治與管理）的層面。而當今現代政治面相上，則較朝往"權"（授權與節制）的相關方面探討和重視了些。

另在東方古老的中國，論"政"最爲積極、最早、也最具影響力的，莫過於孔子了。從論語顏淵篇、季康問政於孔子，孔子對曰：『政者。正也。子帥以正、孰敢不正』。另從論語爲政篇，子曰：『爲政以德。譬如北辰。居其所、而眾星供之』皆可清楚看出，若比較東西方對政治的不同概念詮詮釋與見解，應可區別爲；西方傳統政治觀較凸出政治的"物性"也"工具性"等存在意義。而東方以往政治觀則較偏重於政治的"人性"與"典範性"了。另換個白話些的說法則是，西方傳統政治學是講究如何利用政治來改變或要求別人，以達到"統治與管理"的背後目的。而東方古老的政治學則正如孔子"內聖外王"、"爲政以德"、"克己復禮"、"禮運大同"等文哲主張，乃是講究如何要求自己，致成典範，以引導或促使別人的依循和改變等，以遂成整體社會的有所"賢人"引導也有所"道德"方向。

如此詮釋著東西方傳統文化中對於政治觀念上的差異和區別，或難免會引起一些政治學者及對政治有興趣人士的疑問或不予苟同，包括疑惑那一種政治觀更接近政治的真實"本相"？或更具政治的功能性等？回答上述問題兼也能有所概念的評論兩者之優劣長短，那麼就有必要從了解"權"究竟是什麼？"政治"又是什麼？以及傳統東西方政治觀的緣何不同？等多方面的認知和了解，或才可能有所針砭的依據和評論的參考。

二、東西方傳統政治觀的緣何不同？

從回溯東西方歷史曾經的政治脈絡與面相形成來看，其實不難還原和理解東西方原始政治觀的緣何不同。概略的說，西方政治觀的肇始原由是源於侵略與殖民。當大量的 "非我族類" 與 "異族" 被併吞、被成為次等公民、甚至奴隸時。如何統治？如何管理？等知識與學問，自然而然的就成為此學問的核心所在了。

另說中國傳統政治觀的初啓萌芽，是源起於 "農業文明" 發展時期，是因由中國農業的發達與穩定，以及人口大量的增長所致。如此隨著人口的迅速擴張，和大社會（複雜社會）的逐漸形成，以及其複雜社會自然衍生出來的混亂和複雜現象，都成為必須面對和解決的問題。而此種由內而發，非外力或異族而產生的社會失序與混亂，與所需要的秩序、和諧、規範等問題與解決，很自然的就會產生如從個人（**特別是當家者、決策者等**）自身的品德、人格等來要求與規則，並樹立典範般的希望成為社會或大家庭（**大社會**）內成員之有所依循和有所規矩的政治方法也觀點了。

事實上，農業文明最為明顯的特徵就是咸少侵略與殖民。中國歷史上以漢人為主的征戰史跡中，既使在最為強大壯盛的朝代，也很少對外國或異族有著直接的佔領或統治。通常也傳統的政治作為不過是要求對方的歸順中央、臣伏中央罷了。所以也可以這麼說，中國傳統的政治思維中，並沒有太多涉及到對於外國人或異族的如何統治？如何管理？等西方政治問題，包括其衍生出來的政治觀了。

三、淺論東西方傳統政治觀有關 "權" 的概念差異

　　不知是何人最早將西方英文的 "Right" 字翻譯成中文的 "權" 字，（或將中文的權字譯成英文的 Right 字），也不知為何長久來不曾見有人指出其混淆與誤導。其實，中文的 "權" 與英文的 "Right" 字，兩者是有所差異和無從類比的。

　　查檢英文字典可見 "right" 的英文字義是包括了正確、適當、合理、真理、以及右、右方等解釋。其反義字是錯誤、非、不合理等概念。除此，更為重要的是 "right" 字的哲思屬性，是屬於絕對論、也 "唯心論" 的概念與觀點，並不難意會。

　　另觀 "權" 字的中文字義原是秤、天秤的事物描述，從古人對 "權" 這字的用法，如權衡、權宜、權謀、權術、從權等通俗用語可識， "權" 的中文字義原是描述兩相或多相之下的比較、評比、推理、選擇、邏輯等意涵。其反義字是如獨斷、獨裁、主觀、盲從等概念。另須一提的則是中文的 "權" 字，可謂是典型具相對與辯証意義的唯物論屬性概念。（註：然在已積非成是、約定成俗的當下之際，且為不扞格時下一般人閱讀的習慣性、方便性，我們也就仍沿用著英文 right 可類比於中文權的通俗用法，但以西方權之稱謂稍作區別）。

　　深究西方 "權" （right）的原始也古典概念意涵，很容易的能溯源並聯繫到西方一神教信仰的那種絕對的、威權的、與真理的概念源頭。那是一種本質上具有著主宰、威嚇、令人順從、輸誠、依持、不可挑戰、不可扞逆的概念意涵。另從事實上觀察西方的遠近古史，從來 "權" 的掌控和出處大都由巫師、上帝之使者或教會代理、或宗教信仰的主事者等專屬或壟斷就易見其端倪了。若再參考與 "right" （西方權）這字關係密切的 "authority"

（權威、授權）字義其語源學，尚可追究到 "augfeo"（神似的、近神的）與 "autoritas"（神賦、天賦）等解釋，就更清楚明確了。

只是，"西方權"的原本神性性質與內涵，隨著歷代人們的民智漸開、理性漸張而逐漸鬆動疲弱時，原始"西方權"的神聖性、威權性、和順從性等，也逐漸流於空洞和不實。於是一些長久來已慣於依賴並享受著"權之利"的"權力"人士，又在"西方權"的原始內涵裡加入也補強的植入了人為的恐嚇、威脅、不可杵逆等主宰和支撐元素，也致使了"西方權"的內涵結構，從原始無形也無名的神聖、威權等內涵，另混合了有形也有"名"（結構與存在）的人為俗世也主宰力道。而當"西方權"中的"神權觀"越形薄弱荒謬時，"西方權"的人為主宰力道也越是堅實和明確，並終於促成了西方早期威權政治結構的建構和興起。這或許可讓我們理解到為何西方政治學大師馬凱維力解釋"政治"也就是權與力的結構與學問了。

然而，"西方權"這概念的複雜內涵還不祇盡於此，就如同韋伯的"三種權威理論"所描述；"西方權"的演化過程可分為傳統的（神權的）、人為的（人為威權）、和法理的（真理的），三大領域。且明顯的從最早、原始、並具"唯心論"之神鬼威權觀點，朝向具相對也半吊子"唯物論"論調的人為威權建構變化後，再朝向具唯物辯証意義與內涵探就的法理（法制）威權移動著。只不過是，迄而至今為止，此三種不同的"西方權"之內涵，仍是互相纏攪也牽扯不清的混雜再一起，剪不斷理還亂般的難以釐清梳理。特別是後段的"法理"內涵，始終仍處在摸索和爭論的渾沌中，難以建構和落實。

另觀中國"權"的原始概念，是如秤、天秤、稱杆的明確意義和解釋。原本並不是一個複雜不清的形而上概念，也不是一個顯性重要的常用辭彙或政治術語。將東方 "權" 這原本單純概念，引進較為複雜且具政治語義和性質的著名人物是戰國時代的縱橫家－王栩。其書 "鬼谷子" 所談論的就是相關權、謀、策、略之類的學問，其中 "權篇" 論 "權" 的主旨，就是談及進行說服、游說時，要注意權衡、權擇的重要。

　　然而，長久以來中國主流文化對於鬼谷子的權術、權謀、機關、計策等學問，始終是忽視，甚至是排斥的。道家認為論權策謀之術，會使人心機巧，而當人慣於心思機巧時，實已陷於易傷身累形、無以自在的狀況。是有悖 "養生之道" 和 "天地之道" 的。儒家則崇尚仁禮大道、光明正大等美德，認為權、謀、計、策等陰暗之術，非君子之道，也非君子所為。在此兩大主流文化的阻夾詆貶之下，可想而見的是鬼谷子那權謀縱橫之術的末落、萎縮、甚至被視為 "旁門左道" 的宿命了。

　　這夭折的結果其實是可惜的，因為深究中國 "權" 的政治作用與意義就會發現，不同於 "西方權" 的絕對性與神聖性或人為威權性等政治內涵，中國 "權" 的內涵裡其實有著相對與辯証、宏觀也客觀、比較與選擇等 "理性因素" 與本質。而若將之代入 "理性既文明，越是理性既越文明" 的觀點與邏輯來說，那麼具有傳統中國 "權" 之思維和特色的政治概念，可說是一種相當文明進化的政治概念了。

　　事實上，不難想像，當政治掌權者，若真能客觀的評估、比較，宏觀的權衡、決策，如此的政治品質與功能效益等，自當比較起主觀、即興、絕對、不可忤逆等傳統 "西方權"，成熟也合理的多。思想著中國 "權" 的傳統良性政治元素，千百年來卻未能發揚與彰顯，也未能融入主流政治思維與結構體系，怎不讓人感覺可惜可歎呢！

　　然而，中國"權"仍也隱藏著些難以遮掩也無以否認的缺失，且有待解決與完善。那也正如同"西方權"之內涵中仍存在且持續思辨和演進的"法理"問題和疑惑了。或簡單的說也就是"權"（權衡、權擇、權力）應該由何人來掌握？或說，應具什麼樣資格與條件的人，才能掌管或利用那"權之柄"？

　　以往也傳統上，不論東西方，除了極為少數的思想家外，一般人不太會去深究"掌權者"（權擇者）的正當性、法理性等如此頗具哲思性的問題。就以往的東西方歷史來看，"權"的存在，通常是依附在或神、或天命、或信仰、或武力、或財富等，甚至是建立在如階級、名位、繼承、或世襲等"泛唯心論"觀念上。且通常也不是一個可被隨意論究、思辨、挑戰、或批判的嚴肅問題。

　　盧梭或許可算是西方最早提出，應將"權"與傳統依附關係，如神授、或階級、或繼承等分離脫勾，並嚐試重予釐清和詮釋"權"的正當與合理性等思想家。在他所著作的社會契約論裡，他首次明確的提出"權"的法源與合理性，應是建立在"社會契約"（社會共識）的方法和理論上。也就是說"權"的掌握（掌權者）應是由社會"共識"產生。再下來的就是德人馬克士・韋伯了。韋伯將傳統西方"權"（macht）的不清也渾沌概念明確定義如支配、裁奪的類似概念，並將之與支配者、裁奪者分開和區別。韋伯認為古代的"西方權"觀念隱含著神諭、神裁、真理等唯心論論調，是非常錯誤的。他支持並深入的探究盧梭所謂掌權者、權力支配者的合理性、合"法"性基礎，且另提出"權"與"掌權者"的合理性（法理性），應是建立在"理性"與"自然法"的"精神"和基礎上。只是，韋伯始終未能將他所謂的"理性"與"自然法"或"精神"，解釋的完整與清楚。他勉強也拼湊的將法哲學裡"法實証主義"和"自由主義"的觀點合併,並權充解釋為自然法的精神和內涵,其實已是另一個渾沌不明的"唯心論"觀點了,但卻也深深負面的影響了當今西方哲思中包括法律與政治的形成面相與思維模式,甚至將之導入更深層的唯心論困擾和無解之窘境。

再從中國"權"的權源性、合理性來看,同樣是乏善可呈和付之厥如的。大致而言,中國最早的政治結構出現,可追溯到 4700 年前的皇帝時期。在其漫長輾轉傳承的過程中,期間雖也曾出現過如早期堯和舜的權位"禪讓"如此非常態也非慣性的特殊現象。但總的來說,最高掌權者的權力來源和基礎,同樣是不脫於如依附在繼承、名位、天命、或武力、或鬥爭等"非理性"模式與"唯心論"屬性概念上的。

儒家的政治思維是默認並接受如上述"權力生成"的"唯心論"論調也觀念,只是強調仁慈、睿智的使用"權"這"神器"罷了。這應也是中國歷史上歷代帝王、權力者,大都是願意尊儒從儒的政治原因吧!

道家的"權"與"掌權者"之觀見與哲思,則頗為奇特但見精采,學理深奧卻頗具思量咀嚼之趣,容我細膩論述。整理也掌握老子的政治思維,如道德經 28 章:『樸散則為器。聖人用之。則為官長。故大制不割』。以及道德經 29 章:『將欲取天下而為之。吾見其不德也。天下神器。不可為也。為者敗之。執者失之』等文義並滲合其道學核心哲思實可悉知,老子對於"權"與"掌權者"的見解,誠然是非常哲學和超越世俗的。

老子認為,"權"是某種「原本大而整體的和諧與穩定狀態(樸之概念)被破壞後的自然也必然產物」。較具體些的比喻為;當一個大社會或地區的原本整體穩定或安定狀態被破壞、被混亂時，就會產生或破碎出不同的 "權" 與 "掌權者" （權力者）出來了。

　　老子對於 "權" 與 "掌權者" 的怪異見解，若對照歷史上如集團、城邦或國家等典型也傳統政治結構 "得以形成" 的原由與 "群雄崛起、多難興邦" 等因果來看，其實是非常貼切的。只是，老子卻是反對此種破壞割據、混亂對立、權力並起等現象的。也就是說，老子其實是不樂意見到 "權" 與 "掌權者" 存在的。原因當然是指 "權" 與 "掌權者" 原本是一種非穩定也非理想境界下的 "被動" 產物。此外，老子也認爲 "權" 又如似一種 "神器"，是不可一般常人可擁有的。而任何人爲蓄意作爲出來的 "掌權者"，都是不可能成功或長久成功的。他並且認爲 "掌權者" 祇能如自然般的經由信任、順從、或共識而產生，是不可人爲、人爭、人取的。

　　歸納整理的說，基本上，老子是反對 "權" 與 "掌權者" 等 "物事與存在" 的，並認爲當有 "權" 與 "權力者" 的存在時，也意味著某種理想的、自然的、也宏觀整體的和諧與穩定狀況（樸之觀念），是被破壞、也不存在的。但是，當 "權" 與 "掌權者" 的確存在、也自然（必然或必要）存在時，那麼讓 "掌權者" 是如順從聖人或信任賢人般的自然感召方式，在無所人爲蓄意、無所人爲做作的情形下，自然而然的 "共識" 產生。可看出，老子對於 "權" 與 "掌權者" 的正當性、合理性等，仍是有看法的。且是不同於傳統上的繼承、天命、階級、名位、武力等 "唯心論" 觀點上，而是相對於如聖人或賢人之類，由其他人認爲是『德行才能具備、 知識與智慧卓越』且眾望所歸（致一）的自然形成、自然產生。

　　平實而論，老子這「非爭而自得。非爲而自成」也 "被動（共識）而生"的"權"與"掌權者"源出理論，較之柏拉圖的"哲人政治"有其相似之處，但更勝出一疇。另較之時下當今由公民付託、由憲法賦予的選舉（共識）制度而產生的"民選掌權者"也有相似之處，但因更具功能性和權威性，所以也就更理想也周全了些。只不過是，老子的"權與權力自然論"顯然也因過於理想而易流於空談也難以落實。那也就像孔子"選賢與能"的政治理想，或又像西方神學的"等待救世主"般，聖賢與救世主都是可遇而不可求的過於理想化了，且顯然是無助於現實又實際之"理想"政治的。

近代東西方政治學對於"權"與"掌權者"的合理性、正當性，或說"權"應由具備什麼資格的什麼人來掌管？逐漸有主流的觀點出現，那也就是所謂的"權主"（或主權）在民的"民主"觀點了。平實說來，比較人類歷史上曾經"權主"在神、或"權主"在帝王，或"權主"在繼承、階級、武力等的"權主"觀，如此"權主在民"、"權"為民有、"權"為民享的"民主"觀點，不可否認具有著更為普遍與正義的正面意義。這或也是當人類政治史上"民主"的聲音出現時，迅速既能召喚出鐘鼓齊鳴、鑼鈸喧嘩的擁護聲勢與跟進原因了。於是，一時之間，只見如此的"民主"潮流端不可擋，聲勢震天憾地，不祇淹沒了所有其他有關"權源""權理"之爭議，也使得傳統"君主"的權力壟斷政治思維與觀念，有如不可逆轉的變化，被徹底的摧毀汰換了。

然而，當人們從"權主在民"的政治"民主"激情沉澱、冷靜後，又頹然的驚覺到，"權主在民"的"民主"政治與社會，縱說是相較以往封建政治的寡頭壟斷、權力獨佔社會，有所改進。可絕也不是什麼一個香格里拉或烏托邦社會。特別是在一些人口過剩、資源匱乏、教育不彰、階級彰顯、或種族、文化多元，且差異過大的社會或國家，“權主在民”的政治“民主”論調，就像是從潘朵拉盒中被釋放出來的災難般，幾乎如同必然且可見證的是，社會更加的混亂與鬥爭，人們更多的不安與不幸，以及除了鼓勵衝突的更為激烈、鬥爭的更為“理直氣壯”外，實在是絲毫無助於“合法”或“合理”的解決社會問題或政治歧異的。

　　“權”究竟是什麼？其人為存在的價值或意義為何？“權主在民”的所謂“民主”觀念是否正確？能否落實？這些令人困惑的問題若從整理並歸納東西方對於“權”的不同觀見，特別是老子對“權”的獨特見解，我以為或可這麼來論述，政治體系中的“權”之概念描述，應可比擬為“智能”或“頭腦”的類似概念描述，扮演著如應變、權衡、裁奪的功能和存在意義與價值。然而，正也如同“智能”或“頭腦”相對於有機體的實際情形是，“權”雖然是有機體的一環，是為其有機體利益而服務，也是為其有機體信賴與託付，但“權”是“被動”也“不應有主”的。這事理也意味著西方政治術語裡所謂的“權主”或“主權”概念，其實是一個有著瑕疵、誤導、且不合理的“唯心論”概念也唬唔理論了。

　　此外，“權”也不可能被人人共有或分享的，因為“權”是不能被分割的，“權”的若被分割，猶如“權”的被分解或解構般，是無法真正存在也無法運作的。那也是老子所謂“大制不割”的道理了。由於“權”是不可分割、不可私有（擁有）、不可爭奪的“公器”與“神器”，所以“權”祇能經由眾人的共識也選擇性的將“權”依循著某種“法”與“理”而託付。或說經由某種“法理”的內涵，契約予某種政治機制也政治體系，但絕非付託予個人或寡頭來運作。這機關處也轉折點是關鍵和重要的，是不可忽視或無知的，更別談及到被個人或寡頭（註：不論是以往的國王或現今的總統或總書記）所獨占或擁有（為主）了。至於問說是依循著什麼樣的政治 "法理" ？託付於什麼樣的 "政治機制" （政治體制）？那就另涉及到必須要能理解何謂 "政治" ？人為政治的存在宗旨又是為何？相關哲思與辯証問題等。而那正也是下面章節裡所要持續談及的話題了。

四、政治的究竟？

　　有人說政治是權力的學問，有人說政治是統治與管理的藝術，有人說政治是眾人之事，有人說政治是無常和演化的，在不同的以往時空，常有著不同變化和面相，所以是難以定義的……。這些對於政治的不同定義或見解，各有其見也各有歧見，讓人困擾疑惑。不過，這些都是西方人的政治觀見和見解了。

　　另相對於文化深厚的中國傳統政治概念來說，縱已是千百年走來，但卻是少有分歧和爭議的，甚至就如其幾乎能望文生義的字解般，既容易解釋、也容易理解。如 "政" 字為 "正" 與 "父" 的概念組合， "正" 是不歪無邪，也是正人君子的意義，父則是涵蓋著父親、長者、睿智、主導、決擇、兼負護衛家園之責等概念描述。而治就是治理，也既規範和管理的意義。 "政" 與 "治" 兩中文概念相加組合的整體也古老概念解釋，也就是 "讓賢能長者來治理家園" 的意思了。

　　長久也傳統來，東西方不同的政治觀念與認知，自然而然的曾經產生出不同的政治文化和政治結構以及不同的社會面相出來。比如說，在講究統治與管理、方法與實證的西方政治觀與思維下，以往西方社會的政治面相，一般來說是統治者與被統治者的鮮明區分和階級對立。而維護和持續如此身分區別與階級對立的 "現實" 狀態與社會現象，是只有在強而有力的壓力（包括武力、法律、文化等層面）爲支撐、爲後盾，才有可能存在與持續的。且通常是通過嚴厲、慘酷、甚至是恐怖的統治手段來彰顯和規範的。不難想像在如此高壓政治運作機制下的社會現象，包括那些廣大被統治者的命運和生活方式，大多是非常艱難、貧窮和無所謂自由（自在）、人權的。

另在中國，我們則可看見出於“選賢與能”“拔擢人才”的儒家思維也社會現象了。如中國遠於漢高祖時期（206BC-195BC）就有從民間“召舉”（徵才）和“孝廉”（賢人）的流行風氣與政治作爲等。至西漢順帝時期（125BC-144BC），更加以完善到被徵舉者尚需要經由政府考試鑑定，以求公平和避免浮濫等。也已正式的建立起東方獨特的國家行政官的“科舉選才制度”了，且從而迄今。科舉制的優點眾多、影響深遠，而較爲凸出的政治面相是可以“布衣入相”，打破了以往統治者與被統治者的明確階級界線和世襲惡習，且產生了政治的良性循環。另外凸出的政治面相，則是行政官吏必然是知識份子，甚至是具賢明或清名之士。特別是千百年來作爲科考命題與內涵，是以儒家的思想與學問爲依據，由於這些儒者學生長久沉浸於儒教講究“仁禮之道”思維的薰陶和意識型態下，大體而言，既使不能達到謙謙君子、德行仁厚的“人格特質”境界，但卻咸少慘酷暴虐、胡作非爲的極端無德或濫法問題產生。平實而論，若比較曾經相同時空的東西方社會，不論是正義、平等、自在（自由）、尊嚴、人權、資源分配等全方面的社會現象上，中國的政治設計是明顯優於西方的。

然而，隨著西方社會 18、19 世紀革命年代的來臨，包括從哲學到科學、從政治到文化、從工業到經濟等幾乎所有人本與人文領域都產生出巨大的變化。特別是政治的革新思維，尤其是衝擊激盪、影響重大。人們如醒覺般的意識到，人的生命中有多少層層纏擾的苦難與不幸，其枷鎖的盡頭，竟然大都是與政治、特別是當政治的被寡頭獨佔，被私有私利，被世襲繼承相關相連的。基於如此的認知與醒思，致而導引出如西方古典自由、民主、人權等，政治新思維也新潮流出來，並隨著西方勢力與文化的強勁擴張散佈，深入了當今世界的各個角落，且持續強勢也主流的顛覆和改變著當今世界的政治觀念與政治面相。

祇是，政治究竟是什麼呢？真是所謂自由、民主、人權的內涵或存在意義？或仍是不脫於 "權" 與 "治" 的本質與本相？或其實是應以 "法制政體" 取代傳統的 "人治政體" ？做到依法不依人的統理與管制，或是其它？

其實，論政治的究竟，若從老子那自稱 "絕學無憂" 兼 "知天下事，解天下惑" 的哲思和道理來說，是另有看法的。而這看法既奇特也宏觀，奇特於非傳統的任何政治觀點可堪比擬。宏觀於又可涵蓋並和諧的融合著傳統東西方不同的政治觀，且越是細思越見精采，越是長慮越顯方圓，細說如下。

道德經裡有關政治的文思論述，篇章多有、筆墨甚多，可想見政治在老子心目中的份量是積重的，寄寓是明顯的。只是，老子對於政治的觀見與見解，卻是與 "道" 可貫通比擬、可類比等同的奇異觀點。（參閱道德經 25 章：有物混成……故道大。天大。地大。王也大。域中有四大。而王居其一焉。人法地。地法天。天法道。道法自然）。

簡言之，老子將 "王" （政治）與 "道" 相比擬，那是認為 "王" （政治）與 "道" 應是功能相似、作用相同的存在與意義了。而若再從老子思維中可得知老子認為 "道" 既是一種「運行天下而不軌」的大自然運作法則，也是一種「生養萬物而不輟」的大自然功能機理，且是天下萬物（包括人、社會）共所遵循的物事。已不難見悉老子心目中何以會將"道"與"政治"的概念聯繫互通了。此外，若再加上知曉老子另又認爲"道"也既"穩定暨維護"的"法理"論述，那麼，老子有關政治概念的"穩定暨維護之理"內涵和"道"似模樣，實已是呼之欲出了。

其實亦然，人類社會需要政治，正如同人類社會需要"穩定與維護"的真實意義般。穩定不僅是和平、正常、健康、均利、無邪、永續、能安享天年、宜養育子孫等必須條件也盤石基礎。我們應也能意會得到，不穩定的社會，意味著混亂與衝突、鮮血與災難，是令人疑懼不安、惶恐不寧，不適宜居家、也不適宜生活的社會。而老子那時代，顯然也只有"王"才具有著相似於"道"的那種穩定能力與維護作用了。

事實上，觀察以往迄今人類的政治面相與政治作爲，從原始也雛形的維護家族穩定（存在與長久）意義，到簡單的維護部落（族群）之間的穩定意義，到神道政治時期維護神權的存在與穩定意義，再到帝王封建時期維護王權或主權的存在與穩定意義，以致時下現今維護也運作國家（大社會）的共相也整體穩定意義等，政治的穩定"本質"和道理，其實是從未根變，也始終在那兒的。只是如此穩定暨維護之理的政治本質，在那曾經哲學貧乏、民智尚未大開的古老時空，少被人真正參悟透視，也曾被長久扭曲、不當的被神祇或被君王等獨佔、濫用，包括被刻意的誤導也誤解了。

了解並釐清出政治原來是一種與共相穩定有關的維護機制也運作機理，是能維護也運作出包括人與人、人與物、人與社會、人與自然等共相也整體結構的穩定與和諧，而非神與人的整體穩定組合，也非君王與平民的相對穩定機理，更非富裕與貧窮的穩定組合與機制等，就較能讓我們領悟到；政治其實不盡然是權力或統治、自由或民主、人格或典範等那些傳統片面也膚淺表象的政治觀點或訴求。政治學，實在是有理想性、功能性和學理性的學問，而"從政者"其實亦就像是"替天行道"的工作人與責任者了。

此外，若更深入思量"穩定暨維護之理"的政治機理與法則作為，或又能讓我們觀見到，政治與法律的某種淵源與關聯，其實是有所互通和功能重疊的。事實上，不論是東西方早期也傳統的政治運作就是以"宗教法"、或"王法"、或"國法"、或"家法"等"法律"的形式以為包裝或彰顯的。既使是時下當今所謂的民主政治，仍也是以"公民制法"、"民主制憲"等法律的建構方式也模式運作的。

然而，從更宏觀也更周全的穩定與維護機理來說，法律其實是不能全然取代政治中的某些"人治"（頭腦）部份的。這其中的"穩定暨維護之理"說來有些複雜（**註：請參閱本書"論自然法"文章以及"梳理與補遺"文章**），在此僅做一些粗略的簡易提示；了解"法"（**法意、法精神、自然法理**）如"道"，原是一種長久性、不變性的原則也原理。而"律"（**法條文、法規**）如"德"（**得**），則是在相對情況下可調適可應變的法規。或簡單的說，就是有永遠不變的法（**法意　法理**），但是沒有永遠不變的律（**法條文**）了。至於律（**法條文**）的如何應變？何時應變？以及在"無前律"可供遵循、可供應變時，則仍是需要由當時的"權擇者"依當時的情況來做出對應與權擇的。這也是不論任何政治體制，都必然會有針對"非常態"或"突發的緊急危機或狀況"時，作出立法（**定立法條文**）或修法（**修改法條文**）的類似權衡或權擇的存在功能與作用了，也既是扮演著如頭腦，如生命物演化般，應變穩定和調適穩定的設計與原理了。

　　或再整齊些的說法則是：政治應是一種穩定大社會（共相社會）的精緻機制，精緻的所在是當大社會處於相對穩定也正常狀態時際，它是"法治"（依法行政、依法司法）的表相與功能，或說權是"不存在"的。但是當社會的"穩定暨維護運作"遭受突發或逐漸的被破壞，或被阻滯正常運作之時際，政治就像是頭腦或智能般，被動也制約似的發揮出恢復穩定、或適應穩定、或調適穩定等權擇或權衡等功能（立法或修法）和其存在的特殊意義與價值了。

　　認知到"穩定暨維護之理"，其實是一個龐大又牽扯關聯的複雜理論。機理玄奧難以透視，運作聯動環環相扣，宏觀面大象無形，微觀處難以辨識。特別是針對一種多元且複雜的共相結構，尤其不易把握。比如說大社會（或國家）的共相穩定，就包括了人與資源分配的穩定問題（經濟問題）、通貨與幣值的穩定問題（財經問題）、人與他人的穩定和諧問題（倫理問題）、人與生存的穩定問題（人本問題）、甚至是國家與國家的穩定問題（國際與外交問題）、人類數目與自然生態的穩定問題（自然生態與環境問題）等，其中除了各共相元素的元素本身，自有其穩定機理的法則運作外，而所有這些共相元素，更又是有著如牽一髮而動全身的關聯也牽扯關係，必需了解和掌握。那也使得政治者（從政者），若非具廣博學識與宏觀智慧，是難以對應和勝任的。換句話說，從政者，若非具宏觀睿智之有才能人士，是不足以承擔和託付其"政治"工作與責任的了。

　　從整理老子的完整政治觀見與見解，或已能意識到，老子的政治觀其實不僅包涵了傳統東方儒家政治觀所強調必須人品與才能兼具，才得以勝任政治的"信託"與"應變"本質。另也包容了傳統西方政治觀，強調"規範"與"制約"等"統而治之"的管理和方法內涵。那也是政治在社會正常也常態下依法行政、依法治理的法制本質與運作面相了。此外，老子獨特的政治觀中尤其獨特也重要的地方，則是明確了政治作爲大社會"穩定與維護"的功能與存在意義了。如此的政治觀念定義和政治功能詮釋，邏輯也合理的接合了包括人與人、人與社會、人與自然的「穩定與和諧、存在與長久」等問題與關係，並也圓融的解決了政治究竟應是人治？或法治？的困窘問題，顯然是契合天理也合乎人道的完美政治觀見與周全見解了。

第二節　錢與經濟

不同於原始"以物易物"式經濟的直接性、透明性，"錢幣"（貨幣）式經濟的運作則是間接的、隱晦的。是務農的張三將自產多餘的米糧先轉換成"錢"之後，再以"錢"去交換（購買）想得到的魚、肉、衣、物。打魚的李四、種茶的王五皆然。

乍看上去，錢幣（貨幣）式經濟不過是在原始"易物式"經濟的面相上，多添加了一項"錢"的"經濟元素"而已，但卻也實際上建構出了一個遠超出想像的複雜經濟方式與經濟體系，包括創造出一項不可或缺、也不可逆的"經濟元素"出來。

不可逆的原因簡單說來，"錢"對於"經濟"而言，就好像是一種養分或催長素般，它能真實且迅速的繁榮經濟、成長經濟、和穩定經濟（註：在某些正確的經濟法規和原理下）。這些正面的經濟利益其實不難理會，只要想像一位牧人牽著一隻羊，在交易市場上想換取一些如鹽、糖、米、布等價值、性質等皆然不同的物品時，若不先將羊隻換成爲可價值、可數量、及可被接受的"錢

幣"（貨幣）話下，那將會是一種如何麻煩，顧頭、又困難不易
的交易了。除此，另也因為"錢"沒有如一般交易物有著或腐朽
代謝、或功能遞減、或不易攜帶等困擾與問題，再加上"錢"可
以儲存與積聚、具價值與財富等意義和長處等，這些原因都大大
的促使著人們更樂意、更辛苦、也更長時的去生產、去交易、去
換得更多的"錢"，而當人人都歡喜也努力"掙錢"時，自然也
就使得內涵生產與分配本質的"經濟"，更加的繁榮和擴張了。

　　然而，從另一方面來說，相對於"錢"的"民生經濟"功能
和正面效益，"錢"的咋多禍害與負面現象，同樣是令人關注、
側目，和惡名昭彰的。如諺語「人為財死、鳥為食亡」所示，"錢"
予人的需要與誘惑，有如撒旦為惡的工具，使人如著魔般的被遮
蔽了視野與良知，扭曲了人性與生命意義，帶給了個人心緒及社
會秩序的混亂與罪惡，甚至包括了生態與環境的摧殘浩劫。它那
似乎隱藏也聯繫著害人壞事、毀天滅地的邪惡能力，著實令人疑
懼和不安。

　　如何能駕馭如此集利弊兩極、福禍一體的人為之物？是否能
讓"錢幣"解除其中如惡魔工具般的詛咒或誘惑？並"止弊啓
利"的使得錢幣僅具有著如真、善、美的本質和予人福利的內涵？
這些如夢幻囈語的非常之問，其實是有可能的。而前提也條件的
則是端視我們是否能對"錢"這極盡複雜困惑的人為之物，給予
新而突破的全新思維。或直接的說，就是端看我們是否能建構出
具唯物與辯証內涵的正確"錢幣"概念，以及其結構本質（內涵）
出來。

　　或許有人會說，字典和教科書裡不都解釋"錢"也既交易兩
替之間的媒介物，發揮著如觸媒與轉換的易物功能，這會有什麼
極盡複雜和難以知曉的困惑呢？

　　其實，任何以媒介物、或貨幣、或法幣等概念來解釋或定義
"錢"的說法，都是過於片面、缺失、也膚淺了些。事實上，雖
說是時下當今"錢"已如同語言、文字、衣物、房舍等人類俗世
社會與現代文明不可缺失的人爲之物，它本應是人人知識了解，
並應用得宜的俗世生活也基本工具。但是真實也讓人難以置信的
是，人們普遍的無知於"錢"爲何物？無明於"錢"的究竟？甚
至爲其所困、爲其所害。

　　致於若問說"錢"有多麼的複雜和難以理解呢？或可這麼
來回答；就像越是有知識的人，越常會認知到自己知識的片面與
缺失般，越是深入探究"錢"爲何物的專家學者，通常也越是弄
不明白"錢"究竟是什麼了。包括一些著名的經濟學者，如金錢
已死（The Death of Money）的作者裘爾‧考茲曼（Joel Kurtzman）
在它的書中引用紐約所羅門兄弟公司首席國際經濟學家羅伯.布
里頓（Robert Britton）之語：「現在再也沒有辦法衡量全世界錢的
數量，也沒有任何辦法能定義何謂錢了」。或另如波士頓溫瑞特經
濟研究所（Wainwright）首席經濟學家大衛‧冉森（David Ranson）
對於美國政府的龐大債務（欠錢）所說的話：「……它仍然是一個
必須履行的承諾。但是，究竟是付什麼東西？給誰呢？」。試想，
如果就連這些世界級的頂尖經濟與貨幣專家，都無法定義和了解
"錢"爲何物的話，那麼，當今以"錢"爲運作也基礎的時下貨
幣經濟，到底是如何的運作？如何管理？又是如何的一個扭曲古
怪面相？豈能不讓我們爲當今這虛擬唬哢的詭異經濟（包括世界
經濟）捏把心虛擔憂的冷汗？

　　那麼，"錢"這人爲之物，就真的無法被洞悉裡解？無法被
明確定義了嗎？那倒也未必！這麼說了吧，若深入東西方的
"錢"（貨幣）史，鑑明東西方"錢"的源出意義與存在功能，

以及“錢”的曾經不同演變經歷，特別是在若能遵循也契合“均富與永續”的所謂新世紀“民生經濟”思維也宗旨下，我們其實已可清楚明確的辨識出“錢”是由具法政內涵的（合法理的）、具價值內涵的（有價值的）、具信實內涵的（信物的）三項不可或缺基本結構元素，支撐組合的完整結構。換句話說；“錢”的精確也完整概念，應可詮釋和理解為：「合法可做為民生經濟（均富與永續）運作與利用的有價信物」，分別細說如下。

一、錢的法政內涵

“錢”的法政內涵，可說是個時下迄今仍不太為一般人們所認知、所關注的錢之面相其一。甚至對於有些蹩腳的經濟學者而言，其直接反應或是認為錢作為經濟體系下的一個元素與概念，一個次體系，是不應也不宜扯上法律與政治因素的攪混或干擾的。

其實，錢的“法政”內涵從錢是國幣也法幣的觀念，是除了政府外決不允許任何個人私印發行，以及從任何國家的國家貨幣，都是具排他性，和不容許一國之內有他國或多國貨幣公然流通和交易，以及從錢是國家（整體）經濟下的一個次體系、而國家經濟應是為國民民生經濟（均富與永續）服務也工具的存在意義等多項事例來看，足已見其“法政”之本質了。

而事實上，錢的法政內涵在當我們越是了解錢為何物？或越是想透視錢與經濟的關係，或越是想解決當今經濟的諸多問題，特別是“均有”（均富）與“永續”的新世紀民生經濟宗旨與問題等，也就越能識知到錢之法政內涵的重要性和必要性了。且讓我們先就錢的法政源出觀點，以及為什麼錢向來就是由國家壟斷發行來談起。

參考 2500 年前中國最早談論財政問題之管子一書的片段論

述來看:「玉起於禺氏、金起於汝漢、珠起於赤野,東西南北距周七千八百里,水絕壞斷、舟車不能通。先王為其途之遠,故托用於其重。以珠玉為上幣、黃金為中幣、以刀布為下幣,三幣握之、則非有補於暖也。食之、則非有補於飽也。然先王以守財物、以御民事、而平天下……」。如此的敘述除了告知了錢在各地的原始不同幣材外,並也明示了「以守財物、以御民事、而平天下」的"政治經濟"意義了。此外,書中更直接的談及到有關如何控制錢財(財經政策),以達到控制人民的理論。如:「五穀食米、民之司命也。黃金刀幣、民之通施也。故善執其通施,以御其司令……」。

　　錢財對於以往封建統治者的絕大利益至為明顯,錢幣的功能與特性,如攜帶方便性、可積存性、具價值性、無腐爛代謝性、民生資源性等,都是有利於政治的統治和管理等方法和目的的。像是兵士的薪俸、農工物質的徵收、財富的分配、屬下的效忠等,都能輕易的被轉化達成或致使,包括權威的建立、統治的更加鞏固、以及勢力的更加擴張等亦然。西方早其的經濟學家詹姆士司圖亞特(Sir James Steuarts)在他那著名的政治經濟學原理(中譯名)一書中也談到;大多數的民需物質如米糧、牲口、衣物、工具等都會因折損、或腐朽、或死亡等原因而不具長久性和積存性,於是,兼具持有、控制、和製造錢幣的權力者,只要不積極的花錢買進,那麼這大多數民需物質的利用性、價值性,就會因逐漸消失,而被逼得以廉價或順從權力的方式而被控制。或者,持有錢幣者也可以預期的大量先前買進民需之物、屯積操作,造成市場上求大於供的失序混亂現象後,再以高價暴利和控制市場的方式,控制資源與財富。

　　總之,控制錢幣(貨幣)的好處太大、也太多了,非但可以控制資源與分配，並鞏固權力，而且也可經由控制錢幣（貨幣），達到控制或統治他人、甚至他國的目的。且遠比直接使用武力以控制他人或他國，來的更為精緻、細膩、全面、也深入的多。無怪乎有西方哲學家認為：「沒有比控制錢幣（通用貨幣）的製造與發行，更接近王權了」。除此，我們從中國貨幣史的早期經濟學家如秦漢時期的賈誼、賈山、晁錯，漢武帝時的桑弘羊，唐代的劉秩等，都是支持國家（君王）壟斷貨幣，以及強調控制錢幣與維護君王權力之重要等經濟論調，反而咸少談及錢幣（貨幣）對於民生經濟、造福民利等經濟言談或立論等，皆可見早期人為錢幣之法政面相與物事乾坤。

　　錢與法政的緊密關係，除了早期維護君王的權力與統治等存在價值也意義外，其實尚另有相對於錢的其他法政內涵與支撐關係。特別是當錢（貨幣）從傳統也原本的黃金、珠玉、白銀等，具"天生"價值的珍貴物材，轉換為使用黑鐵、赤銅、布匹、紙張等"不具天生"價值的輕賤鑄幣、甚至紙幣時，有關錢幣"幣值"的"人為價值"問題、幣值的穩定問題、錢幣的易物與流通問題等，以及防止不具"天生"價值的外幣滲入，混亂金融、變相的掠奪資源等諸多重要問題，都是需要以法政的權威，和遵循法政等意義來支撐或應對的。

　　舉些例子吧，中國的春秋戰國時代（400BC），各大諸侯國都以各自發行的國幣（錢幣）「以利國事、以強國威」了。如當時齊燕發行的刀形鑄幣、三晉地區發行的鏟布形鑄幣、秦漢地區發行的半兩圓形鑄幣等，這些迅速冒出也"突現"的錢幣（註：周代之前並不見有鑄錢出土），大都是用些原本不具"天生"價值的鐵錫鉛銅等廉價合金鑄成，卻"一下子"被附予了甚高的"價值"，並可換取"具真實價值"的民需物品。如秦時的半兩錢重約四克，一般勞工的全日工資約半兩錢八枚，而當時半兩錢的折物值約是十枚半兩錢可換取小米六公斤、或鹽二公斤、或麻布二公尺。此外，官方半兩錢的實際重量大小不一也混雜不齊，有重達十二克、甚至五十克的早期半兩錢，也有輕於零點二克的後半兩小錢，可想見的是當時錢幣的混亂與失序了（參閱古事雜談　許進雄博士著　台灣商務印書館）。若再聯想到戰國時代的物質短缺珍貴，政治上改朝換代的迅速，意味著新幣取代舊幣的頻繁與無常，以及具鐵質鑄幣的容易腐朽性等，所有這些不利於錢幣價值性與穩定性、流通性與存在性、積存性與持久性等難解問題，若無 "法政" 威權的強力介入、干涉、和主導等，那麼，錢幣（貨幣）經濟恐怕是無法流通、難以運作、也無法存在的了。

總之，以往錢幣史上相關錢幣的價值性、流通性、穩定性等，這些所謂錢的基本內涵元素也支撐因素，特別是在 "無所天生價值" 的錢幣（代幣）誕生時際，也既以輕賤金屬為鑄幣幣材的初始形成之際，具強勢與威權的法政因素，不只是唯一可消除這些不利於流通、不利於交易等重要因素，其實另也是推動與擴散這錢幣經濟運作和順暢經濟的實際也絕對因素了。

隨著封建時代的逐漸遠逝，也隨著壟斷和世襲的權威政治已被徹底不可逆改之際，錢幣的原始 "法政本質" 也相對的發生了內涵的巨變。巨變的簡略描述是；錢幣已從原始具維護亦鞏固封建威權的法政錢幣，逐漸轉化為具民生經濟（均富與永續）工具也宗旨的法政錢幣。另換種說法也就是說；原本屬性為 "統治與財富工具" 的錢幣，逐漸轉向以繁榮民生、均利民生、永續民生等已具 "民生經濟工具" 意義也宗旨的法政本質和功能方面變化也進行著。

如此的錢幣（貨幣）法政本質巨變，固然是將錢的人為存在意義和價值性等哲思，提昇到一個能造福於絕大多數的全民利益層面上，而非如以往僅作為鞏固或維護少數君王權貴者的政治工具或財富方法等。但是，卻也因為原本錢幣中原始也威權法政的抽離和崩潰，而使得錢幣原本得以流通、穩定、並具價值性等支撐因素，失去支撐和基礎，嚴重也致命的危及到錢幣的功能性與存在性。次外，另還得加上當錢幣從以往的"政治與財富本質"轉向為現代"民生與永續本質"的工具與功能時，其實是增添也附加了錢的複雜內涵與法政面相。而如何能符合也達成福利民生、永續民生的現代"民生經濟學"宗旨，並維護也持續著錢幣的價值性、流通性、與穩定性等內涵也支撐基礎，都必須在排除以往封建政治的威權法政運作方式，另建構以嶄新的法政運作方法和管理，或說全新的法政內涵才有可能實現的。然而，在此也要特別強調和說明的是，如此的一個成熟、合理、健全，特別是合乎均有（均富）民生和永續民生的"錢與經濟"法政規則，（註：如金融法、貨幣法、財政法、經濟法、市場法、財產法等）仍在摸索醞釀的過程上，尚未具體成型，也不真實的存在。然若問，是否真有可能建構出如此一個具"均富與永續"目的也功能的完美也理想經濟法政規則出來？那麼我仍要重複的說，答案是端看我們是否能跳躍出或忘掉時下也教科書中"錢是什麼"？"經濟是什麼"？的知識迷思，另替之以"錢應是什麼"？"經濟又應是什麼"？的新經濟學哲思與新法政思惟。或說，端看我們是否能揭開現代民生經濟學中有關"錢"與"經濟"的玄奧面紗了

二、錢的價值內涵

　　看看錢幣上 1 元、5 元、10 元、50 元、100 元等不同數字的幣值符號，恁誰都知曉錢是具價值的，且是價值不同的。這些不

同的幣值，標示著不同的交易能力或說不同的購買力，是連一般
村姑山夫也都知曉的普通常識了。只是，這有關"幣值"的"普
通常識"，卻也是一個歷史迄今讓無數經濟學學者專家困惑發愁
的普通常識。

困擾的原因除了錢幣（貨幣）與價值的哲學觀外（註：也既
人為錢幣相對於人為經濟的存在意義性、功能性等）。更為棘手無
策也龐大雜蕪的困擾所在，則是錢幣與價值的科學觀也數學觀
了。幣值的科學觀，包括了"幣值"的如何產生？"幣值"的可
被量化依據和方法為何等？不僅關係著幣值的存在與穩定，另也
關係著"民生經濟"的方法與運作等重要問題。特別是在時下現
今錢幣已徹底脫離"金本制"的制度設計與經濟運作方法後，有
關幣值的科學觀問題，實已如曝光過的膠卷，只見無底的黑暗與
茫然，而不見任何可辨識的形象，也進而使得"錢"越發變成無
法被認知、無法被掌控、難以善加利用、也難以止弊啓利的關鍵
問題了。而本章節文思與文義也就是試圖從論述有關錢的演化過
程上，追究錢的原始"人本也主觀"價值觀，是如何的往錢的"民
生經濟與客觀價值觀"轉變。並拋出如何能和諧的融合這兩種原
本互異不同的價值觀，並成為圓融合理的"幣值"新見解也新觀
念，以供有心人士參考或思辨。

中國最早的錢幣（貨幣）史，可推溯到 4000 年前的商殷時
代。而商殷人在中國歷史上向以善於經商著稱，甚至在 4000 年後
的今天，中國語彙文字裡仍是將做買賣交易的人稱為"商人"可
鑑。古老的"商殷"人有多麼善於經商呢？我們從商殷古廢墟挖
掘出土的甲骨文中可見到如貯、寶、買、得（𝕡）等字已大約可
窺些端倪。甚至也能知識到"商殷"人已經脫離了直接以物易物
的原始貿易（經濟交易）模式，且是以"貝"作為錢幣（貨幣）

的幣材與價值意義的。如果我們再參考後甲骨文與金文中涉及到貝（錢幣）的字彙，包括如貿、賦、賞、賜、財、貨、賈、買、賣、質、貽等，就更能清楚商殷人不僅將貝作爲可流通易物用的貨幣，且也是將貝視爲具價值內涵之“財物”的。

商殷人爲何會取用“貝”作爲具價值與財物意義的錢幣（貨幣），其實是有其源自於文化上的因果原由的。原來古中原漢人獨特的文化傳承裡，有以龜甲（海龜）和牛肩骨做爲向祖靈、鬼（先祖）魂等占卜問掛的信仰與習俗。舉凡國之大事、王室困惑、重要抉擇等，都是有所遵照和依循的。而龜甲更被視爲遠較牛肩骨更爲慎重、更爲靈驗、也更具權威的卜卦器物。這些大量被使用的大龜甲（早期被視為海貝的一種）和其他海貝，已被證實是來自於遠離中原數千里外的印度洋及南海一帶，而且是王室專屬、專用的。

不難想像原於信仰、卜卦的功能需求，又是從遙遠異域輾轉艱辛而取得之珍稀器物，自是尊貴和價值兼具了。然而商殷人用海貝作爲錢幣（貨幣）而不是龜甲，仍是有其他原因和考量的。首先當然是龜甲的龐大笨重是不適於作爲流通幣材的，而海貝的輕盈、整齊、大小適中、紋色艷麗、不朽不腐等實在具有著絕佳貨幣“先天也天生”條件的。此外，另關鍵的理由則是古漢人文化中對於玉石的特殊鍾愛了。

玉石在傳統古漢人的心目裡，一直是功能與價值等居高不墜也根深蒂固的“有用”器物。除了被用於祭與禮、避邪、裝飾、兵器、工具等，也包括陪葬、庇祐、安魂等器物。許進雄博士在他所著寫的古事雜談書裡甚至認爲，從黃字的甲骨文「東」（中間是主體的圓杯、杯下為垂飾的雙璜）字形顯示，“黃”原是一組玉珮的象形字。他並認爲 4700 年前的黃帝，（中原土地上出現的第一位帝王）並不是姓黃（註：皇帝時代尚無性氏），而是以身佩玉石形象出現的君王其人與其“名相”的描述。

　　孔子更是用玉的品質擬似君子，禮記「聘義篇」說玉石是：『溫潤而澤、仁也。縝密以栗、智也。廉而不劌、義也。垂之如隊、禮也。叩之其聲、清脆而長、其終詘然、樂也。……』，當玉被形而上為君子的“品質”時，其俗世的價值性已被超越，甚至上至無限了。而海貝溫潤而澤、紋理縝密以栗，其聲清脆而長等諸多特色，那是完全契合也涵蓋玉石的珍貴與君子之品德的了。

　　西方貨幣史上最為古老也最為流通普及的貨幣，那是黃金了。黃金從早期大量使用於宗教、信仰、祭祀、禮器、或上層統治階層的權符、聖物、信物、裝飾等功能與意義來看，黃金原是與權威、信仰、文化等物事相關和聯繫的。這些事情我們仍可從當今世界各處，尤其是西方古文史博物館中繁多且作用不同的黃金器物與用品用途可明確鑑知。

　　當然，我們應也能想像得到，開採黃金、冶鍊黃金，在古代時期，那是危險和辛苦的工作。是不可能由那些尊貴的統治者與上層階級者去實際作為的。他們頂多會做的是提供些民生物品予以交換黃金，或驅使些奴隸、民工等，強迫為之。然而，不論是直接的以民生物品交換黃金，或間接的提供民需實物予以奴隸民工以開採黃金，都自然而然的形成早期黃金折物、或黃金易物等，樣似於原始也雛形的貨幣意義也觀念出來了。

　　簡略的介紹了東西方早期有關貨幣與價值的其中淵源與關係，我們其實可清楚所見，人們對於“價值”的原始定義或觀念，是相對於人們的特殊需求、得之不易、對價關係、美麗持久、不腐不壞等“需求兼感性”等多元因素集合而成的複雜概念。此外，另重要且必須一提的是古代人們是以“唯心論”的觀點來看

“價值”的，認爲物事的“價值”來自於事物本身，就像是黃金的不朽、鑽石的光彩、珠貝的潤澤、玉石的聲色等，都是來自物事的本身、是不暇外求的，以致於原始早期的貨幣，其價值內涵或價值意義，是與“幣材”有著直接關聯的。

以珠玉、海貝、黃金、白銀等具“天生價值”的自然幣材作爲可易物的“有價”錢幣（貨幣），雖是“唯心論”的價值觀，也姑且不論其合理性、或運作的順暢姓等問題，但因在其長久也慣性的認知和共識下，倒也牽強難爲的持續了一段長久的歲月時空。只是，當錢幣從具“天生價值”與“價值內涵”的貴重幣材，突然轉換到一般不具天生價值、不具價值內涵的幣材，如鐵、銅、鉛、錫、甚至是紙張、塑膠等，表相上看來不過是幣材的改變替代而已，但其實則是錢幣內涵與錢幣價值如脫胎換骨般的大異化與大變革。且是將錢幣原本那“天生”的自然價值觀，轉化爲“非自然”也“人爲”價值觀。從哲學的分歧與哲思意義來說，則是將原本具“唯心論”基調的錢幣（貨幣）價值觀，轉向爲具有著“唯物與辯證內涵”和人爲價值意義的錢幣（貨幣）價值觀了。

然而，此種早期也雛形的所謂具“唯物與辯證內涵”的錢幣價值觀與轉變實情，只不過是將錢幣原本“具天生”也直接的自然價值，轉變成新錢幣的人爲也間接價值罷了，也既是所謂的“金本制”與其方法了。那是將珠玉、海貝、黃金、白銀等，具“天生”價值的幣材或物材，作爲發行一般以平賤、不值錢幣材的儲備金或保證金。並以爲支撐並填塞其“賤材貨幣”的人爲價值與內涵。那其實也是將人爲也間接的錢幣價值（幣值），托置也基礎在原本具“天生”價值觀和唯心論基調上，當然不能算是真正和邏輯下的“唯物與辯証”觀點了。這不算完美的幣值轉變詳細些說明，我們可參考錢幣史上有關紙幣的“發明”、變革等實際事跡，而有所概念。

　　人類貨幣史上"紙幣"的最早被發明和使用，是在中國北宋年代的四川境內，稱爲"交子"。"交子"最初起始僅流傳於民間的一偶一地，但也隨即不久後，於宋仁宗天聖元年（1023AC）即被政府壟斷且改爲官營了。在此順便節錄一段頗爲珍貴，也頗具歷史文獻意義的有關紙幣發行起始時，官方決策者（宋神宗）與財經大臣及執行者（呂惠卿）等人於 1075 年 8 月 13 日的一些相關紙幣發行的對話和議論紀錄；『上曰：「交子（紙幣）自以錢對（兌），鹽鈔自以鹽對（兌），兩者自不相妨」。石曰：「怎得許多做本」？上曰：「但出納令民間信之，自相妨」。僉曰：「始初需要本，俟信後、然常得行」，余曰：「自可依西川法，令民間自納錢請交子，既是會子。自家有錢便得會子。動無錢？誰肯將錢來取會子？」，石曰：「終還是妨鹽鈔。緣鹽鈔每當凶豐不定，又督察捕盜有峻急，既用鹽多少不定，若太多，出錢既得，若少出、既暗失了賣鹽課利可惜，許以此需多些鈔，印置場平賣」。余曰：「不然，當歲多凶豐，用鹽多少不爭多，此不比酒，乃是民間常用之物，縱鐃，酌中立法，自豐歲所添也不多，若覺民間渴鹽少鈔之時，即旋出不難，自然鈔常重矣，鈔常重，即糴價不需抬矣，故不如少出鈔，既以交子行使爲便」。』（摘自中國古代貨幣思想史 蕭清著 台灣商務印書管發行）。從上述的話議論談裡，我們或能看出早期紙幣萌芽期的決策者、設計者等，對於紙幣與其幣值的了解，雖可說是存在著盲點和缺失，但也具改革人類貨幣（錢幣）意義上的重大突破與創新思維與觀點了。

　　中國以往的貨幣理論與貨幣政策，大多延續也從未能真正超脫出管子一書中的思維範疇，包括以貴重實物支撐平賤幣材的幣值設計亦然。如中國最早"類似"金本制的"代幣"設計，已可見於兩千年前的管子書裡了，書裡提到「萬乘之國不可無萬金之蓄飾（儲備）。千乘之國不可無千金之蓄飾。百乘之國不可無百金之蓄飾」。書中並主張於各地區設置"公幣"或"公錢"（似如現今的銀行體系），來作爲調劑當地貨幣流通的基金。而公幣的多寡在一定程度上反映當地貨幣，通常爲刀幣（鐵幣）和布幣（布匹）需要量的多寡而定。如此已具相當"金本制意義"的原始代幣與財政體制，直到一千年前宋朝紙幣的出現才產生明顯的變革，且也將早期類似"金本制"的代幣體制，提升到另一層次和高度。並也出現更多也更精緻的貨幣理論。如"貨幣虛實論""錢貨準平論"以及"稱提術"（稱提論）等，尤其是"稱提術"就是用金銀、官誥（國家名位）、度牒（官方的某些如免稅或免兵役或出家和尚等證件）、以及如銅、鐵、茶、絹等民生通貨，作爲發行紙幣的準備也儲備金，保證兌現。並也作爲其發行紙幣幣值的價值內涵和支撐基礎。

　　平實說來，宋朝的"紙幣"設計，並不能算是典型的金本制體制，而是混合著貴重金屬、民生通貨、包括政府"公器"等作保承擔的"稱提術"。而較典型也較實際進入金本制代幣體制的時代，則是元代時期的 1287 年春開始。起先是以單純的白銀爲本，而後再又加以黃金，並固定了以金銀爲本，作爲支撐幣值發行的依據。但也時續時斷，或不時的修改，直至明、清、民國的時代仍然如此。這些經時長久且不算穩定的幣值現象與問題，明顯也深入的影響中國近千年來的政治、經濟、文化等面相，我們會在稍後有關錢的"信實"與"穩定"等篇章裡另行論述，暫且不論了。

　　在己往錢幣（貨幣）不時形質演化的過程上，並當進入到"金本制"的代幣時期，可說是相對於錢幣史上較爲穩定，也最爲容易被了解和掌控的時期。而如此的"金本制"貨幣體制，也確實方便了長時期來社會上商業經濟的運作和順暢，也包括了世界商業的繁榮和擴張。然而，打破並摧毀傳統"金本制"代幣體制，另也重新將錢幣價值（幣值）與內涵，陷入到渾沌不明、困擾無解，甚至"遲或早晚"恐將危及到商業交易運作與健康經濟的巨變和災難事件，就要從 30 年前美國前總統尼克森片面的宣佈關閉"黃金窗口"，也單方面的撕毀"國際布列敦森林協定"（Bretton Woods Agreement）來說起了。

1944 年 7 月，美國與當時的一些歐洲經濟列強，在美國的新罕布夏州的布列敦森林，達成了一個協定。協定內容是"全世界"以"美元"為世界流通貨幣的運作基礎和架構。每個國家都須宣佈其國家貨幣兌換美元的固定匯率，每個國家的中央銀行也有義務進行維繫如此匯率的穩定（控制在 0.1 的波動幅度內）。而美國則承諾以每英兩 35 美元的固定黃金保證兌現，以支撐美元價值的穩定與"信實"內涵。

然而，到了 1971 年時，單僅外國人和國外銀行持有美元的錢幣數目，已經超過了三千億元，這還沒算上美國政府當時的龐大內債（欠錢）。而當時儲存在諾克斯堡金庫裡美國政府的儲備黃金大約僅只是一百四十億美元左右。也就是說，美國政府無視於財源的短缺，也明知黃金不足以支撐更多美元其幣值之下，仍持續大量且源源不斷的花錢與支出。而這些遠多超出的美元開支，是以秘密開動聯邦印幣機器來對應的。如此每天早晨睡醒之際，就會有大量成堆的"真實"美元可供使用的如此好事，當然是會出問題也不長久的。1971 年 8 月 15 日，尼克森眼見不斷以印幣機非理性也"非法"生產美元的所有負面效應，如物價飛漲、幣值空洞、經濟混亂、貧者更窮、富者更富等諸多問題與現象，無法遮掩、也無法解決之下，且在未與其他布列敦協約國通告之前，突然也震撼性的宣佈關閉 "黃金窗口"，讓黃金與美元脫勾，不再履行 35 美元可兌換一英兩黃金的承諾。一時之間被抽掉黃金支撐的大量美元，也立即以 "探底" 的貶值方式無量下跌，再加上當時物價暴漲的雙重衝擊，對那時的世界經濟產生了嚴重及深遠的影響。特別是對一些原本就經濟相對弱勢（貧窮）的美元持有國家來說，甚至直到今天仍是難以恢復的。（參閱 金錢已死 The Death of Money by Joel Kurtzman 時報出版）。

有人認為尼克森宣佈美國不再履行布列敦森林協定，使得存在外國銀行的三千億美元突然失去大半的購買力，是一種國際經濟上的粗暴敲詐和蓄意欺騙作為。但是對於另些的美國財經學者，包括一些執掌美國財經大權的研究者與決策者來說，則認為是破舊立新、也大破大立的勇敢財經改革者。其理由是事實上不論是直接以 "具天生價值" 的貴重金屬作為通用錢幣，或以 "金本制" 的代幣方式運作經濟，都有其難以克服的困境和問題。原因簡單也直接，就是這些幣材的稀少與貴重，已不適用，也不足以推動和運作於已具相當規模的龐大經濟了。

這有關金本制代幣的 "先天" 拘限和 "隱藏" 困境，以及其所產生的深遠影響，其實是由來已久，甚至曾經強力的牽動著東西方歷史與文化的變化與面相來著。比如說在中國以往的影響情形是，兩千年來，中國不同朝代與不同代幣制，從戰國時代開始的不同鑄錢貨幣、到宋朝時代的紙錢貨幣、到明清時代的雛形金本制代幣，經常是隨著改朝換代就有所貶值甚至替換了。加上傳統代幣的幣材大都有易毀、易腐、不易久存的缺點，以及這些幣材本身價值的空洞與不具積存性，尤其是經不起時政的混亂與波動等。這些顯而易見的缺點，另再加上中國傳統的儒道主流文化裡，的確藏有著‘重道貶商’的哲學觀點等，全都使得以往中國人對於積聚“貨”幣、爭奪“錢”財，興趣缺乏。自然也就不易會有資本集中、積極掙“錢”的資本主義觀念與社會現象了。這些實情也可由檢視中國近兩千年來的戰爭史，幾乎少見有針對金錢或經濟利益引發的爭、佔、搶、奪可鑑。特別是可參考明代大將軍兼航海家鄭和，曾七次率領著當時世界上最為強大的遠洋艦隊，傲游七海，但是，除了宣揚國威和交易了一些奇珍異獸外，沒有一次是為了財富和經濟利益而遠行的。

另比方說，在歐美西方，其影響就更凸顯且深遠了。由於西方以往傳統上並沒有“代幣”的經濟方法與觀念問題，西方以往錢幣（貨幣）大都是直接以具實質也“天生”價值的黃金為通用幣材的。但也因為黃金的不腐朽、不變質、易儲存、易流通、以及珍貴稀少等自然價值因素，以及人們惜金、愛金、蓄金等緣故，除了造成黃金的“吝於流通”和短缺等現象與問題外、已使成上至王公貴族、下至販夫走卒等，都極思爭取力求的真實財富了。且也從而成為推動中世紀起，西方（歐洲）列強勢力向外在世界尋金、探金、甚至掠奪、殖民等，一連串改變世界歷史與面相的積極、重要、也根本因素了。

只是，另也讓經濟學者傷透腦筋的是尼克森關閉黃金窗口的“大變革”，卻也捅出了一些經濟問題中嚴重也嚴肅的大簍子和新難題出來。這捅破的簍子所在，是將原本尚具有間接價值與內涵的金本制“錢幣”（代幣、貨幣），“一下子”變成了一種欠缺明確價值與內涵、無根也空洞的“信用”錢幣也代幣。或說將錢幣的幣值與內涵，重新的變回到一種沒人看得懂、也沒人知道如何解釋，虛擬兼方術的“信則靈、不信則不靈”或如“信它、如它在”的“信用”錢幣了。而如此“錢幣突變”的後續效應及其影響，至今仍在發酵醞釀著，也仍在持續的被密切注視著，包括經濟學家的持續隱憂也心虛著。

尼克森魔法師大膽的將原來"金本制"錢幣體制，無預警的突然轉變爲空洞茫然的"信用"錢幣，固然盲動也有失厚道，但卻也出人意料的揭露出有關幣值的傳統假象與深層問題，讓人如夢方醒般的意識到，面對人爲錢幣其幣值的真實與內涵問題，顯然有著更多也遠超出我們以往所能想像的艱澀和隱晦難題，有待克服和超越。且也著實的驅使和策動了許多經濟學家，尋思解慮的提出了許些新的觀點與見解。而其中有所謂;「以產物（人爲商品）的產值作爲支撐並塡充當今信用錢幣其幣值與內涵」的理論和方法，尤其令人矚目和觀注，也頗被一般經濟學者讚譽與支持，甚至被一些財經學者認爲是合乎經濟"精神"和"建康"經濟的觀見與見解。而尼克森魔法師也因如此危機也轉機的正面後續效應出現，僥倖的從一個無良蠻夫，變成了一個欲使完善貨幣（錢幣）的改革者了。

以人爲產物（人爲商品）之"人爲產值"替代黃金、白銀等貴重物，並以支撐幣值的運作模型，或簡說以產值支撐幣值的錢幣設計，可簡單的看成像是一個封閉式的"園遊交易會"（也可放大如社會或國家般的封閉式經濟體系）。張三、李四、王五、或任何被允許之交易會員（如國民），都可將自己所生產的產物，經由交易會場以一種透明、公平、也方法（法則）的所謂"市場機制"售換並取得園遊會所發行的"有價點卷"（或有價信物）。而後，張三、李四、王五等，便可使用這"有價點卷"換取園遊會裡任何不超出對價比的其他產物。而上述簡略"以產值支撐幣值"的貨幣理論也模型，有三項突出也須認知的特點，分別爲 a 你得先有自己的產物，並經由"市場機制"才能換得"有價點卷"。b市場機制必須是透明、公平、也方法（法則）的。c你手中的有價點卷其價值內涵，其實是由你自己所生產的產物價值（產值）支撐的。

　　以產值支撐幣值的錢幣（貨幣）設計之所以會被一些經濟學者支持讚譽，其實不難理解。首先的理由當然是因爲鈔票上的價值（幣值、購買力），不可能也不應該是無中生有、或憑空而來的。如同一個國家是不可能光靠機器不斷的印製鈔票而能使國民致富的事實般。其他的理由則包括了可讓人們清楚的認知到"錢財（貨幣財）之理"原來是"先有付出、後有回饋"的互利設計和原理。了解到"錢財"不應是不勞而獲與不義之財的道理。以及較能真實的反映貨幣（錢幣）的"本質"，以及"經濟"的助人如同助己等"精神"與互利本相。以及認知到以往幣值內涵的"唯心論"不通觀點，包括如"天生"的價值，威權政治下的"強制"價值，虛擬和魔術般的"信用"價值等，並替之以邏輯性、合理性、真實性、也數量化等具"唯物也辯証"意義和內涵的價值觀。從而使得數千年來有關錢幣幣值的困惑與難解，得以可能突破和超越。也進而可使得錢（錢幣）的人爲存在與意義，有所可能達到真正"合理也健康"經濟、福利民生、並止弊啓利的人爲"良善"工具。

　　然而，以"產值支撐幣值"的貨幣理論中，無法迴避也難免牽扯併生的困擾與障礙，仍是所在多有也繁雜難解的。其中如無所"實物"生產的服務業產值，能否被視爲"經濟產值"？產物的產值應如何的正確評估？如何對應並解決產值的耗損代謝問題？以及屬於大自然的自然資源，能否被允許以私人資本的意義與名義，併入產物的產值內涵等？這些衍生問題，所隱藏的巨大爭論與思辨，都是極具爭議性和挑戰性的，其中有些命題甚至是跨越了一般經濟學者的研究領域和視野。比如說，自然資源的能否被獨占私有？以及能否被允許為私人資本等問題，不僅涉及到資本也個人主義 VS 共產也社會主義的傳統也敏感爭論，其更深層的思辨，更涉及到自然法理（天理）相對於人本哲思（人道）的理性與感性思辨。所以，或也可這麼說，以產值支撐幣值的貨幣（錢幣）設計和政策，既使是正確也必要的，但是，於時下現今，卻也在不論是理論及實務與方法上，幾乎都因存在著棘手又難以解決的困窘情形，而無法落實。

　　有現代民生經濟學者這麼認為，“經濟”的關鍵問題是“錢”的問題，“錢”的關鍵問題是“幣值”的問題，而“幣值”的關鍵問題則是“產值”的問題了。果真如是的話，那麼面對這許多龐大又複雜難解的經濟課研與價值哲思來看，單就關於摸透錢幣幣值的“價值與方法”這部分，可就不是件容易的麻煩事了。

三、錢的信實內涵

　　艾倫.梅爾澤（Allen Meltzer）是美國影子聯邦儲備理事會（F.R.B）的主席，他相信：『貨幣的「品質」決定貨幣的價格』。大衛.冉森（David Ranson）是波士頓溫瑞特經濟研究機構（Wainwright）的首席經濟學家，他說：『我所看到決定貨幣價格的關鍵指標是「信心」和「利率」』（取自金錢已死一書）。這些對貨幣的另類觀見與看法，抽象又古怪，對許多非經濟學人來說，恐怕或會有些糊塗和不知所云的。

　　錢與品質、品質與價格、價格與信心，的確有著複雜又緊密的邏輯也因果關係。那也就像是宗教是建立在信仰、信仰是建立在信心的前提與基礎上般。人們對於錢的“信心”，不僅決定了錢的品質與價格，甚至也決定了整個貨幣經濟體系的運作是否順暢、是否健康等敏感又細膩的股票族或尤其能體識其箇中三昧。如人們對貨幣（錢幣）信心的不足，就會影響經濟和交易的窒滯。對貨幣的不信任，就可能引發經濟或交易的危機。對貨幣信心的崩潰，幾乎也必然的會產生整體經濟體系的運作混亂、扞格、甚至崩潰了。

　　然而，會是什麼樣的原理或邏輯？而使得“錢”與“信”的關係如此緊密與堅實？兩者之間又是何種真實且必然的因果關係？又如何能防止或落實“錢”與“信”之間關係的聯繫或失聯？這些有關“錢”與“信”的形而上哲思，堪稱是相關“錢幣（貨幣）原理”中最為隱晦、玄奧、也複雜的認知部分，也正是本章節所要細談深究的部分了。且就先從“信”的形而上概念來話說談起吧！

　　大致說來，西方人所謂的“信”，原是相對於神或宗教的一個延伸概念。我們從西方慣用詞語如信仰、信任、信心等字句大都可聯繫和溯及到神或宗教的語意與範疇，應能有所意會。或也可這麼說“信”這概念對西方人而言，原是相對於神或宗教的不疑、無惑等“特殊心靈狀態”的抽象描述或解釋了。

　　不同於西方“信”字的宗教源頭和神學語意範疇，中文的“信”字與概念意涵，則是另有出處的。從“信”字的“人”“言”組合及“望文生義”來看，顯示著人言、人話的內涵和解釋。若再參考“人無信不立”、“講信修睦”等俗世諺語，以及中國儒家文化所謂的“八德”（忠孝仁愛信義和平）觀念，其中“信”字的崁入及內涵，不難意會“信”這概念對於中國人來說，原是淵源於“倫理學”（人與人的學問）的一個概念，是一種道德的修養，也是人格上的一種美德。

　　然而，不論“信”是一種與西方宗教信仰契合無惑的心靈狀態之概念描述，或“信”是中國倫理學上的一種美德與修養，其實都可歸源出“信”原來是一種兩相或兩造之間的“契合”或“得一”之“穩定”原理和理解。就如宗教信仰的不疑、無惑本身，就是心靈與信仰上的某種致一與不二穩定作用與原理，另如“信”用於倫理學的言行一致，或誠信與實證的契合、得一等解釋上，其理亦然。

將“信”類比或詮釋爲“穩定”（致一）的貨幣原理與經濟學概念意涵，乍聽之下頗爲怪異奇特，甚至難以接受其“標新立異”之說。但是若經剖析深慮，就可能意識到其中內涵與學問的深藏了。事實上，不僅錢與信的問題與關係，可歸於穩定、致一的關係和原理，就說整個經濟學的問題與關係，同樣亦可歸屬於資源與分配的穩定與長久等關係和問題。因爲從穩定的哲理與啓示而言：「凡是穩定的、必是均勻（均利、均有、或均富）的、凡是穩定的、也必然是長久和永續的」。而均利（均富）和長久（永續），正是符合新世紀民生經濟學的終極目的和存在意義的。

其次再說，經濟的穩定問題，實際是一個牽連廣泛也環節關聯的龐大問題了，涉及到包括了人口、資源、環境、市場、政治、法律、哲學、貨幣等，從微觀到宏觀、從整體到細節，幾乎所有共相結構內穩定元素的相對穩定，才可能有所成就和有所維持的。而了解貨幣作爲經濟體系下的一個次體系，一個運作和支撐宏觀（共相）穩定的次環節。那麼也就能體認到錢（貨幣）與“信”（穩定、致一）的其中關係，不僅是合理的、邏輯的，且也是關鍵的、必要的了。

粗略的解析了上述有關錢與信、錢實與信實、信實與穩定的聯結也糾纏關係，也許會讓一些人聯想到那禪宗故事“風動或旗動？旗動或心動？”的禪機與思辨話題，或令人在苦思猶疑之際，亦能偶而莞爾。有關何以"旗動"的禪機思辨，從唯物與辯証下的結論，可說是風動的起始原因了，而錢實與信實的辯証問題，則是"幣值與穩定"的原由與因果了。只是，若談及到幣值的穩定問題，對幾乎所有的經濟學家而言，可說都是一個極具挑戰的超難度問題。原因嘛！很明顯也很直接。因為幣值的穩定問題，已不單純是經濟與數學模型的學知問題，它更涉及到"穩定暨穩定之理"的哲思與理論問題，那自然會是"難上加難"的複雜問題了。

　　舉個例子來說好了，從穩定的道學與哲理可得知，"絕對的穩定"有如天邊的彩霞，是可望卻不可及的，也是不可能真正達至的。這也意味著既使是最好的經濟學家，頂多也祇能讓經濟的穩定或幣值的穩定，做到最為接近穩定的標的和"理想"而已。這不存在著"絕對的穩定"哲學啟示，對於經濟和幣值或任何其他領域的穩定問題與解題，都有著重要的認知意義，姑且掠過不談。且單就幣值與穩定的"可觸摸"問題來說，就涉及到幣值的如何存在？幣值的如何穩定？兩面雙相且又相關互聯的問題需得解決。這也就如說，若思量解決錢幣上 10 元幣值"如何穩定？"問題前，是不可能不先知曉 10 元幣值是"如何存在？"（如何產生）等細節與前提的。

　　只是，既使前面文章中已有所提示到；「以產物的產值，做為內涵與支撐現代幣值的存在與穩定（信實）理論，是被絕大多數經濟學家讚譽也支持的論解」。但是這些論解，除了因過於概念空洞化和觀念模糊化而不易被認知了解外，另也因為有關"幣值"的"存在與穩定"理論，其實另隱藏著許些基本又關鍵的實務困惑與問題待解。像是如"經濟產物"的理解與困惑問題、"經濟產值"的理解與困惑問題、貨幣均衡論、外貿與匯兌問題等，都可說是有關「幣值何以存在？何以穩定？」等貨幣問題中的問題、難題中的難題，且是無可迴避、也必須方法與解決的待解問題了。而下例有關這些例項的方面論見與見解，則是在下個人的一方觀見與意見了。

（一）經濟產物的困惑

中國北宋時期（970-1127）的經濟學家固行認為：『錢，飢不能食。渴不能飲。病不能入藥。寒不能保暖。蓋錢以無用為用。物以有用為用。是以物為實。錢為虛也。』他並提出"以實運虛"，也既以人為經濟產物支撐錢幣價值的早期"貨幣虛實論"經濟觀點。

"金錢已死"的作者裘爾 科茲曼在他的書裡寫著：『現今當下的世界經濟，可分為以"福利他人"為體系的製造、生產、服務業等所組成的"真實"經濟。和以"非關福利他人"（包括如僅福利自己或不利於福利他人等）為體系的賭博、借貸、金融業等所組成的"非真實"（虛假）經濟」兩大類別。不幸的是，時下非真實（虛假）經濟的這部份，以約相對於真實經濟的 20 至 50 倍規模，錯誤也扭曲的存在且持續的運作著』。

上述兩位經濟學家都相當程度的指出了經濟與錢、錢與"人為經濟產物"的虛實問題與聯繫關係。但可惜的卻是未能更加明確也完善"人為經濟產物"的概念意涵與定義釐清。因為若不能給予所謂"人為經濟產物"明確、合理、也標準的定義和理解。那麼以"產值"（人為經濟產物的價值）做為支撐"幣值"的理論或經濟設計，必然會是混亂不清、虛假扭曲、甚至是錯誤百出的了。

參考些例子吧，像是軍人、警察、教師、研究員、護士、廚師、理髮師、貿易商、清潔工人、家庭主婦，以及投資顧問、經紀掮客、股票交易員、銀行經理等這些無所"實物"生產的服務性質工作（服務業），可否被視爲具支撐"人爲產值"意義的"經濟"產業呢？又應如何的評估這些服務業（經濟產業）的"產值"呢？又或這些"不事生產"的服務業，其實只是在分食或分享他人的勞動果實？因爲服務業並不能創造出具真實"財富"意義的"物質"產物？

如何界定並釐清"服務業"的"形而上產物"意義與"經濟"價值，特別是在當今幾乎所有富裕國家，服務業所佔經濟結構中的比例越來越趨於龐大的實際情形下，實已成爲現代經濟學知領域中顯性、重要、但卻也無所共識與無所方法的爭論與困惑了。而我個人則是認爲，合理兼明白的理解真假經濟產物與實虛經濟產值，或仍是有必要借助老子的哲思與見解，才有可能說得明白清楚和有所概念的。且就分別從"物"與"人爲產物"與"人爲經濟產物"的不同也釐清概念來簡略談起。

了解老子哲思裡的"物"之概念，是可以類比或理解爲"有"、"存在"、甚至"結構"概念的（參考本書物與結構文章）。而"人爲產物"的概念是指這"物"（結構）之形成（物成），其實是經由人爲的作工和付出，逐步轉化形成（成物）的。而不是如"天工開物"的自然物，更不是如空中抓藥、或心想事成般，無中生有而來。另說"人爲經濟產物"的概念，則是說這人爲產物是符合"利他"的經濟本質也前提條件的。

將"人工成物"與"福利他人"的哲思，放入到宏觀經濟（生產與分配）學思領域的運作和原理上，就不難看出因由"人工的利他作爲"和"物事與存在"等服務業的新意義和新視野了。事實上，就如理髮師的"改頭換面"、或醫師的"去除苦難"、或學校教師的"啓智訓育"、或清潔隊員的"去除髒亂"等,都是具人爲做工也付出的、利他的、和真實存在的人爲物事。那也等於說,傳統觀念裡"不事實物生產"的某些服務業,其實仍是具"人爲利他物事"的人爲經濟產物意義也內涵的。

其次,再要引用到的老子哲思例子,就更具經濟學哲思的宏觀性、深奧性、與突破性了。從理解老子"無生有"的完整理論可知悉,任何物事(結構與存在)的形成或產生,其實都是有其前提或條件的,而這前提也就是一種共相穩定了。就像是大自然是在一種大穩定的前提與事實下,運生萬物並欣欣向榮。生命是在一種大穩定與健康的前提下,才能滋生養息。社會在一種整體穩定與和平下,才能繁榮與安適。公司在整體穩定的前提下才能營運長久。而個人更是只有在身心整體穩定的情況下,才能有所"靜中得"和"穩中求"。老子思維裡將此種共相也整體穩定的前提也條件,同樣是以"物"之何以存在?與"結構"何以形成?的"物產"先決觀點或見解,來看待和理解的。而維護或致使(運作)如此共相穩定的存在與長久,其重要性和必要性,絕對是可與那些直接從事產物生產的農、工、商、貿等"人工與利他"生產產業相較對比的。

事實上,上述些維護穩定或創造穩定的服務業,如軍人、警察、護士、環保員、公務員等,可說都是宏觀穩定前提和條件的組合部分,且是不可或缺的"福利他人"部分。而如此的分工與互補,或說"共生"的經濟學概念及說法,很容易讓人聯想到所謂"產業鏈"的概念了。而這"共生經濟"概念,除了是現今後工業時代一個真實也較容易讓人明白透視的服務業概念,且是顯然可被認同和接受爲具"經濟產物"意義的服務業概念。事實上,現今絕大多數的人爲經濟產物,已是經過多重人事的做工、多項器件的組合、多層成物的物流過程等才能產生並具經濟產物價值意義的。而其中的成物過程與環節上，就有如郵電、通訊、設計、貿易、運輸、傳送、運銷等，眾多服務與專業的分工和投入，扮演著成物過程上的轉、合、啓、成等工作，且同樣是"產物與產值"不可或缺的工作了。只是如此整體大穩定的"共生也共相"概念，似乎是比起"一般也看得見"的產物分工與合作互利等"產業鏈"概念更宏觀、更隱晦、也更哲學了些。

平實而論，很難想像可以將老子哲思那些奇異又古怪的"物"與"成物"與"穩定"等見解，引用到現代經濟學的學知領域，特別是現代經濟學中最爲艱澀難解的"如何以產物之產值支撐幣值的應用領域上"。而在經由上述的簡說提示後，或也能讓我們另體會到，實在也很難想像若是不以老子哲思中對於"物""成物"與"穩定"的突破觀點與見解，放入"形而上產物與產值"的經濟問題解決中，那將會是一個如何難解或無解的經濟問題或命題思辨了。

（二）產值（經濟產值）的困惑

古典經濟學中有所謂"產物（商品）價值論"與"產物（商品）價格論"的爭論。如亞當・史密、李家圖、馬克思等人，就認爲商品（人為經濟產物）的價值論，是整個經濟體系中最爲基礎也核心的部分。並且大致上都能接受商品價值應是以勞動力加上資本（廣義的資本概念包括如資金、土地、生產工具等）的投入來計算，也可簡稱爲產值（產物價值）的成本論或產值的可估計論。另如約翰・彌爾則將古典的"商品價值論"改爲"商品價格論"，認爲商品價格，應是由市場的供需捨求來決定。可說是產值（產物價值）的浮動論、市場論，或產值的不可測論了。

　　只是，讓經濟學家困惑難解的是，不論是商品價值論下的產值理論，或商品價格論下的產值理論，其實都難以合理鋪陳出"經濟產值"的概念內涵，也不能實務上落實以產值支撐幣值的可運行貨幣理論。顯示著，以產值支撐幣值的貨幣理論，要嘛！仍是缺少了某些相對可聯繫的環節，要嘛！就是隱藏著嚴重瑕疵，有待完善，且不容迴避與忽視。不容忽視與迴避的理由至為實際，特別是若認同著新世紀"均有（均富）與永續"的民生經濟學述求與宗旨，以及認知著；民生經濟學的關鍵運作機制也運作原理在於錢幣，錢幣的核心也關鍵機理在於幣值，幣值的機理在於產值，而產值的機理在於產物價值的知所評估與合理計算等，就更能明知其重要性和複雜性了。

　　只是，有關"經濟產物價值"（經濟產值）的困惑與問題，牽涉層面廣泛，且各具深奧理論有待釐清與思辨。下例，僅就一些我個人以為與經濟產值的困惑等有所關聯也關鍵問題，並提出我個人的些許觀見和見解，以供參考或思辨。分別論述如下；

1.產值的屬性論

　　何以個人替自己服務，或生產了些自個兒把玩的器物等，是不具經濟產值意義的？何以一個勤勞的家庭主婦，盡管勞心勞力、長時無休的從事著家務工作，卻是無所薪俸、也不具經濟產值的意義？何以那些軍、警、公務員、教師等，忠於職責、有所有為、也有所薪俸，但終究仍是不符合真實經濟產值的意義？了解並釐清上述這些有關產值的困惑，或可從"產值的屬性論"來談起。

　　"產值屬性論"原本是個簡單也容易理解的經濟理論，也就是將人為產物分為"具經濟產值"的"經濟產物"類別，和"不具經濟產值"的"非經濟性產物"兩類別。所謂"具經濟產值"

的產物，是指產物本身具"外需性"（利他性＋市場性）本質與交易過程。就好比農人生產出可供他人利用也需求的糧食，並經由市場機制，付予了產物價值的確認與回饋等完整過程和交易意義，所以是具"經濟產值"意義的。而"不具經濟產值"的產物，則是指"不具外需性"或"僅供內需性"條件的產物。如農人僅祇生產出自己所需要的糧食，既無多餘的糧食以供市場交易，也無所"利他"事實，當然也就無所謂"經濟產值"的內涵與意義了。此外，另也包括如軍、公、教等工作，雖有所宏觀"利他"事實也有所薪俸回饋，但由於其工作性質概括在所謂的共相也整體"內需性"關係也產業鏈分工意義上，其薪俸是由共相眾人的整體經濟產值所供奉分擔，所以仍是不具真實經濟產值屬性的。

然而，將上述非常貼切於原始經濟互利（利他）與交易（市場）精神與"外需性"內涵的產值屬性論，套用在當今宏觀也複雜的經濟實務上，卻是諸多的困惑也百般的不順，甚至窒礙難行。其問題與原因，則是因為隨著越來越大的社會與市場形成，越來越多的產物和需求滋生，也造就出越來越複雜的經濟結構和模糊難辨的產值屬性型態出來。比如說，旅遊、娛樂、賭博、宗教、藝術、信仰等屬性為玩樂享受或屬性為心靈也精神性質等服務業，似乎已偏離了傳統"易物"與"均富"的物質也民生經濟"本相"。特別是過多也過大的"金融業"（銀行、股票、期貨、証卷、信託、基金等）類服務業，這些本質上是"以錢賺（生）錢"而非"以產物產值（生）錢"的詭異產業，已如黑洞般，強力也無止盡的吞噬著傳統物質經濟產業生產出來的"傳統產值"，其實已是在嚴重的破壞著均富與健康的民生經濟運作了，又豈能算是具真實經濟產值屬性的產業？

顯然，早期也單純的產值屬性論，已不足以對應和解決上述也現今的複雜經濟形態和產值評估等問題。更別說是將之用於落實以產值支撐幣值的貨幣理論與實務運作了。

　　如何面對"產值屬性論"的必須加以"觀念增補"與法則適用，我個人從新世紀民生經濟學的"均利"（均富）與"永續"思唯，並混合著人本哲思考量下，是這麼認為、也這麼建議的。簡略說來，就是將原本具"利他（互利）與市場（交易）"產值意義的經濟性產業分為三類屬性或等級，第一類產值屬性也稱基本（根本）產業，產值屬性是解決"人本"也"存在"問題，如農、林、魚、牧、環保等產業。第二類產值屬性產業也稱枝幹產業，產值屬性為解決"人利"問題（有利於存在），如教育、醫護、商貿、製造等產業。第三類產值屬性產業也稱依附產業，產值屬性為解決"人悅"（樂於存在）問題，如文化、藝術、旅遊、娛樂、餐飲等產業。這三類產值屬性等產業，應是時下可被接受為具經濟產值意義的經濟產業。只是其產業之間的層次與關係也是必須清楚和知悉的。如第一類產值產業的重要性，可視為整體經濟的根基，第二類產值產業如同整體經濟的枝幹，第三類產值產業如同整體經濟的花果。沒有良好紮實的根基，不可能會有茁壯與旺的枝幹，而沒有茁壯與旺的枝幹，不可能會有飽滿繁榮的花果。這其中的經濟穩定門道與健康經濟之理（註：如第一類產業其從業人員可享受第一級的醫療保險及退休後的生活安養給付以資注重和以示尊重），就留待識門道、也具新世紀均利與永續新經濟思維的學者、專家，集思廣益和勞心費力了。

　　致於軍、警、公、教等共生也宏觀內需性服務業，或可放在如特殊性（公務性）服務業類別中，以資鑑別。另那些銀行、信託、基金、保險、賭博等，所謂第四或第五六等服務性產業類，嚴格也嚴肅的來說，那是資本主義和唯心論下的產業與產物觀，其實是不合於也不容於"真實也健康"經濟，甚至是有害於"均有"（均富）與"永續"新世紀民生經濟學學理和宗旨的。特別是"以錢（資本）賺錢（創造錢）"替代"以經濟產物創造錢"的金融類屬性產業等，就算是說因有其經濟上的"特殊"功能，而有所其"特殊"的存在意義，那也應是只能由政府（國家）來經營，或以"非營利"性質也原則方式而存在。且是絕不可使讓民營、私利的。而其產值屬性，也應是放在非真實經濟產物與不具真實經濟產值意義上。這深入也詳細些的原理與相關說明，自會在後續的章節裡另行論述，在此就暫且略過不談了。

2.產值的資本論

"產值的資本論"，可說是另一個咸少被經濟學家關注和深論的幣值結構部分。被忽視的原因說來簡單也複雜，簡單的說法是因為"它"幾乎被所有現今的經濟學者自以為"知其所知"的認同著，也從未對於傳統所謂的"資本"概念與內涵等，有過什麼歧見和爭議。複雜些的說法則是因為"它"被現今大多數也主流的經濟學者"不知其所不知"的無視也忽略掉了，甚至是故意的被忽略掉了，而故意忽略掉的原因則是因為"它"太麻煩了。

然而，若是了解"資本"、"勞動力"（人工）、"市場"，是形塑也構成"經濟產值"（產物經濟價值）的三項基本要素，而"經濟產值"又是構成"幣值"的內涵結構與支撐因素，而"幣值"又是構成經濟是否"健康存在"與"正常運作"之關鍵的話，那麼無輪如何，也是有必要將這"產值的資本論"中麻煩問題，是騾是馬的拉出來評鑑和究竟番了。

其實，有關"產值的資本論"其內在爭議並不多，但影響則是重大也深遠的，關鍵也核心的爭論與思辨所在，也就是必須明確且釐清著；能否將原本屬於自然、公有的天然或人文資源，包括如陽光、空氣、水源、土地、礦產、林木、花鳥、禽獸、真理、傳統文化等，以獨佔、財產、私有等方式，權充資本，特別是權充個人資本，並摻入也混充到“產物價值”的成本計算或成本結構裡。不難可見，上述爭議其實已涉到古典資本個人主義與社會群體主義的核心思辨領域，可想像著，產值的資本論中，果然是藏有著棘手、複雜、又敏感的難解問題了。

看清楚了“產值的資本論”中問題所在，那麼接下來的也就是我們應如何客觀也評理的來看待這甚至已超越經濟學層面的麻煩問題了。

其實說來，有關產值的資本論爭議，若從道極觀的“不有法則”也“道之理”來看，其答案是明確清楚的。那也是說，任何的自然資源和公有物，是絕對不可以被以“主權”或“個人財富”或“私人資產”等名義被獨佔、被壟斷、被私有的。致於若問說如此答案的邏輯或原理爲何？除了本書“道極觀”觀見下那些已明確闡釋的“自然法理”暫且不談外（**參閱本書貴德篇－不有的法則**），另就僅從錢幣的設計與目的，以及錢幣價值（**幣值**）的實、虛、真、假等民生經濟學（**均富與永續**）原理與哲思方面來話說原由吧。

當下世間之物，分有“天工開物”的自然產物，如山、林、水、氣、風、花、雪、月、人、獸、蟲、鳥、石、土等，也有人爲合成的“人工產物”如衣、帽、鞋、履、轎、車、舟、船、房、舍、觀念、藝術、文化、工具等。就經濟產值的原理和意義來說，“自然產物”（**自然資源**）只有“價值”的哲學意義，但是沒有“經濟產值”的民生經濟意義。其原理是自然產物是爲大自然的做工與合成。而人工產物的經濟產值意義，是來自於商品（**人需之物**）成物過程中，那些轉、承、啓、合的人工（**包括勞心或勞**

力）作爲或付予“加值”所在，也是“利值”所在。也只有明確
定義並清楚的了解到，“人工”而非“天工”，才是商品（**人為
產物**）的真實產值意義。才有可能透視並理解到，何以說，以產
物價值（**產值**）支撐幣值的錢幣（**貨幣**）設計，是付出與回饋的
均利（**互利**）經濟設計。何以說，錢幣對於經濟，會有如營養素
的比喻和功能。何以說錢財（**貨幣財**）不應也不能是不勞而可獲
得的道理。以及看明白古典經濟學的“商品（**產物**）成本論”裡，
所隱藏著的瑕疵與扭曲。那種將自然資源獨佔、私有，並將之混
充進入產物的產值部分，其實是空洞也稀釋了人工付出的價值成
分，變相的剝削著人工勞動者的所得，另也扭曲了錢幣的真實性，
破壞了錢幣原本付出與回饋的互利設計原理，也破壞了均富與永
續的民生經濟運作。

　　“產值的資本論”中其次凸顯也易見的麻煩問題與爭論，則
是涉及到產值的“可評估性”和“可調控性”等問題了。而這些
問題的能否解惑、可否解決？除了決定著幣值的精確性、穩定性。
另對於錢幣的數量發行與穩定，經濟的健康與運作，不論是重要
性、必要性皆是不言可喻的。

　　我們已知曉支撐也影響產物價值的三大因素爲資本、人工、
與市場。其中每項因素又都涉及到複雜的評估和驗證問題。可想
像，當三項因素混合相加後的複雜性和難以評估性了。解決經濟
產值的可評估性、和可調控性等最佳也最爲合理的方法是將多元
與複雜轉變爲單純與簡單。方法的可行途徑其一則是將“成本
論”中“資本”的複雜性與變數，和“市場論”中影響市場穩定
的複雜因素與變數，降至最少也最低。而方法的落實與實踐就是
排除傳統“資本論”中，有關自然和公有資源（**如土地、水源、
礦產、深林、古物、人文遺產等**）的可允被權充資本，特別是私

有資本，並注入到人爲產物的產值內涵。

至於"市場"層面有關如何維持市場穩定的方法，則是需要從宏觀到微觀等所有穩定因素，包括人口與資源、市場與機制、貨幣政策、經濟法則、政治與法律等，多方面相的宏觀穩定、也多管齊下的穩定維護包括兼得，才有可能奏效，也自可將不當的市場影響產值因素，減縮至最爲接近穩定的程度。而當排除了資本論中的"自然資本"問題，以及減少或控制了市場影響產值的不穩定因素之後，整個產物價值的可評估性、可調控性、可合理性，也將變爲更加的透明與可能。

"產值的資本論"，雖說是現今經濟學中棘手又敏感的麻煩問題，但其實並不是真正難以理解的理論與問題。我們不難看出問題的難處和癥結，除了市場穩定之理的必須有所掌控外（其實不容易），其次關鍵問題，既在於涉及到"個人資本主義"和"社會公有主義"千百年來的爭論與哲思上。且撇開這些涉及到法理（自然法）與人性，理性與感性的是、非、爭、執不談，但是純就經濟學的領域和角度而言，不論是從新世紀"均利"（均富）和"永續"的民生經濟學新思維來說、或是從貨幣的原理、幣值的支撐與穩定等理論等諸多實際問題來看，其實是完全不具爭議性或選擇性的，且全都明示著；必須排除可將自然資源權充"資本"（特別是個人私有資本）的觀念和荒唐做爲，才有可能真實也信實的建構出經濟與錢幣、錢幣與幣值的完整邏輯與穩定關係。換個簡單也明白的說法也就是說，若我們認同並考量到新世紀民生經濟學"均富"與"永續"宗旨的合理性、方法性、運作性等層面，我們其實別無選擇、也無可妥協的必須同爲"自然資源爲公"或"天下爲公"觀念的認同者和擁護者。

3.產值的市場論

人為經濟產物（商品）的利他性，雖可說是產物價值生成的必要條件和成為基礎，但商品並不必然產生產物價值也不等同產值。簡單的例子如商品的供過於求或不具競爭性等，都會因沒有交易與互利的事實，而不能產生出經濟產值的意義來。這些小例，除了顯示了經濟產值的框架與條件性外，另也顯示了市場的重要性和絕對性。

對一般人來說，市場的概念或只是攤販叫賣、商賈雲集、百貨呈現、人群擁擠、可閒逛、可零食、可採購、可比較的有趣、也有利的地方或場所。但是對於經濟學家來說，那可是典型"外行人看熱鬧，內行人看門道"的複雜門道與所在了。市場不但反映著經濟的健康與否、也描繪著經濟的現實面相，不僅是經濟得以運作的平台、也是經濟通路中充電加壓的站所，且也是帶動經濟的推手。市場對於經濟的重要性，簡直可以用"有多大的市場，就有多大的經濟規模與動力"，或"沒有市場就沒有經濟"的"市場既經濟"概念來比喻。至於問說，是些什麼原因或原理，使成市場對於產值的如此重要關係和絕對意義？如何理解？問題與回答，就要先從"自由市場"（公共市場）以及"自由（公共）市場的隱形之手"兩大經濟概念來談起了。

順便一說了，在我多年的觀念探究與哲思辨識上，我深以為然的是『談民主，不如論自主。話自由，不如言自在』，如此，就不易深陷於民主或自由概念的糊塗也無解泥淖裡。說真箇的，每當我見聞"自由"這"唯心兼唬哢"概念，心裡就自會犯嘀咕了。就像自由市場、自由經濟、自由貿易、自由國家、自由世界、自由主義等概念，雖說都已是現今時尚、主流、甚至如似至高無上也不可褻瀆的神聖或真理概念。但是，問題而來的是當任何原本單純或可理解的思維或概念，前置或套上"自由"這概念後，就會變得又扯鬍鬚又拔頭髮也搞不懂的"複雜"也"渾沌"概念了。

事實上，不論是市場、經濟、貿易、社會、國家、世界、主義、或理論等，都必須是在有所規範和法則（方法）的框架和前提下，才有可能順暢運做和健全存在的。而規範、法則、框架、前提等概念意義或內涵，其實是與西方傳統所謂"自由"概念的無所規範、無所法則、無所框架、無所前提等意義或"本質"，呈兩極般的對立、矛盾、也不容的。那麼，請冷靜的試想著，我們究竟是需要有所規範與方法的法則經濟、法治國家、法律社會？或無所規範與法則的自由經濟、自由國家、自由社會？道理其實是明顯不過、也不辯自明的。所以說；若想真正且容易的談論"自由市場"這古典也瑕疵的經濟學概念，還不如將"自由市場"的概念改替以"公共市場"（公有市場或共同市場），則是更較容易說得清楚、聽得明白的。

公共市場（公有市場）估名思義，那是一個開放的、透明的、公平的、可供所有人、貨、商、貿使用也利用的供需與交易所在，但也是一個所有人、貨、商、貿都必須有所規範約束、有所法則依循，有所保護也有所信任的所在。而經由此種公共與規範、互動與制約、公平與透明、供需與比較、再加上些人性的複雜因素滲入和運作使然，就會自然而然的產生出一種經濟學家所謂的"公共市場中的隱形之手"效應和現象出來了。這"隱形之手"的作用和功勞可大了，不但能檢驗產物利他性的真假虛實，調節市場的供需，為產物的價值做出平實也客觀的依據，也使得人人可經由如此的"市場機制"得到最大的利益、達到均利（均富）的經濟效應。

然而，在此也要提示和強調的是，相對於"公共市場"中良性的隱形之手效應，時下現今所謂的"公共市場"（**自由市場**）中，其實隱藏著更多的"人為隱形黑手"在運作著，且不斷的試圖將這個極為敏銳、脆弱、無常形的公共市場與其機制，人為做作的加以扭曲、破壞、主導、甚至操控著。這些隱晦但有害的市場髒手也人為經濟黑手，大多是以扭曲不合理的傳統市場法律或規則呈現著，或包裝以"自由"的名義巧取豪奪的攫取著不合理也無正義的財富，或甚至以完全無法無天的權勢力量或政治方式，赤裸亦粗暴的公然的干涉著市場的公共性、公平性、透明性等市場機制。嚴重的破壞或窒滯了市場"良性隱形之手"的存在與功能運作，以及商品價值的扭曲變質等。這些事實都是古典商品價格論不曾深入探討和強調的問題，也是古典商品價格論瑕疵和缺失的所在了。

舉個例子吧！，若理解產值（**產物價值**）必須是建立在產物的"利他性"與"市場性"前提也基礎上，其實也意味著"產物"必須是先得有"利他"與"市場"的事實而後，才能有"產值"的生成。如此"物（**產物**）先、錢（**產值**）後"的"生錢邏輯"可絕不是"先有雞或先有蛋"或"白馬非馬"的無聊詭辯。而是相對於今天"真實經濟"與"非真實經濟"的深層思辨，也是改變並導正當今經濟正徑方向也面相的關鍵思辨。也只有確實的了解了"先有付出、後才有收穫或回饋"的生錢邏輯和貨幣設計原理，就能清楚看出並透視當今金融業等"拼命"運作或"努力"發行的股市、股票、期貨、債卷、信用卡、旅行支票、商業禮卷等，這些"雖無產物，卻已有產值"、"雖無生產，卻以致富（**生錢**）"的"錢先物後"甚至是"錢先物缺"的變錢、造錢、也"憑空生錢"的荒唐也糊搞把戲，和對於"真實經濟"所能造成的巨大傷害，以及對於"真實錢幣"所能造成的剝削效應了。
事實上，上述些唬哢、扭曲、虛假、卻又傳統上"合法"的"可
做爲交易用的有價信物"，有如合法的被允許私印錢幣或私造僞
鈔般，且已充斥也流通於真實經濟中。不僅嚴重的稀釋了錢幣的
價值和內涵，變相的剝削了人工勞務者的實質所得，破壞了經濟
的健康運作,且也是造成泡沫經濟的市場髒手也黑手其中原因了。

　　再舉個市場裡常被詬病的市場壟斷化和市場單元（主流）化
等例子與問題，因爲當市場壟斷化、市場單元（主流）化的逐漸
形成，也意味著市場的開放性、公平性、比較性等"良性隱形之
手"的機制與原理逐漸遭受阻塞、破壞、甚至是無法運作了。其
他的例子還有如前述產值資本論中所謂的，將原本自然資源也
"天工"產物，權充私有（私人）資本。"公器私用"且變相扭
曲的注入產物價值的成本裡，破壞了產值的純粹性、真實性、與
人工價值性。可謂是典型的所謂經濟黑手了。

　　"產值市場論"的重要性，是因爲產值必須通過市場機制的
檢驗與過程，才得以生成和落實。而越是公平、合理、公開的市
場機制，除了越是能生成出最爲合理、真實、也穩定的錢幣與幣
值，另也能爲最大多數的人工勞動者回饋出最大的經濟利益出
來，可說是均富經濟和永續經濟能否成就的關鍵部分了。

　　上述的幾許例子，其實也不過是些較爲凸出也明顯可議的例
子。其他尚有更多也更隱晦的市場髒手、經濟黑手，藏身在包括
如專利法、金融法、貨幣法、財政法、交易法、甚至國際貿易與
國際匯兌等法則裡，且有待"產值的市場論"更廣泛、也更深入
的探究和揭發了。

4.國民總產值（GNP）與個人產值（PI）

　　有人問禪，禪師答曰：『可悟，難說』。有人問經濟，經濟學

家答曰：『易說、難悟』。

　　喬治‧索羅斯（George Soros），這位世界著名的金融大亨在他所著寫的全球資本主義危機（The Crisis of Global Capitalism　聯經出版）一書中，有這麼一段開場白：『我在很講究實際的商業圈裡揚名立萬，也賺了不少錢。但其實我的生財之道，以及我的人生觀，卻是建立在一些抽象的哲學概念上的……』。這奇怪的以哲學而非經濟學生財論調，竟會出自於一位已 50 餘年來沉浸在金錢與商業搏弈，卻也屢獲成功的專業人士口中，若說穿了，其實是不會讓人感到太過奇怪的。因為，時下當今的經濟學，可說是一門最不科學的 "人文" 科學，而今天的經濟學家，也可說是一種最為 "假仙" 的科學家了。直接也白話的說了吧！時下今天的經濟學，其實是一門不知在談些什麼也宗旨錯亂，且不可信賴的 "偽" 科學。至於經濟學家嘛！算了，就不多說了。

　　隨便舉些例子好了，就像是經濟學者專家們等經常掛在嘴上也話不離口的所謂 "人均所得"、"人均產值"、"人均購買力"等這類失真、忽哢、又離譜的經濟學術語也概念，既使是從未上過一堂經濟學課，沒看過一本經濟學方面書籍的普通人，也能清楚看出是脫離實際也不符事實的 "笑死人" 概念。特別是在今天社會資源與財富，其實為少數人把持，貧富差異極端懸殊的 M 型社會情形下，尤其顯得虛偽、亂說、凸顯。

　　再說一個問題更實在，影響也更嚴重的所謂 "國民總產值"（GNP）經濟概念（或國家總產值 GDP 亦然）！國民總產值這經濟學概念之重要所在，因為它是與貨幣政策息息相關也邏輯因果的一個原理也關鍵概念。而貨幣政策則是支撐幣值穩定、調節貨幣發行量、以及維護健康也正常經濟（均有與永續）運作的機制也原理。可說是當今民生經濟學中最為基本也核心的一個基礎概念了。

　　然而，當我們翻開時下經濟學教科書裡對於國民總產值的計算方法，或說，對於這國民總產值是如何的被計算出來、如何評估產生的話，就會發現其中問題叢生也忽唏扯混了。且就拿時下經濟學教科書裡的三種國民總產值計算方法來說事吧！

　　甲.收入法 —— 包括人工付出（薪資）、加上資產折舊、加上生產稅淨額、加上營業盈餘。

　　乙.生產法 —— 包括製造業加上服務業的市場價格產值總和，再減去生產過程的中間開支。

　　丙.支出法 —— 總消費、加上總投資、加上出口減進口。

　　撇開上述三例現今計算國民總產值方法中所涉及到的幾乎所有關鍵概念，包括如前述有關產物的困惑、產值的困惑、公共市場的扭曲法規問題、資本論中的公共財問題、金融業以錢生錢的非真實經濟問題、進出口貿易的匯兌問題等，沒有一項不是隱藏著瑕疵、內涵著混亂，且是仍有待釐清和方法解決的惱人問題，是不適合也不應被用於解決產值精確計算的工具或方法的，否則，祇能是製造經濟的渾沌與無解了。

　　其次，另也讓人質疑困惑且百思不解的是，為何今時當下“國民總產值”的計算方式，不是以所有國民的個人經濟所得（PI）相加總和來計算呢？事實上，“國民總產值”也既一段時間內（通常是一年），每一位國民經濟所得的相加也總和。如此真實、合理、也簡易，甚至是連一般販夫走卒都能邏輯清楚的總體經濟學概念，何以不是我們現今“國民總產值”以及貨幣政策依循的計算方法和實務作為呢？

　　深入並追究上述些堪稱經濟學中的基本也重要問題，其中不乏原因複雜或說來話常或原理難辯的事由。諸多繁簡古今原因中，有方面原因是承襲傳統，而傳統經濟學一向是如"見林不見樹"的所謂總體經濟學，以及傳統經濟學從來就是"財富經濟學"或"政治經濟學"的學理、觀點、和思維，而非"民生經濟學"（均富與永續）的學理與作為。另些原因則是長久以來有關經濟學哲思的貧乏和困惑等無以突破了。包括困惑於個人的經濟所得（PI），能否視同或等同個人經濟產值的邏輯與合理問題等。

　　其實，從前述"產值的困惑"談論文章中，我們應能意會到"產值"的聯繫也等值關係，其最為符合民生經濟學（均有與永續）邏輯也合理的計算方式和評估方法，應是指產物價值中，"人工成物"的轉、承、起、合等人為利他付出也"加值"意義上。而越是能摒除產值結構（人工、資本、市場）中的資本結構問題（註：特別是傳統資本概念中可將自然也公有資源權充私有或個人資本結構部分），以及越是能減少市場裡影響經濟產值的變動或不穩定因素（註：特別是專利或壟斷的市場因素），就越能接近最為真實也健康的經濟運作狀態，和得到人工勞動者的最大經濟效益出來。

　　換句話說，以個人的"利他"付出與對等回饋，作為產物價值（產值）的衡量基準，不僅能運作出"民生經濟"的最大"均富"（均有）效應，且也是最為符合"真實經濟"之運作原理的。而另又因時下現今，一般評估個人的經濟利他付出與相對回饋，通常是以個人的經濟收入（PI）作為大致的參考依據或衡量指標的，所以說，若視個人經濟所得（PI）可類比或等同個人經濟產值的微觀經濟學觀點，應是合理，且也是實際上可被接受和可被認同的產值評估也方法了。

　　以微觀且真實的"個人所得"（P.I）由下而上的相加總和，做為替代也改良傳統瑕疵、扭曲、也宏觀不實的國民生產總值

（GNP）或國民生產淨值（NDP）等計量方法，以做爲支撐幣值的貨幣政策建制。除了具回歸到產值的真實本相，經濟的真實本質，和能較爲精確的反映國民總產值的數值，而有利於貨幣穩定政策的運作與執行外。除此，其他明顯的好處也非常的多，摘擷幾許例子如下；

○從個人所得（P.I）的明確與掌握，更易區分產業的實虛真假屬性，也能避免總體產值的計算失誤與混亂，甚至也易於分類出非法所得或暴利取得等情事，以維護經濟的健康運作和社會的公平與正義。

○個人所得（P.I）的產值觀，原理堅實、邏輯簡單，容易讓人們透視和了解錢幣與經濟、經濟與財富的真實面相。認知錢幣的利他與回饋設計和原理，彰顯出有人工的投入、利他的付出，才會有如回饋的收穫（收入）。而更多人的相對利益，也就有更多的相對回饋（富裕）等內涵邏輯合理也合法的自然事理。

○深入個人所得（P.I）的產值觀，另也較易讓政府和經濟學者「能有所見」的深究個人所得的差距懸殊，看清楚經濟結構或經濟政策的不當或失策，而能為調整也改善民生經濟的均有（均富）宗旨，作出方法或政策上的依據。

○以微觀的個人收入所得（P.I）做為基本產值的概念詮釋和理解，不僅能避免時下現今的一些失真、誤導、離譜也唬哢的國家宏觀會計術語，如人均所得、人均購買力等荒謬經濟概念出來，也能合理交代和解釋時下大多數產業實際上的分工和產業鏈類的整體也複雜關係，另也因為如此產值觀的容易被認知和被精確掌握，也使得以產值支撐幣值的貨幣政策與民生經濟運作，更為合理也更易落實。

（三）貨幣均衡論

以人為經濟產物（人為商品）的“經濟產值”做為支撐幣值的設計與理論，雖然可說是較為合理也有所方法的解決了錢幣中幣值的“存在與支撐”問題，但是，緊接下來，又得必然面對和必須解決的其它棘手問題其一，則是如何維持其幣值的“穩定與長久”問題了。

其實，遠在今時的“信用貨幣”（錢幣）被創制出來之前，特別是以平賤金屬或紙張等廉價物材，做為金本制的代幣幣材時，有關幣值的穩定與長久問題就一值存在著，並且是以遠較於現今更為嚴重也更為不穩定的現象與亂相方式被關注和研究著。祇不過，由於此種幣值的不穩定問題，以往也通常是以物價波動沉漲的現象和問題呈現的，或說常是被隱藏、也被轉嫁到物價不穩定的現象和問題裡了。以至於容易被一般人，包括經濟學家忽視或無識了。

在中國最早談論物價波動與錢幣關係的思想家是管子，管子其書中就有「物多則賤，寡則貴」的“輕重論”說，只是此種“輕重論”說，仍是將物價波動的原因，直接也完全的指向市場物品的供需穩定失常所致，而忽略了幣值本身的穩定與否問題。唐代的劉秩、祖述、以及中唐的陸贄等人，則從輕重論的觀點上更進一步的發展出“持平論正”觀點，認為，「物賤由於錢少，少則重，重則加鑄而散使之輕。物貴由於錢多，多則輕，輕則作法斂之使重。是乃物之貴賤繫於錢之多少，錢之多少在於官之盈縮……。」如此已具雛形但非完整也非“正徑”的貨幣數量理論了。

另在西方，薩伊（政治經濟論 1803）、李佳圖（政治經濟學及賦稅原理 1817）、魏克塞爾（利息與價格 1898）、米爾達爾（貨

幣均衡論 1933）等人，都有在其著作中，或多或少的談論到有關
"貨幣數量論"的觀點。其中較爲凸出的論點，如休謨，就認爲
一國的商品價格、甚至物價水平，是取決於商品與貨幣之間的數
量比例。其次是瑞典人魏克塞爾，他是西方第一位打破西方傳統
上認爲商品價格論與貨幣數量論是互不相涉的觀念，也是第一位
把價格論與貨幣理論（貨幣數量論）接合爲經濟整體體系的財經
學者。他所提出的"貨幣均衡（穩定）論"被經濟學者熊彼得認
爲是，爲現代經濟學純理論作出最大貢獻的三位經濟學家之一
（註：另兩位是瓦爾拉的純粹政治經濟學綱要 1874，和馬歇爾的
經濟學原理 1890）。魏克塞爾且認爲，貨幣數量論是整個經濟學
體系中最爲脆弱也最無從捉摸的部分，特別是貨幣的流通速度與
影響部分。

　　再其次的就是米爾達爾的貨幣均衡（穩定）論了，同爲瑞典
經濟學者的米爾達爾相對於現代經濟學的貢獻和成就，就是對於
魏克塞爾含蓄、隱晦，也初始萌芽的貨幣均衡論，作出大膽且更
宏觀些的補充和延伸。如他最重要的論見，其實就是修正魏克塞
爾用靜態和比較靜態的分析方式，去分析動態經濟問題的侷限
性。他所提出的宏觀貨幣均衡論是放大到社會總需求和總產量（總
產值）的量化均衡意義上。他並且主張貨幣均衡論應成爲貨幣政
策的基礎與準則。以及基於貨幣均衡（穩定）的基準與目標，政
府應適當的干預並規範經濟的運作。（參閱 西方經濟學名著與提
要 宋承先 尹柏成等人著 昭明出版社）。此外，還要順便介紹的
是凱因斯那詭異似如巫毒的貨幣政策論點；認爲解決經濟衰退的
妙方是－只要在小心顧全了貨幣及貨幣政策的尊嚴下，不妨打開
印鈔機，不動聲色的多印製些鈔票，並設法讓這些鈔票進入市場
流通就行了。（參閱沿街叫賣的繁榮 Peddling Prosperity：Economic

Sense and Nonsence on the Age of Diminished Expectations by Paul
Krugman　先覺出版社　盛逢時譯）。

　　整理並簡易貨幣均衡（穩定）論的論點，或說簡單解釋貨幣
與幣值之間如何保持穩定的貨幣穩定理論，其論點是說，當以產
物產值做為發行貨幣和支撐貨幣幣值的存在與穩定方法時，由於
產物大都會有耗損、折舊、功能遞減、甚至腐朽等代謝問題，以
至於產物產值，其實從生產出來的起始，就以面臨到產值遞減、
流失、萎縮等代謝問題，也已不足以維持相對鈔票面上幣值的穩
定與長久了。此外，另再加上做為幣值載體的現代幣材，大多具
不腐、不朽、經久、耐用等特性，幾乎沒有幣材的代謝問題，如
此不能對等也無法契合產值代謝遞減的相對關係，其實祇能是破
壞幣值穩定，而不能是可維持其相對穩定與長久的可行理論。

　　而貨幣均衡論（貨幣穩定論）則正是針對如此顯然有著差
錯、不完全、也不具實証意義的瑕疵“貨幣理論”所作出的完善
與修補方法和理論。而方法就是以一種產值的新陳代謝方式和機
制，以達到幣值存在的穩定與長久目的。那也就像似印度教的“輪
迴”觀或像似中國人所謂的“借屍還魂”觀，認為一個代謝（消
失）的靈魂（產值），可以經由另一個新的生命（新的產值）重生，
進而達到存在與永恆（穩定與長久）的意義。具體些的比喻可用
水漕理論解釋，當水漕裡內容物的水含量在不斷的逐漸流失也消
失時際，若要維持其水含量穩定的唯一方法，是相對於水漕的另
一方，不斷的注入相對流失的水含量。如此水漕裡的水含量則可
常保穩定了。

　　貨幣均衡論（貨幣穩定論）在現代經濟學的重要意義，一直
被認為不祇能提供貨幣數與量發行的較合理依據，能解決幣值的
實質性和支撐性，也能解決幣值的穩定與長久問題，甚至也能經

由了解貨幣均衡論而理解到，何以有人說錢幣的設計，其實也是一種"寅吃卯糧"的設計和機制了。

然而，弔詭又真實的的情形是如此一個重要又關鍵的經濟學理論，卻也如同愛因斯坦的廣義相對論般，只是被供奉在宏偉莊嚴的學術殿堂上供人瞻仰膜拜，而不能俗世也落實的被任何當下現今的國家財經政策實際也實務的利用著。這究竟又是怎麼回事？該如何解釋呢？

其實，貨幣均衡論對於整體也健康的經濟體系來說，絕對是個關鍵也必要的理論。但卻也是個典型"知易行難"的理論。"行難"的原因是這理論裡牽扯到太多複雜又難解的人為扭曲問題，而這些如似障礙甚至斷層的人為扭曲問題中，我個人以為至少包括了前面文章中所提及到有關產物、產值等概念的內涵與爭議，特別是如"產值資本論"中有關自然資源不可被獨佔私有的權充資本，以及絕對不能允許私人或私營公司，私自印製如債卷、禮卷、股票、基金、信用卡、旅行支票等所謂；「可合法做為交易的有價信物」進入市場流通和交易等，公然違背"貨幣原理"與'產值虛實論'問題。而若是無視也不去解決這些上層也根本的"貨幣學"問題，可想像完整又合理的"貨幣均衡論"是難以被真正的落實和生成的。

"貨幣均衡論"雖然其主要論點是在於錢幣幣值的穩定與持續，且是時下整體經濟體系裡較為混沌也晦澀的部分。但若深入透視並宏觀了解這貨幣均衡論，就會另外發現，借由貨幣均衡論的新視野、新理論，已似如開啓了現代經濟學的另一扇門窗，能讓我們從不同的角度，看到了些以往被疏忽或看不清楚的經濟面相和觀點出來，就撿幾個例子來說吧，並順便也為這些例子提供些一家之言的觀見和見解，以為參酌。

1. 一個國家（或一個大社會）的錢財（產值）是有上限的。追求無止盡的經濟成長是虛構的和災難的。

　　了解貨幣均衡論其實也就是市場新生產值與消耗產值的供需穩定關係，而市場供需穩定的理論是建立在有需求才能帶動供應的邏輯和原理上。一般說來，市場有基本也慣性的需求，如維持人們“存在”意義的食、衣、住、行、醫、護等農工生產製造和服務產業。這些基礎產業的產值是符合代謝新陳、寅吃卯糧的幣值支撐與穩定長久內涵和設計的，也是幣值裡最為穩定也堅實的部分。另市場的需求中也有所謂“樂於存在”的需求，如藝術、旅遊、娛樂、文化或奢侈器物等服務或製造業。由於這些“精神性”產業的“非民生必須性”或時尚性等原因，其產值的持續性與穩定性常是易被中斷也不穩定的。然而，不論是什麼樣的市場需求，都是有其需求極限的。原因簡單也清楚，因為需求的源頭其實是人。而人在自然情形下或說自然意義下的需求是有限的，如一個人的食量再大，也是有限的。身軀再大，也祇能睡一張床。再愛看電視，也祇能看一台電視。再愛換新衣也不過每天換一件新衣。甚至再愛旅遊，也必須面臨身心體力的支撐上限的，更不用說持續與長久了。而當需求是有上限，或當總需求已呈飽和狀態時，也就不會有無止限的產物與產值產生或成長了。這也是當今富裕國家若不是以增加人口、或擴張外在市場、或想盡辦法創造消費（消耗）、或無上限的私有化財產化等典型資本主義的斂財方法和做為，否則是不容易再能增加其產值與錢財的原因了。

　　只是，不幸的是，不論是無止限的增加人口數目，或不斷的創造需求，或無上限的將自然資源獨佔化或財產化等作為，都是造成包括外在環境與生態的污染、破壞、毒化等因素，以及內在社會（或國家）的鬥爭、混亂、貧富、失序、甚至天災、人禍的源頭了。

2.錢荒與錢災的淺論與針砭

　　"錢荒"或"錢災"，都是經濟失穩的明顯現象與徵兆。短期的如此現象，或可視爲是市場機制的"良性隱形之手效應"，扮演著自我穩定的調適和整理功能，然若錢荒或錢災現象的長期與持久，那麼就意味著健康經濟的某些結構部份或運作方面有所差錯和問題了。

　　"錢荒"的現象是市場上銀根緊縮，流通的錢幣稀少短缺。因而呈現出交易停滯、百業蕭條，聯帶著產值萎縮、經濟衰退等不景氣現象。而錢荒現象中最爲根本也最爲麻煩的原因，則是普遍人民的貧窮少錢，如當今第三世界國家（或社會）的窮苦實情與景象。

　　針砭之法是從全方面的提升個人所得（個人產值）著手，具體的作爲方面，包括建立全方位的民生也健康經濟（均富與永續）運作機制與體系，如健康的貨幣體系、公平也法則的市場體系、人口數目與生態資源的平衡控管機制、具功能彰顯與方法正確的政治、法律、教育、商貿等體系存在與運作、以及水電公路交通基礎建設、包括政府掌控的服務性質（非營利）金融體系等，可說是個龐大也複雜的系統工程了。

　　"錢荒"現象中其次麻煩的問題是，國民總體生產出來的錢財爲少數人掌握、壟斷。當絕大多數國民（或社會人）淪爲無錢可賺、無錢可花、如同消費樂園外的局外者、貧窮人時，而僅憑少數大亨的有錢花費，是不足以刺激和繁榮市場的。而針砭之法是檢討以往也當下的"財富經濟學"思維並改革也建構新世紀"民生經濟學"（均有與永續）法規和建全社會正義法則，以及從提升所有全民的個人所得（個人產值）著手。

　　"錢荒"問題中較不嚴重但卻也相當棘手難解的問題是，如人們過度的儲蓄與無為，或如老年人因"少需無求"或"後顧之憂"因素等，而欠缺花費動機的情形。這種情形若造成長期的消費萎縮，是會對於經濟體質有所傷害的。針砭之法是解除其儲蓄之潛在動機和創造需求。方法包括如殘、弱、貧、窮國民的輔助或給養、全民健保的政策與落實、避免政治及社會的不穩定或不可測，解決老人的「老有所養、所護，無後顧之憂」之心防也心安問題，以及提倡和建構出包括如適合老年人的健康、休閒、美、趣、文、藝等"樂於存在"的消費產業，以繁榮貨幣市場。

　　另說"錢災"方面的問題與現象，則是指市場上因為錢幣充斥、氾濫，而引發的經濟失焦與包括從微觀個人的身心縱欲到社會的道德失控、以及到具高度哲思與眼界的生態污染環境破壞等一連串的不穩定也失控現象。是一個較具高度也宏觀的兼顧著經濟學學理及經濟學哲思的現象與問題了。

　　了解錢災的災害問題，可從檢討經濟學的人為存在宗旨和方法運作等哲思來說事。西方傳統也古典的經濟學"本質"，大抵是關注也用心在如何增加財富（個人）的學問上。19世紀的"財富經濟學"在當時社會共產主義的革命思維強烈衝擊也影響下，其內涵也"本質"上，附加上了「如何解決社會上普遍的貧窮與社會資源的分配正義等精神與問題」。而21世紀的"民生經濟學"新思維，則是除了有著更強的呼籲是；「必須解決國家或社會上財富分配為少數人壟斷獨享，所導致貧富懸殊、差異兩極的難以"均有"（均富）問題外，另又增添了生態與環境持續被摧毀惡化的資源枯竭和難以"永續"等問題」。而當能站在如此新世紀"民生經濟學"的"均有"（均富）與"永續"新思維角度和哲思觀見上，就較能看清楚"錢災"的嚴重問題了。

　　撿些例子來說，時下錢災的明顯效應是人們會將“多餘”的錢財投資或花費在“多餘”也大量的黃金、珠寶、房舍、公寓、大樓、或土地或具價值也保值等所謂的“物質財富”和“自然資產”上。而這些大量“多餘”的自然資產與物質，被人為生產和轉換，則是導致人們無止盡也貪婪的開發山林土地、破壞生態環境、污染空氣水源、創造髒亂垃圾、也阻斷資源永續的重大原因。

　　另說一個“錢災”對於時下社會的可怕也不良影響例子，當社會上的錢財氾濫充足，但卻是以貧富的懸殊兩極對立、階級的鴻溝深縱情形呈現時，一小邊是享受不盡的榮華富貴、一大塊是難忍不耐的貧窮卑賤與物價膨脹時，這社會其實是不和諧、不安全、不穩定的。而社會上的人心則是大多數人不歡樂、怨嘆、屈辱、不幸福的。如此“錢災”的畸形社會現象和人性問題，絕不應是錢幣（貨幣）的設計宗旨和功能呈現，且是明顯牴觸“均有”（均富）和“永續”之新世紀民生經濟學“精神”與宗旨的。其針砭之法是減少國家（或社會）人口數目的過於擴張、限制個人財富上限、以及制定合乎均有（均富）與永續精神的新世紀經濟法則、甚至包括從哲學的非物質財富“觀念與改變”等哲思與觀念著手。

3.對於貨幣均衡論落實與方法的附加建議

　　讓錢幣（貨幣）每數年一次的完全也徹底改頭換面一番，以達到新陳代謝的新生與替換確實意義。理由是，既使我們確實掌握了錢幣幣值的寅吃卯糧支撐原理，作到了抽樑換柱的穩定方法，但是卻仍難免會因人們儲蓄、收集、遺失、偽造、損壞等原因，而難以真正掌握錢幣數與量的精確。如此日復一日、年復一年的歲月累積下，錢幣數與量的失真失實情形當更嚴重，並終將使得貨幣均衡論不具實踐和真實意義。

　　解決如此錢幣數量不可掌握、也難以估計的難題，實際有效也方便可行的方法，就是每數年（如 6 年）一次的全面性回收舊錢，並以全新設計也改頭換面的新鈔全面替換。如此去舊替新的換鈔目的，除了可對於錢幣數量精確掌握，有助於落實貨幣均衡論的實踐外，尚有其他的好處，包括更能準確的執行如私人錢財（僅限現金而不包括除了現金之外的其他合法財物）的上限依據（參考後續文章緣有的法則及梳理與補遺等章節）。也能預防如貪贓枉法、偷拐搶騙、洗錢偽鈔等非法或犯罪所得的無所遁形，以及如確實執行孤殘老弱、貧窮代濟公民的參考依據等，是可創造美麗人間與良善社會的有用方法也工具了。

（四）外貿與匯兌

　　在那曾經以物易物的古老國際貿易時代，是沒有所謂匯兌問題的。那時的國際貿易情景是扯風揚帆、闖海過洋的商船團隊，或風雨烈陽、翻山越谷的駱駝、驢馬商隊，滿載著互通有無的人需之物或充滿著異國風情色味的奢侈商品，進行也執行著理想與夢境的編織，勇氣和投機的挑戰……。

　　然而，曾幾何時，當貨幣的出現，並被廣泛的共識和利用後，除了那船笛悠揚的鳴聲不再讓人驚喜期盼，那駝馬商隊清脆的鈴聲不在悅耳興奮外，更深層的變化，當然是所謂商品間的交換已變成貨幣（錢幣）間的交換了。

　　只是，貨幣（錢）實在是太複雜了，而不同貨幣間的匯兌問題更是複雜，再加上早期既無方法也無規範的對外（國際）貿易，其實對於國家（國內）的經濟，可能是會產生嚴重也不當之負面影響的。像是如國家資源無償外流或如剝削似的外流等，因而造成國虛民窮的悲慘也破碎經濟。另也包括如外國經濟的"入侵"

可能造成區域經濟生態的破壞，甚至經濟災難等，那絕不是"不過是放大的互利與交易市場"如此簡單也貧乏的經濟概念所能比擬的。以至於，既使是最為精明也用功的經濟學者，也很難宏觀完整的透視外貿與匯兌相對於國家經濟的諸多深入也嚴重影響。而本章節文思則是從新世紀均有（均利）與永續的新世紀民生經濟學學理與角度，對於以往曾經一些外貿與匯兌的諸多爭議和困惑問題，提出些許的個人觀見與角度見解，以供參考。

1.外貿論

在 17 世紀西方經濟學仍處在萌芽初始的階段，一些當時的經濟學家對於國家（王國）如何才能致富？曾有過重商主義和重農主義的歧見與爭論。重商主義的主要代表如拖馬斯·孟（1571-1641），是英國東印度公司的董事和政府貿易委員會委員。他於 1621 年發表了英國與東印度的貿易論文，認為對外貿易是國家致富的唯一手段。他死後他的兒子重新整理其論文，並以英國得自對外貿易的財富為書名，持續發表其致富觀點。

重農主義的主要代表是法國古典經濟學的創始人皮埃爾·勒·比遜德布·吉爾貝爾（1646-1714）。他的經濟學著作有法國詳情、貨幣缺乏的原因、論財富、貨幣、和賦稅的性質、論穀物的性質、交易、和利益等，他認為真正的財富不是金銀、也不是錢幣（貨幣），而是攸關民生生活之必需品。他肯定製造和生產的致富"正途"，並且針對性的反對重商主義"以錢賺錢"和"買辦抽頭"之類的資本致富"歪路"。

雖然重商主義和重農主義有關國家（王國）何以致富的命題思辨已遙遠模糊，且世界通用貨幣也早已從具"價值天生"的金銀等貴重金屬，轉變為"價值人為"的紙幣、塑料幣、甚至電子幣等，已失去了某些辯証的核心基礎及結構因素。但是，兩者爭

辯的一些重要相關問題，如財富究竟是什麼？財富增加的有效也
"正途"是否如重農主義所強調的"製造與生產"方式？或是如
重商主義所強調的"對外與貿易"方式？其實仍是具有經濟學哲
思與探討價值的。特別是站在以"均有"與"永續"爲新世紀經
濟學"精神"或宗旨的立場，來看這"財富論"思辨，是否能有
些相對清晰明確的答案出來？或是否能爲這數百年來深具"資本
也個人主義色彩強烈"的重商主義，和深具"勞動也社會主義色
彩情調"的重農主義，整理出一個較合理也較全面完整的致富結
論出來？

　　財富的中文字解，是指"財物的充裕無缺"，由於"充裕無
缺"的富字意涵，簡單明白，不需多作解釋，且就從何謂"財物"
的概念來談談吧！

　　人類"財物"的概念從早期的一處房舍、兩床蓆被、數頭牲
口、幾分田地、半坡果樹之類，具物質也有形的的人需之物，逐
漸複雜到具形而上價值意義的金銀珠寶，以及具代物意義的錢
（貨幣）財等，再到更複雜也人爲虛擬價值的証卷、股票、土地、
古董等，其實一直是被人們明確知悉、苦心追求、甚至是強爭惡
奪的。

　　只是，相對於一些喜歡深思遠慮的思想家來說，往往會有些
其他另類或表相之外的看法。比如說古希臘思想家色若芬（約
430-355BC）在他所著作的經濟論裡就解釋財物的概念也既具價
值之物的概念，是指"能使個人得到利益的物事"。例如一匹馬
對於能駕馭利用的人來說才具價值意義，也才是財物的意義。笛
子對於能吹奏它的人來說才能算是財物，包括若能從敵人或朋友
身上得到好處的話，這種敵人或朋友也可被視爲財物。反過來說，
一本書、一個工具、或一塊土地對於不能利用它使用它的人來說，

皆不是財物。甚至錢幣對於不會利用或從不使用的人來說，同樣是不具財物意義的。

不難意會，色若芬的財物觀，是從物事相對於個人的利用價值角度來評估和定義的。強調著人（人本）的主體因素，而非物事本身。色若芬深入財物的人本也本質（利用）意義，為人們揭開了財物的寬廣視野，包括如財物也可以是一本益智雋永的書、一片賞心悅目的風景、一曲盪氣迴腸的聲樂、一段令人珍惜的歲月、一些令人自尊自信的事蹟或成就等，也包括財物可以是一種美與趣的物事，是一種能予人善良美好的文化，以及創造如此美趣物事的工具或方法等。

實在說來，色若芬有關財物的人本價值論，立論明確紮實、論述益智利人，原也可以與其他一些偉大概念或觀念，如誠信、仁愛、法律、道德、和平、理性等，相提並論並深植人心。然而，當財物的觀念從原始“人本”也“利用”的價值意義，演化為“物本”也“佔用”（擁有）的價值意義時，財物的觀念也逐漸的變為複雜、扭曲、污名、甚至邪惡起來。

原因詭異又耐人尋味，因為如此的“人本”相對“物本”、“利用”相對“擁有”財富觀念轉變之後，往往就會使得個人的財富，變成他人或它物的不幸或災難了。就像當人們將有著美聲的畫眉鳥視為可佔有、可交易的物事並綑綁出售。或將有著特殊美景的山林海濱，視為可私產可佔有般的財物並築牆立柵。或將可助於大自然生態調節與清新環境之機能的森林或濕地等，視為私產般恣意的污染破壞等。而當大自然的資源萬物皆可成為少數人獨佔私有的資產，或貼上可供交易買賣的獨佔財物時，絕大多數的一般人們，將不論是在於物質層面或精神層面，都將陷於真實的貧乏、空洞、和苦難中。而社會必然將是階級的、鬥爭的、不安的、不幸與災難的、且是難以解脫的。如此隱藏著對立、危險、與邪惡本質的私有與資本主義財物觀，其實是有其哲學上的深層思辨和改革必要的。

　　另說中國人的"財物"概念，是由"財"與"物"兩概念集結而成。而"財"是由"貝"與"才"兩字組成，貝的古字解釋原有錢（貨幣）和價值的意義，而才則是"有用、功能"的意思，兩者相加後的組合概念就變成了"可轉化爲錢（貨幣）的功能之物"，或說"值錢的有用之物"等。

　　平實而論，中國古人的財物觀比較起色若份的財物人本論完整也實際多了。比如說，中國的財物概念不止包括了色若芬認爲財物應是指相對於人的有用之物，另更具內涵也重要的意義，是將"錢"的觀念放進財物的觀念中。而事實上，"錢"作爲當今可被"人本"利用之物，實已超越任何單一物事所能發揮出來的"可被利用"功能，已達到近乎"萬能"的意義。甚至比起人爲之神的"萬能"意義更爲真實也明確。正也因爲"錢"的如此萬能也實用價值，"錢"也比任何具財物與價值意義的"有用之物"，更具"財物"的真實性與內涵性。而人們以"錢"代財、以"錢"富來衡量"財"富，也就自然而然的順理成章了。

　　然而，我們也當知識和明白的是，現代"錢"（貨幣）的價值內涵與支撐，是人需產物的"人工也加值"部分，而非自然產物（自然資源）本身。而曾經以往，那種將大自然也天生產物，包括其他生物和人，如鳥獸、奴隸等，可被個人私產和可被私人擁有獨占的荒謬財物和價值觀等，其實是不合現代民生經濟學哲思和學理的。

　　此外，更需明白理解的是"錢"（貨幣）作爲現代民生經濟體系裡的經濟財物設計和"萬能"利用性，是完全經由人爲設計、管理、和具"宗旨"的機理與運作。而其存在宗旨的旨意，自然是民生經濟的均富與永續意義了。而其機理與運作，如前述及，是種經由利它付出與利己回饋的互利機理與運作原理。也既你的財富，其實是來自於你對他人的利益貢獻，與他人的利益回饋。而如此的財富設計，除了涵蓋了色若芬的財物價值論精義，也包括了老子哲思：『既以爲人己越有、既以予人己越多』思唯的具體實踐和方法呈現。

至於另說，究竟"國家"致富的正途與方法，應是著重於制造生產的理論上？或其實是可經由買辦與交易等外貿服務業，創造出更多也更"容易"的錢財出來？如此的經濟學問題，若放在今天，特別是以國民"均有（均富）與永續"作爲經濟學宗旨也目的設計，而非200年前封建王國（國家）時代，僅限於國王或少數資本家斂財增富的意義，可說已是表裡全然不同也更爲複雜龐大的經濟問題了。然，若站在均有與永續的現代民生經濟立場上來看製造生產或金融商貿，"誰"更具產生財富的功能性、正徑性、合理性？或可概略的做如是看；正如原始也基本的貨幣經濟模型所示，務農的張三若想晚餐桌上多隻雞、餐後可再享用杯高山茶、或給小孩生日時添加件新衣、或幫老婆買件首飾之類，也既更多些的物質上需求和滿足。那麼老張實際可做的事，就是投入更多些的心力付出，生產出更多些的多餘米糧出來，並經由公共市場的交易機制，換取到可代物的錢（貨幣）後，再經由錢去交易出所需之物。而獵人李四、樵夫王五皆然。而當人人都能生產出更多的利它之物，並經由錢的媒介轉換後，人人就都可達到更多物質利用和滿足的均利（均富）經濟意義了。

經由上述均利（均富）模型的啓示，不難認知或意會到，"製造與生產"可說是財富創造的根本也首要前提，是屬性爲"真實經濟"也"第一產業"的根本也主體部分。而外貿與交易，則是財物多元和添加選擇的輔助也枝葉部分。兩者都是均有也多元經濟的健康組合部分，也都是不可缺失忽視的部分。而對外貿易（國際貿易）的確是可以用擴大市場、擴大交易機會、和擴大選擇等，有利於市場良性黑手機制形成與運作的觀點來看待的。但是，要強調的是，卻也不可忽略國際（對外）貿易，仍是與國內貿易有所不同的。不同之處簡單的說：『任何國家的國內貿易，應該是一種共生經濟體，或說是一種命運共同體的經濟關係和問題。而對外貿易，則應是不同的命運共同體之間的經濟關係與問題』不可攪混或糊塗了。

　　事實亦然，比如說，國內商業交易除了使用自己國家印製的貨幣，可自主掌握的法政體制運作外，另重要的意義是其屬性為自身"命運共生體"的經濟學意義。是自身要養活自身、也是國家內部社會福利、醫療保險，照顧殘弱孤老、富裕民生、和諧社會、衛國護民、以及達致永續經濟學宗旨意義下的重要一環。畢竟，一國之經濟一如一國之政治，是祇為國家自身和自己人民服務和存在的，且是絕對要避免外力介入和影響的。那也就像我們不可能會去指望或要求別國政府或其他國家來解決我們國內自己的貧窮與飢餓、社會福利、醫療保險、或老年照顧、或國家安全等屬於我們自己切身的問題般。而對外貿易，其實只是將國內產品賣到國外，換取外國的貨幣，以做為進口外國貨物所需的單純目的和意義而已。兩者不同的交易模式和經濟本質，差別之大，是不可能等同看待和相同對待的。

2.匯兌論

　　由於外貿是建立在匯兌的基礎上，所以說，若要完整的了解或利用外貿來擴大市場、繁榮經濟等，那麼了解匯兌，就是必要也重要的知識了。只不過難以置信的是，有關匯兌的看似簡單學問，其實是既深奧又複雜，甚至遠超出你所能想像的隱晦、複雜、和難懂。

匯兌何以會複雜難懂的原因，因為涉及到匯率的問題，而匯率又涉及到幣值的穩定問題，而幣值的穩定問題，則涉及到包括政治、經濟、法律、環境與生態、人口與資源等無數領域的相關穩定問題。這些環扣相連、牽一髮而動全身的穩定與聯繫問題，從本書全書文章中無不關聯和影響的整體穩定事理及論述，應不難意會。而正也因為匯兌問題長久以來的難懂與難解，再加上以往哲學思維中，相對於經濟領域（經濟哲學）的貧乏甚至誤導，以致於以往也傳統立基於匯兌機制上的外貿問題中，其實充斥著瑕疵、扭曲、錯誤等觀念和作為等，也就在所難免了。提供下例幾個我個人以為明顯也重要的例子，以為參考或思辨。

a 匯兌不同於買賣

『不同貨幣之間，祇能是兌換或對價的關係，不能也不應是可被買賣的關係。換句話說，貨幣祇能是商品交易的工具，而不能成為可供買賣的商品』。

長久來我們多已習慣於國際間的貨幣互動情形是以買進賣出的買賣意義和交易方式來運作的。也就是說我們早已習慣並接受所謂匯兌的概念，其實就是國際貨幣間的買賣和商品概念了。

雖然說，買賣貨幣與兌換貨幣，著實不太容易釐清的清楚明白，但是兩者之間，的確是有所不同也暗藏玄機的。而其重要的差異，就是；『錢祇能是交易的工具，而不能成為可買賣的商品』。原因說來簡單也複雜，簡單的說法是，因為必須遵循也契合著貨幣（錢幣）原理，和新世紀經濟學（均利和永續）的設計也宗旨。複雜的說，在整體健康經濟與貨幣穩定體系的方法也機制運作上，人爲經濟產物（人為商品）才是能產生出產值也貨幣（錢）的關鍵也核心設計，而錢（貨幣）不是商品，是不可以生錢的。倘若允許貨幣（錢）也可生錢的話，就會像一隻牛可被允許剝出兩層皮，甚至三次、四次、無數次，進而造成貨幣和幣值的混亂與失真、空洞與泡沫等扭曲與荒謬問題出來。金錢已死（The Death of Money）的作者科茲曼在他的書中就例舉出了如此的荒謬例子；「銀行傳統上以錢創造金錢的方式就是代出存款。如果 A 銀行收到一百元的存款，他將這筆錢存進一個帳戶，根據美國聯邦儲備理事會規定這筆錢的 12% 左右必須存在一個現金儲備帳戶中。於是銀行可以把一百元裡的 88 元借貸出去。當他這麼做時，原本 A 帳戶的一百元仍還在存摺裡，仍是存在的，儘管其中的 88 元已經在另一個人手中並存進 B 銀行。B 銀行於是也有新的現金可供借貸了，因爲這 12% 的銀行規定容許 B 銀行借出 77 元，通常 B 銀行也一定會如此作爲，而這 77 元然後到了 C 銀行。只是經過三次轉手，原來的 100 元已產生出 265 元來。A 銀行在資產負債表上例出 100 元，B 銀行例出 88 元，C 銀行例出 77 元，如果再完成三次這樣的轉變，原來的 100 元會成長到 443 元的總額。而這樣的成長還沒有結束呢！」。

　　錢（貨幣）不可成爲商品，也不可買賣的更簡單說法，就是不應也不能允許“以錢賺錢”或說“以錢生錢”。這是健康經濟與貨幣設計的運作機理也必要法則，且是國內交易與國際匯兌都適用的。如此禁止“以錢賺錢”的貨幣原理也法則規範，也意味著舉凡銀行的借貸與利息、金融產業的基金操作、外匯的買賣、私人公司的票證卡卷等，都是違法亂綱，不合乎民生經濟學法理的。

　　其次說，國際貨幣間的貨幣匯兌，如果允許以買賣的商品方

式運作而非兌換或對價的關係，明顯的惡劣影響是會產生如所謂
貨幣的"市場效應"出來。也既是說，會產生如競爭和選擇等優
先和主流的市場貨幣（如美元）出現。而當市場上有所謂的優先
或主流的單一貨幣產生時，就會扭曲甚至破壞其他國際貨幣的匯
兌價值與"信實"基礎，進而扭曲也破壞國際貿易的健康也合理
運作。此外，買賣而非兌換的國際貨幣經濟運作體系，不僅容易
被強大和主流的強勢貨幣影響甚至操控，也容易造成經濟貧弱小
國的經濟、政治等國政問題的無法自主，甚至被扭曲成為如殖民
經濟下的代理政府或剝削工具，且難以翻身也難以自拔。

b 匯率論

概略而言，"匯兌"是貨幣（錢）兌換貨幣（錢）的的解釋，
而"匯率"則是不同貨幣幣值間的對價與比較關係。表相上兩個
概念是各具其相、各顯其義的。可實際上匯兌與匯率是表相與內
涵的整體與邏輯關係，匯兌是建立在匯率的基礎上，沒有匯率的
共識和形成，匯兌是無法互動也無法進行的。這也是說，想要弄
通國際貨幣貿易，甚至解決世界宏觀經濟問題，那麼完整與正確
的認知匯率，是重要也必要的了。

不過，若說洞悉且掌握"匯率"又談何容易？只要參考歐洲
經濟共和體（E.E.C）於 1979 年成立歐洲貨幣體系（E.M.S），從
而迄今幾近 30 年來，仍是無所方法也無所理論，以及仍是無法完
全解決其會員國之間的的匯率穩定問題，就或能多少意識到匯率
問題的深奧和複雜了。而若另能認知到越是波動激烈的匯率，越
不利於貿易的運作，而越是穩定的匯率，越是有利於貿易的擴張，
也就能體會匯率對於國際商貿的繁榮與健康，是聯繫也關鍵的了。

匯率的何以不穩定問題，涉及到的因由層面廣泛又複雜。比
如說，時下貨幣之間的交換和關係，其實是以一種買賣而非兌換

的方式運作和進行，因而產生出貨幣（錢幣）的"市場效應"和扭曲影響，並造成不同貨幣中或被高估或被低貶的國際貨幣價值（價格）出來。另也有原因是區域政治或社會的不穩定，進而牽聯到匯率的不穩定等諸多事由。然而，解決匯率的穩定與波動問題，更為根本也結構性的"內在也其實"問題所在，仍在於各國貨幣幣值本身的結構與穩定問題上。事實上，匯率的波動或穩定，或多或少的聯繫著各國貨幣幣值的波動與穩定，而各國幣值的穩定與否，則涉及到包括了一國的政治、外交、財經政策、貨幣政策、法律法規、人口與資源、生態與環境、社會的和諧與混亂、天災與人禍等眾多也敏感的穩定基礎上。也全是讓人棘手也困惑待解的問題了。

　　從歐洲長期研究貨幣與匯率穩定機制的歐洲單一貨幣機構（E.E.U）經驗顯示，解決匯率波動的較正確方法，或應是各自先將自己國家的幣值穩定情形做好。當各個國家自身的錢幣幣值呈現出長期穩定（常性）的健康（正常）狀況時（至少 2-3 年），便可經由一種"購買力平價"的交叉計算方式，而得到較為合理也相對公平的匯率出來了。而當匯率能合理也真實的被呈現被反應時，就有可能公平也和諧的接合著既是擴張的繁榮貿易，也是穩定均利的貿易，進而達到在最大的貨幣穩定體系和運作情形下，產生出最大的經濟效益出來。

c 認識外匯

　　一般人的傳統"外匯"概念也許是數字的、盈餘的、財富的，是國際商場上攻城掠地的戰利品，也是國際經貿實力與能力的展現。但是，相對於"外匯"的新世紀經濟學（均利與永續）思維來說，可就不全是那麼回事了。特別是當外匯儲備（外匯存底）長期的盈餘並過多時，不但不是個正確有利和光彩驕傲的事情，相反的，卻可能是個不合乎經濟法理、不懂經濟、甚至是相當愚蠢白目的事情了。如此雞湯變餿水的外匯概念轉變是否有理？又如何解釋呢？

其實，“外匯”最簡單的定義和解釋也既“外幣”，或也可說是他國“的錢了。認知外匯既外幣的觀念是關鍵和重要的，因爲這原理告知了我們，外幣是祇能在外國他地使用和流通的，或說，外匯也只有在外匯國當地，才具有真實的經濟價值和存在意義，這也是何以有外匯理論認爲除了；

> 甲. 想購買（兌換與交易）他國產物（包括旅遊等）。
>
> 乙. 想投資他國。
>
> 丙. 想投機或操作他國匯率以獲取利益。否則，外匯是不具任何存在或價值意義的。

然而，若從新世紀民生經濟學思維來說，上述三項外匯的功能與利用價值中，乙.“投資他國”（除非是出自純粹的想幫助他國的經濟意義上），和丙.“投機他國”的金融或匯率以賺取利益兩項，都會因爲不符合現代民生經濟學原理，甚至破壞當地民生經濟的均利與長久等因由，而不具外匯的利用價值和存在意義。以致於外匯（外幣）的真實也唯一利用價值，也只有購買（兌換）他國產物如此的單一功能和存在意義而已。

從外匯（外幣）不過是只適用於兌換他國的產物如此單一作用來看，我們就較能看清楚或意識到，長期且過多的外匯儲備，實有如長期無以回收的債權般，不僅不能產生真實的財富意義，甚至也會因爲國家資源（包括自然、文化、與人力資源）長期無償的外流和付出而耗損或自傷。而如此傷害，特別是一些資源短缺、生產匱乏、大多數國民仍處於貧窮線下的國家，更是如向貧血者抽血般的傷害和不當了。

此外，從時下外匯的押匯機制與設計來看，過多蓄置無用的外匯或債權，雖然已如不真實和浪費的錢財產物，但卻已先在國內產生出不具真實意義的產值出來，且混充在真實產值中，並成為稀釋和空洞幣值的泡沫因素，甚至成為破壞經濟和幣值穩定的因素了。

歸納並整理上述些外匯也外幣觀念，以及了解任何國家貨幣實為其國家共生經濟的工具也方法，則又能讓我們對於"外貿"有著些更深入也額外的觀見和啟示。包括如認知到；

○經由外貿所能創造出的最大經濟利益，是來自於最大輸出與最大輸入的相對平衡與互利，而最大的相對利益來自於匯兌的公平與合理。

○持續且長久的出超營收或入超負債，都是破壞互利經濟和幣值穩定，也是損人不利己的經濟作為。

○時下所謂的國際自由貿易或自由市場等呼嚇經貿觀念，是不能凌駕於主權國家對於其國家自身共生經濟和幣值穩定等經濟自主管理之上的。更簡單也直接的說，任何國家都有權拒絕可能影響國家自身經濟穩定或拒絕"不受歡迎"的自由貿易或自由市場等經貿觀點，以及國際商貿法則。原因則是如前文所述，畢竟一國之經濟是祇為一國之民生也共生經濟服務的。也正如一國之民是不可能要求它國解決自身國家的貧窮、福利、衛生、健保、教育、國防等"國家事務"的。

冗長且雜碎的論述了有關"錢"的法政內涵、價值內涵、信實內涵，三項錢的支撐也基礎結構。雖說是論述雜亂、例喻不清、甚至理論有所差錯缺失等，但相信已多少能讓讀者在頭昏腦漲之際，對於何以將錢定義也詮釋為"合法可作為交易用的（法政的）

有價（價值的）信物（信實的）"說法，自會有番概念的或認同、
或評貶、或至少能讓讀者體會到"錢"的複雜性、結構性、和難
解性吧！

權與政治，錢與經濟，都是現今時下困惑也桎梏人們最爲牽
連相關也影響實在的物事與問題，另也是人爲建構美好社會和理
想世界的兩大最爲關鍵也基石觀念，不只是個人安身立命的狹義
知識，更是經世濟民的宏偉智慧，這也是何以本章文思例項刻意
擇選爲議題討論與探究的深義了。

雖本章文思結構裡的文義描述，大多著墨聚焦於"權"與
"錢"的概念論究與其歷史演化上的曾經不同面相，以及對於其
物事與存在的利害問題等一些個人增修見解或改革建議上。但其
實尚有文章背後的目的指引與啓智期盼。邪也就是想借由從認知
"權"與"錢"這兩樣影響人類命運至巨、也攸關眾生福祉至深
的人爲物事，特別是了解其輾轉演化的過程和事實中，見識也觀
見到如"權"與"政治"的從以往深具"唯心"意識與封建體
制，轉變到時今的相對授權與議會合議（共識）體制，以及從"錢"
與"經濟"的以往個人財富與積聚價值意義，逐漸轉化也朝向民
生經濟（均富與永續）的民生工具觀念與客觀價值意義等。並見
證著；「凡人爲物事的存在與長久，若立基或延伸於唯心論的基調
上，終將會是無稽不實或不能存在長久的」，以及；「掌握人爲物
事的存在與穩定，必須是建立在具"唯物與辯証"內涵的哲思和
事理認知上」等如此思唯與思辨上。或簡單的說，也就是呼籲；
必須建立以"唯物與辯證"的新思維，以用來"知天下事、解天
下惑"，或引用爲「救苦、救難、不如救思維」的箴言依據或事
理參考。

然而，卻也要特別提示和強調的是；如此新思維下的唯物論

及辯證觀，可不是那以往從來定義不明也混亂不清的傳統唯物論觀點，也不是那傳統實證主義下的狹義也線性辯證觀點，而是從老子哲思也別具老子特色的"物（存在）與結構"唯物論，以及那"無生有論"下的辯證觀了。

有關老子那別具特色的"唯物論"論見和"無生有"觀點，前面文章已多有所論述，不再細微重復。僅稍作粗略提示；老子的"唯物論"認爲"物"也既"存在"概念描述，另也是"結構"的概念描述。而天下任何的物事與存在，都不脫於結構生成與結構變化的事理使然。而老子那"無生有論"則是認爲；凡結構（物事與存在）變化的爲何變？和如何變？都不脫於"無生有論"的機理運作和法則主導的。

掌握老子那唯物論及無生有觀，不僅能突破西方有關"存在"（結構）與"現象"（變化）等概念與問題的千古迷思，解決西方傳統"唯心或唯物"的長久困惑與二元爭論，另尤其具重大"睿智"意義的則是，煞那間，所有有關"存在"（結構）的問題，包括結構（物事與存在）的爲何形成？如何形成？結構的如何穩定與長久？結構的如何變化與不同變化等？凡一切結構（一切物事與存在）問題，都變得似如可觸摸、可形象、可思辨、也較易了解或解決的"唯物與辯證"問題了。

其實亦然，人是處身在一個充斥著結構（物事與存在）與變化的人間和世間中，並與之互動。這些存在的物事與變化，不論是自然的、人爲的、細小的、龐大的、有形的、無形的、單純的、複雜的，都直接或間接的影響甚至決定著我們每一個人的生活和情緒、情況與命運、未來與前途。而以往曾經，我們大多祇能是無奈的爲之困擾或壓迫、無助的隨之浮沉或主導，甚至有如宿命論者的悲哀也認命觀－視世間如苦行的道場、視生活如煉獄的贖罪。

　　然而，隨著能知識並掌握老子那獨特的唯物論與辯証觀，爾後，相對於不論任何的物事（**存在、結構**）與變化問題，包括為人、處事、習技藝、做學問、洞悉事理、解決問題等，縱使仍不是那麼的輕易全通或全然無惑，但至少已不易於陷入矛盾、扭曲、甚至錯誤災難的地步。而當人人都能建立如此大通無滯的“唯物與辯証”哲思與觀念，這社會人間的困惑和問題就會變得容易也減少了，包括人禍天災等問題也自然不易形成或易於消弭於無形未成了。而當這紅塵世間的人禍天災減少，人人生活的無懼無惑，人生也就能變得格外的輕鬆美好了。

第十七章　理性與感性

第一節　論理性

「陰莖勃起時，理性便從窗口溜走」？

　　催眠大師馬丁曾引用了一個生動的例子，說明理性會打折扣的情形。他在地上放上一塊足夠一般人能從容而過的木板，要求大家踏板而過，初始時，大家都能豪不遲疑的輕易而過，但是當這塊木板逐次凌空架高後，能通過木板的人就越來越少了。馬丁的例子點出了一些長久來人們常感疑惑的問題，“理性”到底是什麼？“感性”又是什麼？是否“感性”的力量總能駕馭“理性”？

　　千百年來西方人喜論“理性”、就像中國人愛談“道德”般，只是，就也像中國人從而迄今仍說不清楚什麼是“道德”，時下現今，似乎也沒有什麼西方人將所謂的理性說得完整明白。有人說理性之所以難談，是因為涉及到真理的問題。因為若沒有真理的支撐，理性的依憑標準又是什麼呢？然而，真理又是什麼？應如何定義呢？

　　西方人最早的“真理”概念，直可追溯到 5000 年前古埃及王朝一神教的“被發明”。一神教那種唯一、絕對、不可挑戰、不可杵逆、不可懷疑的“真神”和“神既真理”概念，原是一個典型的“唯心論”概念，也是一個沒有多少可為引申或探究的真理概念。之後，有西方的大思想家柏拉圖認爲，真理存在於物事的內在和本身。那就如同美或善，或數學或邏輯，或偉大或成功等物事，其本身既藏有著真理的內涵。如此真理內涵也"真理自在"的"唯心論"觀點，可說是正式的開啓也帶動了西方哲學有關真理概念的長久爭論與混亂思辨。

最早挑戰柏拉圖"真理自在論"的思想家是他的學生亞里士多德。亞氏的經典名言其一既是：「吾愛吾師，但吾更愛真理」。亞氏排斥以單一概念或物事，如神、愛、誠實、民主、勇敢、自由等可等同或內涵真理的哲思。並認爲真理應是建立在一種"普遍與真實"的意義上，就像"水能解渴"，對任何人都是一樣。或像"冬陽使暖"，那是每個人都可以明確感受到的事實。這些全都是合乎"真實與普遍"的原則，所以是可被稱爲真理的。

然而，亞氏以"普遍性"與"真實性"（實證性）做爲檢驗真理的依據，似乎仍是有問題和爭論的。比如說，我門不能因爲封建時代奴隸制度的普遍存在性、真實性，就認同封建時代奴隸制度的真理性。我們也不能因爲現今人類普遍也真實的佔有著大自然的資源，就可引爲真理般的可擁有大自然。此外，我們也不能因爲人類與禽鳥因眼睛構造不同，眼中呈現的世界色相不同，而認爲禽鳥的世界是非真實、非真理的世界。包括我們也不能因爲我們普遍也真實的無法見識到原子，就認爲原子存在的非真實性和非真理性了。

另說東方的真理觀。兩千多年前的莊子在他的齊物論裡提出如此的看法，他說：『人若居住在潮濕的地方，就會患上風濕的毛病。但是泥鰍就喜歡居住在濕地上。人不喜歡居住在樹上，但是猴子就是喜歡居住在樹上。毛嬙、麗姬，都是美人，人人都喜歡見到他們，可是魚兒見到他們就立即潛入水裡，鳥兒見到他們，就立即飛走閃避。天下事物的標準是奇怪的，但誰沒有呢？取之於心就有了，何必堅持已見、大聲說話的人才有呢？如果標準只有一個，那麼誰的標準才算數呢？』。

莊子的齊物論論述，是中國古代思想家中，少數對於類似真理、是非概念等，質疑深究的一篇文章。除此外、就中國的傳統文化來說，真理似乎是個"舶萊品"也"進口貨"概念。以往中國人愛談"道理"、談"天理"、也談"人情"、"是非"等，就是不談"真理"。包括道教、佛教人士愛談"因果"、"談緣"、"說法"，但仍是不談"真理"，這實在是一個有趣、也值得深究的另類話題了。

相對於西方古典哲學對於真理的爭論與困惑，近代物理學家派吉爾在他的理性之夢一書中認為真理應是一種"不變的存在"。他說，科學理論的主要性質，在要求一個不變的結構與事實。像數學理論是普遍公平無私的可應用到事物領域的每件事情上，它對於埃及人、美國人、日本人等，都是不變的結構。假如我測量出一個電磁波的頻率，那麼我知道任何人觀察同樣的電磁波，都會測出相同的頻率，因為那個電磁波無論如何是不受觀察者影響的。那個電磁波是一個獨立也客觀的事實，是永遠不會改變的。假如我們與外星人接觸，那麼雙方的智慧如何溝通呢？我們只有使用一種共通不變的事實，比如說，我們可能用一個二進碼（最簡單的密碼）傳送圓與「兀」這數字，這是圓週與直徑的比率，是物質世界的深層構造，也既永遠不變的存在。永遠不變，而又能被任何人、事、物檢驗的事實，如果不能被稱為真理的話，那麼真理就不可能真正的存在了。

由派吉爾的上述話譯來看，他對真理的堅持，是除了普遍性和真實性的基礎外，還要加上不變性（永恆性），是對真理內涵更

充實也廣泛了些，似乎也沒有什麼不對。只是，另讓人納悶疑問
的是，天下真有什麼永恆不變的存在嗎？代表圓周與直徑比率的
「兀」參數，我想一定藏有著很深奧的秘密，但是宇宙中是否能
找到真正也完全的圓呢？哥德爾（Kurt Godei）的不完全定裡，
就不認為有所謂"完美的真實事物"存在著。一些數學家也不認
為宇宙中存在著完全標準的圓或三角形或正方形等，換句話說，
「兀」參數是否祇存在於人類的心智構想中，而並不真實的存在
於自然世間？

　　另說同樣的電磁波必然具有著同樣的頻率結構，是很好的真
理例喻。但是如此的例喻，是條件下實證的例喻，而不是電磁波
"永遠不變"的論証。而如果我門找不到任何永遠不變的存在事
物，那麼是否意味著實際上"真理"的不存在呢？

　　真理的定義和理解何以如此的弔詭又費思量？難道就真的
沒有其他可以明確定義或合理詮釋真理的方法或說法了嗎？或許
也未必如此吧！比如說，相對與實証下的真理，或說前提與條件
下的真理是存在的，也是容易解釋和理解的。舉例來說、多天是
寒冷的概念，不一定是真理。但是加那大的多天是寒冷的，且是
相對可實証的真理。一打雞蛋等於 12 個雞蛋不是什麼真理，但是
相對於英國人來說，一打雞蛋就是 12 個雞蛋，且是可實證的真
理。事物的真理不會"無故自生或自在"，也沒有所謂"內涵的
真理"或"絕對的真理"，就像博士不一定睿智、醫生不一定會
治病般。只不過，條件下、相對下的"真理論"，其實已是與西
方傳統真理內涵的絕對性、無條件性、不可懷疑性、不可挑戰性
等"本質"，大異其趣也不甚契合的了。頗值咀嚼玩味。

　　認知並釐清了真理的相對性與實証性意義，再回到"理性"
與"真理"的思辨問題上，我們或能意會到，是否因於西方傳統

"絕對論"與"唯心論"下的扭曲真理觀，終而也導致以往西方人對於傳統理性概念的模糊與混亂？此外，我們或也能意會到理性的概念詮釋，怕也不必然是以狹義或片面的真理觀以爲依據和標準的。就像"科學"雖然是真理的、邏輯的，但不一定是理性般，顯然定義理性、評估理性，或許仍得從包括"真理"意義之外的其他層面來探究和理解。

　　不同於柏拉圖對於理性內涵或自生的"真理觀"論見，康德的"理性"詮釋，則是從"認知論"著手的。康德將人的"感知"（意識）分爲"感性"、"知性"、和"理性"三種形式，並認爲"感性"（感覺）是人類最爲基本的"本能意識"，且是透過本能的感官機制運作呈現，也是知識（經驗與資料）的最初來源。"知性"（認知）不同於"感性"的地方在於"感性"似如零散的純資料，是如本能般直覺也制約感應。而"知性"則是整理不同的純資料，並成爲綜合著不同資料的整體意識。好比說，"石頭是熱的"本能感知，是"感性"的解釋。但是能意識到「由於太陽的熱照射，所以石頭是熱的」如此連接也綜合感知，就是"知性"的意義了。也既是說，"知性"其實是統合著不同感知意識的複雜也宏觀意識。而"理性"則更是綜合著不同"知性"的更爲宏觀、也更爲複雜的宏觀整體意識，也是人類認知的最高能力和境界了。

　　康德所探究、所認知的理性概念，遠不同於理性的"真理論"，而是進入浩瀚艱澀的"認知論"領域。概略的說，康德已將理性的概念與問題，聯繫於人腦問題的解答上，且認爲一切有關理性問題的解答，都隱藏在有關人腦的解答上。就好比說，人腦是學習的，理性亦然。人腦是制約的，理性亦然。人腦是自我運作的，理性亦然。人腦是處理問題的，理性亦然。人腦是與生具來的，理性亦然。人腦有真理（合理）的內涵，理性亦然……。由於理性相對於人腦的如此類似難分，康德甚至從原本探究理性的哲學範疇與問題，衍生到探究人腦與"自在之物"（感知體系）的自然科學領域，再後來又延伸到人究竟是什麼？生命究竟是什麼等？所謂哲學的終極問題上，而終其一身無法解脫超越、也無法釋懷。

　　康德的"理性"見解別具眼界，深入也精采。但也因爲康德將理性聯繫於人腦與認知的牽扯概念，而人腦的"超複雜性"也連帶的使得"理性之惑"更加的難以透視和理解，甚至將理性的概念更加深陷於複雜、混沌、難已定義也難以解釋的境地。

　　如何認知理性？如何定義理性？就我個人以爲，若思揭開理性的面紗、也釋疑"理性之惑"，或可從理性的一些不同面相來併湊，而這些不同的理性面相，我以爲至少包括了理性的存在形式爲何？理性相對於人的存在意義爲何？以及何謂"純理性"？等問題來深入和知悉，或能有所較完整全面的理性概念出來。而下例的問題觀見與見解，則是拋磚引玉的個人心得了，且供參酌。

一、理性的存在形式為何？

　　所謂理性的存在形式，是指理性的一般存在表柏，也是理性最能爲一般人識別、認知、並認同的最直接面相。而如此的"人之理性"存在形式，我以爲是指人（人腦）與事物的互動與反應之際，有所"智能彰顯"的完整概念描述。換句話說，"智能"和"彰顯"兩個概念，尤其是辨識"理性"的存在與否關鍵概念了。

　　了解"智能"是迥異於知識的不同概念，知識如同零散或整齊、單純或複雜的參考資料。而智能則是能將這些不同的參考資料（知識），歸類、比較、刪減、修飾、或整理成爲整體宏觀，如邏輯、如藍圖、如系統的整合能力，也是能啓示出智慧的能力。其次，另說智能，又是不同於本能概念的。本能通常是指人腦相對於與事物互動之際的無意識、或直接制約、或主觀反應。而智能通常是意識下的、有所觀念整理的、也是邏輯與辯証下的相對事物反應或作爲。

再說"彰顯"這概念，古希臘人的彰顯概念解釋，是可類比於存在或現象等概念的。是一個概括了如"顯示的"、"易被注意到的"、"反應明確的"綜合概念。也是一個深邃複雜的形而上概念了。

將人之"理性"的"存在形式"詮釋爲人的"智能"與"彰顯"兩類概念的相加組合，理由簡單亦實在。原因是智能非同本能，是超越本能也是能整合知識、處理問題、並運作出智慧的能力。另說彰顯的概念就稍微複雜了些，因爲彰顯這概念涉及到是否具有如資料、數據、圖符、聲色、形象、以至於知識、訓練等，如電腦軟件的植入、儲存、內涵等，以供運作和顯示。否則，"無所彰顯"或"彰顯貧乏"的智能，或是"彰顯錯誤"的智能，顯然不是"理性"的精確與完整意義了。

二、理性相對於人的存在意義

如果說人的"智能彰顯"也既人之"理性"的存在形式（存在形相），那麼，如此智能彰顯的理性，對於人的存在意義或說對於人的存在作用與價值又會是什麼呢？

仍記得年少懵懂強說愁的青春時期，就不時的被師長告誡著，人要安分、要理性了。只是那時的安分和理性語意理解，大體是指行爲的約束，特別是指青少年行爲時難以駕馭的意執氣盛和火爆衝動了。隨著年歲的增長和生活背景的變化，對於人爲何需要理性的粗淺認知上，也常會隨波逐流、時換境移般的改變著。如從早期認爲理性，也既行爲的約束與警惕，而後，認同理性應是冷靜容忍的超越感性，之後，另又認同理性應是尋思解困的習性養成，之後，再到認爲理性應是人格圓熟的表徵與內涵等，持續不斷的被附加著新的內涵與新義。一直到這些年來籌思並藍圖這道極觀著作，並決定將理性與感性命命題設計成爲書中之其中結構部分後，才真正對於理性及其相關問題，給予認真也凝思的探究、整理、和思索。

　　其實，從觀察大自然所有靈智類生命物（包括人類）的智能與發展，並疑問如此智能發展相對於其生命物的存在意義，已是涉入到如前述文章－老子哲思 VS 達爾文學說中，那有關生物爲何演化的演化論核心思辨上了。換句話說，那是涉及到“穩定、適應？”或“物競、天擇？”的存在意義也功能思辨了。而從前述文章的辨証也結論而言，那是穩定與適應的存在意義也功能作用的。

　　事實上，檢視人類理性的內涵與作用，除了具有著明顯“避凶防災”的功能和存在意義外，其次凸顯可見的則是所謂“趨吉迎利”的存在功能與意義了，如此“避凶趨吉”的智能存在意義與功能，與靈智生物（包括人）的穩定（存在與長久）、適應（得一、致穩）理論是學理整齊也聯繫貫通的，而與鬥爭、天擇的觀念則是明顯扞格不入也錯亂的了。

　　平實而論，以“避凶趨吉”的概括也整體概念，來詮釋和理解“人之理性”相對於人的存在意義和功能作用，說明確是夠明確了、說合理也是蠻合理的。但是，或也難免會讓一些人挑剔質疑的是，若比較“避凶趨吉”的“生命現象”其實普遍存在於幾乎所有生命物，甚至包括不具"靈智"意義的低等動植物生命物種上。那麼，會不會過於簡化也單純了人類理性的"特殊"存在意義呢？畢竟人類綜合智能的強大作用和功能彰顯，那可不是任何其他生物有所具備、所能相比的。這些人中不難所見有宗教家、哲學家、科學家等，包括試圖提升解釋或引證舉例人類理性可以是如神性、如聖賢，如超越人性等"別具特殊"或"更爲高尚"的存在意義和功能作用。只是，這些將人類理性無限價值化、和無限理想化的延伸思維或期盼，仍不過是"避凶趨吉"的理性觀點之更爲擴張與延伸，或說，也既是更爲宏觀也深入的"避凶趨吉"思維與觀見罷了。那也就如培根所說的；理性加上科學，讓人能解決一切問題，讓人具有無限圓滿的可能。或如康德所謂的自然理性（純理性）是次序、和諧、完美、也是至善的呈現。或如老子哲思「人法地。地法天、天法道。道法自然。」的"天"（理）與 "人"（性）致一契合觀點，那其實也是說，任何所謂的 "理性"，若是無法與自然理性（穩定與維護）契合、關聯等，那麼，這所謂的"理性說"，祇能是非理性的，而不會是理性的本相或內涵，也絕不會是人類"避凶趨吉"的根本也有效方法，和正確作爲了。

　　人類有關理性的思維與爭論，從來就是包括東西文哲學說的核心也主流部分，也自有其相對於人的重大存在意義，其重要也必要性，可不是像說"人無理性，如禽如獸"、之類的通俗諺語可堪比喻。因爲，禽獸並沒有如人類所具有的特殊也強大智能。而人類的智能若無理性的箝制和制約，不僅對於自己是隱藏也潛在的不幸和災難，另對於他人、或社會、或生態等，所可能造成的恐怖與禍害、邪惡與慘忍等，那也遠非嗜血、鬥爭、殘酷的禽獸世界可堪比擬、或可供想像的。

三、何謂純理性？

　　有人說康德在論究理性的研究和文章中，另拉出一支"純理性"的概念，卻又未能明確和定義這"純理性"的究竟？可說是康德一生學術成就中的明顯遺憾，也是使得康德這位"理性大師"的"理性之說"美中不足所在。

　　其實，康德的"純理性"論述，不難所見，原亦是承續著西方千百年來傳統"存在哲學"裡的主軸也核心疑問與爭論，也既似如蘇格拉底的靈魂論、真理說，另也似如柏拉圖的理性說、本質說等，那是描述著一種隱藏在物事內在本身、先天存在、且是具次序、合理、也完美的"自在之物"。而康德提出所謂的"純理性"概念，祇是將如此"先天存在、完美也合理的自在之物"，從原本探究人與理性的範疇，抽離出人的相對因素，而單就"理性"的本身論究。康德且認為知識透過人的感官和意識運作，常會受到歪曲而變得"不純粹了"。而"純理性"，是獨立於人之感官經驗之外的"客觀理性"，是先天存在的自然普遍規律，也是一種"道德律"。簡單的說，康德從原本人與理性的西方傳統哲學探究主題，另外牽扯出了"純理性"或說"自然理性"的概念出來。

　　然而，大自然有所謂的"自然理性"嗎？這"自然理性"又是些什麼？應如何解釋呢？如此形而上的哲思與問題，其實又把問題帶回到人與生命，生命與自然等古典思辨的哲思源頭處。也就是如花開花謝、日出日落的次序中，有著規則。物生物滅、是非成敗的變化裡，隱藏著因果。紅顏白髮、人生人死的代謝中，卻致使著人類生命的永續等哲思上。而類似如此的次序與規則、變化與因果、代謝與永恆等，如同自然法的"自然理性"內涵等，其實是長久來一直被東西方無數哲思者凝思也關注的。包括老子的"道德"觀見，也正是經由探索這大自然法理（自然法則）的存在與形式、運作與方法的"自成一家"見解了。只是康德或許受制也圍囿在西方傳統也強大的"唯心論"思維模式和影響下，且顯然並未有如老子對於"道"與"德"的高超見解和突破思維，也致使了康德終其老死，始終未能通悟、未能釋懷何謂"自然理性"（自然法則）的憾事了。

　　大自然是否有所謂的"純理性"呢？若從康德對於他那所謂"純理性"的描述：『是一種宇宙良好的次序，是一種絕對也完美的設計，是一種至善至真的狀態與呈現，是一種人類最高也最宏偉的認知……』，對照參考老子相對於"道"的描述：『道，是一種自然的法則，道，是一種整體的次序與和諧，道，是一種行而不軌、爲而不爭、善利天下而無害的存在，道，也是一種"上士聞道。勤而行之。中士聞道。若存若亡。下士聞道大笑之。不笑。不足以爲道"的認知學問……』，我們或會發現，老子所謂的"道"與康德所謂的"純理性"，何以竟會是如此的相合類似？如此的熟悉又深奧？

第二節　論感性

　　"感性"的概念，在以往傳統哲學的論述上，是以"可被感知的現象"如此複雜的概念來看待和理解的。涉及到"認知論"（有經驗過才能被感知），以及"現象學"（互動與變化）等學說領域與觀點。

　　另又說"感性"的科學概念，在時下現今的一般科普概念和用語上，則是以"情緒"的概念來看待和理解的，因為，凡感性的，必也是情緒的，涉及到神經體系的運作與感應，包括如直接制約式的電磁傳導與感應，和間接聯繫式的生化（內分泌）傳導與感應等。

以往，由於傳統也哲學的感性概念，太過於概略與空洞，以至於長久來人們對於感性的認知和了解，幾乎似如玄學般的茫然又無知。反觀時下感性的"情緒"觀念，則因為近代有關情緒科學的深入與突破，而使得我們對於感性（情緒）的認知，有著比較以往更多也更明確些的了解。比如說，我們可就情緒分子（Molecules of Emotion: Why you feel the way you feel）的作者甘德絲.柏特（Candace B. Pert）針對"情緒"的研究和見解，而得到相對於感性的更多也更精確些認知。

大致說來，伯特認為"情緒"是由被稱為"聯繫體"的訊息分子，與被稱為"接受體"（印記、經驗資料）的感應分子，兩者之間產生的"契合"（印證、複製、得一）與"運動持續"（現象持續）等共振現象與感應運作而生。所謂"聯繫體"的訊息分子，這種分子通常比他所能附著聯繫的接受體分子小很多。我們可根據他們的化學性質將之歸類為神經遞（Neurotransmitters）類、類固醇（Steroids）類、與胜太（Peptide）類，由小而大、由簡入繁的三大類別。

另所謂"接受體"（印記）的感應分子，則是蛋白質的組合結構。是經由眾多微小的胺基酸串聯而成。灣彎扭扭的看起來很像彎曲扭轉的串珠項鍊。如果你能為現今科學家已發現的不同"感應分子"塗上不同的顏色，那麼一個普通的細胞表面（細胞膜）就會像一幅色彩繽飛的莫內畫，至少有 70 種的不同顏色。而相同顏色的感覺分子數量，有的 5 萬、有的 1 萬、有的 10 萬、甚至更多。而一個典型的神經元（神經細胞）可能有幾百萬個“感應分子”附著其上。

當訊息分子的“聯繫體”與感應分子的“接受體”契合或互動，並產生共震、共鳴的現象時，所引發的連鎖生化反應，會使細胞的“狀態”依訊息分子的影響指示，也產生一連串的變化。如製造新的蛋白質、決定細胞的分裂、開啓或關閉離子管道、添加或減除類似磷酸鹽（Phosphates）能量旺盛活躍的化學基等。總之，細胞一生當中每分每秒的活動，都取決於他那細胞表面上有著些什麼樣的聯繫分子，以及那些感應分子是否與聯繫分子產生契合反應或持續作用。這些發生在細胞層次的微細生化現象，如果屬於連接性也全面性的現象，就會引起行爲、生理、和情緒的顯著變化了。（摘自 Molecules of Emotion. Why you feel the way you feel. By Candace p. Pert　中文：走出宮殿的女科學家　翻譯　傅馨芳　張老師文化出版　）。

伯特博士有關“情緒”的研究與發現，其重要意義是在生物學領域裡，正式的証實並解釋了意識和情緒的生化物質基礎，以及身體（物我）與心智（心我）的整體化與聯結化，令人驚喜與尊敬。只是，我們或也能看出伯特對於情緒的研究與論述，大致是著重在情緒（感應分子）如何的被訊息分子“激發顯示”或說“召喚彰顯”的“活化”意義上。倘若能加以補充如“感知”與“意識”的概念究竟爲何？又“感應分子”（印記）到底是什麼？以及“感性”（情緒）相對於人的存在功能與意義爲何？等釐清說明，那麼，或能讓我們對於“情緒”的完整面相，更能全面也清礎的認識了。而下例一些有關情緒（感性）概念之完整與補全之處，乃是從傳統哲學的思維和觀見上，作些簡略也整理上的分際和釐清，若不嫌突兀和多餘，不妨就“辜妄聽之”的引爲參考吧！

一、感　知

　　越是複雜的生物，對於與外在環境和事物互動時的感知（資訊與感應）要求，也越是細膩和複雜。植物與一些簡單（低等）生物，只是對於光線、或溫度、或濕度等外在資訊，有著某些基本的制約式反應，那甚至不是“感知”的完整意義。稍微複雜些的生物除了對於光線、溫度、溼度等，基本外在資訊有所基本感應外，另更增加了能辨識如光線中不同的色彩（不同的色量子結構），聲音中的不同音響（不同的音頻率結構），或空氣裡不同的結構成分（不同嗅覺）等細膩感應。一些生物甚至能凸出的利用著這些資訊與細膩感知設備，如蝙蝠的超聲波雷達系統、狗的靈敏嗅覺、海鯨的超長波低頻聲吶等，以達到包括如偵查、探知、傳遞、或交換訊息等特殊目的。

　　人類的感知（資訊與感應）系統，顯然是更複雜了，除了眼、耳、鼻、舌、皮膚等，所意味的色、聲、嗅、味、冷、熱、燥、濕等不同的資訊收集和感應。另格外凸出也讓人嘆奇的互動感應當是如疼、痛、麻、癢等觸覺感知了。而人類所有上述這些與生俱來如天生也本能的基本資訊感應（感知與反應），都是些人體內不同感知領域的訊息接收器（接受分子），在當與外在事物互動時，將不同外在資訊（訊息分子），分門別類也如“對號入座”般的直接由腦中的感應器激發反應或召喚彰顯，以利於生命機制的“利害對應”。一些超出接收器原始設計所能接收的訊息，如聲波結構中的超高頻或超低頻，光色結構中的紅外光或紫外光等，就會因為無法被接收，而無法被感知和感應了。而我們腦內的感應系統，將這些不同資訊與感應的契合（複製）過程或印證反應，不論是以紅、黃、藍、白、青、的彩色分類，或以甜、酸、苦、辣、鹹、的味覺區別，或冷、熱、灼、燒、疼、等觸覺差異等呈現，都只是對這些真實也能感應（呈現）到的腦內"現象"的命"名"與概念描述了。

二、感應分子

柏特書中的"感應分子"（接受體或配體的感應分子）是構成也產生情緒（感性）的兩大其中因素，其重要意義自是不言可喻。然而，伯特卻沒未能將"感應分子"解說得完整和清楚，令人有著大癥結雖解、卻仍有小癥結未開，而未能盡窺其妙之憾。其實，若將"感應分子"類比於"印記"或"經驗分子"，這類通俗易懂、也容易理解的概念，或至少也能讓我們較易明白，這小癥結何以又會是一個大難題的存在與問題了。事實上，印記（感應分子）這概念，不只是神經生物學的關注所在，另也是包括了心理學、教育學、社會學、犯罪學等，諸多其他有關意識領域的問題癥結與瓶頸所在。

印記（感應分子）的通俗也簡略解釋，或可說成是一種能被感應的符碼或烙痕，是人腦對於事物感知與感知經驗的完整留存。似乎並不是那麼艱澀難懂的概念。不過，這也是印記的一般表相認知了，另更深入些的印記概念理解，如說，"先天（本能）印記"與"後天（本質）印記"的分際？"後天印記"的如何形成？"印記"的清晰模糊、或淺淡深厚等來由事理等，都關係著是否全面了解情緒（感應分子）的深入也深奧問題了，且顯然不是那麼的容易被瞭解的了。

印記的清晰明確，似乎是與事物資訊與感知經驗的全面與細節有關。簡單的例子如一個蘋果相對於人的資訊，包括了形狀、大小、重量、顏色、觸感、氣味、口感、以及食用過後的喜惡或特殊感受等，所有相關事物經驗的越是全面和細節，印記也就越是清晰明確。反之，若相對於事物資訊的越是概略與缺乏，則印記也就越是模糊、空洞了。

印記的清晰明確，或有賴於事物經驗的全面與細節。印記的深淺強弱，則顯然有賴於相對事物經驗的屬性與類別了。大致說來，如"生命同心圓"理論所謂，生命（我）相對事物的經驗感應，越是關係到我（生命本體）的屬性，則越易啓動印記的互動機制。這或也是親身經歷和道聽途說的經驗差異和印記的深淺有別原因吧？而相對於"我"（包括物我與心我）的事物經驗屬性中，又以關係到"我"的直接傷害與侵犯等，最易產生（或形成）明確和強烈的印記，例如火灼、針刺、刀割、燙傷、凍傷、包侮辱、傷心等例子。

其次強烈也明顯的印記形成或感應，或應是類別爲"我與喜惡"的互動也"情緒"印記感應了，像是如飢餓時的食物適應、乾渴時的水質成分、累倦時的眠床石板等，伴隨而生的不同滿足和口感、舒暢或噁心、鬆懈及不安適等不同的互動感應和印記經驗了。

三、意　識

威廉.卡爾文在他那大腦如何思考（How Brains Think by William H.Calvin 天下文化出版黃敏偉·陳雅茜譯）一書中有這麼一句話，人類的學知領域仍有太多待解的謎，比如宇宙起源之謎、大自然種種巧妙之謎、時間、空間、重力、遺傳、生命之謎等。然而，所有這些待解的謎中，人類的"意識"大概會是最後的待解之謎了。

　　意識最爲簡單也通俗的講法，或可說是"注意力"或"專心"等。另較爲複雜些的講法則是如"智能機制的被開啓（被連接）"，或如"知識摸索時的探照燈光"。大致來說，人腦的感知是由感覺器官將與外在事物互動的訊息（分子結構）與腦內的"感應符碼"（感應分子）契合也聯繫，並以"現象"的原理，達到感應或認知的"相生"概念與意義。這也是"感知"的第一階段。

　　然若當如此第一階段的"感知"又再與另一層次具"印記"（經驗分子）意義的感應符碼聯通也契合（複製），並產生如聯鎖反應的集聚與擴張效應時，就會自動的啓動（連接）出人腦內最爲神秘奇特，又令人瞠目駭然的智能機制了。此時，人腦已如加班開工的工廠，爲著單一鎖定的物事（形成物）聯接相關資料、整理與篩選、流通和忙碌著。神經系統敏銳又專注，眼球已朝往被鎖定的事物凝視著、耳朵豎立張啓、鼻孔微張、似乎不願放過相關事物的任何方面、任何細小資訊的收集與整合。大腦內更是血液湧入，大量的腦波活動著，顯然正進行著包括搜索、整理、網路連結等，所謂"智能"的機制運作。此時，尤其令人驚異的意識和智能現象是腦中"形而上"思維的運作了。要知曉一般動物包括嬰兒，是祇能對眼前的真實事物產生互動和感知意義的，而人腦進入"意識"活動的機制和狀態時，非但能對"不在眼前"的事物進行著持續互動的感知呈現，並能對"形而上"事物，包括觀念、符號、數字等，進行著思維的整理、比較、搜尋、連結等，那應可說是智能的明顯也明確證據了，那或許也是除了人類僅有也獨特的"本事"了。

四、情 緒

簡略的分述了感知、印記（感應分子）、意識的概念與差異後，再來談論及了解"情緒"的概念，就會相對的容易了些。因為若說意識是感知的複雜化、集聚化、聯接化。那麼，情緒也就是意識的相關連接化、複雜化、結構化了。

不同於一般靈智類動物的智能運作，似乎只能達到"意識"的層面。人類情緒的複雜與奧妙，若比較意識的單純功能與效應，顯然又超越了許多。就像我們不曾見到過"憂鬱忡忡"的小猴、"擔心不已"的小貓、"忌妒不平"的小鳥、或一條"詩情畫意"的小狗般，更別說是那只有人類才獨具特有如"含淚的微笑"，如此扞格又複雜的情緒了。

由聯結著相關不同意識感應，結構而成的情緒，或也可稱為"情緒結構"。這"情緒結構"也許簡單明確、也許複雜難辨、也許美趣橫生、也許悲怒哀憐，甚至愛恨情仇、五味雜陳等，端視其感應組合成分的性質類別和厚實多寡了。

此外，"情緒"的更為複雜面相及作用，當是與行為的聯繫與關係了。就像是猩猩烈怒齜牙咧嘴時的攻擊行為，或像是貓狗畏懼時的萎縮行為等。一般靈智類動物的行為模式，通常會伴隨著明顯的情緒表徵，充分的顯示著情緒與行為的密切也直接關係。事實上，生命機制（生命本能），就是運用著情緒的"愉快"（正面情緒）和"不愉快"（負面情緒）基本形態來主導著生命行為。這也是何以生物科學家總是運用著"賞"（愉快）與"罰"（難受）的機制和原理來訓練或改變動物行為的方式和原因了。

人類情緒的豐富、細膩、和複雜等，遠超越一般其它動物，原因顯然是人類"智能"的涉及和作用了。人腦經由智能體系的運作，得使從原本簡單也直接的"愉快"或"難受"（不愉快）基本情緒，發展出如憂、煩、美、趣、等豐富多元但也敏感脆弱等間結也複雜情緒。並得使經由"同理心"機制轉化形成如仁、慈、憐、憫等更複雜情緒等。也使得人的"感性"性質中，憑添出獨特的"人性"特質出來。

至於問說，"感性"相對於人的存在意義或存在價值會是什麼？似乎是一個複雜也不易回答的問題。不過，若將"感性"視為人之"本能"（或本質）的意義也部分，再從本書談論本能與本質文章裡的文義與啓示可得出：『凡物之本能，都是祇為其結構自身的存在與穩定服務和產生意義的』。如是，我們或也可說，人之"感性"的存在意義也功能作用，應是與人的存在與穩定意義互通也關聯的吧！

結　論

理性與感性的論究與探索，在西方的哲思領域裡，從來就是重要也關注的傳統命題。另在東方古老的中國，人們則習慣以代表著理性人格的"智者"與代表著感性人格的"仁者"來概括和類別。雖然東西方兩者文化中，都有貶抑感性褒譽理性的說法，如西方諺語：「理性的生命總是以喜劇收場，感性的生命常是以悲劇落幕」。而東方諺語中也有：「情深不壽，至剛易折」等箴言。然而，我們或也能認同："智者不惑、仁者無敵"的包容也睿智說法。

理性能予人們超越主觀與無執的胸懷，讓人們能如海納百川般的集合著更宏觀、更圓融的觀見與智慧，以及能更完善的解決問題。而感性，則是能讓人們因自身的悲、苦、喜、樂等細膩也深刻內化自覺經驗，並經由同理心的奇妙運作，轉化為慈悲、體恤、善良、溫暖、甚至包括惜福、知足、快樂等"美德"。也更能不斥無私的付出、貢獻，並能爲他人的苦難、不幸著想。兩者的認知與經驗與涵養等，都是彌足珍貴的。

此外，除了上述理性與感性的概念探究也知識摸索，另於此近接尾處，想順便一提的相關話題則是，若當感性與理性難以兼顧並存，且必須有所優先取捨的決擇困惑時，那麼，有沒有什麼取捨優先的準則或方法依據？

其實，就如康德對於理性的觀見所言，理性是綜合著不同知性，且也包括了感性的更爲宏觀也更爲複雜的整體意識，是人類認知的最高能力和境界。也既是說，理性本身，其實已具有感性的內涵與判斷了，是不應也不會有所謂理性與感性之爭之惑的。不過,弔詭也事實不然的是,就如俗語所謂的"清官難斷家務事"或"仁者見仁、智者見智"等諺語所示。不論困惑原因是出於支撐個人理性運作的知識太過於貧乏，或出於個人感性的本質基面太過於厚實、難以撼動，或另出於某些更深層不易讓人透視的原理使然，有關感性與理性的優先取捨問題，不時偶然的，人們總常是會遭遇和發生的。

然若，果然如此且無以迴避，甚至必須即時做出抉擇時際，那麼，就請參考"存在先於本質"，這已被存在主義者奉爲圭臬的觀點和概念，並引爲理性的其中準則或依據吧！

"存在先於本質"的最爲簡單理解，是如"存在"（存活）比較"樂於存在"（存活的更好），更爲優先也更重要。或如說，"無害"應優先於"有利"，"避凶"應優先於"趨吉"。例如說，食物對於身體的無害，比較食物對於身體的有利，更爲優先和重要。或如說，麵包比愛情應更爲優先也更爲重要。或如說，青年學子的學業術習，要比耍酷玩樂更爲優先和更爲重要等。這些淺顯的例子，不難理解、也無需質疑。

　　"存在先於本質"另較複雜也深奧些的認知與理解，是如
"穩定"（存在）先於變化（不穩定）」，或如"大穩定（宏觀與
共相穩定）較小穩定（微觀與個體）應更爲優先也更爲重要"的
觀念了。那也就像是說群體（社會或國家）的穩定，應優先於個
人的穩定。而大自然生態環境的穩定，又應大於群體的穩定。或
說，群體的和諧與公利，應大於個人的和諧與私利，而大自然（或
大社會）的和諧與法則，又應大於人爲社會和諧與人爲法則等比
喻了。只是，若想確實也透視的理解這些"更高層次"的"理性"
例喻，恐怕仍需要更多宏觀也深奧的學知見識與經驗體會來運作
與支撐了。

第十八章 論法、說律、話刑

　　若問人類的社會是否需要法律？顯然是個十分"白目"的問題了。那麼，需要一個什麼樣的法律呢？這問題似乎又變成了一個極具智慧，且會引起他人或茫然但尊敬的問題了。

　　我刻意將法律強調為"雖茫然，但卻令人尊敬的智慧"，是因為法律實在太重要，卻也太難以透視和理解了。其重要的意義可以用『凡是存在的、必有其法，否則是無法存在、或難以長久存在的』來比喻。而讓人茫然的所在，則是如此"天下物事（包括人與人為物事）與存在之法"一如"自然法"般的深邃玄奧和令人不解。

　　然而，如此重要的法律，時下現今，卻是以一種你我難以描述的怪異面相、扭曲內涵，存在於你我內在的心思情緒裡，以及呈現於你我外在週遭的社會結構中，並緊密又強勢影響著我們生活層面的方方面面。其次，或更會令你感到難以置信的是我們對於法律的認知是多麼的膚淺，甚至無知。包括那些你以為很懂法律的專家和學者等，大多也不例外。這從目前事實上尚沒有任何一國家的法律，以及沒有任何一種法律理論，具有著完美、合理、可被共識的認同和接受可鑒。

　　歷史上早期的人為法律，且不論東西方，都是與政治相聯互扣，讓人畏懼，但卻不被人尊敬的"政治學"一環。西方思想家柏拉圖和馬克思都曾是鑽研法律，也都嫌惡法律的學究者。柏拉圖失望於當時人爲法律的學理貧乏也內涵扭曲，寄望以“哲人治國”，並提倡以哲學的“正義”觀念，作爲人爲法律的“精神”與內涵。馬克思則更是直言說：『法律不過是統治者和權力者霸佔一切資源財富後，再對著那些一無所有的人民說，不可偷竊、不可搶劫的玩意兒』。換個說法也可這麼說，人類以往的法律，其實也就如同以往的經濟，以往的政治等“知識與學問”般，全都是統治者的手邊工具，是爲權力和統治者服務和設計的。我們參考一些事例，心裡就會有數了。

查士丁尼法典（483AC），另稱爲羅馬法或萬民法，是西方第一部成文法典，也是今天大多數歐洲內陸成文法典的前身，影響深遠重大。這法典開章明義就直言著：『皇帝之所欲，既爲萬民之法律（What The Emperor Willed Was Law）』。不難想像，如此法律的內涵結構是如何鋪陳設計的了。另中古世紀普遍於歐洲的“宗教法”也稱“道德法”或“習慣法”，同樣是如沉重枷鎖般的桎梏著萬千人民的身心。此段被西方史學家共識爲歐洲“黑暗世紀”的宗教法，其近千年期間，據估計單僅在英國，至少就有超過 5 萬名的婦女被以女巫的罪名處死了。另在法國及歐洲大陸，情況甚至是更形嚴酷荒謬。如文史記載說，法國宗教裁判所的審判官尼古拉·雷米，曾在一天之類，就燒死了已被判爲女巫的 800 名婦女。女巫的罪名五花八門，如使用異教徒的藥方治病、穿戴異教徒的裝飾品等。一些被處死的女巫更直接的罪名便是“異教徒”了。既使是一個從未做過壞事且“善良”的“異教徒”也是有罪和不可原諒的。此種近乎“逆我者死”的宗教法也道德法，無所謂道德和證據，恐怖又專制。

今天世界主流的法律，無論內涵與精神，都有著結構性的重大改變，也大都能認同法律面前人人平等，以及既使是最爲卑微的人,也有不受他人欺辱的法律觀點。可說是大致上已從以往"封建政治學（統治學）"的附屬層面,提昇並移轉到"社會學"的層面了。

然而,這些演化和巨變,並不是無所原由的突變或自然就發生（自生）的。它同樣是與無數的外在因素與作用、互動與衝擊,鍛鍊也形塑而來。重要的例子包括了16世紀馬丁路德的"論基督教的自由",挑戰也鬆動了羅馬教皇的宗教壟斷和宗教法專制。17世紀笛卡爾的"懷疑論"動搖了西方傳統教皇也世俗價值與觀念的不可挑戰性。而後有盧梭的"民約論"及"人類不平等的起源論"、孟德斯鳩的"法意"、18世紀美國的獨立戰爭,法國的大革命,19世紀馬克思、恩格思的共產黨宣言、與歐洲的社會主義運動、以及20世紀美國黑人的民權運動等,也就是這些重大事故的角力、鬥爭、流血、甚至犧牲等過程,才有著當下西方法律的如此妥協也怪異面相。

只是,當主流法律觀點從傳統政治學層面進入到社會學領域時,法律的複雜性和困惑性,其實是隨之加深和增多,而不是簡易和變少。這從檢視當今不論是英美的海洋法系法律,或從傳統羅馬法延伸出來的歐洲大陸法系法律,都充斥著矛盾與爭論、問題與無解,明顯可見。這不僅是因為社會學的問題與爭議原本就遠較政治學更為複雜、宏觀、和難以透視。另更其實的原因則是與兩千年來有關"法哲學"（法理學）的一直無解,或說一直無法建立有關。

柏拉圖或許是西方最早深究"法理"意義的哲學家,他且認為應該以"正義"做為法律制定的"精神"（靈魂）和依據。祇不過,西方傳統的"正義"概念,就也如同西方的"真理"概念般,隱晦又難以透視,似乎也從未被明確的定義和共識出來過。

　　亞里士多德將柏拉圖那"正義"的法理觀點，進一步的具體化，提出了"自然法"的法理意義（法意），代替人為不一的正義觀點。只是，亞氏的自然法，又也如同達爾文的自然法般，頗多扭曲和誤解。他的自然法觀使得上帝就是一切的宗教法、王權天授的帝王法、威權的必要、奴隸的存在等都能找到"合法"的藉口，致使法律更加的混沌不明，且製造出更多的社會亂相與問題。

　　兩千餘年來，西方傳統的"法理"探究發展出差異分歧的兩大思維與系統，且相互對立著。一種是以"法"是什麼？什麼是"法"的"精神"或本質（功能）等？以為探究的"法哲學"觀。另一種是以"有用的法律就是好的法律"觀點，強調法律的實用性、現實性等，並以如此觀點作為法律制定的依據，有人以"法科學"或"法實証主義"來稱謂，以區別傳統的"法哲學"觀念。而現今"法理學"的主流觀點，就是被以如此的"法實証主義"主導。今天的主流法學教育也都偏重實証分析的研究。如學生的法學訓練大多是法條分析、判例研究、邏輯推理、法條適用等，而非傳統法哲學的形而上"法意"探討、"法理"辯證等。

　　相對於時今"法實証主義"的越形主流地位，和"法哲學"的越形沉寂無力，也就越顯得法哲學的空洞和貧乏。然而，造成法哲學無解的泥淖原因為何呢？我們從當今被認為最具有傳統法哲學代表性人物，如德人阿圖‧考夫曼（Arthur Kaufmann）的研究及著作仍揭櫫以「法與存在意義」、「法與普遍性」、「法與實踐理性」等這些形而上概念，作為法哲學研究的核心與內涵，可清楚看出來當今"法哲學"的無解，其實與古希臘柏拉圖、亞理士多德等人探究"真理"、"正義"、"自然法"等觀念的茫然無解，是相同的泥淖。換句話說，阿圖.考夫曼並沒有將現今法哲學帶入無解的困境裡，而是兩千年來，傳統的西方法哲學探究，從未真正從以往深陷的泥淖中脫離出來，也從未被實在的建立出來過。

　　了解了這層事理原因就或能意會到，當今由法實証主義主導下的法律觀點與其面相，其實，並不是因為有著更堅實的法理基礎，或有著更實在的公義內涵，而被實踐和被選擇。而是由於沒有選擇下的無奈選擇，也是現實下沒有方法的辦法了。

　　既然是勉強的次級品和瑕疵的替代品，可想像當今由“法實証主義”生產出來的時下“法”與“律”，遭人指指點點、挑剔批評，就在所難免了。然而，這還只是外行人的反應，而內行人的作為就更不一樣了。像是柏拉圖、馬克思等人，就會將法律視為桎梏或刑具般的厭惡不屑。像是法國思想家普魯東就會批評的說出：『不合理的法律，不過是人為的罪惡與作孽』如此名言了。此外，也有那些堅持“拿人錢財予人消災”信念的律師，就會將法律視為玩物或工具般的玩弄了。除此，當然也有些仍然對於法律有著信心和期盼的學究者如黃維辛博士等，從他所著作的「法律與社會理論」一書裡可看出，他嘗試釐清法哲學與法科學的利弊缺失，用功頗深、用心也頗深。

　　從整理黃維辛先生的法律思維也可看出，他眼中的法實証主義，其實是充斥著瑕疵的。法實証主義下的法律，更像是東湊西併的權宜法，缺乏著某種能被合理與共識的“法精神”（法意）支撐。如此權宜法的客觀性是虛幻的，並經常可能因環境的變異、或政治的妥協、或權力的介入、或思維的改變等種種原因做出權宜的變化，形同如佛教術語的“無常”概念。此種無常的法律，依佛教的見解，是不真實也不易存在的。無常的法律非但不易被人信任、遵循，也無法根植人心。可說越是無常，也就越是“形同虛設”。此外，無常的法律更是無法形成具有如習慣或慣性意義的道德法。這點對於人類的行爲與思想尤其重要。我們已知道習慣（慣性）能內化成爲意識結構的直接組成部分，直接影響並主導著人們的行爲與思想，它也能自動的延續流傳在世世代代人們的心目裡，且成爲文化的部分。再說無常的法律，正因爲它的無常，以至於它更需要法律的強制力（刑罰）來支撐、鞏固，以維護其法律的存在。而如此人爲強制力的經常介入和出現，通常會孕育出威權或權勢等這些複雜也邪惡的 "人爲存在事物" 出來，致使法律更加的複雜和難以透視，也使人們對於法律更加的疑懼不安和難以適應。

法實證主義的其他缺失方面還有如說，法實証主義的 "線性特質" 常易造成 "惡法亦法" 的後續效應，以及面對社會上層出不窮的法律問題，必須經常製造和增添出更多膨脹甚至矛盾的法律出來以爲對應。面對著這些多如牛毛的法律與條文，不僅令人困擾，也易形成法律本身矛盾不容的存在危機。除此，法實証主義的缺失還包括了法律的獨立自主性是脆弱的、法律的精神內涵是空洞的、法律的公理正義常是失焦的等諸多爭議和問題。

有人說，由於兼具法意與法理的法哲學，仍不完善也不具備，今天的法律所能解決的社會問題與他所製造出的社會問題一樣的多、一樣的嚴重、甚至猶有過之。這話印証著 2500 年前老子就在道德經裡描述了『法律滋漳。盜賊多有』的情景，指示出不合乎法理（道理）的法律，既使是多如牛毛，也是無法真正解決社會問題的觀見。對照著今天世界上普遍又真實的社會罪惡與亂相，誰能說不是呢！

粗略的談論過西方法律的昔日今朝等不同面相，另觀中國以往迄今的法律，同樣是源遠流長卻也是功能不彰、形式徒備的扭曲法律。鑽研中國法制使的鄭秦教授在它所著的中國法制史（文津出版）裡認爲，中國的法律早至夏朝時期（？-1750BC）已開始萌芽，傳說中夏朝時期的“禹刑”已有三千條。商殷時代（1751BC-1111BC）已明見有甲古、青銅上的刑法記錄。至西周（1111BC-771BC）周公制禮法時，那更是書誥猶存了。

　　中國的第一部成文法典，學者多認爲是戰國時代（480BC-222BC）魏文侯李悝所制定的“法經”，並以此爲本，從而因循延事一發兩千餘年。先後有秦律、漢九章律、晉泰始律、北齊律、隨律、唐律疏議、宋刑統、大元通制、大明律、大清律等，都是以刑聯法的標準形式法律。其中包括了民法、行政法、軍事法、訴訟法等，種類繁雜、輕重不一。這些典型的“國法”就法理意義而言並沒有多大的研究價值，因爲都是標準封建政治學（統治學）的一環，大都是爲權威服務也是鞏固政權的統治工具。

　　然而，也有從民間發展出來的，雖不具法之完整形式，但卻有法之存在功能與意義的“道法”及“禮法”了。禮法與道法是否能被稱爲法？暫且不論，但無可否認的是由於千百年來的深入影響，早已形成如習慣法或道德法般，對人們發揮著社會規範、思維引導、甚至某種道德懲罰意義的“法”之功能了。當禮法、道法，滲入到傳統“統治法”的“國之憲法”混亂規範中，格外顯出其不同意義，令人注目，並對中國傳統政治與權威下的法與律產生出一些奇特的面相。

　　儒家的“禮法”源出於“周禮”，只是再經由孔子的整理並發揚光大。禮法的重要意義是脫離了以具傳統法之形式的“律與刑”來運作，並超越了統治（政治）層面的“法之存在”意義。其思維與存在意義正如孔子所言：『導之以政，齊之以刑，民免而無恥。導之以德。齊之以禮，有恥且格。』孔子認爲傳統上刑與罰的法之存在形式，或能規範人的外在行爲。而禮法則能規範人的內在思想與人格，實有其獨見也獨創之處。他並且反對諸如“不教而誅”、“不知而罪”此類明顯有別於“法實證主義”觀念下的法律觀。此外，禮法的其它重要特色是以“仁”爲本，也就是以“仁”來作爲運作法律的機理與精神。這是有別於柏拉圖試圖以“正義”觀念作爲法律的運作和基石的。

　　禮法的仁性特質，已脫離了傳統那令人畏懼、嫌惡的威權統治（封建）法律，甚至令人親近不斥。它混雜在剛性嚴峻的專制和統治法中，有如加添了軟性的筋骨，非常奇特。比如說，周禮漢儒時期的“行刑”就是放在秋多之季才執行的，稱爲“秋訣”。原因既是認爲春夏之季是萬物生長的時節，是不適宜殺生、殘命、和訣別的。此種“秋訣”的刑法模式，明顯的超越了當時政治（威權統治）的“單純”範疇，並爲人爲的法律注入了“相關生命”的“自然法哲思”與“人道”的深沉內涵，頗具令人咀嚼玩味的“法律”深意。

　　致於來自老子“道法自然”的“天之道”思維，就更奇特也更具法哲思的深思遠慮意義了。老子思唯中的“天之道”，也就是“自然法”，或人們常說的“天理”了。我們大都能輕易的指出包括摩西的十誡法、孔子的禮法、統治者的威權法、或時下當今一些既得利益者的利益鞏固法等，都是屬於“人之法”的創作和存在意義。但是當我們談到“自然法”或“天理”時，大都會啞口無言或思緒茫然的不知所云了。事實上，5000 年來人類歷史上，除了英人達爾文胡湊編扯了一個所謂“物競天擇”的自然法“法意”外。似乎也只有老子敢於叫嚷並宣揚著自然法的“天理”存在了。

　　“法”是什麼？大自然真有所謂的“天理”或“自然法”嗎？這自然法又是否可作爲“人之法”的理想藍圖或明確依據

呢？這些疑惑與問題老子是深以爲然的，道德經中他不僅明確的寫出了「人法地。地法天。天法道。道法自然」，這隱含萬物統一的自然法則。並也指出「天網恢恢。（疏）而不失」這隱含"天之法理"無所不在，天下萬物也無所不受其制約並循法尊律的深奧觀見。

　　其實，從道德經全書文義不難可見，老子認爲"道"之本身，也就是大自然的某種最爲基本運作機制也原理（機理）了。而若說機理也既法則的話，那麼"道"之本身，也既是大自然的某種最爲基本也自然法則了。而道德經的"德"之本義，則其實是相對於"道"之機裡（自然法則）的方法論述也實踐論證而來。整理也歸納的說，道德經全義也既爲介紹也闡釋『道既法、德亦律』的自然法哲思也方法學說了。

　　祇是，既使我們或已能大致上認知，甚至也能辨識老子那所謂『道亦法。德亦律』的自然法觀見及其道（法）德（律）論述。但或也困惑於老子對於自然法的描述與解釋，著實過於簡略空洞和大象無形了些。以至於仍是難以明確清楚的概念出其自然法的完整也具體面相。如是，不妨參考下例經過整理後，較具體也較精簡些的"道法自然"（自然法）完整面相。包括如"法"（自然法）的存在形式（法相）、"法"的存在作用與意義（法意 法精神）、"法"的如何運作（法科學）三方層面也角度的來併湊與論述，當應有助於完整也深入的認知那老子所謂的自然法，甚至掌握自然法了。

一、法（自然法）的存在形式

　　若有人將"法"的"存在形式"，簡略爲西方的"罪"與"罰"完整觀點，或中國的"律"與"刑"整體概念，我是認同的。只是，我也認為有所必要將何謂 "罪"（或律）？何謂 "罰"（或刑）？的自然定義，解釋的更為明確些和容易理解些。

　　「偷竊者斷手、殺人者償命」、「以眼還眼、以牙還牙」，這類混合著古老報復和原始正義的罪與罰，是西方典型也傳統的成文法，也是一般人對 "法之存在" 的認知和概念。不過，這只是人為的罪與罰觀念，因為大自然並沒有、也不存在著如此的 "法"。小鳥 "不告而取" 的擇食、破壞庄稼，虎豹殺生奪命的凶殘他物，人類恣意亂為的竊取大自然的資源，危害生態，以及戰爭時殺人的理直氣壯等，再再的顯示著這些事情的發生和存在，既沒有大自然允許與否的問題，也沒有罪惡與否的問題，當然也沒有必然如制約似的罪惡與懲罰問題了。那麼，所謂大自然那 "罪與罰" 或 "律與刑" 的 "法之存在形式" 究竟是在說些什麼呢？

　　其實，大自然的 "法"（罪與罰）之存在形式，是實在也普遍的。但想要能明確辯識，則有必要從確實了解律（罪）與刑（罰）概念的 "自然定義" 來談了。人為的 "罪" 與 "罰" 存在形式也 "人為定義" 不難意會。那是指當人的作為，若超越、或違背、或觸犯了某些 "人為" 的規範或限制時，既制約（施予）其人以身心或生命上的某種傷害、苦難、甚至死亡。而 "自然定義" 的 "罪與罰" 法之存在形式，則是當自然物事（自然結構）若超越、或違背了其自然物事本身的某些 "先天"（天為）規範或限制時，則相對制約（施予）以其自然物事（自然結構）本身的傷害、或破壞、甚至解構來顯示。

　　參考些例子或更易識得清楚明白些，一塊冰（結構）的存在，是有其結構自身的存在規範與先天限制的。較顯而易見的規範是如溫度的戒律，若當溫度超越了 0 攝氏度之結構限制之際，那麼冰塊就會被制約以損壞或解構的命運了。一塊石頭（結構）的存在也是有其"天生"規範和限制的，石頭的自然規範除了風化、冷熱、乾濕等戒律外，另較為明顯的戒律也限制是撞擊力（壓力）了，當石頭的接觸壓力超越了石頭所能承受的限制時，石頭就會如自然效應般的被破壞或解構了。事實上，若觀察任何自然的結構與存在，都是有其存在（結構）的先天（天為）規範也限制的，甚至是一片雲、一束聲波，也都是有其結構與存在的規範也戒律的，雖然雲和聲波的結構戒律是非常輕微和柔弱的。

　　非生命結構的存在與戒律，有如"物"（結構）之本能的規範，涉及到"物理"的領域。另也由於非生命結構不具"生命"意識，並沒有相對於"結構與破壞"的傷害或破壞等"罰"或"刑"之意義或問題，所以，也就沒有"法"（律與刑）之相對存在的明確意義了。但是，對於不時無刻都必須保持結構"存在與完整"，且不能夠也不容許被破壞或解構的"生命結構"來說，特別是對於意識敏銳、感覺細膩的人類而言。意味著生命（結構）與存在安適的"法"（罪與罰）之戒律與規範意義，就格外凸顯，也意義重大了。

　　人的自然規範（天生戒律）與懲罰（刑罰），嚴苛、精緻、複雜、且無可妥協。比如說，外在的戒律如溫度冷熱的制約、空氣品質的制約、大氣壓力的制約、淨水食物的制約等，都能對人造成"越戒"或"犯規"後的傷害制約與苦難對應，甚至造成死亡的嚴重效應。此外，人體內在結構的自然規範更是如此，如人體內任何器官結構若遭受到超越或"犯規"的承受能力，而因此被傷害或破壞，那麼這些器官結構就會制約出痛苦或災難的"刑或罰"意義出來了。

　　認知了規範與懲罰的法（自然法）之存在形式（法相），可說已能大致上了解到大自然果然是存在著某種自然法了。甚至或也能意會到何以會說：『凡是存在。必有其法』的哲思深意。因為『凡是存在的，必是結構的。而凡是結構的，必有其結構的規範和限制，也必受限其結構規範和限制，否則是難以存在或難以長久存在的』。

二、法　意

人類社會為何需要"法"？需要什麼樣的"法"？如果沒有"法"這社會可能會是如何的一幅景象？上述這些屬於法哲學領域中最為基本、也根本的問題，不論你稱之為"法精神"（法靈魂）之探究，或"法哲學"的思辨，都可概括在"法之存在意義"，或簡稱為"法意"的語意範疇。

我們或可意會儒家思想的"法"之存在意義（目的）是秩序（倫理）與和諧（仁）。柏拉圖的"法"之存在意義是真理與正義。秦始皇的"法之"存在意義是更有效的統治和強國。美國憲法的"法意"是傾向於維護個人主義色彩與資本主義內涵的自由、民主、和人權觀。而中國大陸目前憲法的"法意"則是令人茫然無措的"具有中國特色的社會主義觀"，或也可說是"摸著石頭過河"的欠缺法意。

不難看出上述些五花八門的"法意"，不過是如瞎子摸象般，各依其求、也各以為是的"人為法意"。而我們則更想知曉的是，如果大自然的確存在著所謂的自然法，那麼其"自然法意"會是什麼？

談論"自然法意"，很容易會陷入到絕對論、或先天論、或目的論等泛唯心論的基調與泥沼裡，難以理解也難以解釋。其實，也正如前文所言述的；對於大自然的"非生命物"而言，是無所謂自然法或其法之存在意義的。對其而言，大自然一切事物的存在與恆久、互動或變化，都只是物理的問題。而我們實在很難看得出來"物理"相對於非生命自然物有任何的存在意義？更遑論相對的"法"（罪與罰）之存在意義了？

　　然而，對於"生物"（生命結構），尤其是人類而言，"結構"的存在與長久、規範與戒律等"法"之存在問題，可就完全是關系密切也意義重大的另一嘛事了。用個比喻吧，就像是冷熱對於任何物體（包括人體）的自然傳導，原是物理作用，也是必然會產生的自然現象。如此的物理作用與問題，對於非生命物而言，是不具任何"法之存在意義"的。但是，對於人這"生命結構"而言，就會產生特殊的意識和意義出來了。這特殊意識和意義的產生，是因爲當生命結構與任何外在物事互動時，是有其嚴格的戒律規範和限制的，否則便可能危害（懲罰）到生命結構本身了。這些有關生命與存在的"戒律"意義和"懲罰"問題，可參考前述文章老子 VS 達爾文章節，且略過不談，仍回到自然法對生命結構的"法意"層面來瞧瞧究竟。

　　你會認爲小狗被火灼時所產生難以承受、難以忘懷的疼痛經驗，對於小狗而言，有著任何"法"（規範與懲罰）的存在意義或啓示嗎？你會覺得當小童戲弄小狗，被小狗凶惡的狠咬一口時，驚懼疼痛的嚎啕大哭經驗，對於小童而言，有否任何的"法"之存在意義呢？答案顯然是有的，因爲這事件與經驗對小狗和幼兒的"生命結構"而言，都會自然產生出如"不可玩火"和"不可戲狗"的"律"（戒律、法條文），以及否則制約以"火灼之痛"或"驚懼咬傷之疼"的"刑"或"罰"之完整也典型的"法"之存在形式出來。

　　明確的認知到上例律（罪）與刑（罰）的"法"之存在形式

相對於生命（結構）而言，的確是真實和存在的。那麼我們就可深究這相對於生命結構的"法"之存在意義（法意）可能會是什麼了。

　　小狗對於火與火灼的痛楚經驗，會讓小狗再次見到火時謹慎或迴避。幼兒對狗與狗咬的痛驚經驗，會讓幼兒再次見到狗時懼怕或逃離。這見火謹慎迴避或見狗懼怕逃離的"法"之存在與本能制約反應，對於小狗及幼兒而言，又意味著什麼呢？或說具如何的"法"之存在意義呢？我們可以很明確的結論出，上例律與刑的"法"之存在形式與意義，是祇相對於小狗及幼兒的生命（結構）而存在、和產生意義的。那其實是生命本身自我保護也自我存在的"本能"機制，且是爲了生命（結構）的"穩定"（存在與長久）而存在，和產生意義。

　　有關"穩定與維護"的自然法意，其實在我們前面道法自然以及老子 VS 達爾文等章篇裡，已多有所談論，應已是讀者相當熟習的概念了。事實上，"穩定"是"結構（包括生命結構）與存在"最爲合理、也最爲自然的存在狀態也前提條件。而"穩定與維護"的自然法意，的確是無所不在的。從微觀任何結構，其結構本生皆係一種穩定的結構組合，而生命機制更是如同一個能自我穩定的"恆穩器"與"有機"（有所機制）設計。另再來看整個宏觀也自然生態，依然是如同一個能以維護著穩定與長久的大穩定機制。除此，人爲物事的"穩定與維護"法意，更是明顯也普及。如國際法的"法"之存在意義，當然是"穩定與維護"國際間的和平與穩定。金融法的"法意"，是"穩定與維護"金融的安全與穩定。貨幣法的"法意"，是"穩定與維護"貨幣幣值的存在與穩定。社會法的"法意"，是"穩定與維護"社會的和諧與穩定。生態法的"法意"，是"穩定與維護"生態的正常與穩定。環境法的"法意"，是"穩定與維護"環境的美麗與穩定(不變與長久)。甚至包括了佛法的"法意"，是"穩定與維護"個人心靈的安寧與穩定。儒家禮法的"法意"，是"穩定與維護"大社會的和諧與穩定。而道法自然的道法"法意"，則更是涵蓋了人、地、天、大自然，萬物一統的宏觀"穩定與維護"了。可說除了如專利法、獨佔法、財產法、或鼓勵競爭法等少數一些違背或破壞穩定的個人利益鞏固法外，"穩定與維護"的法意，是如自然也必然般的；『凡是存在的（結構的）。必有其法。也必受其法之規範和約束的』。

　　老子哲思中的"穩定與維護"自然"法意"，可說是人類以往迄今探究法意和法理（法原理）等哲思上，最具宏觀也突破的"法學"智慧了。特別是對於如何"穩定與維護"的方法運作和實踐落實層面，也有具體可行和明確精采的提示。這些有關如何"道德"（得道）的"法科學"（律與刑）部分，我們自會在後續的章節中介紹和談論。在此，祇先就整理並歸納老莊哲思中，對於"道法自然"如此"自然法意"（穩定與維護）的存在意義和存在現象（形相）的褒獎讚譽等，做些轉述：『天道無親（無私）。運行萬物而不軌。滋養萬物而不輟。它是公平正義的視萬物一般平等，一般貴賤。它另是寬宏無私的給予而不掠奪，居功而不弗。它使大地山川如此的多元美麗，空氣水源如此的清新甘甜，花草樹木如此的豐盈多嬌，以及使所有的大千生命都能甘其食、美其眼、安其居、喜其俗、樂於傳續其後代、享受其天年……』。如此的"穩定與維護"自然法意，不僅是完全符合也印證著老子認為"道"（穩定暨維護）是『善利天下，而無害』的奇偉論見，另就其"法（道）意"評價來說；越是細思，越是驚嘆於其"法（道）意"的真、善、美。越是深慮，越能意識著如此"自然法意"的無可替代性和無可超越性呀！

三、法（自然法）的運作之道

探究大自然如何"穩定與維護"的法之運作之道，也就進入了方法與實踐層面的"法科學"範疇，另也是老子"德經"的主要論述了。而如此"法科學"的實務與論證，則是提供我們制"律"定"刑"，或說提供我們制定合乎"法意"契合"法理"的"法條文"依據與參考，可說是人為理想法律建構的基礎學問和關鍵智慧了。

觀察自然法相對於天下萬物的"穩定之道"（**穩定與維護之理**），可略分為兩類型式。簡單的一種是單元靜態的穩定模式。那也就像一個杯子、一根香蕉、一片雲、或一襲山水畫等，其物事的"穩定暨維護之道"是可以依"物不自生"也"不被打攪"等理論來"維護"或達成的。也就是說，只要沒有外在相對物事的涉及、互動、影響等，這種單元、穩定、也"自在"的狀態，是會以慣性也穩定的方式持續和不變的。這也是牛頓力學的慣性定律和原理，另也是佛教所謂"根塵脫黏"和"識無所寄"的解苦論見與脫苦觀點了。

單元靜態的"自然"穩定法則也原理，相對於人為依法制"律"（**法條文**）的"啟示"意義是說；就像真理是相對存在，而非絕對存在的意義和原理般。"法"也是相對存在而非必然存在的。"法"（**律與刑**）祇存在於超越個人的公眾領域，而非個人私域的涉入。換個具體也實務些的"法律觀點"也就是說；只有當人的作為，或涉及、或影響、或關係到他人或他物或他事之際，才會有"法"的存在與產生。反之，若人的作為，與他人、它事、他物，無所互動、也無所牽涉影響之際，"法"（**律與刑**）

是不存在，也不應該存在的。而任何相對於“純個人私域”的過多規範或限制，要求或強制等，除了不是“法”的自然法意與法理外，且是不合“法理”也違“法意”（或法精神）的。

大自然“穩定與維護”的法（自然法）之運作第二種模式，是多元互動下的“動態穩定”運作模式。由於此種“動態穩定”運作模式的多元與互動前提也性質，正與人類多元與互動的社會、多元與互動的經濟、多元與互動的生態、多元與互動的人、事、物等契合類似，有如量身訂製般，顯然也正是我們長久來苦心尋覓卻也苦無頭緒的“穩定與維護”法之運作之道也方法模式了。

在我整理並歸納老子哲思對於大自然此種多元動態下的“穩定與維護”運作之道見解，我以為其思維聯繫是以“德”的概念來論述的。而“德經”作為“道經”的組合也完整觀念，其實是相對於“道”的理論也哲學屬性概念，予以方法也實踐（科學）屬性的完整學說了。

平實說來，比較“道經”的大象無形和隱晦深澀，“德經”似乎更多了些奧秘與玄妙，甚至老子自己也將他認為可作為解決如何“得道”的“道德”觀見，稱之為“玄德”觀。那是老子自己也承認其為不易透視也難以理解的“得道”（道德）觀點了。

老子的“玄德觀”究竟是在說些什麼？它真是大自然解決多元動態下的“穩定與維護”方法嗎？深入這些問題之前，或許可先從參考和比較如“熱力學”概念、“重力場”概念、和“市場經濟的隱形之手”概念，這些可類比為多元互動下也“動態穩定”的自然穩定事例做些探究。並將這些自然事例與方法探究融會貫通後，或能浮現出一個較為清晰成形的多元動態下的“穩定與維護”自然法完整觀見出來。

（一）熱力學概念

何以赤道附近的海水溫度不會一值往上升？極地附近的氣溫不會一直往下降？爲何加溫的大鍋爐，熱源雖然從一點進入，但爐內的水溫終將平均的分佈？室內的空調亦然？這些人人都能經常見證著的"自然均勻"與"自我穩定"現象與問題，就是熱力學的基本概念了。

熱力學原理可適用到廣泛不同的領域，從蒸氣的運動到水的結冰或沸騰、從廣告的傳播到社會的革命運動、從揉麵調味到文化的融合、從流行的商品到流感的流行等，如此包羅萬象且具普遍性的概念，當然是個值得學問和重視的原理與概念了。那麼熱力學的"自我穩定"也自我均勻原理是什麼呢？究竟是如何做到的呢？

（二）重力場概念

愛因斯坦以"重力場"概念配合其它些概念，推翻並替代了牛頓的地心引力概念，不僅重新的詮釋了天體何以運作，並也開啓了量子力學與微粒子物理學的新領域，被喻爲是 20 世紀最偉大的物理理論之一。

若能以一種較簡單也具體的描述來詮釋"重力場"概念，或可參考一粒層層包裹的洋蔥。想像地球如似洋蔥的核心，而地球四周厚薄不同、層次有別的重力場（大氣壓力），有如不同層次的蔥瓣。之後，若能再加上知曉「清輕者上升、濁重者下沉」的有關道家天地形成見解（註：基本粒子群輕於原子群輕於分子群），那麼就能大致的抓住了重立場的概念了。你甚至可以另加些具特色的想像，如重力場就像是有著不同層次、不同顏色、不同比重的調色雞尾酒。

　　但是，若以為你已經完整的了解了重立場概念就錯了。因為你仍不知道重力場這均勻精緻的傑作，是如何自然形成的。而這如何自然均勻及自我穩定的自然機制和運作，似乎也沒有什麼人能給予明確的回答，甚至包括了愛因斯坦本人亦然。雖然有些人相信其中的秘密，隱藏在愛因斯坦那著名的 F＝MC2 公式中，只是，似乎也沒有什麼人曾將那"數學符號"與如何自然均勻及自我穩定的相關訊息，譯釋得很容易被一般人明白懂得。

（三）市場經濟的隱形之手概念

　　市場經濟的"隱形之手"，或說"一隻隱形不見，卻具調節市場經濟自我穩定的巧妙之手"，是經濟學中的一個重要概念。不僅是"自由"經濟的理論根據，也是"資本主義"經濟的一個支撐與核心概念。

　　早在亞當史密（Adam Smith）在它的國富論裡暢談經濟學中的"隱形之手"概念之前，史圖亞特（Sir James Steuart 1712-1780）就已在他所著作的政治經濟學原理書中，提及到"經濟市場裡一隻巧妙的黑手"這樣的概念了。並暗示著在"自由（公共）市場"經濟中，有著一隻看不見的隱形之手，可以將各種商品、勞務、需求、交換、分配等、達到平均與穩定的最大值。換個講法也就是說，經由"自由（公共與開放）市場"的機制與運作，便會像似有著一隻巧妙之手在自然（自我）調控運作，且如雨露均沾般，而使得人人都可得到最大穩定也最均勻的經濟利益。

　　然而，弔詭的是如此一個經濟學中關鍵、重要，且被經濟學家普遍認同接受的"隱形之手"概念也現象描述，究竟是何原理？是如何運作的？似乎從未被任何經濟學家洞悉透澈，也從未被解釋得清楚明白，讓人迄今仍是不解又疑惑著。

　　上述三例不同領域但卻顯然同樣具"自然均勻"和"自我穩定"的可類比概念介紹，雖然都只是其概念的"存在與現象"描述，並沒有針對產生如此"現象與存在"的機理或原因，做出深入完整的說明。但全都顯示出一個共同的論點，也就是多元互動下的穩定和均勻，是可以在某種自然的機制或說原理運作下，自然形成的。換句話說，多元互動下的動態穩定之道，是真實存在的。除此，若再深入追究上述自然穩定（自然均勻）的可能機理，則另顯示出的共通啓示和論點，似乎與老子哲思中"不有"、"不積"、"知止"的所謂"玄德"觀點，的確是有所牽扯和關聯的。怎麼說呢？且就回顧 2500 年前老子於<u>道德經</u>裡有關"道是如何自我運作"，或說"大自然的自我穩定與維護是如何運作"的機理描述來說起吧！

　　　　道德經 32：『道隱無名……侯王若能守。萬物將自賓。天地相合。以降甘露。人莫之令而自均』。

　　　　道德經 37：『道恆無名……侯王若能守。萬物將自化。化而欲作。吾將鎮之以無名之樸。無名之樸。亦將不欲。不欲以靜。天下將自正』。

　　　　道德經 28『……常德不離。復歸於嬰兒。……常德不忒。復歸於無極。……常德乃足。復歸於樸』。

　　上述<u>道德經</u>章句中如自均、自賓、自正、自足、以至於嬰兒、不忒（不二心）、無極、樸（大而整體之穩定）等概念，都是與"自然穩定"概念有所關係，甚至是可類比的概念。而整理並歸納這些章句裡"如何自然穩定？"的機理原由，則可牽引出"無名"與"常德"這兩個關鍵的概念出來，顯然老子認爲"無名"與"常德"如此兩個怪異概念，是"自然穩定"的關鍵也原理了。

　　"無名"的概念，是"沒有結構"或"歸零"的概念，也是種"不積聚"或"解構"的概念（註：**不積聚則不會形成結構，解構則會歸零**）。這些有關存在與結構的介紹和解釋，在本書前面的章節中多有論述，相信已有所概念認知，於此，也就不再繁複贅言了。倒是"常德"的概念，古怪又生澀，有必要作番介紹和了解。

　　如文章前述"德經"裡的"德"之概念是與"一"的概念聯繫也相關的。而一（**致一或同一**）的道學觀念中，則是一種穩定的原理，也是道之本體，更是結構（**存在**）得以形、生、成、有的關鍵。當如此"致一"或"得一"的德之概念，加上"常"之慣性也持續性的前提和情形時，其整體也組合概念也就變成如"持續致一"或"不停斷的一致化"如此動態也"進行式"的互動也怪異概念了。

　　然而，將如此"持續致一"或"不斷一致化"的"常德"概念，比較"無名"（**沒有結構、無以存在**）的概念，我們則會發現這兩個概念其實是互通和關係的。那也就像是大自然"持續不斷的致一化作為"，其實就是經由不斷的解構化或持續的歸零（**無名**）化如此方法也事實來運作的。"無名"（無所結構）與"常德"（持續致一）的關係，就如似因果論的一體兩面或邏輯連貫，而多元互動下的自然穩定，似乎也的確可經由"無名"和"常德"的持續"致無名"運作機制和原理而形成（**產生**）的。

　　事實上，我們甚至可用如：『最大的穩定，來自於最大的一致性（**均勻**）。而最大的一致性，來自於無名』的道學觀點，來詮釋其間的邏輯運作與學理關係。或，我們也可參考若將"常德"與"無名"的自然穩定方法也原理，放入到"熱力學"、"重立場"、以及"自由市場經濟中的隱形之手"，這三類具"自然均勻也自我穩定"可類比概念也例子上，看看會得出些什麼樣的驚人啓示吧！

「常德」與「無名」之熱力學啟示

鍋爐內"熵值"（亂度）的變化（或說產生），是來自於外在持續不斷的力量（熱能）對於封閉鍋爐內原本均勻穩定的水溫狀態，進行似如持續破壞也不斷解構般的"致無名"作工，並因而啓動鍋爐內水溫如聯鎖也全面的動亂與變化效應。當外在熱能如此持續不斷的介入也"致無名"運作著，終使得鍋爐內的每一點水溫都是均勻和相等的。看出些端倪了嗎？若是沒有，我們或可用另一個較爲寫實兼慢動作的揉麵糰例子來作比喻，揉麵糰時，放一匙可食用紅色素（加入另一種結構）於上。開始不斷的揉捏翻疊過程時，其實也意味著持續不斷的力道做工於破壞和解構著麵糰結構和色素結構。當麵糰結構和色素結構在不斷的被外力破壞和解構的"持續致無名"效應下，終將使兩種混合結構達致最爲均勻與穩定、不能再被解構，也不再變化，如"預設"的最後狀態。

「常德」與「無名」之於市場經濟的隱形之手啟示

依司圖亞特及亞當史密對於所謂"市場經濟的隱形之手"的共同解釋是；『因爲人人都有"利己"的心，並會將如此如本能般的"利己"之心，如源源也持續不斷的動能般，充分的發揮出來。以致於人人都可借由自由（公共與開放）市場經濟的平台和機制，運作出"有利於每一個參與人"的最大經濟利益出來。進而使得經濟與分配的互利（均利）與穩定意義，自然而然的"自然達成"』。

其實，司圖亞特及亞當斯密有關"市場經濟的隱形之手"見解，若能稍加更正和補齊些論點，就更具合裡也可行的"均富"也"穩定"經濟理論了。比如說：『人人都有"欲得"之心（註：替代利己之心解釋），如同源源也持續不斷的動能般，並經由"利他"的方法（註：如貨幣的利他原理與內涵設計），且充分的發揮出來。以致於人人都可藉由"利他與回饋"的"自由（公共與開收）市場機制，達到互利（均利）與穩定的經濟意義了』。

此外，當然不可忘記和忽略的認知是，貨幣（錢）作為繁榮經濟的營養素，其實只是如同"增富"的經濟工具與意義，並不必然是能"自我均勻與穩定"的經濟工具與意義。而 21 世紀的經濟新思唯應是除了"增富"的經濟意義外，另更應強調"均勻"（均富）和"永續不輟"的宏觀大穩定經濟意義。而如此宏觀也複雜的大穩定經濟學宗旨也方向，則要另從「不有、不積、知止」如此的"不積聚"方法也原理著手，才可能湊效的。(參考本書錢與經濟章篇)。或換個整齊些的說法是，"增富"的經濟，可通過增構或建構的"新陳"也"常德"方法達成，而"均勻"和"永續"的穩定經濟，則必須通過破壞或解構的"代謝"也"致無名"方法達成，而只有通過如此一方面持續的新陳"常德"，另一方面不斷的代謝"致無名"，才有可能達到既富裕、且均勻，並也能兼顧永續不輟意義的 21 世紀民生經濟新思唯與標的了。

「常德」與「無名」的重力學啟示

再說有關重力場自然形成的"致一性與無名性"（致無名）運作幾理，坦白說，已超出我所能理解和想像的範疇。是一個我不知如何解釋回答的問題了。雖然如此，但若從觀察地球周圍重力場存在的現象與排列來看，仍是可從另一個面相和事實領悟著;「越是致一化和無名化（致無名），則越是穩定的事實」。如重力場的大氣重力（大氣壓力）雖是分層次的，但每一層次卻都是內部均勻（致一性）的。另如重力場的最外層是無所結構（無名）的空間，所以是最無所謂"天相"或重力的事實，也是永恆不變的最爲穩定狀態。或如大氣層內越是接近地表，結構越是多元與互動，"重力"也越是積聚與厚實，而天相和變化也就越是不穩定了。如雷電、冰雹、風暴、雨雪等，都是祇發生在最爲接近地表的重力場（大氣層裡）內。如此重力場內，因爲"有名"（有所結構）與"不一"所造成的"不穩定"事實，其實正也是經由"致一"與"無名"而可達致"穩定"觀點的可辯識、可例證的最佳反證例子了。

　　介紹了熱力學概念、公共市場經濟的隱形之手概念、以及重力場概念等，這些具多元與動態下的自然穩定現象、與類似運作機理，再回頭看那生澀隱晦的"常德"與"無名"概念，或許已不再是那麼的見不可識、觸不可及，且面容隱現了吧！除此，我們或另也能領悟到，意味著"常德"與"無名"的"致無名"整體概念，對於多元互動下的穩定自然形成，的確是有著決定也關鍵作用的。甚至我們或也能接受若將"致無名"的多元動態穩定原理，解釋爲『最大的穩定。來自於最大的一致性。而最大的一致性。來自於無名』的觀點詮釋。而那也正是道德經中"道恆無名"和"道隱無名"的深層意義了。

　　在我們大致的認知了什麼是"法的存在形式"，以及如何經由"常德"與"無名"的"致無名"自然法運作機理，以達至"穩定與維護"的自然"法意"，應可算是已大致掌握了老子所謂"道法自然"的自然法完整面相和深意了。而若我們能予認同並接受如此的自然法，包括其法相、法意、法則之完整概念。除了能讓我們更容易的理會到當今"人爲之法"的諸多瑕疵、弊端，以及讓立法者知曉如何制定出兼具合理（合自然法理、天理）與理想（天理兼人道）的實用法律（法條文），甚至也能讓執法者在無所法例或法條文（尚無立法）可循的情形下，仍能"不致離譜"的有所執法依據和立法參考。

舉例說吧！了解了"法"的相對存在性而非絕對存在性"法理"，以及"穩定與維護"之"法意"，就能讓我們認知到何以說"法"是不可涉入純個人領域的法學觀點了。以及讓我們容易意識到，意味著規範（律）與懲罰（刑）的人爲之法，應是祇存在於公共領域與"穩定與維護"意義的公法也公義（公利）上。是通用於所有人，也是任何人都必須平等對待和共同遵循的法原則了。

換個簡單直接的說法也就是說，法律（法條文）的人爲設計原理，應是針對個人作爲（行爲）若破壞或影響到他人、它事、它物等"公理"也"公法"的規範（罪）與懲罰（刑）意義上，而不是對於個人私事有所要求、有所驅使等方面上。　"法"只有相對於人是否"違法"的問題，而不應有是否"合法"的問題。"法"若侵入到"無關乎他人和它事的純個人領域"，特別是強制於個人的有所遵循、有所"合法"等，那是破壞個人穩定與維護的法律，也是扭曲的法律，甚至是人造之孽、人爲之惡的法律了。而任何對於個人有所要求、有所驅使的法，那其實已是進入到政治層面也政治哲思的另一複雜嘛事了。而政治，則是涉及到授權和權治的"社會（國家）穩定暨維護方法"之更深入探究。（註：請參考本書權與政治文章）。

然而，只要我們環顧身邊的現今法律不難所見，侵犯到個人領域的情形，比比皆是。如強制個人的有所作爲，或強替個人決定私事等，如小事方面有強制個人騎車要帶安全帽、或強替個人決定樂生或樂死（如安樂死）的侵犯，中事如強制的國民教育、強制的個人所得稅，大事如強制認同某些思想、效忠某些信仰等，不勝例舉、也不厭其煩。

不難想像的是，彰顯著規範（律）與懲罰（刑）的“法”之存在，越是過多的著落在個人的私領域，那麼個人的壓力甚至桎梏也就越多，而個人的自在（自由）與自主（民主）也就越是空洞和缺失。相對的，若相對於個人私域的越少要求和驅使，人們也就越少的桎梏和壓力，而自在（自由）和自主（民主）也就越是真實和落實了。這或許也就老子在道德經裡相對於他那封建政治也“王法”管理時代，呼籲也推崇“無為”概念的原由因故吧！

或許有人會批評著；無所個人要求的規範，無所私域驅使的法則，那會是什麼法呢？不就是無政府主義者的思唯與觀點嗎？如不強制要求稅收，人們會主動繳稅嗎？那麼，政府開支何來？國家如何運作？或如不強制規範國民教育，人們會自主教育或學習嗎？那麼，國家政令或社會法規能所普及和通行嗎？

這些對於自然法理與哲思的挑戰與批評，乍看上去，似乎不易澄清與辯證，但其實是仍未能確實的把握著自然法的完整概念。特別是對於“法”祇能發生或作用於當人與他人、或人與他事、或人與他物的互動過程和關係影響等“公法”（公眾之法）意義上，怕仍是模糊未明的。

比方說了，事實上，強制個人稅收的“私人（個人）所得稅”法律，不如改為規範個人“使用者付費”的相對稅收法律。要求個人所得的稅收法律，雖然比起以往曾經按人頭抽稅的“人頭稅”法“仁慈也寬鬆”了許多，但其實仍是不合法理的。而另觀規範使用者（利用者）付費的法律，則完全可建立在廣大的稅基和堅實的法理上。如使用（利用）不同地段的土地、當然要付出不同地段土地的使用（利用）費，使用礦產、當然要付礦產利用費，使用水電要負水電利用費，使用機場或碼頭、要付機場或碼頭利用費，使用飛機或火車、要付出機票費或火車票費，使用商品產物要付出商品產物稅（如菸酒衣履等），包括製造垃圾要付垃圾處理費，製造污染要付污染清潔費等。當個人使用自然（公共）或享受自然（公共）的資源越多，也越大時，那麼稅付也相對的越多越大。如此不但合理也公義的解決了稅法的法源問題，另重要的是，完全可精確也合法的詮釋如不可無票乘車、不可無償用地、不可無所責任和無所付出的製造垃圾或浪費資源，以及天下沒有白吃的午餐等，如似規範告誡卻也維護穩定意義的 "法意" 本質。

　　另說強制性國民義務教育的教育法。舉例說，目前強制國民義務教育的時段是 7 歲-16 歲，而此段的人生歲月正是人生教育最為精華也最適宜訓練和學習的黃金歲月。如果說，人生教育的其一必要宗旨是習得一技之長，以為日後 "自我活命" 需要。那麼，既然是政府對於個人的強制性教育法，而政府的強制性教育卻佔用了個人生命中如此的最佳時機。請問，政府是否需要為那些畢業後，事實上既無一技之長、也無以維生活命的 "不再年青" 成年人，負起 "活命" 的教育責任？或又能負起什麼樣的可彌補教育責任呢？

　　教育，對於個人和社會（群眾）的重要性和必要性，是不言可喻也無需質疑的。不過，特別是個人教育的哲思性（為何教育？）、複雜性（如何教育？）、時效性、多元性、專業性等，卻不應是由政府來主導的，更不用說是強制性的主導了。政府相對於個人的教育作爲，應只是維持一個"穩定與維護"的教育環境，並能提供些教育的基本協助和基礎輔助。比方說，提供些教育器材設施等以輔助教學的方便，提供並建立起一種全面性的證照檢驗與考證發放等規範機制以維護教育的名實與品質。如醫生必須有醫師的檢定合格證照、廚師必須有廚師的檢定合格證照、教師必須有教師的檢定合格證照、汽車修理師傅有汽車修理的檢定合格證照，保母有保母的檢定合格證照等，如此不僅可保障專業者與消費利用（使用）者的相互利益，且也是政府能解決時下"學歷文憑"或"名校文憑"對於公民教育所能產生的諸多詬病與濫觴。（參考本書論教育文章）

　　除了上述"人爲之法"不可涉入純粹個人私域的自然法法理啓示和舉例論述外，其實，還能開啓的自然法"法學"觀見，其它多有。且舉個有關"法相"的例子來說好了。認知到規範（律）與懲罰（刑）的法之完整存在形式（法相），就不難意識到皮不癢、肉不痛、身不苦、心不傷，如此"無所身心苦難經驗"的囚獄坐監刑罰，或以錢代刑（罰錢）的刑罰、惑重罪輕罰的刑罰、或有規範無處罰的申誡等，都是不足以呈現"法之存在"，甚至是破壞"法律存在"的"不法"作爲。當然，也就不會讓人產生知法、畏法、尊法、守法的"後續"效應了。

　　另例如說，深入有關"律"與"刑"的法科學（方法與實證）研究，就能知識到有關刑罰與拿捏的重要性了。懲罰過輕，不足以制約出"法之存在"意義，但是刑罰過當或不當，同樣是違反了"生命自然法"那種『雖是規範告誡，也是維護愛惜的良善深意了』。如科學家曾以濫刑（刑之濫用）的試驗方式，電極小白鼠，並研究小白鼠的行爲反應。發現，若經常以不規則、錯亂（不具規範與制約的明確法之存在形式）的刑罰後果，輕則使小白鼠對外界的資訊反應無所適從，易產生畏縮、封閉（自閉）、懦弱等現象。嚴重的經常濫刑後果則是痲痺、癡呆、或控制不注的顫抖，或精神的澈底崩潰，甚至分裂。這些令人心驚的試驗報告嚴肅的告知我們、刑罰的科學性，不應只是法科學的關注領域，它也應是廣泛的被教育學、心理學、監獄管理學、特別是嬰幼兒父母和幼稚園教師等無誤無缺的認知並謹惕著。

再比如說，了解自然法的"穩定與維護"法意，是如"法哲學"的宏觀法學範疇，而"律與刑"的法之存在，是如"法科學"（方法與實證）的法學領域。就較能體會何以說，"法如道"，是一種宏觀整體無窒滯的"穩定與維護"深意，是具方向性、原則性、以及不可妥協性的"法之存在"意義。而"律如德"，是針對失穩、失序、混亂下的方法、規範、和導正。所以說，可以有萬世不變的法（如道），但是不必然有不可變化的律與刑（如德）。這正也是何以億萬年來，自然生物（生命）雖然不斷的有著演化與改變的事實，但是不斷演化與改變的終極意義，則永遠也始終是不脫於"穩定與維護"的自然意義也"道之理"的了。

此外，尤其是不可無明和忽視的『人法地。地法天。天法道。道法自然』法學觀和啓示則應是；若使能建構出一種能兼顧著宏觀大社會共相穩定，與兼顧微觀個人穩定的整體"穩定與維護"法律，或說若使能建構出一部『既能見樹也能見林、既利天下也利個人』的整體宏觀也完美圓融穩定法律，具體可行的方法還得從"德經"中那所謂的"玄德觀"（不有、不積、知止），也既"尊道與貴德"的完整哲思與道學論點來設計和規劃了。不過由於其原理與方法複雜又冗長，而有必要另行深入細節論述，在此也就暫且略過不談了。（請參考本書不有的法則、不積的哲思、知止不殆、以及梳理與補遺等後續章節）。

　　人類社會需要法律是毋庸質疑的，不難想像一個沒有法律的社會，將會是個如何哭喊叫囂、流血衝突、也寸步難行的社會。此外，如果不能制定一個完善合理的共識法律，我們便不可能真正脫離人治與權威的社會現象與延伸問題，也就不可能有著真實的平等、和諧、與自在等人爲社會。然而，這些理由，仍也不過是表相甚至膚淺的法律觀見了，而法律（自然法）的更深奧也自然意義，其實是物事存在與長久的"穩定與維護"深義和問題了。如何形容描述這物事存在與長久的自然"法意"？或容許我使用下例擷錄的一篇文章來隱喻吧！

　　　　『你知道的』，波特說著。他的聲音聽起來很不真實，好像是在一個極度沉寂的地方，經過一段很長的靜止後所聽到的聲音般。『這裡的天空好奇怪，每當我望著他時，我就會有一種感覺，覺得他是個堅實的物體，保護著我們防範來自後面的事物』。『來自後面的事物』？姬特聳著肩膀問說著。『是的』，波特的聲音微弱謹慎。『但是後面會有什麼呢』？姬特再問。『嗯……我想什麼都沒有，只是黑暗，絕對的黑暗吧！』波特緩慢回應著。（節錄自最終理論 Dreams of A Final Theory：The Search for the Fundamental Laws of Nature .by Steven Weinberg　牛頓出版社）。

第十九章　成就出老子天人
哲學的“貴德觀”

第一節　不有的法則

『道生之。德蓄之。物形之。勢成之。是以萬物莫不尊道
而貴德。道之尊。德之貴。夫莫之命。而常自然』（道德經
51）。

　　精簡老子道德經的整體思維、或可用“尊道而貴德”區區五
字就可結論表示了。且我個人以為，如此“尊道”、“貴德”兩
概念，應也是整本道德經所欲傳達的最為基本也最為概略的信念
和訊息了。

　　掌握了“道經”談玄說理的隱晦艱澀部份後，再來看“德
經”的實踐與方法觀點，就顯得相對的簡易明朗了。而整理老子
“德經”的重要觀點，可明確的歸納出“不有”、“不積”、“知
止”，這三項看似雖不盡相同，其實則是一脈貫通的三項基本也
法則概念。如“不有”（不擁有、不為主），則不會有“積聚”的
問題。“不積聚”，則不會有“不知止”的延伸問題出來。這三
項法則概念，雖是看來簡單無奇，但絕對可被視為是老子針對如
何“道得”（道德）、或說如何“入道”的方法論，可說是“德經”
智慧的結晶和精華所在，是不可輕忽無視的智慧了。本章節就先

從“不有的法則”談起！

“不有”的概念詮釋，若參考本書前面「有與存在」、「存在與結構」的文章所論述，則是可解釋爲“不積聚”、或“不形成結構”的自然也“物理學”概念。或另也可直接解釋爲“不存在”如此一個頗具哲思深度的形而上概念。然而，於此處，則有必要強調和說明的是，道德經貴德章裡的“不有”法則與文義，其實是針對於人的“不擁有”、“不私有”、“不爲主”等意義，以及從“人文”哲思，來論述並深究的。其因由分際，正是“尊道”原本是自然法理的認知和理解，而“貴德”則其實是針對人爲的原則實務與方法作爲來論述和論究的。事實上，通過人的不私有、不積聚、不爲主思維與作爲等，自然也就不會有不知止的人爲破壞穩定或人爲窒滯穩定運作的人爲“不道”等問題了。細述如下：

> 『不見可欲。使心不亂。是以聖人之治。虛其心。實其腹。弱其志。強其骨』（道德經 3）。『生之畜之。生而不有。爲而不恃。長而不宰。是謂玄德。』（道德經 10）。『素見抱樸。少私寡欲。』（道德經 19）。『……是以聖人去甚。去奢。去泰。』（道德經 29）。『大道汎兮。其可左右。萬物恃之以生而不辭。功成不名有。愛養萬物而不爲主。』（道德經 34）。『罪莫大於可欲。禍莫大於不知足。咎莫大於欲得。故知足之足常足矣。』（道德經 46）。

從上述道德經文句的匯集和解讀，不難見識並整理出老子的“不有”概念，似乎涵蓋了兩個重要的組合部份。其一是相對於外物的“不爲主”。其二是相對於外物的“不欲得”。“不爲主”觀點包括了生而不有、爲而不恃、長而不宰、功成不名有、愛養萬物而不爲主等各型類觀點。是老子那“道法自然”也“自然法”的引證旁徵觀點，具有自然理性（純理性）以及自然辨證的意義與內涵。而“不欲得”觀點，則包括了不見可欲、使心不亂、虛其心、弱其志、去甚、去奢、去泰、素見抱樸、少私寡欲、罪莫大於可欲、禍莫大於不知足等觀點，是明顯針對微觀也個人修養德行（行道）的提示觀點了。

　　上述些如老生常談的文哲觀點和見解，雖然乍眼看望似乎不難理會，但若深入的領悟或解釋，卻也不甚簡單也不容易。比如說，就僅“不欲得”概念若是能夠確實的領悟理解，誇張些的說，幾乎可算是已能掌握佛教的教義核心也精華了。了解佛教的教義也理論基礎，其實是建築在“苦諦”的人本現象和問題上。認為“生命（人生）與存在”原是內涵苦難的本質也“本事”的，而此種“苦”的生命本質，除了來自肉體本能的苦源外，凡心緒精神上的苦，包括恐、懼、憂、煩、怨、恨、疑、咎、欲、執等心靈桎梏或情緒折磨，大都與不同形式或直接或間接的“欲得”之念有所關係。換句話說，佛教教義認為“生命與存在”難以擺脫“欲得”的宿命，而“欲得”又難以擺脫心緒的苦難或桎梏。佛教的戒、律、慧三學，幾乎全都是針對也著眼於“欲得”的抑制和解脫而論述。佛教的性空、能捨等方法論，也同樣是在彰顯著無所欲得的解脫法門也理想境界。可說“不欲得”概念，也既是佛教學說的核心也關鍵智慧了。

　　深究老子“不有”法則的“不擁有”論點，本是從存在（結構）與穩定的哲學延伸而出。老子哲思認為任何人為之“有”（結構）的產生或形成，必然涉及到與它物的連接或合併意義上，也必然影響到他物的存在（結構）與穩定問題上。可說是一個複雜也深奧的兩相也相對穩定問題，且也是一個宏觀共相的整體穩定問題了。

其實，人類"欲得"的原本概念，如飢欲食、渴欲水、累欲眠、慾欲淫等，本是如自然如本能般的生命特性，且作用在包括所有禽獸蟲魚等生命意義和現象上，是不必要也不可能無視和解脫的。然而，我們應也能注意到人類的"欲得"作為，相對於它物，所能產生的掠奪性和侵犯性等作用與影響。特別是當"欲得"之物，彰顯其不從、抗爭、對立時，必然引發複雜的鬥爭問題與現象，且通常是以暴烈性、攻擊性、兇慘性、災難性等"本質"呈現和發生的。可想像，具有著明顯如禽獸性格、動物本能的"欲得"概念，是不適於、也不妥當的被恁憑作用在人類"文明"與"理性"社會上的。

而事實上，若檢視人類文明在演化的變遷中，不論是真理的探究、思想與觀念的開創、理性的發展、法律的建構等，都是以逐漸朝向擺脫獸性和超越原始本能制約，進入也昇華到所謂理性與本質制約的"人性特質"與和諧境界邁進著。而"人性"的概念意境也概念描述，則是明確意指非掠奪、非侵犯、非殘暴不仁等肇因於欲得、擁有、獨佔等"非理性"思維，並從而延伸出來的鬥爭、災難等嚴肅問題。而內涵"不擁有"，"不欲得"的"不有"法則，則可說是針對如何建構理性、昇華人性的需要也必要智慧和方法了。

除此，老子那"不有"法則的另外重要論點解讀，則是要從更為宏觀也更為深奧的"穩定暨維護之理"（道暨道之理）來理解了。整理老子學說可悉知，老子認為；「"原本自然也多元共相的整體穩定"（樸之概念）之所以被破壞或被阻滯正常運行，其根本原因，就是因為共相結構內某些內在元素的積聚和擴張所致使、所導致。而人類共相社會下的不穩定（失穩）事理亦然。祇是，人為的任何積聚和擴張問題，又是與人的欲得（擁有）之心，有著直接或間接的因果關聯的」。而老子的如此道思與觀見，正是老子堅持並認定"不有"的法則和原理，不僅是能弴除人爲的破壞穩定與人爲失序等問題，另也是能予使人回歸自然大道的"道德"（得道）途徑也方法了。

另話說言之，人類藉由創造語言、文字等符號概念，雖然方便了意識的凝聚與資訊的流通，但也經常讓我門禁錮在一些複雜、晦澀、甚至不真實或錯誤的概念裡，難以超越和解脫，"擁有"便是一個典型的例子。特別是當我們已從本書前述文章中認識了有與存在、存在與結構的概念和關係後，就更能意識到人類的"擁有"概念，實在是一個詭異且不合法理的概念。因爲，大自然一切的結構與互動，只有"得一"（致一）的穩定與形成、或"失一"的解構與變化問題，並沒有所謂的"擁有"問題。

結構（存在）不擁有結構（存在），就如同我們身體組合，沒有任何器官擁有另外的器官。細胞不擁有另外的細胞、心臟不擁有血液、頭腦不擁有神經系統。花貓追逐老鼠、但並不擁有老鼠。老虎注視著獵物、但並不擁有獵物。山不擁有森林、海不擁有魚蝦……。顯然，大自然運作的機制中，沒有這種人爲、非自然、非真實存在也非自然意義的"擁有"概念。然而，這不難知識的事實，千百年來卻被人類根深蒂固的扭曲運用著，且被視爲如天經地儀般的不容置疑。

理查尼基（Richard Leakey）在他所著作的原始的人類（The Origin of Humankind）書中，引述了荷蘭靈長類專家普魯伊傑（Frans Plooij）對於黑猩猩的一些觀察報告，頗爲有趣。伊傑試著以打開箱子既可得到一串香蕉的獎賞方法，來訓練一隻成年猩猩如何控制箱子的開關，意外發現到，每當在節骨眼上，如果有第二隻黑猩猩靠近時，黑猩猩就會飛快的關上箱子，再以一副毫

不在乎的神情，悢步離開，彷彿不曾發生過任何特別的事情。一
直等到闖入者離開後，才快快的回到箱子旁，並打開箱子取出香
蕉，獨自享用著。順便一提的是，牠還是上當了。闖入者並沒有
真正離開，而只是躲了起來，等著、且偷窺著，想知道牠感覺著
似乎不對勁的事情，究竟是怎麼一回事。

　　伊傑認爲成年黑猩猩的欺騙、猜疑、獨佔、自私的心態並不
輸給人類。（註：靈長類動物獨佔、欺騙的行爲觀察，由柏恩與懷
坦用愼重嚴格的標準所做的結論是，案例只發生在成年猿類身
上，不包括小猿。其他靈長類如小猴、非洲小猿、狐猴等，也都
沒有如此的行爲或現象發生）。而這份觀察報告是否意味著獨佔、
獨享等，這類可類比人類的"擁有"概念，其實是伴隨著"智腦"
演化下的一種靈長類（包括人類）先天本能呢？或只是"智腦"
後天運作形成的本質現象？

　　其實，人類所謂的"擁有"概念，具有比黑猩猩自私、獨占
等，更爲複雜且更爲糟糕的層面和問題。這更爲複雜的問題不僅
止於獨占、自私等獨利自己（利己）的行爲與心態。而是從如此
利己心態延伸且發展出一套"擁有權"說（或主權說），並以法律
和公權力等，來支撐並維護這所謂的僞"天賦"權利或呼哢的
"人權"概念。

　　黑猩猩明顯有著獨佔、私有、獨享香蕉的"擁有"意識，但
也僅限於自我情緒、心意本能下的一種機制反應。就如同所有幼
兒對所見到喜愛玩具時的心緒或行爲之直接反應般。且黑猩猩如
此的"擁有"作爲，顯然是不會被其他黑猩猩認同和接受的。但
是，人類"擁有權"或"主權"的概念，卻是要求他人承認並接
受其具有著獨佔、獨享的絕對性，專屬性，及持久性和延續性等
"合法性"與"合理性"。（參考現今法律對擁有權、或主權、或

財產權等所做出的定義解釋是，對某物的佔有、支配、使用、處置、轉讓、繼承之權力）。

生物的利己行為或意識，原是生物本能中不可或缺的重要生命機理部份。一些高等靈智類動物，並經由生命結構內部發展出一套精緻微妙的情緒運作機制，以充實利己的行為運作。而其終極功能與目的，則是自我（生命）與存在的穩定與延續。而人類的“擁有”概念，應是來自反應此種精緻情緒的生命本能也機制運作。一些傳統人本哲學的思維模式或也正是從如此如似“天賦”的人本角度切入，而認為生命的價值在於“擁有”，生命的目的也通向“擁有”、甚至鄙視虛無。事實上，“擁有”的主流價值觀，也許是除了老子學說及部分佛教的理論如類似涅槃、禪定、空靜、虛無等佛學的探究和觀點外，可說是鮮少被人批評或懷疑的生命價值觀了。

人們相信快樂、希望、信心等皆來自於“擁有”或寄託於“擁有”。富裕、知識、功名、成就等這些相對於“擁有”的意義和價值，更是人們一輩子追求不懈的人生目標。不難想像 2500 年前，當老子這人提出“不有”（不擁有）的主張，並針對“擁有”概念作出詆貶反對時，會可能遭遇到什麼樣的尷尬甚至“白目對立”情況了。

然而，老子“不有”的主張，可不是什麼輕率隨便的「因有所思、偶有所見」等直觀見解。而是有著堅實的理論作為學說基礎，以及不可無視的“真理”意義作為支撐架構的。比如說，道德經中“道恆無名”的觀點，就認為『最大的穩定來自於最大的一致（得一）性，而最大的一致性，來自於“無名”』，而“無名”也就是“不有”（不擁有則不會形成結構、不形成積聚）的法源也理論了。老子且認為，人若“不有”（不擁有），就不會有積聚的相關問題。若沒有積聚，就不會有不知止的後續相關問題。這些或擁有或積聚或不知止等現象與問題，都是違反穩定之理也"不道"作為的，且是會導致包括人心、社會、大自然等混亂、衝突，也是致使共相結構被破壞和被失序（失穩）的關鍵因素了。

有人類學者認為，大致而言，一萬年前世界上一些地區農業社會的初始形成，是人類歷史上一個重要的轉變期。是使人類脫離狩獵、漁獲、採拾果種等活命維生的階段，也是人類真正憑藉人為的知識和做工，"從無生有"的有如"天工造物"般，真實的產生了"人工成物"（人為結構）的生產、轉換、和"物事與存在"。其次，農業社會的特色是定居以及長時間的農作物栽培和農事照顧，這種大量勞務與長時心力的投入，加上"人工成物"的哲思意義，從而發展出人類早期如"私產、財產"意義的"擁有"、和"主權"之類概念。

平實而言，這類早期"自食其力"的時空，農人汗頭泥膝的種植五穀，工人胼首胝足的製造器物，如同莘莘學子案頭燈下匯集前人經驗智慧，進而擁有學識，如此因果也邏輯般的人為"擁有"概念和主權觀點，坦白說，實在很難解釋得清楚，人類的"擁有"概念到底有何不妥或有何不對之處。

然而，翻閱東西歷史就會發現，人類的"擁有"概念和延伸問題，正是致使人類的社會充滿著苦難和罪惡的源頭也因由，且從而迄今、未曾息止。可說除了天災外，所有人為的禍害（人禍），都與"擁有"這"災難之源"有著或直接或間接的不可切割關係。不論是 5000 年前古埃及法老王時代，動輒驅使著 10 萬奴工在沙漠上築建大金字塔。或 2200 年前秦始皇的 100 萬民夫，風雪無阻的為他整建萬里長城及阿房宮等，古財產法的擁有觀念及主權觀點，不但包括了大地山川及自然資源，也包括了奴隸、僕人、妻女、國家，不僅帝王可賜毒酒給臣民，貴族也常令活人陪葬。奴隸、婦女、甚至小孩，可以被貼上價錢如商品般的買賣交易，國家也可被個人私有。諸如此類、多少荒唐及不可思議的邪惡與罪孽，卻可被貼上"擁有或主權"的名義，合法、不容質疑也不容批評的存在著。此外，社會上也因"擁有"這有著利己、獨占、可繼承的人爲概念，被允許甚至被鼓勵，而使得社會充斥著衝突和鬥爭，罪惡與邪惡。這種矛盾、混亂、扭曲、災難的人類社會現象，與原本自然之道運作下的和諧、穩定、安靜、次序等自然現象，既不相當也不相容，且是與老子認爲"天之道"是「利而不害、爲而不爭」的"道之理"明顯背道而馳的。

道德經（53）：『服文彩。帶利劍。厭飲食。貨財有餘。是謂盜誇。非道也哉』。老子甚至認爲"擁有"、特別是當"擁有"的超過所需，如巨富大亨等，其實是一種如"強盜自誇"的表現，是違反大道之理的。老子如此的批判言論是否太過於強烈尖銳了些呢？若比較一些西方思想家對於私有（擁有）觀念的挑戰，如普魯東認爲"私產既偷竊"或佛洛姆認爲"擁有、其實就是掠奪和霸佔"，或馬克思則是完全否認原屬於人類共有共享的自然資源可被個人獨佔、私有的合法性、合理性等，其實是非常貼近的。

千百年來，世世代代的人們因"擁有"而滿足歡樂，也因"擁有"而感傷痛苦。然而，人們卻鮮少對於"擁有"這概念，給予認真的思索或剖析。如魚蝦眼前的水，雖是如此的重要，卻被忽視不見，或見而無知。那麼，"擁有"這概念，到底有些什麼複雜且重要的意義，值得我們深思廣慮呢？

首先仍從"擁有"這概念來看，具獨佔、支配、獨利私人等這些意涵的"擁有"或"主權"概念，其實是典型"唯心論"的一種人爲概念。換句話說，"擁有"這人爲概念，在初始形成時，就已存在著矛盾、非理性的本質與問題了。（**參考本書唯心？唯物？**）。一般而言，人本"唯心論"的缺失所在是"本我"的存在與主體性彰顯，由於"本我"的主體性與價值觀凸顯，進而產生"主從"或"優先"等位階差異。當整體也共相結構（**大社會**）中有位階（**能階**）"不一"（**失一**）的現象和問題產生時，社會上混亂失穩的現象與問題即會產生。也就是馬克思所謂矛盾律中的矛盾現象必然會產生。人類"擁有"的概念，可說是提供人與人之間、人與物之間、人與大自然之間衝突鬥爭的動能也能源了。

人為"擁有"的矛盾與衝突，我們其實也另可從觀察"擁有過程"而有所見識。瞭解"物不自生"的道理，當可體會，任何"擁有"的過程，必須是"得之於外物"如擷取或掠奪或轉化的過程與事實。既使是農人種植五穀所需的陽光、水源、養分等元素，或工人造物所需的原料、能源、知識、体力等，都是必須經由"相對外物"的擷取或轉換而成。

人類撒網捕魚、砍伐山林、挖掘礦產、獵殺飛禽走獸、買賣奴隸等，並沒有徵得客體對象的認可同意。這種未經許可、不告而取、而誅的行為，被老子稱之為盜匪、竊賊，其實也沒有什麼"離譜"。這看法與孟德斯鳩認為，任何"權"的宣示或產生，都必須建立在某種"契約"，也既相互認同共識的基礎上，其實是可互為對應的。人類在"擁有"的主體心態下，以強加於客體，無視於客體存在的價值與意義等"佔有"客體或"主權"客體，無論是以天擇論、或優越論、或天賦論等"唯心論"掩飾其罪惡或暴行。終將會進而扭曲到人類自己，進而自身遭受其害、深受其苦的。

人類的"擁有"概念，除了直接會對客體物事造成如侵犯、掠奪等罪行意義外，更是社會爭鬥、混亂、災難的肇因始由了。

只要想像，成年黑猩猩如果要讓其他猩猩接受並承認牠對香蕉的獨占、私有、或如"主人的權利"（主權），牠唯一能做的事情，就只能是以畏懼、痛苦、脅迫、或傷害其他猩猩的方法手段來達致。也就是說，以強力並強加或扭曲其他猩猩的意願，以捏著他人脖子的殘暴方式才有可能做到的。這種以施予苦難及慘酷的鬥爭過程，在人類曾經以"擁有"為生命意義與價值的東西方歷史上，是從未間斷的上演著，也是社會上正義、平等、和平、人權、自由（自在）、民主（自主）等問題、無法真正落實和伸張的主要也關鍵因素了。

　　人類"擁有"概念的複雜與根深蒂固，可說是人為概念中最為難以突破和超越的少數概念其一了。也是大致戰爭、國仇、家恨，小至個人的疑忌、怨愁、妒忿等無數災難人禍的源頭。然而，弔詭的是，既使是在今天，人們非但不加以澄清說明、避免這些錯誤的延續與深化，卻反其道而行的以人為扭曲的法律加以支撐和維護，甚至以文化及習俗加以薰陶（註：例如西方資本主義文化與其價值觀），並從而內化到幼兒的思維和習慣裡，然後，再咒罵著當今罪惡充斥的社會以及災難混亂的社會現象。老子曾於道德經裡感慨著:「是否這些道理太難懂了呢？或者是我自己理解錯了？為什麼這麼明顯的事情大家看不到呢？是否人們太聰明了呢？或是我自己昏愚不醒呢？」2500 年後的今天，如此的疑惑不解仍迴盪在同樣的社會現象與觀象者的心目中。

　　如果由於"不有"法則的理論過於"形而上"，而難以被形象、識知。或因為上述"不有"概念的談論描述過於模糊雜亂，而不易讓人看清真相。我們或可再就一些具體也實際的"擁有"問題與爭議，如土地的擁有權、主權等為例子，做些範例的探討和省思。

　　大自然的土地,這被一些古老文化尊奉爲"大地之母"孕育著大地上所有生物的母親,曾經爲東西方多少古老文化奉爲信仰、尊敬、感恩也親近的土地。曾幾何時,當人類以"擁有"土地取代感恩土地、以私有土地取代分享土地、以佔有土地取代利用土地,除了大地之母的整體面相被支離破壞、被欄柵切割而產生的生態破壞,物種滅絕等嚴肅後果外,土地的存在意義也從"大地之母"的自然意義轉變爲"私人(個人)財產"的人爲價值意義了。

　　當羚羊、鹿群、鳥雀、魚蝦、蜻蜓、螢火蟲……從人類"私有"的土地逐一快速的消失凋零,人類自己也終將發現,無論城市、鄉村、或山林,大地上所有的土地都已被少數人私有、獨占、擁有了。人們普遍的已沒有山溪洗足、濱海曬身、山林跳躍、草原奔馳的立足之地了。當開滿野花的草原奇景、落日的海濱黃昏、熱帶雨林的奇觀、古木參天的原始壯麗森林等,都被欄杆圍柵,並貼上「私人產業、闖入者法辦」的招牌時,西方「天賦人權」、「天賦自由」的口號,顯得空洞、詭異、又靜默。

　　如此荒謬的事情和疑惑,曾經鬱卒痛心過多少的宏觀有智之士?或許美州印地安人酋長西雅圖(1790-1866),針對當年美國總統華盛頓欲以金錢購買印地安人的生活土地時,所做的一些沉痛述訴可表一二:『你們怎能買賣藍靜的天空、溫柔的大地、羚羊的奔馳?難道你們僅憑紅人的一紙簽約,就能對這土地爲所欲爲?清新的空氣與水的連漪,並不屬於我們(印地安人)所有,我們又如何能賣給你們?當野牛已經死盡、羚羊已經完全滅絕,你們還能買回嗎?……』(取自<u>誰有資格買賣天空與大地</u> How can one sell the Air & Land)。

　　撇開土地"擁有"爭議的哲思層面,讓我們再靠近些有關"擁有"的爭議與問題,並看清楚,因爲土地"擁有"而可能對於社會以及我們切身生活福祉的一些現實問題。

土地私有與生態環境的影響

由於土地是大自然生態共生也共相結構的組成重要部分，實在是不能恣由個人的私利或意願等隨意使用支配的。比如說，河川水源地週遭的土地，不論是因工業廢水的排放、農業開發的農藥滲透、牲口養殖的排泄物等，都可能造成水源污染的嚴重公害後果。山坡地的恣意開發使用，是造成土石流人禍，以及水霸淤積產生水患的主要原因。沿海土地的私人恣意開發使用，就可能造成地層下陷、海水倒灌、土地鹽化等問題。此外，森林被開闢為私人牧場、雨林被開闢為私有茶園或橡膠園，沼澤被填平、濕地被覆蓋、草原被切割等，都會造成蟲蛙鳥獸盡被驅逐、生存環境盡遭破壞等嚴重生態災難。這些因為個人"擁有"土地，而可隨意支配使用土地牟取私利、甚至得取個人暴利的作為，卻將所產生的公害如破壞生態、污染環境、沙塵暴等問題，交由整個社會和全民去承擔、去解決，可說是極為荒謬、可惡、且不合理的。反之，若土地不屬於、也不為任何人所主權、所擁有的話，就有可能被以最為適宜、最為恰當、最為合理，如藍圖、如計劃般被利用著。不僅可將原屬大自然的資源回歸大自然，讓大自然的生態機制，自然運作出生機盈然如原本生命之母意義，且也能讓公義、合諧、美麗的理想社會，真實也落實的呈現。

土地私有與民生經濟暨公義的影響

（例一）根據政大經濟系教授林祖嘉於 1997 年刊登在聯合報的一篇研究報告指出，以台北市的萬芳國宅為例，如果土地所有權不屬於任何私人、而為社會（全民）公有的話，一棟目前市價 1200 萬台幣的 50 坪國宅，以使用 50 年來計算，包括每年交給社會（全民）合理的地租（地利使用稅）等，只需要花上 370 萬元台幣就可以建成和享用了。這篇報告除了真實的揭露了私有土地者，或說"地主"駭人瞠舌的暴利問題外，更值得深思的是民生經濟（均富與永續）與公義的喪失，以及所引發出來的嚴肅也嚴重社會人禍問題。

　　事實上，在東南亞人口眾多，土地不足的幾乎所有國家，土地被私有、被獨享、被壟斷的被"擁有"問題，尤其是造成「貧者越貧、富者越富」的主要原因。因土地被壟斷、獨佔，而形成的經濟"黑洞現象"，無情的吞噬著由整體人們辛苦創造出來的絕大部分財富。昂貴的房租、昂貴的房價、昂貴的店面、昂貴的土地使用，極盡壓榨著一般無奈也無助的絕大多數人民，也掏空了這些辛苦勞動人民的資薪所得。更是造成物價飛漲、民生窮苦貧困、經濟畸形和窒滯的關鍵也"黑手"原因了。

　　（例二）1998 年 12 月 30 日聯合報報導，全台灣的空屋已接近 95 萬戶（註：至 2000 年元月空屋資料顯示已超過 110 萬戶），辜且不談這些多餘過剩的大量空屋，曾造成多少生態的毀滅，多少環境的汙染，多少山林湖泊的已被破壞？奇怪的事情是，高揚的屋價仍持續不墜。既使是這些房舍已經老舊破爛，甚至不堪居住，屋價依然持續的上揚，完全違反"供過於求價跌量縮"的市場供需法則。究其原因？仍是與土地可被視為財產，可被擁有、可被獨占的問題相關。台灣的政府，固然因無知且無能的放恣富人財團，無限的囤積土地、操控房價牟取暴利，進而危害社會經濟與公義，而應肩負"治國無方"的責任。但是傳統也世俗的"擁有權"觀念與"財產法"法律，卻是真正支撐"閒置破爛的房舍、無用荒蕪的土地"價值依然高升不墜的根本原因了。

土地擁有權的衝突問題

　　土地擁有權（土地主權）所能引發的更為棘手也麻煩問題，
當是族群或國家的衝突以及戰爭的問題了。人類歷史上因土地所
引起的戰爭，雖沒有被完全的統計和真正的確定過，但可以相信
絕對是其中主要的原因。而這些因土地的爭鬥與仇恨，且經常是
代代相傳、無休無止的。如單就近 50 年來中國與他國因土地擁有
權所引發的戰爭就有，1962 年與印度的領土衝突、1969 年與蘇俄
的珍寶島之戰、1974 年與越南南海島嶼的海上衝突。此外，與菲
律賓、日本等國，也都有著海島甚至島礁領土的“擁有”權之爭。
至於世界其他國家或地區，有關土地的爭執更是不勝枚舉，這還
不包括幾乎所有大國本身內部所存在的土地紛爭與問題，既使是
富裕繁榮的歐洲亦然。比如說，法國有柯西佳和不例塔尼的問題、
西班牙有巴斯克加太隆尼亞和迦納利群島的問題、英國有威爾斯
蘇格蘭與愛爾蘭問題、義大利有薩丁尼亞和西西里等問題。另說
其他大陸地區，如亞洲內部的中亞古老地區，土地擁有權的問題
就更嚴重和難解了。以色列人的土地問題已延續了數千年，迄今
無解。巴勒斯坦人的土地問題令人發愁。這些因土地“擁有權”
或說土地“主權”的堅持與執著，似乎只有以災難性的悲劇後
果，及無解也無奈的拖延來看待，且看不到任何光明的出路與和
平的前景。

　　人類古財產權意義的“擁有”或“主權”概念，所能造成人
類社會的廣泛和深層負面影響，難以突破、也難以化解。而根本
原因既是在於“擁有”的概念，其實是“唯心論”的延伸。而任
何形式的唯心論觀點，都必然是無解、甚至是衝突、災難的。西
方資本主義核心價值的“個人與擁有”觀點與其制度，可說是近

代世界亂像與人禍產生最為首要也直接的原因了，且是持續和無解的。共產主義雖然以大社會的宏觀眼光否定了自然資源可被私有、獨占的合法性，但其實只是將"個人擁有"換作"眾人擁有"，仍是以人本的觀點角度，將天下自然的存在事物，視為人類的"資產"，可恁由人類支配、獨享，可說是一種宏觀的"擁有也主權"觀念了。這對於大自然環境與生態的合諧、穩定，仍是負面、錯誤、且無解的。

人類"擁有"概念的其他荒謬是，如果我們承認且接受"擁有權"或"主權"的正當性、合法性。那麼，我們就得接受"事物與存在"被擁有、被支配、被主權的問題。那麼，現今法律的生態法、環保法、動物虐待法、土地法、婚姻法、墮胎法、公平法等，都顯然隱藏著法理上的矛盾，或是違法的了。甚至包括人類的自由（自在）、平等、人權等當今主流也"時髦"概念，都只能會是空洞和蒼白的不真實口號了，那也就像西方歷史上人們曾經不斷爭取自由（自在）、民主（自主）、人權的血淚事實，但卻也從未能真正也徹底解決般。其實，人的出生，就如同一切其他大自然的生命物出生般，原不應有所謂自由（自在）與否的問題。然而，觀察人類的歷史迄今，的確存在著不自由（不自在）的問題，那會是什麼原因呢？米勒的看法認為，真正的自由並不是建立在自己的擁有和選擇意義上，而是建立在沒有外在的束縛和干涉意義上。這與佛洛姆認為自由的真實意義，應是從某種桎梏中脫離解放出來的意義是相同的。事實上，從人類歷史來看，缺少自由的強烈感受者、受害者，是奴隸及所謂的奴隸制度。而人們祈望人權、渴求自由的情景時況，大都發生在以往君主、帝王時期，和獨裁、寡頭、或家父長制等威權與擁有權的思維結構或法律體制上。換句話說，只有人類才會向另外些少數人，爭取或要求自由（自在）、民主（自主）、人權等問題。而究其原因，正在於“擁有”的被合法性、被合理性之原故了。因為，當“擁有”或“主權”的支配性、絕對性產生時，也就是相對自主（民主）性、自在（自由）性消失時。而當人們的自主性、自在性消失不在，人們自然會有被禁錮、不自由、沒人權等內心的不適掙扎和靈魂的苦悶吶喊了。

　　人類的“擁有”概念，非但是致使社會鬥爭、侵犯、混亂、貪婪等主要原因，也是致使人們內心難以安靜、祥和、甚至苦難的主要原因。若以哲學的廣思深慮來剖析“擁有”這概念就會發現；『擁有的起始是失穩的、欲望的，擁有的過程是衝突的、不安的，擁有的結束是虛無的、空洞的，甚至是苦澀的、傷感的』，可說是個十分“損人不利己”的概念了。然而，環顧今日的世界，不論是資本主義社會、或公有社會主義國家，其政治、經濟、教育、文化、法律等社會內涵與結構，大都仍建立在“擁有”的概念思維和價值觀上，令人憂心、不安、也感慨著。

　　有多少人能清醒明白的意識到，在“擁有”與“被擁有”的當今社會文化價值及法律結構下，除了極為少數位於金字塔頂端的成功者和擁有者外，絕大多數被支配被擁有的人們，其實只能是生活在一種遠離自在、平等、正義、公理的所在，也是無從可能真正的解脫於壓力、扭曲、不樂、甚至屈辱的“命運”與不幸，且是混沌無解的“人禍”事理因由呢？

第二節　不積的哲思

　　於中國的俗世也傳統文化上，“積聚”不但是一種美德，也是一種祝福。如勤儉持家的家訓，有“積聚厚得”的深意。智慧是知識與經驗的“積聚”。財富的“積聚”可豐富生活。權力的“積聚”，令人著迷。德行的“積聚”，就成爲聖人。福壽綿綿、子孫繩繩，當然也是“積聚”不輟的意義了。除了憂煩、苦難、及明顯的惡習外，“積聚”的表像是如此的光采美好讓人羨慕，以至於做人當“積聚”不息、做大丈夫者，就更亦若是了。

然而，如此淺顯易識、不辯自明的“積聚”觀念，竟然會有如老子這人，偏偏反唱“不積”的論調，甚至批評“積聚”爲不道、無德之品，當真是莫明奇妙了。

觀老子“不積”的主張，是明確不含糊的。他除了將“不積”的作爲引爲“聖人之道”（**道德經 81 章……聖人不積。既以為人己越有。既以與人己越多……**），另在他的“理想國”描述上，也有如“小國寡民”以及備受爭議的“絕聖棄智”等觀點，都可見到如此“不積”的怪異見解與主張。難道說，老子那“不積”的觀點，還真有些什麼值得深入探究，值得尊循的道理嗎？

或能體會如前些文章所述，在共相也宏觀穩定的大結構內，個物的“不積聚”、不擴張，就不會形成內在結構之間或不一、或失穩等破壞共相穩定的問題。只是，這些或能讓人沉思咀嚼的“不積”理由，就算被人們差強意會、勉強識知，甚至也能接受其哲理，但是其中隱藏的諸多延伸問題與爭議，由於牽涉太過於複雜深奧，實在不容易於短時瞬間，豁然觀念明朗。更遑論被要求實踐落實了。

“不積”的哲思，由於鮮少見於前人的思路上，又明顯對立於一般人們的思維和習俗上，以致於常被視爲是奇言怪論，甚至是歪理邪說了。而被破格納入學說理論，並被奉行不渝的例子，似乎只有如同被視爲“玄學”般的中醫理論，以及道家的養生和氣功等學說與實踐上。而這兩門奇特漢學，也的確可說是典型具中國特色的特有也源起智慧了。

中國古代的醫學大約在 2500 年前，就已脫離了巫術的影響，而自備格局了。周禮對於巫與醫的職務與分類，已是非常明確和清楚的。而且醫生也有分傷醫、食醫、疢醫、獸醫等不同種類。並且已有「信巫不信醫，則不治」，「醫不過三世，不服其藥」等言論。百草經及皇帝內經相傳是神農氏及黃帝時代留下來的醫學知識，被認爲是中國最古早的醫學典籍。然，從其內容來看，都已沒有巫術的痕跡，並認爲任何病症的發生或變化，必有其相對與互動的辯証原因，實已脫離了"唯心論"的桎梏。此外，漢（中）醫與西醫從根本就差異不同的是；漢醫從初始萌芽起，便是有一套整體病理學學說和均衡（穩定）理論支撐的，或說是由上而下般的，先有宏觀理論後有方法，並從而延伸而出的的醫學觀。而不是像西方醫學是由下而上，以實證法的摸索和實證方式，演化和漸進而來，並無所謂病理學的原始也宏觀理論爲依據。而漢醫獨特的針、砭、拔、炙、經、穴等治療方法，全都是與老子的"不積"與"穩定"哲理有所關聯的。

漢醫從"物穩相無"（穩定之理）的理論認爲，氣血不積、鬱燥不積，意味著氣血、心緒的通暢無所窒滯，也意味著身心的運作穩定與正常健康。另從老子"德經"的學說觀點來理解另可知，漢醫認爲身心體系的任何內在結構元素，原本也必然是在某種得一（致一）也關聯的整體也穩定情形下的。若如此原本穩定的身心狀態或運作機制，遭受到破壞或滯窒，那麼必定是與其共相結構內某些結構元素的積聚或擴張，有著直接或間接關係的。

西方漢學大師李約瑟曾說，漢醫重預防、西醫重實證，是相當精準的見解。只是李約瑟顯然沒能真正掌握漢醫有關穩定理論的深奧與宏觀，包括漢醫那穩定理論何以能作爲預防病症的方法和原理等。

其實，漢醫的理論中有許多觀點，一直都是超越當代西方醫學的知識侷限與困惑的。比如說，西方醫學發現血液的循環不積，不過是近代兩三百年的事，發現神經系統及內分泌的整體關聯也穩定運作事實，也是近世紀的事了。而測量血壓、觀察脈搏的穩定於否，已是時今檢驗病情的必要方法也過程。特別是疫苗的發現（發明），更是直接證實了"不積"的哲理，既使是再毒、再兇悍的病毒，只要是不積聚（不擴張），都不至於對於人體健康造成嚴重的後果。這些預防醫學的原理和事實，全都隱藏在 2500 年前漢醫那"不積"與穩定的理論與觀點裡了。

至於漢醫遭人詬病質疑的實證問題，其實仍是有著見仁見智看法的。由於漢醫治病的理論是出於整體共相的穩定機理上，以至於對於病症之疑難思考上也就較爲複雜宏觀，也相對困難和費時些。方法上，漢醫的醫學哲理，的確是傾向並依循著老子那「其安易持。其未兆易謀。其微易散。爲之於未有。治之於未亂。」的預先杜防方法和見解上的。另對於已成事實、也實務的病症治療理論，漢醫則是傾向於採取積極的提高人體自身的免疫力和承受力，交由人體自身、自我療治的原則來醫治的。

漢醫將病症治療的工作交與身體自身的健康機理與免疫機制，如此的治病觀點和方式是否過於消極也僥倖了些？又是否有所實質功效呢？其實有關人體免疫力的秘密，由於仍屬醫學上較陌生不明的領域，在所知有限下，其功能與作用很可能被我門遠遠的低估了。我們或可參考，爲何有些人對於癌症、愛死症（AIDS）等世紀絕症，仍能對抗不衰、甚至自我痊癒？若不甚同意也不願將這些例子推托於"人體特質說"或"奇蹟論"等唯心論論點上，那麼除了人體能自我復原與自我治療的神秘免疫機制可解釋外，還可能會有其他更合理的任何解釋嗎？

　　事實上，以漢醫治療身心病症，較少會有嚴重的負作用產生，也較少會有嚴重的誤判、誤診情形發生，都可顯示出漢醫的長處。另漢醫推崇的氣血通暢不積、心緒鬱燥不積、以及增強免疫力的療方（包括食物的選擇、運動的調理）等，都是對於現今一些工業病、老年病、慢性病等如心血管問題、高血壓問題、胃、腸、肝、腎病變問題、甚至憂鬱症等，都是相當正確且有效的『既是能防範未患的預防法，同時，也是可做爲現實病症治療的實務和方法』。然而，無可諱言的是現今漢醫的諸多缺失問題，包括中醫師資格的良莠參差不齊，中醫的學理方面、病症醫療的實務與技術方面、實証藥理學方面等、仍有待全面的提升和補全，以及缺乏具精確數據與實證病例的醫療資料等，都是需要有大魄力、大能力、宏觀規劃，並努力改進的地方了。

　　除了漢醫的"不積"理論外，另涉及到"不積"哲理的學術，便是氣功了。中國的氣功與印度的瑜珈、禪定、催眠術等，都可說是神秘莫測也難以意會理解的"玄學"。而以往道家人士的氣功修鍊，其複雜與難度或許猶勝過瑜珈和禪修。原因既在於氣功不僅要能達到"致一""無我"的禪修入定境界，更要達到如此靜定境界之後的功課。也就是說氣功的修鍊不僅要有禪定的本事外，尚需要有凝氣運氣、通穴活血的認知與本事。

　　道家人士爲何要練氣？練氣有什麼好處呢？參考東晉道士葛洪（283-343）所著作的抱朴子其書中相關記載或可得知一二：『欲得長生，腸中當清。欲得不死，腸中無渣。食草者、善走而愚。食肉者，多力而悍。食穀者，智而不壽。食氣者，神明不死』。不死的探求，一直是道教得以生根茁壯於中土民間信仰的另一個重要因素。中國歷史上的秦始皇、漢武帝等，都是深信神仙方士的帝王。傳說秦始皇爲了尋找海上仙山的長生不死丹藥，曾令心腹人士曲阜率領五百童男童女東渡今日的日本，與日本的文化源頭有著重要緊密的關係。此外，中國民間故事如嫦娥奔月的典故，也是與長生和金丹有關的。

　　道教與長生不死的信仰，爲何會扯上關係？其實不難理解。因爲以道德經爲主要道義的道家思想，本身就建立在物事“永恆”及“長久不變”（穩定）的探索上，而且是有理論支撐的。這也是道教信仰（道德經）與其他主要宗教信仰明顯不同的地方。道教沒有天堂與地獄、沒有來生、沒有奇蹟、沒有上帝，只有活在當下、活出神仙般的愜意逍遙，與不死的探求。

　　道家練氣人士相信，結構（物事與存在）的存在和永續（長久），與結構的不變（穩定）有關。而結構的不變，則與結構內外的“不使積聚”（不積）有關了。只是如何掌握所有結構包括自身結構的永續不變呢？葛洪本人相信金丹可以助益長生，並曾花盡家產築鼎煉丹。他認爲黃金不腐不朽、不失光澤，本身就隱藏著永恆與不變（穩定）的秘密。而“可以長久”（穩定）一直也是煉丹方士的著思之處。我們從以往方士煉丹的主要原料如金、銀、汞、錫等這些可以長久不變、不失光澤等金屬原料，也可看出些其中端倪。

　　除了“金丹”這類所謂“外丹”的的探究外，另外一條長生之術的探索方向就是“練氣”，也可說是一種“內丹”的探索了。道教的“大來經”就推崇行氣與食氣，且認爲凝氣、練氣，是最實在的長生法。雖然葛洪認爲練氣之法，如“食明精經”、“食大和經”、“行丹一經”、“胎息經”、“行氣治病經”等，只是“仙法”下的“養生法”而已，但是無可否認的是，“練氣行功"（氣功），一直是道家人士追求長生的其中重要信仰和方法了。

　　道家人士認爲練氣可以助益長生，另也可能是從觀察長壽千年的樹木植物而得啓示，包括認爲樹木之所以能夠長生是與其餐風飲露有關。莊子描述藐姑射山的神人其特色就是：『肌膚若冰雪。淖約若處子。不食五穀。吸風飲露……。』而"吸風飲露"當然是與腸中無渣、腸中當清、不積不聚、不影響穩定、不改變結構的"長生"理論有關了。道家世俗信仰上的金丹與不死、練氣與長生等可追求性、可實踐性，顯然是古人知識不足，並受到相對於道德經片知半解的誤導有關，不足以盡信，也不是真正的老子思想。但，誠如葛洪之見，練氣（氣功）可視爲仙法下的"養生法"，加強人體的健康與元氣（精力）、提升人體的免疫力，倒是可以辜妄聽之和不妨深究的。

　　比如說，皇帝內經也認爲練氣能治病延壽。漢代名醫華佗、張仲景，皆認爲練氣能防老長生。葛洪認爲氣功能「療未患之疾（預防於未患）。通不和之氣。動之則百關氣暢。閉之則三宮血凝。實養生之大津。祛疾之玄術。功效甚大。不只耳聰目明而以」。除此，氣功的其他好處，便是如所謂的"導引術"了，將練氣配合著身體動作的法門，稱之爲"導引術"，如著名的"太極拳"便是脫胎於「導氣令和。引體令柔」的導引理論了"太極拳"除了健身、活血、養氣（練氣）的功能外，還有自衛防身的拳理與技術融合，再加上運動舒緩輕鬆不激烈，不易釀成運動傷害，可說是男女不拘、老少咸宜的健身、養身、也防身等絕佳運動了。

　　另外，氣功對於情緒上的壓力，也有紓解穩定的作用。這原因不難理解，因爲氣功有禪定的過程，而禪定本身就有平穩情緒的功能作用。我們知道情緒的盜靜舒暢，是快樂與美趣產生的先決也必要步驟與條件。真正修道之士清心寡欲、身心健康、無憂無懼、自在自得、長樂逍遙……，稱之爲陸上神仙，實也不爲過了。

　　"不積"的哲理更深層的思考，可深入到大自然"不積"的現象觀察上。科學家很早就就好奇的注意到，大自然最有興趣的工作之一就是摧毀結構、解構結構，並樂此不疲來著。鐵釘生銹、草木枯腐、頑石風化、當然也包括了生命的老化凋零，都是自然不積的彰顯與深義。而盡管億萬年來自然"不積"的持續運作，然，森林中的樹木、野獸，始終呈現出相對穩定和生機盈然的面相，包括大海中的生物、陸地上的生態也然。大自然"不積"的事實令人印象深刻，尤其令人玩味的是，自然"不積"的結果是森林如此的清新茂盛、海水如此的蔚藍、潔淨，大千萬象的生命如此的豐盈又充實，世界如此的多元、新奇、又美麗……。

　　"不積"的自然現象和美好事實，足以突出並顯示著"不積"的哲理隱藏著深意與智慧。隱藏的意義包括了爲何生命是有限的，隱藏的智慧則明確指示了不積的哲理，對於大自然何以永續永恆的機制運作，有著不可忽視的重要性。道德經 25 章節有如此的描述：『有物混成。先天地生。寂兮寥兮。獨立而不改。周行而不殆。可以爲天下母。吾不知其名。字之曰道。強爲之名曰大。大曰逝。逝曰遠。遠曰返……。』清晰的指出，"道"也似如一種"圓"的循環過程。這種"圓"的哲思，正也是如"不積"，也是如代謝新陳的循環意義。若另從數學哲學的觀點而言，道與圓，都可說是一種如似"有限下的無限"內涵與深意了。

　　"不積"的哲思，在人類思想史上是個罕見也少被人慮及關注的思想與觀念。但從上面的論述來看，似乎較之"不有"的哲思，又另有玄奧也實際的層面。且或許有些用心的讀者也已看出，

“不積”的哲理尤其是對於龐大複雜的整體（共相）穩定問題上，有著重要的啟示意義。或說“不積”的哲理對於如何處裡共相大結構下的宏觀也整體穩定，有著關鍵與相聯的重要意義。而我們在前面的章節中曾提及過，今天人類面臨的諸多困境和問題，不論是政治、經濟、社會、生態、環境等，都是屬於此種龐大複雜也共相結構的穩定問題。這些啟示或能讓我們認真也嚴肅的意會到，“不積”的哲思，或不僅是一門值得關注和值得深入探究的一門新穎哲思，它甚至也可能會是時下當今也 21 世紀最為迫切需要、也最可為現實利用的一門觀念與哲學了。

第三節　知止不殆

> 『始治有名。名也既有。夫亦將知止。知止所以不殆。』（道德經 31）。
>
> 『知足不辱。知止不殆。可以長久』（道德經 44）
>
> 『禍兮福所倚。福兮禍所伏。孰知其極。其無正耶』（道德經 58）

老子哲思中“知止”的概念，似乎不像是個艱澀難懂的概念。相反的，倒是個幾乎人人都能琅琅上口的通俗用語。只是，又正如大多數的至理名言或老生常談般，人們聽是聽了，好像也是懂得的，可是論及到體會理解，就會有程度上的深淺厚薄之分了。至於能否嚴肅認真的看待“知止”這概念，並拿捏適宜的實踐利用？則更是有賴於此人相對於“知止不殆”哲思也概念的真假掌握、虛實認知等有所聯繫了。

對於一般人而言，“知止不殆”的直觀概念，或許是如「吃

飽了就不要硬撐、得了便宜就不要招搖擺晃」、「欺人不要過分、
處事不要太絕」、「違法邊緣莫久徘徊、夜路多行易撞邪惡」之類
的警世箴言和保身俚語等。另對一些世故成人來說，或還要加上
些如「知足長樂」、「守戒無憂」、「明哲保身」、「樂天知命」等，
相對也啓智性的諺語出來。然而，對於道學者來說就又複雜了些。
比如說，老子的"存在"（名、結構）觀點中就認為：『凡是存在
的，必是結構的。也必受限其結構』。如此的存在與結構拘限觀點，
不但否定了存在的無限性，另也為任何存在與結構的知止、知極
意義，提出了理論基礎。因為，既然任何存在（結構）都有其極
限和範圍，實也意味著任何存在，都不能超越其極限與範圍了，
否則便是存在（結構）的或被破壞、或被改辨、或無法長久了。

　　想像著老子這人能把如此簡單也老生常談的"知止"概
念，講說的這麼的艱澀隱晦和令人糊塗，果然是有其"高人"的
一面了。然而，老子的"知止不殆"哲思與觀點，其實比你我所
能想像的艱澀隱晦，或許還要複雜深奧些。怎麼說呢？我門就先
從一個相對也對立於"知止"概念的"無限"（不知止）概念，
作為牽引和接頭的談論開啓吧！

　　曾經越是古老的年代，人們對於存在（結構）與無限的誤會
也越多。諸如神的本事是無所不能也無限的，靈魂是可以輪迴再
生、永不息止的，海洋與世界是無邊無際的，世上的財富、資源，
是取之不盡、用之不絕的，人的潛能開發是無可限量的，人的快
樂或憂愁也可以是如水流不盡、船載不完的……。只是，當時空
越是現代和透明，人們越是睿智和理性之際，曾經那些普遍人們
深信無疑的存在與無限，也就越因為經不起檢驗和實證，而遭人
們質疑甚至否定了。

　　中國的"理學"有所謂"格物致知"的觀念與論述，就是論

說著任何事物的存在與認知，就是先要規格其範圍、釐清其關係，才有可能明確其形象、洞悉其結構、並付於其定義。否則，要嘛是模糊不清，要嘛是大象無形，都是難以認知、識知、致知，也是無以真實存在的。事實亦然！試問大自然的'物事與存在'真有所謂的無限嗎？我們不曾聽說過無限的距離、無限的時間、無限的速度等概念描述，因為兩點才能產生距離，而兩點就是距離的範圍和極限。同理，時間的存在是建立在相對時空的距離變化上，速度是建立在相對距離的變化或位移上，都是有其相對範圍和極限意義的。甚至如"圓"這所謂『有限下的無限』詭異概念，同樣是有其圓周與範圍的。

　　蒼海桑田、世事無常，大自然既然找不出什麼"無限"的物事與存在，那麼，"無限"是否只是一種人為創造出來的非真實概念呢？或許又未必如此！因為若將"無限"類比於"慣性"或是一種"持續性"的概念，似乎是可類比等同的，而"慣性"或"持續性"的概念，則是真實也存在的可被理解概念了。這些說法與類比，雖或造成"無限"概念與問題等更加麻煩也更不容易解釋。不過，認知到"無限"與"慣性"概念的可類比性、互通性，再來談及到相對於"無限"也"慣性"概念的"知止不殆"概念，就較易談論也容易理解了些。

　　簡略的這麼說吧，老子的"知止"概念，原本是延續也針對著"不有"觀點與"不積"哲思的的持續性、無限性，而闡述的。或說是相對於結構（存在）的積聚形成，並持續也慣性的擴張等問題，所提出的"底線"警示、和對應見解。因為結構與存在的無限（或持續）積聚性、擴張性，雖或可能是慣性的、自然的，但卻必然會因為破壞整體也共相的穩定，而導致結構與存在（共相結構）自身的危險與災難，所以是要知止、防止的了。

　　或另換個講法說吧，從老子"物不自生"的道理可理解，任何物事（結構）的形成或擴張，其本身就是積聚與變化的過程，也必然涉及到相對於外物的或擷取、或侵犯、或合併等互動效應。這也是說，擴張（積聚），除了可能造成自身的不穩定外，也必然會破壞原本外在也共相穩定的狀態。然而，這還祇是延續也針對著"不有"與"不積"的"知止"方面問題闡述罷了。若另從了解物理的"質量不滅定理"又可理解出，此種"無限"也"慣性"的擴張過程和形成，其實是建立在其他結構（存在）的解構、消殆等條件也前提上的。就像羅馬帝國是建立在雅典的廢墟上，秦帝國的統一是建立在六國的解體上，巨富大亨的產生是建立在更多不幸與貧窮的轉化原理上，獨裁與權力的生成是建立在他人權力的被剝削、被侵犯事實上等。此類因"無限"也持續擴張，所導製出來的單一化（一元化）、主流化等現象，通常伴隨著其他物種（結構）的荒殆、凋零、次流化、甚至不入流化等現象與問題，則是可視為更為嚴肅也更為玄奧的"道學與哲思"問題了。我們先從參考單一化（一元化、主流化）的一些事例，來略窺其中問題。

　　當沙漠越是單一化、無限化時，那也是沙漠越是趨向於消殆、死亡之際。當沙漠越是絕對化時，絕對化的沙漠現象也就越是明顯和凸出。60年代的中國，共產主義及其識型態、以一種如火如荼般情勢，"無限"的延伸和擴張時，其他任何與之不同或不合的思想與觀念、文化與習慣等，都是腐朽、錯誤、甚至是邪惡的步入寂靜或消殆了。而當人民普遍也澈底的被單一化、絕對化思維改造且塑造時，整個社會事實上已轉變成為一種詭異又真實的單一性和絕對化境界。包括人們的表情、思想的內容、談話的方式、衣服的式樣、生活的面相等方方面面……，似乎都已進入到某種一致性、主流性，沒有變化與單調的境界。甚至會令人感到整個時空的凝窒與生命的虛無境界。

　　無限化與單一化所能造成的現象，深刻又嚴肅。單一化的形成，通常也是多元化的排斥和消失之際，令人矚目驚心。我門尤其可見證著文化和語言的一元化（主流化）形成時，則是多元語言和多元文化的枯萎凋零時。包括如，美洲印地安人的文化、紐西蘭毛利人的文化、西藏高原的藏人文化等，這些數以萬年來發展出來的特殊文化風采，都已如天譴般的逐漸的殆逝無跡。而那些如天問般的深沉疑問與悲哀，來自於亞努布藏江邊無助的悲歌，來自於阿拉斯加草原孤獨哀鳴的灰狼，來自於母親所教的兒歌、母語，已陌生無繼……。

　　太多無限化與單一化的"知止不殆"例子中，尤其想要強調和提示的例子，則是人類數目的持續成長與無限擴張所導致出來的潛在災難現象與嚴重問題了。尹凡尹理奇（Ivanillich）接受世紀末（AtCenturysEnd）作者的訪問時認爲；20 世紀的人爲苦難和陰影中，從貧窮到病患、從無助與被忽視的兒童到無依的老人、從都市的全面壅塞、住屋不足、空氣污染、水源短缺、到環境的髒亂破壞等，都是工業社會的副產品…。其實，這些工業化問題背後的更真實問題，仍是與人口數目的大量成長（積聚）也"無限"擴張有其原理關係的。

　　舉用眼前台灣的例子來說好了，任何居住在台灣的有識人士，都可見識著這小島已是人滿爲患了。垃圾幾乎已無處可掩埋，土地、空氣、水源、環境等也幾乎全都被或嚴重或輕微的污染甚至毒化了。包括多年來迄今，政府與人民、人民與環保團體，不斷經常的衝突對立例子如核能四廠的工程、美濃水庫的開發、濱南工業區的開發、燁隆石化廠、台塑六輕廠、花蓮水泥廠擴建案等不勝枚舉。其核能四廠的興建理由是政府認為有必要滿足 5-10 年後的人口增長,及相關產業的成長需要。是所謂的 "未雨綢繆" 且具有 "前瞻性" 的英明決定與決策。花東水泥廠的擴建案則更是無知也無趣,原因是花東一向是台灣最不受人為汙染的最後一塊美麗淨土,夙有台灣的後花園之稱。據報上報導,台灣水泥花東廠擴建案在經濟部工業局以汰舊換新的名目下,官商勾結的結果(賄賂案已被判刑),硬是將原本年產 20 萬噸的水泥廠擴建成 150 萬噸的大水泥廠。為了應付這種耗費能源的污染工業,經濟部於是一口氣跟著又再核准了三家同樣具污染性嚴重的火力發電廠的興建。尤其令人詬病氣結的是火力發電廠的預定地,全都是國家海岸風景區的特定地區也是自然生態的保護區。且不論這種公眾的汙染與損害,由全體花東甚至台灣居民承擔,利益僅為少數財團個人與私人公司獨享的荒謬與不合理。若從檢視上述的一些投資與擴張案例來看,問題的根源因素竟然全都與小島上人口 "不知止" 的擴張和 "經濟" 的無止境需求,關係也因果的。

台灣的政府似乎從未具有 "前瞻性" 的思慮過,人口的無限增長、財富無限追求的人本意義與後果是些什麼?那些如尼采所謂的 "無益也無意義的受難" 其實都是不必要和可輕易解決的。只要有所 "知止" 也 "方法" 的減少人口的數量,就能不需動用公權力、不造成流血衝突、不產生民怨、不污染環境水源、不破壞生態、不使生活品質更加惡劣與難過的情形下,使得資源供需更加的充裕、人民更加的富裕、生活更加的和諧、山水更加的清秀亮麗、身心更加的健康快樂……。畢竟,在人口的無限擴張下,且不論生態環境的必然破壞、資源分配的必然不足與貧窮等,單就人與空間的極度萎縮、擁擠,就足以窒梏生命的自在與生活的品質了,而沒有生命的自在與生活的品質,生命與存在的意義又會是什麼呢？

　　事實上，我們若能更宏觀和更警覺些，就可清楚的看到人類數目因無限的積聚與擴張，所造成的單一化、荒殆化效應也現象了。如爲了適應人口數目的無止盡擴張，人們不得不將森林轉化爲人類的專有牧場，種植著單一的牧草、養殖著人類所允許和需要的牲口。將雨林轉化爲橡膠園或甘蔗田，將山坡地轉化爲水泥公寓或工廠，將海洋轉化爲人類的養殖場和捕撈場，將原本供萬物所需的水源轉化爲人類的工業用水或農業用水……。此外，人類無止限的財富追求，更加惡化也更快速的殆逝著多元的生命物種，破壞著環境生態，污染著空氣、水源、食物等，那也正如“蓋亞”（**大地之母**）的信徒所指控，人類無止限的擴張成長、無止限的財富追求，已如同失控的癌細胞般，正吞噬啃食著這如生命之母上的所有資源與其他物種，而最後，無可避免的也終將難逃人類自身空無死寂的悲慘命運。

　　了解了無限化、單一化、絕對化，所能產生的真實“無相”和“荒殆”效應，我們應已能體會並能認同老子思維中“知止不殆”的觀點的確是一個深具內涵的見解和智慧了。事實上，若檢視著人類當下現今所面臨的所有可見證危機或災難，不論是政治上的危機或災難、經濟上的危機或災難、生態上的危機或災難、道德上的危機或災難、戰爭的陰影、人性的扭曲、社會的混亂、個人的不安、或不幸、或煩惱、或恐懼等，幾乎是全都與“不知止”的哲思因果，有著或直接或間接關係也脈絡的。

　　人類“知止不殆”的問題既隱晦又明顯，一些迫切的“知止”問題如人類數目的知止問題、人類物資財富的規範與知止問題、以及不當政治權力的規範與知止問題等，對於現今所有國家、所有人民而言，都是立即也真實如可觸摸到的福祉。可以想見的是，21 世紀的"知止"哲思，不只是一個無可迴避的真實問題與觀念，是個能造福眾人，且也是個包括能改善環境、生態永續、造福萬物蒼生，並促進人類心靈寬厚祥和的方法與智慧了。

第二十章　深究老子文哲理論完整的"梳理與補遺"筆記摘要

越是深入老子"道"學的精義，越是讓人驚嘆於其思想的奇偉壯觀，越是掌握老子"德"經的原理，則越是能誠服於那"道德"學問的可實踐性、可通用性、以及可利用性。祇是，這令人動容也尊敬的宏偉智慧，卻也如孔子所形容「如神龍遊於雲霧不見首尾」般，似乎總有些連結不全、有所缺失，而無法盡窺其全貌。特別是於論究方法與實踐的"德"經部分，也既論就物事與問題的如何解決方面，更是方法曲徑彎折、機關隱蔽難窺，而易陷入於糊塗、迷失於困境。

如何能讓老子思想的全貌更易於清晰呈現？特別是如何能讓老子學說更易於被落實利用於解決問題，且得心順手？在我幾經整理、歸納，並依循老子思維的方向，不離老子哲思的精義和原理下、做了些"梳理和補遺"的研究功課也方面見解，期盼有所周全和助益。概略講述如下。

『其安易持。其未兆易謀。其脆易判。其微易散。為之於未有。治之於未亂……。』（道德經 64）

簡略老子對於如何解決天下錯亂物事或差錯問題的方法論其一，就也如同中醫理論般，認為當病徵已現、兆相已出時，通常也是苦難實際顯現時。能否真正治癒估且不論，現實災難已在所難免了。所以"防於未患"應更勝於患後治療了。

只是，以"防備未知之患"的"預防法"作爲解決物事問題的思維和方法，說實在的，就像似西方聖經文章中"諾亞的方舟"故事般，頗有令人不可思議也無從著手之感。莫非真有所謂"洞燭機先"或"先知"的智慧存在嗎？如此的智慧又是否能被一般凡夫俗子的我們所理解並利用呢？

『夫物芸芸。各歸其根。歸根曰靜。靜曰復命。復命曰常。知常曰明。不知常。妄作凶。』（道德經 16）。

老子認爲天下物事（包括問題）的形成與存在、變化與消失，雖是繁雜衆多的因由原故，但終究是不脫其根本事理的。而這物事造化之根本事裡，其實，也就是"存在"（結構）與"穩定之理"了。"穩定"，可說是一種常性、慣性、或自然性。認知且明白此種"常性"是很重要的，因爲不知道物事的"常"（穩定）性，是容易遭受災難的。換句話說，老子認爲"防患於未知"的"預防法"，就是要從了解"穩定"（常性、不變性）的"道之理"來開展。如此對於"穩定之理"的了解，就是明。不知明、妄作凶，而知明，當然也就能避兇、防凶了。

我們或已能看出，老子所謂「爲之於未有。治之於未亂」的預防法，其實是延續著其一貫的"道"之哲思，認爲任何物事或問題的形成或變化，都是與物事原本自然也穩定的常性（正常）狀態被破壞、被改變等，有著關係的。而解決如此"物虛相生"的預防法，當然要從了解"穩定"、掌握"穩定"的造化方法和方向來著手了。若再另從老子"物不自生"的哲思與觀見則又可揣摩出，老子認爲；物事原本自然也天成的穩定狀態，何以會被破壞、會被改變的肇始因由，那是與其外在物事的介入和互動所致。此種因爲與外在物事的互動與影響，而產生的不穩定情形，一般而言，是不易測、不可測、也無法避免的。以至於說，若想將“相對外物”的可能破壞性、或影響性，降至最小，或輕微至可被承受、可被容忍範疇內的最為合理、也最為自然的方法也法則，就是盡可能的規範和微弱其“相對外物”的影響“力量”了。這正是老子“道恆無名”的哲思與觀見所在，以及不有、不積、知止的“玄德”主張源出所在，更也是老子那「為之於未患。治之於未亂」的預防法法理也原理了。

　　深究老子那“防範於未患”的“穩定暨預防法”，頗有佛學戒、定、慧“三法”（三學），全所貫通的說理與探義，也頗有西方哲思中所謂“理性”的背影與精神。然而，卻又比佛學那讓人不易適從、無所根本的“三法”，或西方那令人空洞茫然的“理性”，明確踏實、並有所理論和方法。平實而論，此種攸關人本哲思的重大突破和創制，其重要性及利用性，若說成是“可為億萬眾生開喜慶，可為百代世人啟泰平”的智慧，也是實不為過的。只是，顯然仍有缺失也讓人模糊欠明的麻煩問題，則是老子那內涵“不有”、“不積”、“知止”的“穩定暨預防法則”，應用在形而上的“明事理”也理論層面上，既使是可行也合理的，但欲落實在現今當下的現實社會與真實生活實踐層面，則是有太多實際麻煩問題需得妥善解決的。特別是“不有”（不擁有）的思維與主張，其過激與辛辣，甚至已超出“共產”或“公有”主張的社會主義極左思維，而有必要注入附加的學理說明和方法彌補。否則，除了容易陷入到窒礙難行也難以執行的地步，另也會產生出人本哲思上的矛盾排斥困境。矛盾的原因，直接又明顯。除了時下現今人類社會的形成面相和運作機制，幾乎已是“完全”建立在“擁有”的機制和“主權”的觀念等基礎上，另外，人畢竟是不可能生活在“不有”（不擁有、不私有）的實際情況或生活意義下的。這難以辯論的"不爭"事實，老子其實也是了然於胸且有見解的。如道德經裡所述：『天之道。損有餘而補不足。人之道。則不然。損不足以奉有餘』。老子認爲大自然的存在與穩定，是經由耗散、解構等如似"代謝"的方式達至。而人的存在與穩定，則是經由自外擷取、也外物佔有的方式所成就。簡言之，也就是"代謝加新陳"的複雜也生命方式所達成。這應也正是老子那"德經"的完整文義中，除了"不有"的觀點外，尚另有"不積"和"知止"的後續也全面論述原由吧！

那麼，如何能將"不有"的自然法則，暢通無所窒滯的應用並落實在人類社會的"穩定暨預防法"機制也原理上？或說如何在"不可擁有、佔有"，卻又必須"取之於外、用之於外"的捨取兩難下，兼顧著大社會的外在穩定與法理，和人本（生命本能）內在穩定意義的個人滿足與需求？這正是隱藏著天人矛盾，也需要進而說明的問題所在了。而其梳理與補遺的解說其一，則是以"緣有"的概念與哲思，替代"擁有"的概念與哲思，也既是將原本「不有－不積－知止」的"玄德"觀點，修改成爲「緣有－不積－知止」的"玄德"觀點。或另也可說，在老子那"不有"與"不積"的穩定哲思順序和機理間隔之間，塡補以"緣有"的思維和其相關法則。說理如下。

第一節　以"緣有"思維取代

"擁有"思維

"緣有"概念，結合了"緣"與"有"兩分別概念，而

"緣"這概念,對於深受佛教思想影響的東方人而言,可說是一個熟悉也常用的概念了。如中文用語中的緣分、姻緣、緣起、緣滅、有緣千里來相會、無緣對面不相逢等,是連如一般鄉野村姑、市井匹夫等也能琅琅上口的通俗概念。事實上, "緣"的源出概念,本是與佛教的因果、集諦等概念有著淵源和關係的。佛書雜阿含經裡就敘述了「有因有緣集世間」的聯接也因果觀點,認為世間萬象都是「因緣和合」,是由無數的因果集合而成的,換句話說, "緣"是與"偶然"或"邂逅"等概念有所不同的。不同於"邂逅"、"偶然"僅只是一種"互動"的概念描述, "緣"則是一種"互動加上因果"的集結概念,也是一種相對契合或因果聯通的完整概念。"緣"不會"無由"的而生起,也不會"無故"的而熄止。

然而,若從道學的思維來理解"緣"的意義和"緣"的用法,則是要將"緣"這概念放進老子那"無生有論"的哲思中,來琢磨參究了。從認知"無生有論"的契合與聯結道理來說, "緣"的精確也細實概念,應是指結構之間(物事之間)得以聯結或契合的某種"機理"(機制與原理)。這種聯結或契合的自然機理,也就是結構之間「不斥與得一、穩定與存在」的觀點也道理了(請參閱本書無生有論與其文章)。而只有在如此"不斥與穩定"的"緣"-"合"機理運作下,物事與存在之間的契合或連結,才能如"天成"般的自然形成。

明確的認知了"緣"的「不斥與連結、致一與穩定」等"自然連接"機理之後,再回來深入為何要以"緣有"取代"擁有"的思維和主張等談論,或除了不再那麼的會讓人感到如此主張的唐突和莫名奇妙外,另或也能讓我們更容易看得明白如此思維與主張的重要性和必要性了。

　　或話這麼來說吧！若檢視並深入"人"與"有"（物事與存在）的關係和問題，不難看出，其實情是可類比或詮釋爲一種"人與物事連結也整體的關係與問題"。比如說"人與觀念的有"、"人與回憶的有"、"人與汽車的有"、"人與愛情的有"、"人與家庭的有"、"人與房舍的有"、"人與花草鳥獸天地山川的有"等皆然。只是，當人與物事的如此連結也整體關係，若是以一種"擁有"（或主權）的關係與思維呈現時，因爲傳統"擁有"概念的主體性、主從性、附屬性、階級性、支配性、財產性等意義與內涵，如此的"擁有"關係與問題，其實是隱藏著鬥爭、災難、扭曲、甚至邪惡等"非自然"也"不道"（不穩定）本質的。簡單的說，人爲"擁有"概念其實是一種非真實也不合自然法理的人爲"不道"概念。但是，反觀人與物事的有，若是以一種"不斥與連結"、"致一與穩定"的"緣有"機理與方式呈現時，如此的連結也整體關係，除了必然是對等、互利、合諧也合理的"本質"外，另更重要也更妙的事情則是；如此的"緣有"關係，同時也可順利解決有關人與"擁有"關係的對外宣示或告示問題等。那也就如在前面的文章中曾談及過的；黑猩猩對於獨佔香蕉的"擁有"作爲或"主權"宣示，其實僅只能是停留在"個人"獨佔、私有的"秘密"意願，和"見不得人"的作爲上，是不可能"合法"的，也不會被其他黑猩猩認同接受的。

　　然而，當以"不斥與穩定"的"緣有"機理，作用在人與物事的連結也整體關係時，它除了能合理解決個人與物事"緣何而有？"的機理問題外，它另也能解決個人與物事"緣何而有"的如何被其他人"不斥與穩定"的認同和接受等，兩層雙料問題。而整理這人與物事的兩層"緣有"機理與問題，其實也就是中國文語所謂的『取之有德（得）、得（德）之有道』的完整合義，另也是老子哲思「尊道，貴德」的整體意涵了。

　　"緣有的機理"，另也可稱爲 "緣有的法則"，因爲機理如同原理，它必然也是法則的。而 "緣有的法則" 整理的說，就是在 "不有"（不擁有）原則也原理下，人與任何物事的連結也整體性關係，或說人與任何物事的 "緣有" 宣稱，都必須契合 "道"（穩定之理）與 "德"（不斥與致一）的法之規範。否則就是不道的也是違法的。另再換個簡單的講法也就是說，人不可恣意或 "自由" 的宣稱與任何物事存在著連結也整體的 "緣有" 關係，除非是被合法也合理的 "緣有法則" 所認可允同。

　　從上面 "緣有" 法則的簡略描述來看，不難看出 "緣有" 法則的其中 "道德" 設計與法理內涵，比較傳統 "擁有" 概念或法則祇強調著人與物事的聯結性、整體性，而忽視甚至是無視如此連結性、整體性的 "道德" 性、"法理" 性等，本質裡是有著明確差異和不同內涵的。而這些不同與差異，也正是 "緣有" 思維與法則，取代 "擁有" 思維與法則的突破性、適法性、和完美性所在。舉用些不難理解也不算太過複雜的下列例子，或能讓我門更能清楚的看見 "緣有" 思維相較於 "擁有" 思維的長處、優越處、也合理處。例述如下。

一、就政治層面來說

　　當政治體系（權與治的結構和運作）不可被擁有之際，人與政治就不會產生主從問題，並也脫離了附屬的關係。當人與政治不存在著主從、獨佔、私利、壟斷、繼承等典型的 "擁有" 問題和效應時，政治也將自然而然的從傳統的 "統治與管理" 本質，轉變爲 "服務與管理" 的本質，或說，從邪惡的本質轉向爲良善的本質了。再說，當政治體系只能被"緣有"時，因出於"緣有"的"穩定與不斥，連結與致一"機理使然，我門則可能看到如前述『非爭而自得。非爲而自成。』的"權位合理論"出現。那也就是德行與才能兼具，眾望所歸的賢能之士，被自然的授權、托付出來。並讓政治發揮出其穩定與存在的最大功能性、價值性。

二、就經濟問題來說

在經濟的"緣有"法則也機理下，由於不存在著相對於物事的獨佔、財產、繼承、專利等"擁有"也私有權利時，也從而真正開啓了包括自然資源和人爲資源等"生產工具與財富資源"的澈底被解放、被釋放。我們也終將看到一個丕然巨變的經濟面相。而相變之處，正是那長久以來阻礙健康經濟發展，破壞經濟自我良性運作的"擁有元素"被解構、被消殆時。且也是那代謝和新陳、均利（均富）和永續等新世紀民生經濟學指標與挑戰，得以真正能被方法運作和能被達陣功成之關鍵。

其次，將"緣有"法則放入當今經濟運作中，我們則將可看到因爲"緣有"法則其"不斥與連結"、"穩定與致一"的宏觀也穩定機理作用，而使得山林不會被濫墾、工廠不會被亂蓋、水源不會被污染、土地不會被毒化、不合乎生態和環保的人爲產品，不會被生產和流通，甚至人口數目不會被無節制的擴張和失控等現象。相對的，我門會見到地能盡其利、人能盡其才、物能盡其用、貨能暢其流等，健康經濟機制的良性運作。

三、就宏觀社會的面相來說

由於"緣有"法則的"不有"原則和"道德"內涵等機制與效應，可想像必將聯帶著社會上鬥爭、掠奪、偷、拐、搶、騙等罪行惡跡等自然的凋零、也必然的萎縮。當社會上"不勞而獲"、"不法而得"的現象，無以從生、也無以存在，社會的合諧、次序、公理、正義等，也將自然而然的形成、也呈現了。

四、就微觀個人的心緒問題來說

簡略的描述了當以"緣有"思維和法則替代"擁有"思維和法則，作用在政治、經濟、社會領域的"大通理順"，和幾可比擬如烏托邦境界的正面效應後，或已能讓我們深刻的意識到"緣有"法則的優越性和必要性了。然而，上述的例子，其實是從宏觀且超越個人層面的複雜也共相結構問題來論述的。接著下來，我們可持續來談論一個與我們自己更為直接也切身的"緣有"話題，也就是論談若以"緣有"概念取代"擁有"概念，並將之運用在微觀個人也"心緒"的層面上，又可能會作用出些什麼樣的情形和效應呢？

在前面談論"不有"的文章中，我們曾論及到人類的"擁有"思維和意識形態，非但是致使人類社會上侵犯、鬥爭、貪婪、混亂、罪惡等根本原因，也是經常致使個人心靈難以安靜、祥和、快樂的主要原因了。若以哲思的深思細慮來剖析"擁有"的概念效應就會發現，『擁有的起始常是欲望的、枷鎖的，擁有的過程常是鬥爭的、不安的，擁有的結束常是虛無的、孤獨的、甚至是傷感的』，可說是個"予人災難"甚至是個"邪惡"的概念了。然而，另觀"緣有"其概念，並檢視"緣有"的起始、過程、和結束效應，則是完全不同的正面情形和"與人安樂"的"良善"概念。細述如下。

（一）緣有的起始是理性與無害的

掌握"緣有"概念的核心也關鍵觀點，也就是說掌握人與物事之間何以能自然聯結與合諧不斥的"緣何而有？"機理，其實已將人與物事之間的"緣有"事理，注入了"理性"（合理）的運作因素和機制了。那也就像是當一位青年學子，執意也心願的想將自己擠入或連接上某名校、名系，並與之成爲整體也共相部分之際，同時也注入了如何才能邏輯也合理的與此意願相互契合的考量。或像一些青春男女在期盼某特定羅曼史時，但也投入了如此羅曼史的可能契合性、不斥性、邏輯性等機理問題。或像一位企業經營者在預設了時間框架內的市場擴張和佔有比例時，兼已住入了邏輯與方法的思辨問題般，那已是將感性的述求，加入了理性的斟酌。也進而產生出一系列如連鎖反應的正面效應。比如說，首先是不易陷入到空想虛擬的"作繭自縛"或"如似枷鎖"般困境。其次是因相對於"緣何而有"機理的有所思維琢磨，而有所對策、有所方法，也使得在"緣有"的起始心境上，有所踏實、信心、甚至是快樂的了。再說，因爲"緣有"機理中的道德內涵與因素考量，也不易會發生不可收拾或難以彌補等後遺症也負面效應等。

（二）緣有的過程是不斥與和諧的

掌握到"緣有"的"不斥與穩定"機理也法則內涵，再想像著，若將如此"緣有"法則，放入到人與物事的連結也共相整體過程上，可能會是如何的一種過程效應呢？不難可見"緣有"過程當會是一種不斥與和諧的面相了。另更甚者，則是若能再認知到，相對於人（或生命）與物事的不斥與穩定機理中，其實隱藏著良、善、利、益的秘密，就更能意會“緣有”概念的不斥與和諧深意了。

其實，談說人（生命）與物事的互動與過程問題，通常也意指人（生命）與現實生活上的物事與互動問題。這些現實生活與問題的如何方法對應，結實的影響著這人的日常生活品質，也結實的考驗這人的生活智慧。然，若能認知“緣有”的不斥與和諧法則，掌握“緣有”的邏輯與因果事理，不只是能有所方法對應，那其實另也是禪宗所謂“活在當下”的生命智慧與生活作爲了。

將禪宗“活在當下”的概念，若解釋爲；「生活的最大意義，就是享受現實生活裡的美好事物」，那是曾經一些存在主義者的認知和作爲，不過，卻也是個有所瑕疵也扭曲的“活在當下”概念詮釋。較爲正確些的“活在當下”概念認知與說法，或可這麼說；「生活的最大意義，就是活出（作爲出）現實生活中的美好事物」。比較上述兩者間的差異，不過是“享受”和“活出”兩字之差，然而，其實是全然不同的理論和過程。明事達理的睿智者應很容易的就能看出，如同西方諺語「天下沒有白吃的午餐」所述，沒有付出或無所作爲的享受和歡樂，是空洞、不踏實、不長久，且是不合乎“緣何而有？”機理也法則的。反觀，若能不斥與穩定的有所生活連結，合理也方法的有所生活作爲，那正也是如何活出生活與美好生命的正確法門了。

（三）緣有的結束是平和與充實的

不知是人的大幸或不幸，無奈或無妨，人是有智能的。這種智能就像是一組能自我成長智慧和添增情緒敏感的機器，不斷的將人與外在事物的互動訊息和經驗，轉化爲個人的主觀也“意識”資料，或內化爲本質（本能）的組合部分，成爲所謂的“心我”結構部分，並發揮出“心我”的作用也感應。而“心我”的感應，也既“情緒”的意識感應了。它細膩又敏感、隱晦又真實，凡驚恐懼怕、憂煩喜樂，亢奮或神傷，種能讓人神形相隨、深陷困擾、無法自己。

　　人類的“智能”是如何建構和運作出“心我”的情緒效應？是現今仍屬生澀且有待科學探尋論証的學科領域，恐怕是目前仍難以得到完整解答的問題了。不過，讓人好奇也嘆奇的是，人的“擁有”意識和思維，似乎具有能真實的加強或放大“心我”情緒的特殊能力和作用。除此，人的“擁有”意識與思維，另具特有的奇妙本事和作用，就是當人與事物間“擁有”關係結束後的「悲失落、傷別離」等，如似“心我”整體結構的被破壞或被傷害等“傷心”也“難過”等現象了。人類這種因“擁有”的結束，或因“擁有”的被破壞、被傷害等，而產生出來或隱晦微弱、或強烈明確的“心我與感傷”等情緒感應，那也就如俗語所謂：「相處久了、自有感情」的深意般，雖是奇妙、玄奧、令人難解，但卻是真確和實在的。

　　佛教尤其是關注，並強調人會因爲“擁有”的結束，而生出“心緒之苦”的學說了。如佛教所謂的人生四大之苦；生離、老殘、病磨、死別，其中生離和死別，就佔了兩項。佛教且意識到：「生命之苦，總因有我（我有）之故。生命之樂，總在無我（我無）之時」。且有所謂“捨”與“空”的“我無”（無我）解脫和解苦之法。然而，就如走過的沙灘必留足跡，經驗過的事情必留記憶般，“擁有”過後的能捨、能空，又是如何的難捨、難空呀！

　　相對於“擁有”結束時際所常會伴隨的心緒之苦，另比較“緣有”意識和心緒下的結束（中斷）效應，通常就不太會有“強烈”或“無法自己”的情緒波動現象和心緒起伏問題存在著。甚至會呈現著一種似如“船過水無痕”、“無得亦無失”的“無相”也“安靜”奇妙現象。如此的明顯落差，且似乎違反了“心智本能”的奇異效應，實在令人好奇也玩味著呢。

或有禪修者會告知說，那是因爲“緣”的概念與內涵，所具有的“明事理”“不執著”因素和作用使然。所謂的“明事理”，當然是指明悉人與事物聯結也整體關係的緣何而有？及緣何而滅？的機理了。而明事理後，就較容易讓人能“想得開”或“認命”或“知命”般的“不對抗”甚至“合理化”。而當人能以“不對抗”或“合理化”的心態與方式，處理事情與問題時，就較不易陷入到傷感、焦慮、壓力、煩悶、恐慌、或緊張等心緒狀況，進而也易於達到減壓、解煩、輕鬆、消苦等安靜也平和的“穩定與無相”情緒了。

另說“緣有”機理中的“不執著”效應，則是因爲“緣有”概念本是建立在“不有”（**不擁有**）概念之前提和法則上的必然也良性效應。那也就像人不太會爲“不曾擁有”的物事，而產生難以割捨、不捨失落的沾黏與執著心態。“緣有”概念裡的不擁有、不執著意識和認知，有如天生具備了相對於失落、別離、切割之苦等有所免疫功能般，自然也不易爲其困擾、傷害，並身受其苦了。

分別就爲何要以“緣有的思維與法則”以取代“擁有的思維與法則”，做了些從宏觀社會到微觀個人利、弊、缺、失的粗略解析。相信讀者自會有所個人自身的深淺思量和輕重琢磨了。其實，“緣有”的概念，兩千年來它一直顯示在佛學的經書裡，也深藏在禪學和道學的學理中，它除了具有顯然可輕易解決斗爭與混亂、衝突與矛盾等，有關穩定與和諧的功效外，它更見重要也彰顯其長處的意義與所在，是其「既可見林、也可見樹」的可行性和合理（合法）性了。就像我們事實上可以用更具可行性、也合理（合法）性的"緣有權"，取代扭曲、不合理（不合法）的"專利權"（擁有權）般，它能在不有、無私，不破壞整體也公義的大穩定前提也法則下，兼顧了人與物事"緣何而有"的利益性、不斥性、與和諧性。事實上，"緣有"思維與法則的可行性，也正與其"合理性"關聯的。原理也正如前所述及：『凡只要是合理的，通常也是大通無滯、無所罣礙、也相對穩定的。或至少是無邪、無害的』。而從上述所例舉的所有事理情由明示，實已不難可見爲何要以"緣有的思維與法則"，取代"擁有的思維與法則"的深層也必要理由了。

第二節　增購法　解構法　增解構混合法

從前述文章的說解下，我們或已能認知、甚至也能認同老子那不有（緣有）、不積、知止的"穩定暨維護法則"也既"玄德觀"，的確是可能作爲"防於未患"的遠見也卓越觀點。那其實也就像是當今的醫學觀對於病症與健康的主流觀點認爲；最好的醫學觀，應是包括如何健康個人自身的免疫力，以及病症的預先防護。或也就像是有人認爲；最好的政治家或經濟專家，應是能事先有效的避免或預防政治或經濟的陷於混亂、失控、甚至災難等"不道"狀況。而不是「事後諸葛亮，事前朱一樣」般的善後收拾、修弭整理或推託無解等"後知後覺"了。

只是，另對於如何解決現實中"已形成"（已存在），或"正在形成"的"存在"問題。則顯然是已超越了"預防法"的範疇，也非"預防法"所能針對和有效解決的另類難題了。如何解

決 "現實問題" 的重要意義,就像似醫生若不能解決病症者現實上的病痛與折磨,或如似政府無能解決眼前當下社會上的貧窮、混亂、與苦難等實際問題與意義般。若一個自稱能解決天下疑難問題的 "萬能哲學" (無生有論),卻對於眼前和現實上的困境或危機等問題,無所作用、也無能為力,如此不具實証意義的醫生、或政府、或 "萬能哲學" ,豈能算是尊敬的醫生、有為的政府、或實用的哲學?當然是不行也不成的了。那麼,老子那所謂「知天下事、解天下惑」也 "絕學無憂" 的道學中,有否對於 "現實問題與解決" 另有所理論和方法呢?

在本書前面談論「存在與結構」以及「結構與現象」的文章裡曾介紹也闡釋過;「存在(名)既結構,天下任何有關物事與存在的問題,皆不脫結構與變化的事理。而什麼樣的結構與變化(互動),必然會產生什麼樣的現象(相)」等論述觀點。如此的存在(結構)與變化(互動)論述,其實已經告知了我們,任何 "存在" 問題的解決,一定得要找出問題背後的結構與變化(互動)因素,並且針對結構與變化(互動)等因素有所變革或 "做法" (方法與作為),才是問題解決的根本之道。換句話說,對於如何解決已形成、或正在形成的結構(存在)或現象(變化、互動)等 "問題與存在" ,仍是要從 "結構與互動" 的 "無生有" 根本問題著手才是方法的。而下例所提示的增構法、解構法、以及增解構混合法,既是深入老子那自稱可適用於萬物一統的奇特也 "萬能" 哲思,並淺出其方法也實踐的補充見解了。

一、增構法

增構法,也可稱為 "創造性" 的解決問題法,其 "自然存在" 的方法實例,可參考大自然生物演化的事實。億萬年來,大自然的生物（生命結構）對於與外在結構間，其相對穩定之被改變被破壞的再適應、再契合等穩定（致一）與互動問題，就是以不斷增添更多的附加（附屬）結構暨功能，也既複雜化其自身結構的方法，來調適或對應的（請參閱本書老子哲思 VS 達爾文學說文章）。簡略的說，大自然生物對於解決多元互動與穩定維護的方法，是以增添自身結構的多功能性、多適應性等方法，以達到結構互動之間的“相對穩定性”（致穩、不斥）需求與宗旨。

　　另觀察人類以往迄今如何的“適應存在”和“追求穩定”，可分為“自然的運作”和“人為的作為”兩類別。自然的穩定適應和演化運做，是緩慢也複雜的，那是生物學的學知範疇了，且撇開不談。然，若從觀察人為的穩定適應和演化運作，則明顯可見是以增添多元結構的“增構法”來對應的。遠古迄今，人類為了解決多元與無常的穩定適應與互動問題等，“建構”了從語言、符號、文字、文化、觀念、醫學、政治、經濟、法律、教育等….多元且不同的人為“結構與存在”出來。那也正如同人類從未息止的追求所謂的真理般。估不論這些以往迄今人為創造出來的“結構與存在”正確或謬誤、真理或假相、簡單或複雜，若追根究底其原始和源出之理，則都是與“對應、契合”的“穩定之理”相關或關聯的。而“增構法”正是以“有所方法”的“創造也建構出”其多方適應結構、增添其多元功能等方式，以解決現實也存在問題的自然方法（自然法）了。

二、解構法

　　前曾提及，大自然永不止息且樂此不疲的一項工作，就是解構存在，並以解構存在的“代謝”意義和方式，運作出大自然的共相也宏觀大穩定。大自然如此的代謝機制和作為，是複雜和玄奧的，也是令人困惑沉思的。然，若將這自然 "解構法" 作用在人為建構的結構消除意義和問題解決上，其實倒不是那麼難以理解的。特別是針對一些傳統上，源出於唯心論及其延伸出的無數瑕疵或 "不道" 的人為建構與創造，包括隱藏於思想、政治、經濟、法律、文化、教育等無數領域內的其中組合結構，由於其結構的非合理（非理性）也非穩定性等 "本質"，是除了 "解構法" 外，並不適用於增構法或其他適應法門的。典型的例子如封建也傳統政治的主奴制度（奴隸制）、君王、寡頭、總統等獨裁政治體制，包括現今國家政治運作中的政黨結構，或當下貨幣經濟體系裡的金融証卷、公司股票、專利法及財產法等破壞經濟的 "黑手結構" 等，是除了徹底的解構其 "結構與存在"、消除其體系或作用外，是不可能以另增添其它人為的 "結構與存在"，包括如古老迷信時代的天擇論、宿命論等 "適應" 結構，或如封建時代的忠君、守法（帝王法）等 "美德" 觀念等，以期使能成為 "扭曲的正常" 或 "呼嚨的合法" 而 "穩定"（持續也長久）存在的。

　　其它的例子如，解決也免除核子武器對於人類恐怖威脅的根本之道，就是解構所有現存的核子武器。解決並消除人為污染環境生態的有效方法，就是絕對的禁止任何可能污染環境生態的人為產物之生產和流通等。也就是說，讓這些核子武器和可能會產生環境污染的人為產物，完全 "歸零" 和 "不存在"，才是根本也有效的解決方法。

　　解構法，或說歸零法，是容易理解、有效、也簡單易為的問題解決法。只是需要注意的是，當使用 "解構法" 處理或解決問題時，必須顧慮到解構時速度的拿捏、變化的劇烈、過程的平順、解構的負面效應等技術問題。畢竟解構的意義，如同破壞或消滅等意義般。這些意義與作為，對於任何 "結構與存在" 的 "本能"

意義而言，都會產生如本能般的抗力、阻力、磨擦力、或反作用力等相對作用的。有時，反而不利於問題的解決，甚至產生出其他的嚴重問題出來，而得不償失。只是這些有關解構法的技術和方法探討，由於已是另類的問題等，在此也就不做深論了。

三、增解構混合法

就像大自然代謝與新陳、兩相並呈的運作事實般，混合著增構（新陳）法與解構（代謝）法的雙管或多管齊下法，可說是解決現實存在問題，尤其是解決複雜問題最為普遍也實際的做法了。事實上，時下現今的所有複雜人文問題，包括如政治、經濟、社會、教育、法律，甚至是個人“心有勞役”般的心緒煩鬱困擾等，都不太是能以單純的增構法或單一的解構法就能有所作為和成效的。而越是複雜麻煩的大問題解決，就越需得掌握“增解構混合法”的理解和運用了。

如何理解“增解構混合法”的“精義”，或可參考中國漢醫的理論與實務。我們可見到幾乎所有的漢醫藥方，鮮少是單一功能性藥材或獨一性藥效的。一般漢醫藥方大都混合著不同藥效也作用的方法藥材。其藥方中，或補充某方面些缺失、或調和某方面些衝突、或提昇某方面些作用、或減消某方面些刺激、或充實補虛、或減弊緩害等，甚至一些“長期藥方”還包括了運動健身、氣功調氣等“治療輔助法”等，多方齊下、同時並進，以全面助益於整體機能的正常與穩定、病癒與健康。

中醫漢藥的“增解構混合法”比喻，或許過於理論也空洞了些，不易讓我們實際上體會“增減構法”的其中方法與利用處。而下例較具體也實務些的“政治（結構）與改革（變化）”以及“經濟（結構）與改革（變化）兩篇稍嫌冗長也沉悶的論述文章，則是個人針對時下現今已老舊、沉疴、功能錯亂的政治與經濟結構及其運作問題，所作出的改革（變化）觀見也增減構建議了。或提供以爲從事政治與經濟改革的實務參考。

政治與改革

　　檢視當今世界上五花八門、形質互異的各式"政治與存在"，表相上有酋長制（族長制）、君王制、內閣制（總理制）、總統制、中央（合議）制等。而從其政治權力的源出因由來看，則有家族世襲制、威權繼承制、間接民選制、直接民選制、參雜混合制等。且不難看出，這些現存的政治面相與結構內涵，其實都是從原始的頭目（家父長）制或君王（主從）政治等，在不同的環境與適應情況下逐漸演化形成的。其中如部落族長制（酋長制）、和國家君王制等，仍依稀可辨識其延續著數千年未變的原始政治樣式。另如首相制（宰相制）、內閣制（大臣制）等，也清晰可見其聯繫著封建君臣主從式政治和現代民選（民主）式政治的過渡也妥協模樣。

　　原始"頭目"或"族長"政治的存在意義和功能性，不論是因由族群內部次序與規範的需求和穩定，或因外在穩定因素，包括與其他部族之間的和平次序與規範共識等穩定需求（註：無論是經由鬥爭、殺伐、談判、順應、臣服等穩定達致方式），其"頭腦與眼界"的"頭目"政治存在意義與作用，都是明確可見，也是有所必要的。而後，隨著人口數目的增長擴張，大社會的逐漸形成，以及社會管理人與階級參雜互動的關係複雜化等，政治的存在意義和功能性，自也不可免的從外在形相到內在結構等，都面臨也進入到"複雜穩定"與宏觀調適的"複雜對應與變革"等穩定問題與階段了。比如說，政治形相上，開始有族長、酋長、國王、帝王等從簡單部族、到混雜地區，到複雜國家、到中央管理的政治面相出現。政治結構上，更有著各種名位、部門、機構等體系出現。政治功能上，也已超越了原始政治那種如似"頭目"與"家父長"式的"族裔存在與穩定"或"家族維護"等意義，而進入到如君主與臣民，或主人與奴僕，或政府與人民等"權與治"的複雜政治面相了。

　　近代的政治面相與內涵結構，當然是更加的複雜了。特別是滲入了近代西方文化中所謂的民主、自由、人權等，近乎空靈飄渺，也難以看透掌握的政治概念，以及由其延伸出來的思維體系和觀念建構後。政治已成為一種形相龐大模糊、功能渾沌不明的人為"怪異物事"了。比如說，且不論時下當今的政治，對於外在事物（外交）的作用功能為何？單就政治對於內在（內政）的功能性為例，就已被要求能解決包括如貧窮、失業、治安、生態、環保、經濟、健康、社福、醫保、教育等，甚至如個人尊嚴、信心、"有夢相隨"等，如萬能、如神仙的地步。也使得以往也傳統政治家（政治權力者或從政者）的"理想素質"，也從孔子堅持的"賢人"素質、或柏拉圖期盼的"哲人"素質、進入到好萊塢虛構的"超人"素質了。但是，就也如同好萊塢"超人"的虛擬、不真實、也不存在般。既使是自稱"文明和先進"的時下西方"民主"政治，不僅對於如社會內在的貧窮問題、失業問題、教育問題、治安問題、法律問題、以及道德、倫理、生態、環境等，幾乎所有人本相關問題，全面的無能也無解外，甚至已成為藏污納垢、爭權奪利、貪贓枉法、甚至率獸而食的"人禍"結構也"邪惡"工具了。

　　政治應如何改善？理想的政治應該是如何的結構與運作？我個人在參照也遵循"政治與穩定"也"道極觀"思維下，以增減構法並針對今天現實也存在的政治亂相與功能不彰等政治問題，提示出下例包括了政治的硬體結構改革部分，以及政治的人事運作也軟體改革部分等，我稱之爲"道"（穩定暨維護）"德"（方法暨落實）制的新政治結構與運作設計。且供參酌考量。

　　"道德制"的政治觀及其體系（結構）設計，也可稱爲"法律制"的政治思維與體系建構，是依循並整理老子哲思那「道亦法。德亦律」的哲思呈現和道學落實。它全然不同於傳統迄今的酋長制、或君王制、或首相制（宰相制）、或內閣制（大臣制）、或總統制等，那些本質上其實仍未真正脫離人爲"威權寡頭"或凸顯"人爲統治"的政治名相與體系設計。而是一種遵循也回歸自然法理（天理）和尊重人性（人道）的全新政治觀念也體系設計。

　　簡略"道德制"的精義，也既"尊道而貴德"的深義與法則了。"尊道"，是遵循著大自然運作大千萬物的一種穩定機理也自然法則。而只有在如此穩定機理也自然法則運作下，天地才得以存在與長久，生態才得以多元與永續，社會才得以和諧與美麗，人們才得以富裕與安樂，天下萬物才得以適其所、安其身、續其命、樂其生⋯⋯。另簡說"貴德"概念，則是在順應（或不違背）大自然穩定機理（天之道）之前提下，並兼顧人性需求（人之道）與滿足的人爲法則探究也方法實踐了。而下例有關"道德制"的政治結構簡圖與特色解說，提供以爲參酌考量。

道德治政治結構模型簡圖（一）

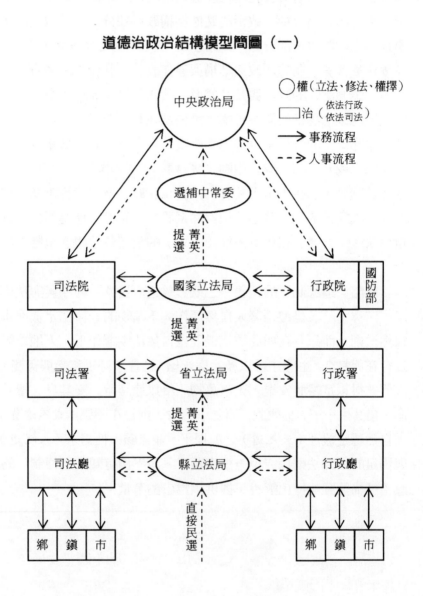

道德治政治結構模型簡圖（二）
－地方（省縣）政治運作模式簡圖－

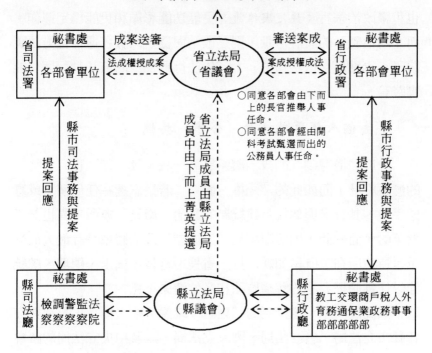

“道德制”政治結構與特色解說（一）

1.法與治的體系設計

如圖所示，“道德制”的政治模型設計，可分爲“法”（圓）與“治”（方）的圓方兩形類別，和立法、行政、司法三體系。然，並不同於時下當今三權制或五權制的政治思維與體系設計。“道德制”其實是一“權”體（立法）和兩“治”體（依法行政和依法司法）的體系設計。

“一權體”的政治體系設計，也可視爲“一法體”的政治體系設計。其優點簡單的說，除了可避免如似現今政治體系（權與治體系）的多頭馬車混亂，多元權力的充斥甚至傾軋扦格外，另也可讓政治宗旨（穩定與維護）更能功能彰顯和更能穩定運作。而“兩治體”的設計考量，則是政治與穩定的實務運作也方法實踐了。也就是“依法司法”、“依法行政”，的方法執行與功能實踐等。

2.去個人領導就議會（合議）共識

由於“道德制”的政治體系是“一法（權）體”也“集權”的體系設計，而如此的“一權”體系，若是掌握在任何個人或寡頭手中，其實是與傳統封建統制的政治“體質”無所差異也無所變革的。而於此，則明顯可見“道德制”政治體系設計最大的變革也特色所在，既是如縣市長、省長、總督、國王、總理、總統等以往寡頭權力者的解構廢除和名位消失不見。

如簡圖所示，道德制的“權體”或說“權之柄”，是掌握在各縣市立法局、省立法局、國家立法局、以及中央立法局的議會制（合議制）機理與運作下。而如此去個人領導，就議會共識（或多數決）的運作機理，除了更能提升和周全政策和決策的品質外，也是真正還政於“公”（公民、公有）和以“公”（公民、人民）議（議會）為“主”的政治設計。

3.“由下而上”的“立法局”（法體）成員產生方式

如簡圖所示，所有從地方、到省市、到國家、到中央的立法局成員產生，除了最底層也最基礎的縣市（地方）立法局成員是由地方公民直接由下而上的選舉產生之外，其他如省市、國家、以致到中央各階層的立法局成員，則是由其各下階層議會，由下而上也"間接民主"的由議會立法局成員中推選產生。如此由下而上，也從微觀到宏觀的致一也整體"法體"形成（產生）方式，既可兼顧到政治上最大程度也最公平的公民參與，另也能顧及到社會上（或國家）最小的失穩與紊亂等成本付出。

4."由下而上再由上而下"的"行政、司法"長官與人事產生方式

由於行政暨司法的"治體"體系，可說是方法與執行的專業也責任工作，以及兩"治體"體系內有著諸多不同功能與不同專業的各部會單位。以致於各"治體"專業單位，應有著如"經驗暨專業督導者"（Superviser）或"長官"的名位及授權設計。這些"治體"下各部會單位的長官也督導者，由於必須是如專業中的專業，以及嫻熟於部會內部運作，所以當然應是由各部會內部推選機制，由下而上的推舉而出（產生）。不過，特別需要提示和強調的是，兩"治體"各部會長官的提名，雖然是由各部會內部推舉機制由下而上的推舉而出，但是仍需要上級單位（註：省是縣市的上級、國家是省的上級、中央是國家的上級）的審核認同，並交由該級議會審核通過成法（立法），正式產生。如此"由下而上再由上而下"的"治體"（行政、司法）長官產生完整過程，除了符合著各部會單位"人事"的民主也穩定運作，另也代表著上級單位的專業認可與同意，和意味著權體代表（議會）的授權也"合法"產生。

5."由下而上再由上而下"的"政治事務與處理"流程（運作）設計

概略而言，如前文"權與政治"文章所描述；『政治應是一

種能予以群體、或社會、或國家"穩定與維護"的精緻機制。精緻的所在是當群體、或社會、或國家在相對穩定也常態時際，它是"法治"（依法行政、依法司法）的表象與功能。但是當群體、或社會、或國家的穩定，遭突發或逐漸的被破壞、被阻滯正常運作時，政治就會彰顯出如頭腦般功能，扮演著權衡、應變、調適穩定的決策功能和"權（法）體"作用了』。

從上述解釋也描述理想政治的文義中不難見知，"政治"（權與治）體系的啓動與運作，雖然是慣性也常態性的，但其實是被動和相對的。而相對於一般"政治"事務的被動承接與對應處理，理應是"由下而上"的事務流程與"由上而下"的應對（審核與方法）處理。如此"由下而上"的事務啓動流程，以及"從上而下"的被動立法也適應法理的對應方式也處理流程設計，除了能使政治發揮出相對於人民的最大利益與功能外，且能避免政治相對於人民的濫觴甚至桎梏。

順便舉例提示的是，既使是法院法官的案件判決，同樣是需要"上呈送審"與"議會共識"的"合法"流程也過程。如此的"司法"審核設計，可不是什麼牴觸"司法獨立"或藐視"法律之超然性"。而是因為法官或審判長，並不是真正的"法體"，並不掌有"權之柄"（法權）。而真正屬性"法體"也"法權"的掌握者與決策者，仍是各級議會的合議制。這"法權"設計有些像似美英海洋法系裡的公民陪審團才是最後判決定奪的功能與意義般。"依法司法"也"治體"下的法官或審判長，其功能與職責，應祇是提供專業的案件法律觀見與刑罰建議，以供議會審核認同參考。而不能是"法權"的獨裁也"掌權"（立法）者。

6.從地方立法局到中央立法局各“權體”（法體）之結構構造及其職責簡說。

a.縣（市）地方立法局結構及其職責簡說

〇縣（市）立法局成員，經由縣（市）民每四年（或6年）一次的“直接民選”產生。原理是落實地方自治，和遵循地方居民“自主”推選出其心目中熟悉和信任的“政治”代理人，以方便爲地方人民做出最爲直接和聯繫暢通的政治與服務。

〇縣（市）立法局主要的工作是審核和提案。然，審核的權限和對象是轄區內如鄉鎮等“下屬單位”的鄉鎮事務提案，包括下屬鄉鎮“治體”（司法、行政）單位機關，如教育、工務、交通、環保、衛生、戶政、稅務、外事、檢、調、刑、警、法院、監察……等單位執行長官的人事同意任命。鄉鎮事務提案經直屬上級（縣市級）單位審核並經過該級議會“成法”（立法）後，則交予鄉鎮“依法”（合法）執行。若鄉鎮事務提案，已超越縣市權限（註：如涉及到其他縣市等），則直接上呈省級相關單位以供處理。

〇縣（市）立法局的其他工作，尚包括從縣（市）立法局同儕中，提選限額之人才精英，直接進入“省”立法局。以及審核通過各部會經由公開科考而甄選出來的新進公務員人事任命。

b.省立法局結構構造及其職責簡說

〇省立法局成員，是由各縣（市）立法局成員每四年（或每6年）一次從其縣市立法局成員中，限額的直接票選產生。原理是可使每個縣（市）皆有地方民選（間接民選）的政治代理人，直接進入省立法局爲其縣（市）民服務。並也可因此達到由下而上整體政治的聯繫與暢通、公平與穩定。

○省立法局的主要工作仍是審核與提案，審核各縣（市）呈送的縣市事務提案，包括各縣（市）司法廳、行政廳等提選之各部會單位執行長官的人事同意任命。

○省立法局其他工作尚包括從省立法局成員中提選限額之人才精英，直接進入國家立法局。以及審核通過各部會經由公開科考而甄選出來的新進公務員人事任命。

c.國家立法局結構構造及其職責簡說

○國家立法局成員是由各省立法局成員中產生，每四年（或每6年）一次由各省議會中直接票選而出。原理是可使各省皆有其政治代理人，直接進入國家立法局爲其省民服務。並也可因此而達到國家整體政治的聯繫與暢通、平等與穩定。

○國家立法局的主要工作爲審核與提案，審核各省上呈的法案或提案，包括各省司法署、省行政署內各治體部會單位首長的人事同意任命。然，有關國務的提案，除了必須經由國家立法局成員多數審核通過外，仍須呈送中央政治局審核成法。

○國家立法局的其他工作尚包括從國家立法局同儕裡，提選限額之人才進入"遞補中政委"，以及審核通過各部會經由公開科考而甄選出來的新進公務員人事任命。

d.遞補中政委及其功能

○遞補（後備）中政委（中央政治局成員），是相較當今主要政治體制較爲陌生也創新的設計。其設計的考量是確保中央政治局的機體穩定和功能順暢，原理則因爲中央政治局無與倫比的高超性、重要性、不可短缺性、和即時性。

○"中政局"的特殊穩定設計其一，也既中政委成員，是經由自然遞捕的"代謝新陳"方式產生。是如古羅馬元老院或如當今大法官的終身職般，是除了或因身心健康的狀況已不符合指標、或因職位的年齡已達上限、或個人的意願、或其他不可抗拒等因由（如瀆職、違法、身體健康等）自然離席外，而不再是必須經過每四年（或每6年）一次的篩選與檢驗了。如此的穩定設計是兼顧了人、法、政多層面的持續性與穩定性。以及作爲結構核心不宜輕易和頻繁的變動之故。

　　○遞補中政委雖然尚還只是坐在中政局外的觀摩者，而非中央政治局內的正式決策與權衡者。卻是可予被分遣調派如國防、內政、外交、檢調、司法、考察、和代表國家出訪、外賓接待等，實際國政屬性的政務參與和了解，爲日後正式進入中央政治局儲備著完整的經歷和睿智。

e.中央政治局及其功能

　　○中央政治局作爲國政問題的最高也最後仲裁機體（法體也權體），實際司控著國家機器。不僅是由下而上的最終評審和決策者，也是由上而下的最爲高層應變和計謀者，更是政治權力和政治法源的所在。攸關著人民的福禍吉凶和國家的枯榮興衰。可謂是位高權大、責任繁重。

　　○中央政治局的一般也 "常態" 職責，是對國家立法局通過的上提法案，做出最後也決定的審核。而 "非常" 的職責與功能，則是 "緊急法案" 的即時制定。包括可臨時（暫時）的直接指揮地方執行長官，並接管地方的政務，以利於針對緊急事故做出即時的應變與抉擇。中政局此種可處理重大事故的 "緊急權"，是參考如人腦的 "危機與處理" 運作機制而立。也就是當人腦意識到緊急狀況時，能立即 "聚焦" 於問題，並形成單一的運作指令與邏輯藍圖。如此才能進行全身包括精、血、氣、神的聯結和 "動員"，也才能立即有效的產生貫通整體的反應。

　　此外，中政局參考人腦 "智能" 運作機制的另外設計，是採用"多數決"的"合議制"決策模式，此種"權責"分散於多人與共議致一（致穩）的決策模式，不僅可避免寡頭或強人政治的出現，也能使得決策的品質集思廣益和截長補短般的更具宏觀、嚴謹、和周全。

"道德制"政治結構特色解說（二）

政治人（從政者）資格參考

以往的政治，對於"政治人"也"從政者"的成為與必備條件是寬鬆浮濫的。在那曾經封建的君王時代，"政治人"的成為條件甚至僅祇是效忠君主的"忠誠"一項指標而已。如奶媽可為閣員、管家可為部長、內侍可為財長、衛侍可為司令等。類似如此的例子，甚至是從而迄今般的仍是不難所見、所在多有。

孔子對於"從政者"的資格與要求是非常明確的。他所謂的「格物、致知、修身、齊家、治國、平天下。」景然有序。指示著"政治人"的個人人格以及學、知、經、歷，由小而大、由內而外，應是全所具備的。柏拉圖則期望以"哲學家"的宏觀睿智，以作為"政治人"治理國家的前提與條件。

然而，檢視當今"政治人"的資格要求，著實令人拍案驚奇。就以中華民國台灣省目前的現況實情為例，"從政著"的資格要求僅只是；「凡滿 20 歲，無精神疾病、無違法事實的本國公民既可」。如此似同"無所條件"也"不需要資格"的"政治人"成為要求，豈不讓人直呼荒謬也難以思議。

很難想像，在當今任何行業都講求"專業知識與能力所長"的"實証"時代下，仍有如"政治行業"－如此攸關重要、影響直接、又廣及眾人福禍利害，且令人尊從敬仰的行業，竟然是完全不需要專業與能力資歷的。也難怪了當今政治的不堪與亂相、功能不彰、以及製造問題勝過解決問題等，見怪不怪的諸多現象了。其實，就從政治已被賦予如"首腦"般的存在意義，以及政治實為立法、修法、且凌駕於行政體系和法源所在的重大功能意義來看，實不難意識到，肩袱也關聯著所有人民福祉、社會次序、和國家民族興衰的"政治人"，無論是在宏觀的學知領域、品德與能力、以及心靈的崇高無邪等，都應是必備和俱全的。而下例的政治人資歷簡表，則是個人認為最為基本也最低要求的政治人資格簡歷也條件了。

從政者之資歷簡表

	縣市立法局委員	省立法局委員	國家立法局委員	中央立法局委員	原　因
年　齡	35 歲以上	45 歲以上	55 歲以上	59 歲以上	契合大器晚成哲理（學經歷逐漸宏觀成熟）
語　言	地方語（超越50%的地方使用語言），國家通用語	同左	國家通用語	國家通用語	互動與溝通無礙有利政治運作，為地方文化、母語等傳承做出條件
健　康	身無慢性病或可能影響工作之殘疾心、無精神病史	同左	同左	同左	契合於公務所需
知　識(非學歷)	公務員基本檢定考試通過。（國文、哲學〔道極觀〕基本數學、地方通史、地方地理）	公務員高等檢定考試通過。（國文、哲學〔道極觀〕基本數學、國家通史、國家地理）	公務員高等檢定考試通過。（國文、哲學〔道極觀〕基本數學、世界通史、世界地理）	同左	契合政治運作所需
人　格經　歷	無罰款以上違法紀錄	同左曾任地方立法局委員一任以上	同左曾任省立法局委員一任以上	同左具遞補中央立法局委員身份	契合政治運作所需

經濟與改革

　　有人如是說；政治是“無”的學問，經濟是“有”的學問。原因爲政治當是如何將國家治理的無災、無難、無憂也無懼。而經濟則是讓人民有吃、有穿、有錢、有工作。

　　這話乍聽來，洋溢著讓人思量、玩味之處。但幾經咀嚼之後，又會覺得仍有著言未盡、意未全，不符“全真”之實。比如說，政治涉及到權（法）與治的方法與機制，所以仍是具“有”（結構）與“爲”（運作）的學問。只不過政治是通過這些方法和機制的“有”，作用出秩序和穩定的最佳和持續狀態了。另說經濟，則又不完全是有錢、有工作的內涵和宗旨了。那也就如前所提及到的，新世紀的“民生經濟學”其學說範疇，應是除了“有”之外，另還包括了“均”與“永續”的內涵與目的。而“均”與“永續”的方法與作爲，則又涉及到“不有法則”（或緣有法則）與“穩定之理”等，與“無”相關的學問了。

　　然，又總的來說“經濟”的確是以“增構”和“創造”爲“利用”的學問。那是比較時下當今的“政治”，竟能僅是運用“解構”權力也“分散”責任的“解構法”，就能達到“政治”的最大穩定效益來說，那就像是被要求“有爲的做出”一幅天然美景，和被要求“無爲的維持”一幅天然美景般，不論是困難度、時間、心力付出等，都是難以相比的。換句話說，論及當今經濟變革所需要的學問、時間、精力等，那是遠較解決時下政治問題所需要的學問、心力與時間等，複雜也麻煩的多。

　　長久以來，人們談論經濟問題，總是分歧嚷鬧甚至是對立衝突的。也讓一些對於經濟問題不甚了解的“外行人”不時會疑惑著，何以講究數字、統計、和分配等，如此深具科學內涵的學科，竟也會充斥著不科學、非理性的混亂與現象。

　　經濟學何以會如此的混亂不清？諸多疑問的其中原因，我以為傳統經濟學的研究領域，或說宏觀經濟學概念，實在是太過於龐雜混亂了。包括了如會計、財政、統計、稅務、貨幣、市場、貿易、匯兌、利息、金融等，甚至政治、哲學、人性等……。可想像，若有任何經濟學家，能將上述不同領域的學知理論等釐得清、弄得懂、記得住、用得出，而不自陷於呆滯恍惚，已屬難得可貴了。遑論再將上述所有那些不見得能融合或聯繫的學知理論，胡湊的接合、強制的貫通，並指望著有所共識、無所爭辯？那自會是強人所難了。

　　如前述，複雜問題也既渾沌問題，而混沌問題是無解的。解決複雜問題的首先方法就是將問題"不複雜化"，也既是將問題單純化、基本化、合理化。而 21 世紀的民生經濟學其最為單純、基本、也合理的存在也功能意義，應是建立在有、均、永續三項可說是已不能再基本，也不能再忽視和迴避的功能和宗旨意義上。"有"是存在、是積聚、也是生產的意義。"均"是分配而非獨佔，是大同致一而非差異懸殊。"永續"則是生機不息、長久不輟、和"無所後顧之憂"的深沉意義了。

　　將 21 世紀"民生經濟學"，概略為有、均、與永續的基本也宗旨性質的學知觀念。很容易令人聯想或類比到大自然本身，其實就是一種有（結構與存在）、均（分配和均勻）、及永續（生息不輟）的有機（有所機制）運作體系。或也會讓人思想到莊子那『天道無親（無私）。運行萬物而不軌。滋養萬物而不輟……。』的自然法也天理存在等超寫實描述。

　　事實上，若越是能予認同並深入有、均、永續，如此新世紀民生經濟學的思維探究，也就越能醒悟並接受如此宏觀整體的新思唯經濟學概念，其實可用“生態經濟學”或“自然生態學”的概念或觀點來比擬和類比的。不祇經濟的結構元素，可比擬爲生態的結構元素，區域經濟的市場運作，可比擬爲區域生態的運作體系，甚至幾乎所有關鍵也重要的經濟問題，包括如此新思唯中經濟機制的如何建立、如何規範、如何運作等，都可從觀察自然生態運作的機制和法則，得到讓人詫異又驚喜的啓示或解答。而下例一些針對於“經濟與有”、“經濟與均”、“經濟與永續”的增修見解或減改建議，則是從整理並擷取生態經濟學的一些運作觀見，並遵循道極觀的“道”與“德”天人揉合也兼顧觀點整理而來，以供參考。

一、經濟與有

　　論說“經濟與有”的概念與問題，簡略說來，其實也就是在論說如何“生財”的概念與問題了。然，若另能透視並理解“人需之物”就是“財”，而“人需之物”的“不缺有餘”及“永續不輟”就是“富”，那麼就更容易於掌握“經濟與有”的實質與實務等問題與解決了。而下例幾許重要也必要的生財方法也機制，則是提供如此參考與建議的一方之言了。

1.社會與穩定的維護

　　理解“穩定”爲一切“物事與存在”的「生之始、有之初」，包括經濟亦然。事實上，沒有穩定的社會或生活環境，所有有關貨幣、生產、原料、產銷、投資、信心等經濟元素和運作機制，都會深受影響甚至無法運作了。

2.貨幣與穩定的維護

了解貨幣（錢）就像是經濟（有、均、永續）的營養素、調濟素般，是能真實的促進生產、繁榮市場與厚實經濟的最爲具體、也最爲有效的工具和方法了。然，更需要了解的是如何掌握貨幣的穩定與宗旨問題。否則，貨幣就會從繁榮經濟的補品，變爲破壞經濟的毒藥，甚至成爲社會罪惡與人禍災難的根源了。

3.經濟硬體的建構

將「有名爲萬物之母」的道學概念放進經濟學的理解上，其實也就是說；沒有經濟體（包括軟硬體結構）的建構和運作，是無法生財致富的。而經濟硬體的建構，則是包括了能源、交通、法政等基本也基礎結構的建設了。"能源" 能使生財（生產）更容易也更大量些，"交通"（包括物資、資訊的交互通暢）能使生財更確實也更快速些，而健全的 "法政" 則能使經濟運作更順暢、更有效、也更不具 "邪惡" 性。

4.經濟軟體的建構

個人的專業知識、技術訓練、生產方法、創新能力等，這些構成所謂 "知識經濟" 的軟體能力，已逐漸取代工業時代以機器致富的硬體能力也途徑。而提供並維持這些經濟軟體能力的建構和存在，那是包括了科學、美學、文學、哲學等教育與文化的完整建構了。

上述四項攸關 "經濟與有" 的見解提示，雖簡陋不全、論述空泛，但卻是一些基本也不可忽視的生財觀點。其中更多的細節和原理，則請參考本書多處涉及到經濟與錢、意識與行爲、以及相關美學等談論文章，於此就不再贅述細論了。

二、經濟與均

『人不患寡、而患不均』（論語）

『無貴、賤不卑。無富、窮亦樂』（諺語）

對於大多數的經濟學人來說，硬是將"均富"（分配與均勻）新思唯也"民生經濟學"觀點，放進入講究創造與生產、付出與回饋、投資與風險等傳統也現實的"財富經濟學"本質與特色實務中，那實在就像是將共產主義思想強行塞入資本主義社會般，不祇是格格不入、無所章法，不利於"健康"經濟的運作和發展，甚至怕會是被視爲經濟學的邪說和異端觀點了！

其實，強求或硬性設計經濟的絕對均勻、或絕對致一、或絕對穩定等都是不真實、沒必要、甚至會導致災難的。但是，對於解決如；何以大致相若的學識、能力、付出等工作者之間，卻出現極爲懸殊差別的薪資回饋或待遇所得？何以安分守法、身心健全的有心待業人士，卻無所工作、無以謀生？何以許多國家的鄉下農人，既使是日日不息、年年無休的拼命工作、多方工作，但仍是不足以養活一家老小？相對的，何以一些大亨巨富，工作輕鬆或無需工作下，卻是錢財滾滾而進，取之不盡、用之不竭？何以菲律賓南方蔗農的全天辛苦工作所得，不過是區區的 2 美元，是一般日本農人全天工作收入的30分之1？何以地球上的公共資源與自然財富其實是掌握在少數國家的少數人手中？

諸如上述經濟面相的極端扭曲問題與明顯不均現象，則仍是需要從均勻與穩定之宏觀也大問題中來深究並謀求解決之道的。因爲經濟面相上過分的不均、過大的差異等問題，其實也就是經濟分配被極端扭曲、差錯，以及無所方法所致。特別是當今以"錢幣"（貨幣）作爲經濟運作機制的設計，如此人爲非自然的"錢財"嚴重不均和過分扭曲深層問題，是相當隱晦、曲折、罪惡、和不易被人所明見的。(請參閱本書錢與經濟文章)。

　　『天地雖大，其化均（道）也。萬物雖多，其致一（德）也。』(莊子天地篇)

　　『一株草一滴露。一花瓣一著色。』(禪偈)

　　對於如何兼顧著宏觀經濟上的最大均勻，也順應著微觀經濟個人最大的利他付出與利己回饋？或說，如何在不違背整體經濟穩定和健康運作的"大均"（大穩定）前提下，又能容許個人最大利益的"大有"滿足與所得？這問題若從老莊的思唯和觀見來說，原本是不應也不會成為問題的。因為經濟上的"大均"，如同宏觀也共相結構的自然穩定機理，原本就是能自我運作、自己調適、也是能自然天成的。而個人的最大經濟分配利益與"大有"滿足，同樣會在"人性與本能"的"自然"機理下，"自我"運作而生的。這也就像是經濟學中那所謂「公共交易市場中良性的隱形之手效應」隱喻般，能自然而然的將經濟的整體均勻，和個人的最佳利益結合，如雨露均沾般，讓所有參與經濟互動的參與人互利和分享。

　　然而，環顧時下當今的實際經濟情形，相較於這"大均"與"大有"的理想也自然經濟"本相"，是既不符合，也全然不是那麼回事的。顯然是事有蹊蹺或理有缺失了。那麼，問題的蹊蹺或差錯可能會是些什麼？又可否解決呢？

　　對於如何能"反樸歸真"也"合其自然"般的解決這"大均"與"大有"，一如雨露均沾般的"均有"（均富）機制與作用？查老子所提示的方法則是包括著"不有"（緣有）、"不積"，"知止"的"玄德觀"也"致穩"理論了。特別是"不有"（緣有）的法則，尤其是解決宏觀經濟之"大均"與微觀個人經濟之“大有”的機理也關鍵了。

　　參考些例子吧，將“不有”（緣有）的法則，置入並應用到經濟學的實際意義和真實現象，將會是沒有任何人、也不容許任何人“霸佔”和“擁有”自然資源（天然產物）。如此，也就可徹底的消除因為自然資源和生財工具被壟斷、被獨佔、被個人財產等原因，而產生的必須“依附”或“寄生”於如主從、甚至主奴等「人為的貧、賤、窮、苦」等經濟（生產與分配）問題和苦難現象上。而當自然資源不存在著被私產、被獨享、被壟斷之際，我們自當能看見一個「物能盡其用，人能盡其才」的平等、互利、也合其自然經濟運作的社會了。

　　另比如說，資本主義結構下的“專利”與“金融致富”問題，可說是最為扭曲也最能致使「富者越富、貧者越貧」的問題也關鍵因素了，且也是破壞整體經濟自然健康運作、自然均勻分配（均富）的“人為經濟黑手”，是無論如何必須予以或剷除、或解構、或改革的例子了。

　　就先拿“專利”的經濟改革例子來說吧！以“緣有”的法則規範，並應用於“專利”的經濟問題解決上，不僅不會破壞原本自然大均（均有）的宏觀經濟運作與生態經濟問題，另也能“合理”的解決微觀個人“付出與回饋”的“大有”問題。或也可這麼說，在摒棄傳統唯心也封建的“專利”也“惡法”下，若仍能對於個人辛苦的“利他”創作或發明，有所保障和鼓勵的話，其改革與解決之道，則可從“緣有法則”的「取之有德、得（德）之有道」的經濟哲思也法理來作法（作為與方法）和理解。“取之有德”的經濟哲思是說，任何個人與任何物事的“緣有權”不是可隨意“宣稱”的，而是必須有所因果也邏輯的合法而來，而如此的“緣有權”是被“緣有法則”所規範和保障的，且是不可被侵犯的。

　　另“得（德）之有道”的經濟學哲思則是說，個人相對於物事的“緣有權”，必須是在維護宏觀穩定（或不破壞共相穩定）的法規下，才可被接受而被授權的。而如此的經濟“緣有權”法規，若使用在“商業和營利”的公眾和社會群體，簡略的說，就是必須遵循著商業與市場的“公平法”精神。也就是包括了經濟“緣有權”的必需開放授權、且在不可歧視、不可獨佔、不可超控市場等“大均”觀念也法則下開放授權。否則，是不能也不應受到商業和營利法規的經濟“緣有權”權利和保障的。

　　再說“以錢賺錢”的金融改革例子。若了解，人人都是以人工（特別是指勞力而言）賺錢的話，那是最能解決經濟上“大均”問題的了。以機器代替人工來賺錢，雖然能解決經濟的富裕和擴張問題，但卻也會拉長經濟上分配不均與財富集中的經濟瑕疵與負面效應。而“以錢賺錢”的金融業，則是真正破壞健康經濟運作，也阻礙經濟自然均勻的關鍵黑手，且也是違反“貨幣理論”的“違法”作爲了。這原理簡單的說，因爲只有人爲商品（人爲產物），才應是可產生產值和支撐幣值的價值所在。而錢不是商品，是不可以生錢（賺錢）的。若允許以錢賺錢，就會發生像是一頭牛可被剝出無數層皮般的荒謬和扭曲效應。此外，以錢賺錢除了必然製造出錢幣價值的稀釋和泡沫現象和問題等，以及釀成“錢災”的負面效應外，另且會使致經濟分配的極端不均，和經濟上變相的剝削與詐欺等問題了（請參考本書錢與經濟文章）。

　　解決並消除“以錢賺錢”的不法也違法作爲，除了需要徹底執行以“緣有法則”取代“擁有法則”以及規範個人錢財的“緣有”上限外，另些必須的作爲則是包括如嚴禁銀行、保險、人壽、基金等金融行業，可被民營化或私有化。嚴禁民營或私人公司發行諸如股票、債卷、禮卷、彩卷、信用卡（非現金卡）等可向公眾集資性質的"偽有價証卷"。以及解構並廢止如期貨市場、股票市場、彩卷、樂透等賭博性行業或機構的存在。只有如上例大刀闊斧的經濟變革與剷除，才有可能將經濟回復到健康和正徑的自我也自然運作機制和軌道上。

三、經濟與永續

當解決了"經濟與有"和"經濟與均"的經濟問題後，隨之而來也下面要談的經濟問題，則是如此"均""有"（均富）經濟的如何"持續與長久"（穩定）問題了。

概略說來，從 18 世紀工業時代的開啓，到 20 世紀的顛峰以降，我們可簡單的用"大量的生產和製造"、"大量的財富被創造出來"、以及"大量的工業災害出現"，來形容並凸顯這 300 年來工業時代的經濟面相與特色。當然，你也另可就這段經濟面相的某些畸形或醜陋部分，做出些詳實也特寫的描述。例如說，這段工業時代所創造出來的大量工業財富，其實祇是被少數國家的少數人所集中、獨佔、和獨享的。而大多數國家的大多數人，不但不能從這"資本與機器"的"偉大"時代，得到更多的財富和幸福，卻還得承受和負擔因為大量"自然資源"被無止限的轉化為"私人財產"之際，所遺留下來的污染、垃圾、髒亂、毒化、疾病，甚至社會與精神上的價值錯亂、道德淪傷等所謂的、"工業災難"也"後遺症"。

特別是這些工業災難中有關自然生態的被破壞摧毀，自然環境的被污染毒化、自然資源的被開發耗盡等，除了已將自然的生機、人類的命運等壟罩在一片真實且逼近的人為災難與自我毀滅陰影中外。另說這些工業後遺症的失控亂相，則是破壞和災難般的扭傷甚至吞噬著經濟的根基。比如說，遭受工業毒化的土地，已無法生長出安全可供食用的食物，而損害了農業經濟。污染的空氣、水源等，已無法成長出健康的人民，並扭曲經濟的健康發展。物種多元的消逝凋零，讓人類經濟與穩定的支撐與維護更為單薄脆弱。地區自然資源的私人壟斷或開發耗盡，更是造成地區經濟資源貧乏窮困和地區經濟萎縮無繼的直接因素了。

上述的一些實在和明顯例子，應能讓我們警惕的認知到，永續經濟的經濟 "命題"，實已成為時下當今無法迴避且急迫緊要的經濟問題了，甚至其重要意義與性質，一如 "存在先於本質" 的箴言般，論其優先位階，應還得排在 "富" 與 "均" 經濟目標的優先也首要地位。

有關經濟與永續的問題深究，在本書前面談論經濟的不同章節中，其實已有所問題剖析及方法探討。那也就是經濟與穩定的問題深究了。因為「最為穩定的經濟，必然是最為均勻（均富）的經濟，也必然是最為長久與持續的經濟」。否則，是不可能穩定或無法長久穩定的。而這有關 "穩定" 的道理，於本書的許多篇章裡，也多有所談及。在此也就不再長篇細節般的贅述了。

概略也整理的說，任何結構（存在）與穩定的問題深入，都會涉及到包括內在微觀和外在宏觀等諸多穩定因素的對應與互動。且是一種環扣相聯、裡外相合，也 "牽一髮動全身" 的整體穩定問題。經濟與穩定問題亦然，甚至是更為敏感和脆弱。

經濟的穩定問題複雜又龐大，牽涉到的穩定問題包括了政治的穩定、社會的穩定、教育的穩定、經濟法規的穩定、生態環境的穩定、幣值的穩定、人口與資源的穩定等等，幾乎你所能想像到的任何存在也複雜事物，都會對於經濟的穩定與否，牽引出或大或小或直接或間接的影響。也只有當所有這些互為因果也相互牽連的因素（元素），皆呈現出一種相對穩定狀態，才能成就出一個大而整體的穩定。換句話說，經濟與穩定問題的解決，可決不是能從單一的經濟領域，或局部的經濟事務著手，就可輕易解決或成就的。那可是一個牽涉到方方面面、裡裡外外的整體、複雜、關聯也系統工程了。所以說，若就如何解決經濟與穩定的方法與實務來說，其實是有賴於包括超越經濟學者之外，不同領域的學者專家，於各自學域的基本穩定問題上，有所努力探究、有所作為，且是由小而大、由樹而林般的建構，才是基本也方法的。而下例一些有關弊值與穩定的增修減改建議與參考，則是單從經濟層面，特別是貨幣結構穩定部分的觀見與見解了。

1.幣值與穩定的內在方面

a.禁止 "法幣"（國幣）之外，任何外幣及非政府（民間、私人）發行之 "可作為交易流通使用的有價証卷"，包括如股票、債卷、信用卡（非現金卡）、禮卷、旅行支票等流通與交易。以維持良性貨幣和健康經濟的運作，以及避免幣值被破壞、稀釋、泡沫化、或變相剝削等。

b.禁止任何以錢賺錢性質的非政府（民間、私人）集資行業，包括如銀行、人壽、保險、控股、基金、証卷等金融公司或行業等可被民營化、私有化。以維護經濟機制運作的健康也自然運作。

c.建立明細合理的貨幣規範與法則，包括個人財富的上限規範，以及貨幣監管評估體系。以作為支撐錢幣價值和幣值穩定的基礎。

d.禁止錢財的無償外流（包括長久高積不下的外匯或債權，私人或國家資金的國外存放）。原因是錢幣如同養分，另也如同經濟的血液，是健康經濟得以運作的重要因素也機制。任何無所回饋、無所補充的大量失血，都會衰弱到自身經濟的體質，甚至嚴重破壞經濟機制的健康運作。

2.幣值穩定的外在方面

大抵而言，針對外在因素影響自身經濟穩定的最為實際也有效方法，除了強健自身的經濟體質（**內在穩定**）外，另能作為的方法，則是將外在影響力降到最小，小到自身可承受範圍。簡單的說，就是盡可能的弱小對方影響力的力道了。至於如何弱小對方的力道？或可參考如下的建議。

a.任何國家都有權"自主"的調適自身經濟的體系和體質。並決定進出口商品貨物的許可及關稅與關務。白話的說，就是有權排斥所謂"不受歡迎的自由經濟"包括商品貿易和關稅標準。也無所謂破壞"自由貿易"，或"危害經濟全球化"等資本主義也 "財富經濟"思維下的歪理邪說。

b.禁止國家資源（**包括物質、人才、市場等**）遭外國人或外國經濟體等不合理、甚至無償的佔有或利用。

c.盡可能做到進出口平衡，和降低經濟體質中外貿的過分依賴，以避免自身經濟的整體穩定，容易被外在不可測也不可控等強大變數或影響、或破壞、或操控。

d.禁止外幣（**如美金**）或他國發行之"有價信物"（**包括旅行支票、銀行本票等**）可被國內流通和交易。以防止外幣或他國"有價信物"成為市場主流化、強勢化，並釀成自身貨幣的市場次流化、下賤化、貶值化，且終將傷害到自身經濟的健康運作及自身貨幣的"價值"和"品質"。

經濟與永續，與其說是新世紀民生經濟學的新思唯和新問題。其實，或更可說成是新世紀急迫待解的經濟兼"社會命題"

了。也就是說，當今時下不論是經濟層面或是社會層面，且不論是如何的複雜難解和困難重重，都已經達到必須爭取時效，立即的有所規劃與遵循，趕快的有所作爲與效應的經濟實務也社會事務了。經濟層面急迫待解的原因明顯又實在，只要環顧四週眼前無所不在、無法隱藏、也無法迴避的經濟災難，包括生態、環境的破壞，空氣、水源的污染，土地、食物的毒化，自然資源的耗盡、枯竭等，全皆以威脅遞增、危害日烈的危急進逼態勢，普遍呈現也人人自危。

另說，經濟與永續相對於社會層面的急迫待解原因，除了表相理由是因爲時下如同叢林蠻荒般，無所章法、也無所規範的畸形經濟和扭曲運作，所衍升製造出來的貧富嚴重不均也環境生態等災難過激過烈，幾乎已達到隨時失控甚至爆發的臨界點。我則是另想越過這表相理由，從經濟與永續相對於可能解決所謂的"後顧之憂"－這人類長久也古老的"人本"哲思與經濟問題，做些個人也角度上的觀見論述。因爲我相信經濟與永續問題的解決得宜和得法，也正是解決人們"後顧之憂"的必須也先決條件和基礎了。

『人無遠慮，必有近憂』（諺語）

『生於憂患，死於安樂』（范仲淹）

"無所後顧之憂"，這"人本"概念與人文哲思，可說是人類千百年來的古老願望和文明難題。嚴格說來，已超越了純經濟學的學說領域，且進入到如香格里拉、烏托邦等"人文"哲思與自然哲學的領域了。了解人類獨具特有的"後顧之憂"問題，諸如生病受傷時有錢治病和療養。失業或無法工作時，不慮斷炊，家小不致挨餓受凍。老殘體衰時，不乏照顧關護等。不僅是所有成年人深埋潛藏的心頭負荷，是支撐經濟持續運作的重大推力和能量，它更也是可供客觀衡量一個社會文明與落後、幸福與苦難、地獄與天堂的依據和指標。

　　人類歷史上，曾對解決“後顧之憂”這人文難題，建立方法和有所作為等最為凸出、最為具體、也頗具當時成效的文化與文明，莫過於曾經那中國古老、普遍、且已慣性形成的“孝道”文化了。在以往中國，絕對重視和具壓制性道德指標的“孝道”文化，並在社會與群體的集體意識關注也壓力下，可說相當程度也部分的解決了一般人們對於老有所養、所恃、且有所尊嚴等“候顧之憂”之顧慮和問題。可說是一種兼顧了“天理”和“人道”的精緻文化。這或許也是前些年時，新加坡政府有意推行回歸“孝道”文化，並正式立法，將刻意棄養年老殘弱父母的行為，以違法（**道德法**）名義，置入法律規範的深意吧！

　　只是，“孝道”文化，畢竟是農業時代與大家族社會下的條件產物。當面對工商業的城市社會，大家庭的解體，複雜社會的運作機制以及工作性質的變異等，不免空洞難繼。特別是現代國家和國法的體系運作，政治與公民意識的建構與形成等，更加速的破壞了“孝道”文化的根基、底氣。以致於，如此頗具解決一般人們“後顧之憂”的深沈、古老也人本文化與問題，也自然而然的凋殘褪色，或被轉嫁為國家（**政府**）的肩袱與職責了。換句話說，解決現代國家公民的“後顧之憂”問題，包括老有所養、病有所醫、殘有所恃、弱有所顧等問題，也應該是文明國家、現代政府，不可推卸也必須檢驗的功能和職責了。而政府對於如“後顧之憂”的方法解決，則必須從經濟與永續的基本問題著手和開啟，才有可能。這也是何以說，均有與永續的“民生經濟”落實問題，其實同也是理想社會與美麗人生的期盼也待解問題了。

第三節　知止的熟知其極

『夫唯不盈。故能弊不新成』（道德經 15）

『禍兮福所倚。福兮禍所伏。熟知其極。其無正耶』（道德經 58）

以"緣有"的智慧，取代傳統也習性上的"擁有"思維。大致上應已能減少也舒緩了包括社會群體的混亂與衝突，以及個人心緒的和諧與穩定等問題。可說是將以往"擁有"文化裡"錯"與"惡"的部分，解構消弭，並另增構填充以"正"與"善"的本質和內涵了。

然而，當設計如此"緣有"法則也"道德"條文之際，無以避免且必然會面臨到的困擾與疑惑，便是如何掌握和拿捏這有關"緣有"的"上限"也"知止"問題了。或說，也就是老子所謂的"熟知其極"困惑與問題了。

道德經中不有（緣有）、不積、知止的"玄德觀"觀點，原是闡釋著如何預防，也包括如何解決物事可能遭致破壞或被轉化的漸進失穩過程和程度效應。如"不有"，則不會有"積聚"的問題或效應，若"不積"則根本不會有"不知止"的危害遞增問題或嚴重後續效應了。祇是，當以"緣有"法則替代"擁有"法則以作為穩定的機理調適和機制運作時，"知止"的熟知其極、也適可而止等上限問題，也必然的隨著"緣有"法則的被認可、被允許而自然產生。這也使得"緣有"法則的設計問題，除了增加了學理的哲思難度外，另也增加了方法也實務的法學探究，也既"法科學"的層面了。

　　道德經中對於"知止"的"熟知其極"問題，雖沒有明確和直接的筆墨告知，但卻隱晦間接的若有所暗示。像是有關"道紀"的玄奧解釋：『執古之道。以御今之有。能知古始。是謂道紀』。此外，另也有如"常"的概念描述：『知常曰明。不知常。妄作凶。』以及：『夫物芸芸。各歸其根。歸根曰靜。靜曰復命。復命曰常』等類似有關如何維持穩定或回歸穩定的說法。而若將這"道紀"與"常"的概念與文義融合聯接，或可解讀爲：『掌握穩定與常的道理，可以製（立）法。觀察（比較）古今失穩（失常）的現象，可作爲駕御或調控法紀的依據』，如此深具法理學的說法與啓示。只是，縱使有關"道紀"與"常"的概念提示和描述，的確是與"熟知其極"的"知所以然"有所啓示或關鍵，但如此"道紀"與"常"的概念指引、開釋，仍然是過於微妙玄通、深不可透視了。

　　其實，如何得以掌握"熟知其極"，或說"適可而止"的分際拿捏，由於已涉及到必須檢驗、實證等，如法科學也"真理"意義與內涵，所以已不是相關哲思理論的探尋層面，而是實務與論證的形而下數據資料或明確指標等建立或探究了。比方說，人爲噪音的允許上限，應是多少分貝？又是否應有噪音的分類（重低尖高頻等）？人爲污染水質的上限指標爲何？又應如何界定個人財富的"緣有"上限？或空氣品質相對於人的適宜標準或超越標準應如何評訂？等都不是攏統含混的哲思概念所能解決或回答的。而是必須經由實務的檢驗、論證後的明確數據或參考物，才能說是真正的掌握了"知其極限"的"熟知其極"深義。

　　如此必須建立在"唯物與辯證"基礎上的"熟知其極"問題，或許也是老子於道德經中，對於"知止"問題中的"熟知其極"論述，祇能是含混概論似的略表而過，而無所明確與指示的知識細述吧！或另也是孔子於<u>論語</u>"爲政篇"所述，……30 而立，40 而不惑，50 知天命，60 耳順，而最後於 70 歲高齡時，才能經由大量的實務經驗和比較體認，而得以拿捏、掌握到：「從心所欲，不踰矩」的 "知止" 意境吧！

顯然，深究 "緣有" 法則的 "熟知其極" 問題，可不是一些空洞含糊的口號宣稱或無所參數指標的概念提示等，而是必須有賴於我們的各行、各業、各學科領域的學者專家，或國家標準鑑定單位等辛苦的工作也功課，及功能發揮了。只是，有鑒於時下現今需要 "熟知其極" 的立法規範對象，實在是太多也太雜了，也實在不是一些有限的科學家、或法學家、或國家法規研究單位等，能在短時間內，而有可能巨細周全、有所成就的。以致於，發掘並探究天下物事存在與規範的 "熟知其極" 明確指標，或仍應鼓勵也期待更多的一般人士，群策群力、集思廣益的智慧參與和心力貢獻了。而下例有關 "個人財富的上限問題"，以及 "地區人口數目的熟知其極問題"，則是在下個人拋磚引玉的毛遂之薦了。

一、財富與上限

在談及個人財富上限的 "知止" 問題之前，或應先就 "財富" 的概念，有所明確定義和理解。如此，或能較容易的讓人們對於這頗具敏感和爭議的 "左派" 思維與 "革命" 觀點，予以心平氣和也客觀理性的觀點思量，甚至能有所認同與共識。

我曾經做客於美國紐約近郊高級住宅區的華屋中，聆聽苦惱的屋主抱怨生活的壓力和貧困。也曾經做客於中國陝西崋山腳下，窄門小窗、四壁空蕩的農戶家舍裡，分享著滿足的屋主計算著又一個期盼的農忙和收穫。若再參考且比較著；何以平均人民所得超過 35000 美元年收入的日本，其厚生省於 1998 年一份調查報告卻顯示著 52% 的日本家庭覺得生活艱苦不易。以及同年朝日新聞針對日本社會保險體制的調查顯示，85％的受訪者認為日本不是一個能讓人安心迎接老年生活的社會，特別越是大都市的受薪階級，所持這種看法的比例也越是高。其中大阪達到90％，東京更是高達94％。另比較何以人民年平均所得僅只數千美元如萬那杜、哥倫比亞、哥斯達黎加、菲律賓等太平洋島國，卻被英國智庫新經濟基金會「快樂星球指數」調查研究指出，無論是當地人民生活幸福感或生活的不安與不滿指數等，都明確顯示為地球上最為快樂的領先國家等例子，就不時也經常的會讓我困擾也疑惑著何謂財？何謂富？所謂的貧窮與苦難，或富裕與幸福，究竟應是如何的概念詮釋？而人的貧苦或富裕，應是由他人的觀感比較來界定，或是由自身的真實感受來肯定？又是否有著普遍客觀的可評訂基準？

曾經人類歷史上，人們對於 "財物" 與 "貧富" 的定義或觀念，其實是明確清楚的。遠古人類的 "財物" 概念，是指那些不超越 "生命與存活" 所需，也既現實生活上的 "人需之物"。如食物（包括牲口）、居舍、衣物、工具器物等。而 "富" 則是指這些 "人需之物" 的豐盈無缺和永續不輟了，既單純也實際。

中古時期的人類，對於 "財物" 的概念則複雜了許多，那是除了 "生命與存活"（生活）的 "人需之物" 外，另也添加包涵了 "生命與樂於存活" 等具 "價值" 的事物。如能使讓 "生命與存在" 更榮耀，或更方便，或更舒適，或更快樂等事物，甚至有超越物質形態如知識、品德、藝術、美德等 "形而上財物"。這可從東西方被發掘出來，並被視為尊貴者和統治者的墳陵墓塚內陪葬物內涵，或寫實壁畫內容等，可為引證和參考。

近代迄今，人們對於 "財物" 的概念就更複雜但也更扭曲了。複雜與扭曲的所在除了是指財物的概念已超越 "人本" 的需求與價值意思外，另則是"人為價值"的多元化、深廣化、虛擬化、複雜化了。諸如山、水、林、木、礦物、土地、飛禽、走獸，甚至奴隸、臣僕等，都可被視為"財物"。以及包括了人為"虛構價值"的"財物"，如股票、證卷、債卷、權狀等。而所有這些人為、虛擬、甚至扭曲的"財物"其中，特別是"錢"（貨幣也現金）的人為創造形成，格外深具"人為財物"的哲思深奧性與存在複雜性。尤其是當"錢"的"利用性"與"萬能性"逐漸形成和建立以來，"錢"如同也等同"財物"的概念，幾乎已被普遍共識、認同、和定義了。

其實，若能認知到"錢"（貨幣）的人為創造，就像似語言、文字、衣物、法律等人為產物般，已是人類文明與發展不可或缺、也不可逆的"人為物事"，是能繁榮經濟、福利民生，且是新世紀"均富與永續"經濟運作的關鍵機制也必需工具。以及認知到"錢"的人為價值內涵與支撐，雖來自於"人為產物"其轉、合、啓、成的"人工投入"也"人為價值"意義上（**參考本書錢與經濟**）。但如此人為價值，仍是依附也根本來自於"天工成物"的自然物質也自然資源上的事理，也就能了解到何以會說，規範個人錢財上限的"知止"問題，其實也可說是規範個人與自然資源"緣有"的上限問題，是健康經濟和永續經濟都必須知識和落實的合理方法也合法措施等。那麼，明確定義並規範"錢"（**貨幣也現金**）為"人為經濟財物"的唯一參考物也標準依據，倒不失為一種能予突破並解決如何拿捏並制定個人財富上限的突破、有效，且優點甚多的方法也建議了。參考下面例子：

1.就法理層面來說

規範錢（貨幣也現金）為"人為財富"的單一也唯一評估依

據和法則，是可與"緣有法則"的"不斥與穩定"法理契合無斥的。因爲"錢"（貨幣也現金）的"財物"設計也價值所在，正是建立在人爲作工產物的利他付出與回饋收入互利機理也機制上，是遵循且符合經濟均利也均有法理的（參考本書錢與經濟）。

2. 就人道（人性）層面來說

規範"現金"（錢幣）的"財物"意義和財富上限的依據指標，其實並不影響也無礙於有賺錢能力的"有錢人"，對於華屋、名車、旅遊、休閒、美食等"美好物事"的享受。包括同樣能達到凸顯自我、比較成就、榮耀家族等人性與本能上"美好感覺"的滿足。

3. 就健康經濟的運作機理來說

規範也定義"現金"爲實際財物的評估與衡量指標，並設定其"緣有"上限，能促使有錢人持續不斷的消費，而不是如積聚、儲蓄、或如財產化般的"置產"等。除了可使得消費與交易市場，洋溢著創造和多元的繁榮也良性循環，更能使得"錢財"得以分散，且朝向"均富"的健康經濟運作著。

規範現金（錢）的單一也唯一財物意義，能契合也配合貨幣政策中"產值與弊值"的支撐也穩定問題。能讓如時下當今錢弊不可計量、難以管理等難解問題，導入可計量、可管理的透明化也數字化等方法也科學經濟的運作。

規範"錢"（貨幣也現金）爲實際也單一財物的最爲直接也重要理由，則因爲"只有如此"，才能有所方法、有所合理也實際可行的解決一些經濟學棘手問題，包括如－如何拿捏個人與財富的"緣有"上限問題，以及解決均富與永續的新世紀宏觀經濟問題。舉例說，我們可設定個人經濟財富（錢財、現金）的"緣有"上限指標為：『維持個人優渥生活所需的合理上限，再加上無所"後顧之憂"也"永續不輟"的富裕意義』。如；維持個人優渥生活的合理"月"平均開銷，若是 10 萬元（台幣）的話。而個人的平均生命上限為100歲的話。那麼，現今50歲年齡人的"錢財"（現金）允許上限應是 10 萬x（100－50）x12＝6000 萬。而現今75 歲年齡人的財富（現金）緣有上限，則是 10 萬 x（100－75）x12＝3000 萬元了。如此設定個人財富上限的優點是明顯易見的。那是兼顧的維護了宏觀大社會（包括生態與社會）和諧與穩定的允許上限，以及照顧了微觀個人欲求享受的允許上限。或說，那是既順應了"天理"，也合乎了"人道"的兼顧設計了。

二、區域人口數與上限

　　若問說；『單相個物的擴張和積聚，是共相系統運作失穩和破壞的開始。那麼，單相個物無止限的擴張和積聚，會使系統運作產生如何的面相或破壞效應』？這奇怪又讓人狐疑不解的問題，恐怕是少有人能在不費思量下，迅速回答的問題吧！那麼，這樣問好了；『在這有限空間與固定資源的美麗地球上，若人類數目無約束的積聚，無止限的擴張之下，這地球將會是如何的一個混亂（失穩、不穩定）面相或破壞效應呢』？

　　生物學家依恩斯特・麥爾（Ernst Mayr）在他著作的生物學書中說到，地球上數以百萬類的物種，每類物種的生育率和生育速度，都是以遠高於"生態穩定"體系，所允許的方式進行著。換句"舉一反三"的話說，地球上數百萬的各類物種，若是沒有某種相對控制、適當約束的管控機理之下，則全都會以慣性的原理，和以幾何形式的"遞增模式"，往"無限"擴張的方面，且

"越加快速"的進行著，而其結果是難以想像和災難的。

　　其實，人類做爲地球上一獨特生命物種的獨特處，也只是在其智能的發展及功能上罷了。而人的智能作用，也確實爲人類掙脫原本自然也"天理"的束縛與"先天"規範，做爲出合乎自身存在與利益的不斷挑戰甚至破壞。

　　大致來說，一萬年前當穴居人類開始懂得如何利用石器和火，做爲出生活上的"可利用"工具時，已爲日後掙脫"自然法則"的相對節制也約束機理，踏出了突破性的一步了。

　　八千年前，尼羅河流域及美索布達米亞兩河流域的農業開啓，可視爲人類智能對自然限制機制的另一次重大跳躍與突破。因爲農業的發展與形成，使得單僅尼羅河谷畔的 13000 平方公里可耕地，已可輕易的供養數百萬人口。

　　人類智能創造出來的符號、文字、語言、工具、技術、醫學等，更使得人類無論在食物的取得、安全的保障、疾病的控制、災難的防範、壽命的延長、生命的延續等，都如失去了自然約束和頓失"天敵"般，脫節於其他一般生命物種的自然約束情形，並也破壞了大自然原本宏觀也整體的生態穩定狀態。特別是人類因大量積聚、擴張迅速，所產生出來的動亂與災難現象，令人關切注目、甚至心驚駭然。參考些實例吧！

　　中國雖說是有著世界上最完整、也最長久連貫性的人口統計和戶籍資料，但也限於從春秋年代起始迄今，約爲 3000 年左右的時光。這對於相信已至少兩三百萬年來的人類史而言，其實是微乎其微的。從整理中國舊石器遺址的事物發現，與比較新石器遺址的事物發現，並就其時代、數量、功能性質、地域分布，環境背景等資料研究，有學者提出一些下例參考數據；邊今約 1 萬年左右的舊石器末期，中國全境（現今疆域爲例）人口數量不會超過 100 萬人。若再以進入到 4 千年前，夏朝初年的中國（現今疆域為例）人口約 1300 萬來說，6 千年來，人口擴張了約 13 倍。這樣的人口擴張速度，比較約 50 萬年前就已有人類活躍於中原大地，直到萬年前石器時代，不過只有 100 萬人口的數量而言，雖已是快速的多，但仍是緩慢的。平均每年全中國地區（現今疆域為例）的人口增長數目，不過是 2 千多人，可說仍是呈現出相對靜止的穩定狀態。

　　中國人口數目從夏（2000BC）、至商、至周、再至春秋（450BC），其 1500 年間，已成長到 3000 萬左右。是中國人口第一次大爆炸，也是中國文化大開展的時期。而人口急遽上升與擴張的當時現象與效應是 "膏壤千里宜桑麻"，以及 "春秋戰國時代" 的開啟。

　　春秋戰國時代（770BC-221BC），人口急速的擴張，及土地資源的爭奪，也正式的在中國的大地，揭開了混亂與災難的序幕。西漢末年（2BC），中國人口突破 5000 萬。乾隆 6 年（1741），中國官方的統計人口數目，首次突破 1 億大關（參閱中國人口史、文津出版社、閻守誠著）。近代新中國成立（1949）時，人口數目已衝破了 5 億。而另方面，相較於此時的世界總人口數（1950），已達 25 億。再至 1985 年時，僅只不過 25 年的時光，世界總人口數更正式的超越了 50 億。

　　人口的大量擴張、迅速成長，也已使得這世界從南美洲、中美洲、北非、中亞、南亞、東南亞等地區都產生嚴重的人口過剩問題。特別是在亞洲部分，1995 年，單僅在中國農村的過剩人口，據統計已超過了 2 億人口數，並造成全中國大城市上億"盲流"的流竄與混亂。另在南亞越南的人口膨脹情形，也不遑多讓。似乎就在不久前，才結束戰爭蹂躪的越南，其人口數量也從越戰時期的 1800 萬，一下子就已跳躍到 2000 年的 7000 萬人口數了。於是，只見大量過剩的人口，浮現於農村、城市，山林、海邊，無所不在，也無處不窮。

“人口過剩”的概念意義是指人口數量已超出“上限”飽和，或說已遠超出區域資源（**包括食物、用水、空間、環境、和諧與次序等**）所能提供的極限。這些人口過剩的區域或國家，若是不能移民於其他國家或地區，或是不能從其他國家或地區取得所需資源的話，包括另加上時下當今扭曲經濟的分配不均等多重問題，不難想像這些地區或國家，所呈現出的貧窮、髒亂、爭奪、苦難、以及人性的扭曲、畸形的社會景象等會是如何的一種人間煉獄、或苦行的道場，而且，完全看不到光明的希望和出路。

人口持續擴張、大量物資的需求、不斷繁殖的更可怕現象，是自然生態與環境的掠奪與破壞。早期的人類，逐水草鳥獸而活，有如遊牧民族。邢是順應環境與生態，而不是改變環境與生態的生活方式。而當人口大量的積聚擴張後，也處處人滿為患時，既沒有多餘的空間，也無所多餘的地區可供移動時，人們只有放棄“順應環境”的生活方式，而替之以“改變環境”的生活方式。於是，人們砍伐森林、開發淫地、斷水築壩、填海造橋、墾地為田，一個個的小村莊、小城鎮，在世界各地湧現。各地的小城鎮再以輻射般對外延伸開展，並形成大都市。由點而面、由寡而繁般，徹底的吞噬並摧毀著環境與生態，也不斷的啃嚙著大自然的脆弱生機。

如僅就在 300 年前，北美洲草原上仍不時可見到或閑散或奔馳的數以百萬頭美洲野牛，已消逝無跡。或僅就在 300 年前，仍充斥在台灣沼澤或平原或山林的無數梅花鹿群，已滅絕殆盡。僅就 300 年來，人類數目急速擴張不止的結果，已使得這原本孕育著無數生命物種的美麗也乾淨地球，嚴重的污染、毒化、髒亂、醜陋，且已逐漸的不適宜人類居住和存活了。而無知又自大的人類，仍攪盡腦汁般的想著移民、殖民，包括到其他星球或深海，去繼續那種 "不知止" 也無止盡的擴張踐躪與生態摧毀。

區域內人口數量的 "知止" 與 "熟知其極" 問題，既現實也嚴肅。不僅是解決生態資源永續不輟、環境美麗不被污染的根本之道，也是解決人類社會穩定、和平、富裕、快樂的長久之道。是任何有著宏觀思維和遠矚視野的政府、學者、人民等不可也不應忽視和無知的。只是人類數量的知止也知極標準或指標應如何界定？又應如何作為與落實？則是有待探究和共識的問題了。

生態學中，有關物種之間如何達至宏觀穩定，區域族群間又如何控制數量，以及族群間如何的劃分範圍等問題，似乎仍都是生物學家有待探究的功課和問題，而無法於現實上引用為人類調控人口數目的參考或依據。但可確定的是某些制約式的防範機制，和規範式的約束方法，應是必要也必然的。

區域內人口數目的穩定和調適機制，應如何的界訂？是如何的機理制度？若參考子在他所謂的小國寡民 "理想國" 其中有段『雞犬相聞。老死不相往來。』的敘述來說；若以 "雞犬相聞" 的距離極限是 1000 公尺的話，其方圓也就是 1 公里的平方了。這對於那時一戶平均約 10 口人家的務農家庭來說農耕、養殖、休憩、空間等，都是合宜也恰當的。如此的人口界訂標準，雖然與秦朝時代商鞅 "制土分民" 的律法，認為 "百里之地可容納人口 5 萬" 來說，是寬鬆了許多。但是要明白商鞅的人口與數量設計思維，祇是從土地與食物基本供應和強國增兵的政治目的也角度而設計的，那是與老子以適宜人居、人活、人樂的 "理想國" 角度，絕然不同的。

土地的利用條件不盡相同，資源和產能也不一樣。不宜人居的地域如沙漠、高山、極地、凍土、沼澤、叢林等，當然不適用於老子那時代自給自足、悠閒自在的農業社會和家族模式人口標準，這些都可理解，也姑且不論。然若，仍以老子那方圓 1 公里平方土地，容許 10 人口的農業社會理想基準來說，那麼以台灣地區 3.6 萬平方公里的面積來算，適宜也理想的人口數，應控制在 36 萬人口左右，而不是現今目前的 2300 萬人。而以現今日本島嶼 38 萬平方公里的土地面積來說，則是 3 百 80 萬人口數，而不是當下的 1 億 3 千萬人口數了。

人類進入工業化和資訊（知識）化的時代以來，由於機器的替代人工與大量生產，以及知識的方法與技術利用。古老農業時代那種以土地和利用，作為區域適宜人口數的調控參考或依據，顯然已不合時宜，也失去其條件了。老子那簡樸的小國寡民理想國，似乎也顯得夢幻和遙遠。然而，工業時代的經驗和見識，卻也讓我們更寬廣了對於如何制定區域適宜人口的更多參考指標或依據目。比如說，除了農業時代的人口與土地利用參考指標外，我們或可考慮並放入工業社會時代特有的"生態與破壞"和"環境與污染"以及"人均自然資源消耗量"等生態穩定參考也指標，像似如"生態印表"（Ecological Footprint）的概念。甚至可考慮加以 21 世紀民生經濟新思維的"均富"上限，和人口與資源的"永續不輟"宗旨，作為制定和調適區域人口數目的綜合方法和全方面依據。而有關上述多元生態與人口數量的相對穩定與長久、美好環境與人口數量的相對穩定與長久，以及自然資源與人口數量的相對穩定與長久等諸多綜合穩定參數指標或參數依據，則仍有待我們的科學家、思想家等，有所專研和學思成就了。

若問說，面對 21 世紀最為急迫待解的人類問題會是什麼？

是和平？是貧窮？是生態破壞？是環境污染？是資源枯竭？是道德敗壞？是疾病絕症？或是其他？各人和各地區政府的所見所思，或會不盡相同。但是若問說，難度最低，效益最爲廣泛普及、利益最大、也最爲立即可行，並同時能解決所有上述迫切待解問題，甚至兼能造福於地球上所有其它生命物種多元存在的有效方法，我以爲就是區域人口數目的知止問題和人口遞減也調適的方法實踐等問題了。而我另也認爲方法簡單也實際可行的有效作爲上，可從控制嬰兒的出生數目，並從“嬰兒人權”的預先保障等“生育法”或“嬰兒緣有法則”著手。譬如說；必須是合法夫妻才能孕育嬰兒（嚴禁非婚生子），必須是夫妻雙方同意才能孕育嬰兒，必需是夫妻雙方身心健康才能孕育嬰兒，必需是備有至少三年內嬰兒生活所需的儲蓄準備金，以及必須區域政府人口部門的申請同意書等制約法則，就可在不背天理、不違嬰兒人道的合理也合法基礎上，適宜也無害的減少人口數的出生，而輕易也圓融的達到調控人口數的目的了。

前以色列總統西蒙.裴瑞斯（Shiman. Peres）接受世紀末（At Century End）一書作者的訪問時說到：『人類以往那種如狩獵、掠奪的日子，已遠逝了。也不可能再依靠侵佔、殖民的方式，而存活得安怡無憂。理性的克制與責任，人類社會的和平互助與生態和諧，應是新世紀人類所具備的新道德觀』。裴瑞斯的這番話說得事故也實在，應是能被普遍接受認同的觀念了，而所謂「理性的克制與責任、人類社會的和平與和諧」新“道德”觀，我以爲尤其要從老子“知止”的哲理與哲思先行開導，特別是從人口的“知止”與調適開始了。原因直接也簡單，因爲，必須也只有大量的減少過多也過剩的地區人口數量，才有可能真正的減緩了新世紀所有可預期，甚至已逼近的災難和禍害，並輕鬆迎向光明與幸福。

第二十一章　教育與哲思

　　數年前，美國今日報（Todays American）發表了一項由"腦波公司"針對全球 14 個國家 15-18 歲青少年，以「未來的命運掌握在我自己的手中」為題問命題，所做的有關世界青少年"個人自主意識"調查報告顯示；美國青少年的個人自主意識最為強烈和凸顯，達到 93%。亞太地區青少年比例是 91%。其他如拉丁美洲地區是 88%。東歐地區是 87%。印度是 80%。中國大陸是 78%。全球平均比例是 85%。

　　對於這份調查報告的閱後反應，就我個人而言，是隱隱憂心和悶悶不樂的。我似乎已看到這些佔全球 85%比例的青少年其日後將來，不論是個人生命意義的摸索追求，或是個人生命過程的努力作為，都將飽受壓力與困惑，孤獨與不安。而其附加影響，也必將延伸到社會現象也面相的混亂與衝突。甚至，形成一個整體鬥爭、無情、冷漠也無助的社會。然而，這正是我們今天教育思維和體系下的設計也塑型產物。

　　其實，任何個人的命運，就如同地球上任何個別生物的命運般，必然是與外在事物互動頻繁也密切相關的，且絕不是能被自己全然掌握的。此種相對也唯物論觀點的互動情形一般來說，越是年幼青春，也就越是不具"命運自主"的能力和條件。嬰幼兒是完全不具"自主的命運"的，青少年時期，是接觸與認知、學習與模仿的生命階段也命運過程，容易隨波逐流或追逐流行，且也缺乏"命運自主"的認知與能力。人的年歲漸長，自主與命運的概念和意識，逐漸凝聚形成，羽翼漸豐，自主命運的能力，也只是相對的提高漸增而已。可以這麼說；人從出生以致於老死，從人與人的互動、到人與事物的互動、再到人與大社會甚至大自然的互動等，人都是無法也無能完全自我決定或絕對主導著自己命運的。

然而，這簡單又真確的實情，為什麼不是我們現今青少年的主流認知和正確答案呢？如果我們不能讓我們的青少年，清楚的認知且明白著；他們幼小時，需要父母的提供食物和保護，否則是難以自我存活的。成長時，沒有適宜的關懷和安全的環境，他們的身心就易被扭曲或被畸形。長成時，他們更需要師長的教導與訓練，以及智慧的傳承，否則，其生命的過程，就會是艱辛、坎坷，甚至是不幸、痛苦的。他們的成功，需要他人的幫助或配合，他們的苦惱或快樂、存活與幸福、戀愛與婚姻等，幾乎所有一切的生命互動、因果得失，其實，都是建立在某種被給予、被對待、甚至被施惠的相對意義上。若是不能讓他們知曉並體會此種互動、或互利、或互害、或溫暖、或凄涼的相對性與邏輯性，又如何的能期盼他們長大後，能對他們的父母、師長、朋友、同儕、社會（國家）、甚至這大自然等，有所感恩與回饋（互利）呢！

青少年自我（自主）意識的堅持與膨脹，也正是時下"自我世代"（Me Generation）何以產生的主因。這些"自我世代"也膽大腦小的時代青少年，加上當今教科書裡扭曲也"不道"的物競天擇、適者生存等達爾文鬥爭學說，另加上當今物質財富與功利主義的"擁有"價值觀，以及再加上強調個人，也"唯心論"觀點的自由、人權、民主等當下主流思想與觀念等。實不需要太多的聯想，你或也會像我一般的感到憂慮與不安了。

　　檢視今天的教育與問題解決，一如檢視當今的政治、經濟、法律、社會等問題與解決般，那不僅是老舊無用、沉痾無功，它實際制造出更多的待解問題出來。事實上，若從查觀時下教育對於微觀個人的功能效益層面來說，如；是否已能讓我們的學子，更無惑於明辨是非、真理？是否已能讓我們的學子，更具處理和解決事務的智能與體力？是否已能讓我們的學子，日後生存的更有保障或更輕鬆容易？是否已能讓我們的學子，更能知曉並掌握到如何活出美麗人生的智慧？

　　或另從當今教育對照於時下社會的宏觀功能效益層面而言；是否已成就出更多善良和理性的公民？是否已讓我們的社會有著更多的和諧、平靜，更少的恐懼、憤怒？更多的公園、博物館，更少的監獄、拘留所？是否已讓我們的環境不再繼續的被污染、毒化？我們的生態不再被破壞、摧毀……？我們的世界不再有仇恨、鬥爭、醜陋……？顯然的，上述例項的結論與答案，大都是負面多於正面、減分多於加分的。

　　這些不堪檢驗也不算秘密的教育困窘情形，雖然不斷的被檢討、批評，教育改革的呼籲、要求，也幾乎被所有國家奉為國政的優先也重點工作。然而，所有有關教育的研討、會議、論文、以及爭論等，在面對著當下這盤根錯節、龐大雜蕪、也難以透視的教育巨象跟前，就似如瞎子摸象般的片面、渺小、和蒼白無色，而總是又回歸到一籌莫展、無助也無力的原本茫然或混沌狀態。

　　有人說，當今教育問題的無功也難解癥結，是與教育哲思的貧困有關，我以為上述說法是精確也直入核心的。我且認為這教育哲思的核心內涵，也不過就是　"為何教育？"（Know Why）和 "如何教育？"（Know How）其相關理論及方法的思辨與建立罷了。這道理是明顯和易理解的。比如說，明辨了 "人為何需要教育？"的哲思，我們才有可能有所依據的設計並給予"教些什麼？"的困惑。掌握了"如何教育？"的植入和建構方法，我們才有可能有所預期的教育成果、和契合理想的教育收穫。而本章節之文章論述，也既是針對著"爲何教育？"和"如何教育？"兩"教育與哲思"的層面，並以道極觀的思維，提出些角度上的觀見與建議，以供思辨和方法之參酌、考量。

第一節　人爲何需要教育？

　　深究教育的"存在"意義也宗旨，可說是教育哲思中最爲基本也古老的問題了。曾經有很多名仕達人都表示過不同卻也具個人特色的看法，摘錄其中的一些觀點如下：

　　孔子：善個人、兼善天下。（格物、致知、修身、齊家、治國、平天下）

　　蘇格拉底：心靈（心智）的訓練、培養，理性的建構、提升。

　　裴斯.泰絡齊（1746-1827）：發展人性，開發潛能。

　　福祿貝爾（1782-1852）：智慧 —— 成為智者。

　　史賓賽（1820-1903）：達爾文主義者，成為物競天擇的強勝者。

　　杜威（1859-1952）：實證主義者，民主、自由等"目的論"的推行者。

　　尼爾（1911-1965）：人本主義者，幸福與創造。

　　田培林：涉及到個人和社會，十分複雜。

　　烏立荀：觀點綜多，令人困惑。

　　道極觀：存在（生之本）、樂於存在（生之趣）。

　　若能理解；『凡人爲物事的存在，必然是有其相對於人的功能性也利用性等存在意義的。一個不具功能性和利用性的人爲物事，就像無用的人爲廢物或人爲垃圾般，是無法長久存在，也無存在意義的』。以及，若再能理解；『任何人爲物事的預期功能性、利用性，不僅決定了其物事的存在與價值意義。其實也決定了其物事（結構）的結構內涵和功能設計』。如是，就當能知悉，若是無法合理且明確釐清人爲教育相對於人的存在意義與功能作用，並有所一致（得一）的共識、認同的話，可以想像這人爲教育設計與價值的混沌與亂象，是必然存在且不可能消弭、解決的。

　　那麼，教育相對於人的預期功能性、利用性等存在意義，應是什麼呢？有沒有什麼可被普遍接受、認同，如同真理或普遍標準般的明確共識呢？下例的文章，則是從道極觀的“存在”（生之本）與“樂於存在”（生之趣）教育哲思與觀點，以及契合其功能也作用的內涵設計，所做出的大膽也概略論述了。

一、生命與存在（生之本）的教育

　　“教育”這二字的中文意涵，原是“教導”和“養活”兩項概念的組合建構。是描述大自然靈智類動物對於其嬰幼仔普遍具備，也有如本能般的哺育和教導現象。可說是一種“自然”也普遍存在於所有靈智類生物的寫實概念描述了。然，若再深入觀察並歸納此種“自然教育”相對於嬰兒幼囝的功能性也價值性。我們其實可明確無惑的見識並意會到，此種如同“與生俱來”的物種“自然教育”現象，其功能性與存在意義，是有利於其嬰幼兒生命的存活（存在），以及日後的成長與延續。那也就如本書前面文章所述：凡屬生命（結構）的“本能”現象，必然是爲維護其生命（結構）之穩定（存在與長久）意義而作爲的。或說是爲其生命物的"生之本"意義與目的而存在的。

　　教育的"生之本"（存活）自然意義，相對於人類亦然。人類數百萬年來的歷史，從早期覓食、狩獵時代的如何採食、捕獵，如何趨吉、避凶等教育意義，到農耕時代較爲複雜的刀耕火種，植麻種桑、鬆土引水等農產教導等，都是典型的"生之本"也"存活"（存在）教育。只是，隨著人類數目的逐漸增長、擴張，大社會結構的複雜形成，習俗、文化的演化、變異等，人類原本的"生之本"問題和教育，也發展出複雜多元的面相出來。除了士、農、工、商各有所本，也各有所學外。更爲影響重大也深遠的"生之本"演化（異化）教育，則是隨著統治者與被統治者的社會結構與階級出現和產生。

　　由於以往統治者的"存在"也"存活"方式，是建立在被統治者的供養基礎上。這些統治者依靠著權力、壟斷、徵賦、收稅、統治結構、甚至扭曲知識與誤導觀念等，作爲統治或"寄生"的工具與手段，維持著統治者的"存在與長久"等穩定問題。以至於這些以往曾經統治者的"生之本"教育及其內涵，也就被不當相對適應、也扭曲畸形的發展出來。

　　歷史上，這些不論東西方的早期也典型統治者，其教育內涵與所學大多是五穀不分、桑麻不識、騾驢不辨、煙火不沾的。而所被教導的"生之本"教育，也"演化"到如文字、算數、騎射、禮儀、史地、思想與觀念（哲學）等，一些被視爲尊貴、高雅、兼有利於統治、有助於管理的"學"與"術"領域。

　　我們從參考並比較封建時期的東西方貴族教育必修學科，如古希臘柏拉圖時期的貴族教育學科爲：智（包括語文、文法、哲學、算數）、美（包括行爲的優雅、禮儀的周全）、體（田徑方面的運動）、才（包括音樂、美術）。或如古印度時期釋迦牟尼王子所學的教育學科有；文學、哲學（思想與觀念）、算學、騎射、擊劍、禮儀等。或如古中國孔子時期士大夫教育所強調的六藝；禮、樂、射、御（騎馬駕車）、書、數等，大同小異科目來看，足以清楚的見識到如此"生之本"教育的異化與軌跡。

　　隨著歷史不斷的開啓新頁，也持續更換替新的人間事，古老統治者的"貴族式"教育，以及曾經只有貴族才得以接觸享受的專屬教育，已逐漸的平民化和普遍化了。只是，那曾經被視爲貴族與統治教育的典型也必修學科，在今天，竟幾乎是以"制式也標準"的形式，被慣性般的延續、承襲下來。包括那原本已被扭曲、被忽略的自然"生之本"（生命與存活）教育"本質"，仍是以被成爲統治者、成爲君子、雅士、或成爲人上人等古老貴族式教育觀念與方式，主導或影響著。

　　也既是說，時下當今的教育觀，難以置信的是仍停留在那已被框格、靜止的封建也階級歷史裡，完全盲視於封建統治時代的消逝，貴族供養世代的無存。既沒有所謂貴族的工作、職業，也無法與真實也現實的社會契合、適應。也以至於，自然也就會產生如當今世代的莘莘學子，盡管接受教育的年月長達 10 年甚至 20 年之久，將一生最爲青春也黃金的生命過程，努力和希望等，完全付出在學習與教育的實務上。但是學習畢業後的普遍也真實情況，竟然是完全無所謂"生存"的"本事"，包括缺乏從事職場工作的良好習性和專業訓練，是既不易找到契合所學的工作，以養活自己，也不易與所屬工作適應或長久。如此脫離"生之本"教育"本質"的時今教育現象，以及如此"誤人子弟"也浪費青春的教育學習和學科設計，也難怪有人會以荒謬和愚蠢，來譏評當今的教育和問題了。

二、生命與樂於存在（生之趣）的教育

　　另說道極觀見下“樂於存在”（生之趣）的教育哲思與人本觀點，則是另一個自然、真實、且無須質疑的事實描述了。人，不同於其他物種的明顯也重要表徵是人有悲、傷、憂、懼等苦之感受，也有喜、悅、歡、趣等樂之知覺。從人類數萬年前已知殮葬親人的屍體，已能感傷於於生離死別的“情緒”來看，人類細膩、敏感、又豐富的感性意識與本能，實已將人的生命意涵，註定了與知性共沉浮、與“感性”共存亡。而事實上，就像是向日葵的“趨光性”生命現象與意義般，人的畏苦喜樂也避苦迎樂的“趨樂性”生命現象與本能意義，普遍且真實的如同真理般，呈現在不同年齡、不同人種的所有個人心性和行為上。

　　一些古老的觀念與信仰，如古印度的某些文化，就認為人有苦樂兩極的生命也生理現象，而苦是應該避免的，樂是應該擷取的。或如以老莊為代表的中國古道家學說與觀念，就強調著生命的意義在於活出生命的自在與逍遙，以及如似“神仙般”的無憂長樂。另如蘇格拉底甚至定義“理性”教育的最高指標，也既“幸福”的智慧，應是人類教育之終極目的，那也是婉言轉折的將“樂於存在”教育，視為是生命教育中最高的價值和最重要的存在意義了。

　　了解“樂於存在”（生之趣）教育的重要性和必要性，除了上述晦澀的形而上哲思與觀點外，或也另可從人的生理（包括身心）與建康實際層面來意會。像是有人說，身體（物我）的健康需要物質食物的營養與補給，否則身體就會衰弱、生病、不適、甚至死亡。而心靈（心我）的健康，則需要心靈食物的營養與補給，否則心靈就會耗弱、憂鬱、甚至失常或傷害等。而所謂的心

靈食物與營養，也就是心靈層次的美、趣、喜、樂了。

　　"心靈（心緒）健康" 相對於人的重要性，隨著近代有關 "情緒科學" 的發現與了解，越發的被人們觀注、重視。人們逐漸了解 "心緒" 與 "身體" 其實是經由某種精密的網路體系，相互關聯也制約的。心靈與身體，其實是同甘共苦也共生互利的。而作爲心靈健康的 "生之趣" 營養與補給，不僅能強壯身體免疫力的功能，免於身體的衰弱、侵害、苦難。另也能充實生命的「精、氣、神」，提供生命的能源與活力等意義。可說的確是與生命意義相連且影響厚實的 "生命學" 也 "人之本" 學問了。

　　或許有人會質疑著；將教育的存在 "宗旨" 與功能意義等，明確的定義在個人 "生之本" 的 "生命與存在" 和個人 "生之趣" 的 "生命與樂於存在" 兩主軸也領域上。會不會過於簡化也窄化了教育的 "複雜本質" ？比方說，缺乏如公眾群體領域的 "倫理" 教育，也缺乏如理想社會領域的 "道德" 教育？甚至缺少了某些其他更爲宏觀和莊嚴的生命意義呢？我個人的回答也答案是不會的！當然不會的！

　　從參考本書老子 VS 達爾文的演化理論可知悉，單僅 "生之本" （生命與存在）的教育，就涉及到內在身心的穩定、安適，與外在環境的適應、和諧等內涵與問題。特別是人與 "外在環境" 的穩定（和諧不斥）問題，必然牽涉到包括人與人、人與物、人與社會、人與大自然等 "互動與規範" 意義的穩定（存在與和諧）法則也法理。也既是說，必然會涉及到有所 "人與人" 的 "倫理" 方法和 "人與物" 的 "道德" 規範等教育認知與法則內涵了。

　　若再另就生命與樂於存在（生之趣）的教育命題深入，就更是牽涉也關聯到由小至大、由點而面等宏觀穩定（共相穩定）的法理了。諸如清潔的水源、無污染的空氣、無毒的食物、無噪音的清靜、生態環境的"美麗多元"和生機永續等，這些與"樂於存在"息息相關的存在和維護，則更是需要加強也加深道德與法則（法律）教育等規範與認知。這也就是說，不論是"生之本"的"存在"教育，或"生之趣"的"樂於存在"教育，其內涵都深入也廣泛的關聯到人際倫理、社會道德、以及自然穩定法則等哲學與法律等諸多層面上的。

　　事實亦然，當深入"存在"與"樂於存在"的教育哲思和意義深究，就會驚訝的發現到，察觀人類歷史，人類的任何所作所爲，不論是人爲物事的建構、創造，或形而上知識與觀念的發展、形成。包括政治、經濟、法律、錢幣、藝術、科學等，另也包括蘇格拉底的理性與幸福教育觀，福祿貝爾的成爲智者，孔子的仁禮學說、杜威的民主自由教育目的。甚至是老子那艱澀隱晦的道德經學說等，全可說是已涵蓋且不脫離"生命與存在"或"生命與樂於存在"的深層意義和聯通命題裡了。

　　明確了教育的"存在"（生之本）與"樂於存在"（生之趣）宗旨也功能意義。接下來，我們就可以有所基準的設計"理想教育"的結構與內涵，或說，我們也就可從現今瑕疵、缺失的教育體系也結構設計上，增減修改出能契合其宗旨，發揮其特定也預期功能效益的教育模型或藍圖了。而下例一些有關"生之本"和"生之趣"的教育內涵和充實觀點，則是個人的觀見也建議了，提示以供參考。

三、生之本（生命與存在）教育之內涵與設計

（一）習性教育

　　習性，是一個複雜的概括概念。顯現於外在爲人處事的表相

上，也表現於內在人格與靈魂的關照裡。你我等，或多或少的都
曾經驗或見識過，習性對於個人命運的吉凶苦樂、成敗枯榮等重
要影響。不論是跋扈、輕挑、傲慢、畏縮、懶惰、自私等壞習性
的"傷害"力道。或是如誠實、勤勞、專心、責任、善良等，良
好習性的"啓利"力道，都是常令人喜嘆兩極，印象深刻的。然
而檢視當今的教育設計，不論是有關習性教育的學術理論、習性
教育的重視、習性教育的資源投入、習性教育的方法琢磨等，大
都是或匱乏、或缺失、或令人失望遺憾的。

　　有人認爲，習性教育屬於學前（小學前）教育的環節，是家
庭教育的領域，也是父母的責任。這話說對了部分，也說錯了部
分。對的部分是，習性教育的最佳也最具效益著力時期，的確是
6 歲之前的生命"塑型期"。這段時期的人格習性，仍處在"形
成"也"成長"階段，可塑性仍在，也容易塑型。而說錯的部分
則是，個人的習性教育，不止是個人"生之本"的基本也基礎教
育，更也是"國之基"的社會和國家問題。公民習性教育的成功
與否，那絕對也是政府無可迴避的職責了。

（二）語文教育

　　語文教育，也就是語言和文字的教育了。語文的重要意義，
不止是可用於訊息的交流和溝通，也是啓智增慧的必需工具，可
說是教育的根本也基礎了。

　　一些靈智類動物，或能經由自身對事物的感知與經驗，內化
成自身對事物的認知與智慧。而人類則能利用語文等符號工具，
將他人或前人的知識、智慧等"移轉"到自身，讓人得以超越「只
有親身經驗過、才能被知識」的知識拘限。進而使人更爲睿智，
也更易於"趨吉避凶"的適應存在和樂於存在。如此"生之本"

教育的重要意義，自是不言可喻了。

（三）基本數學教育

　　有人說，數學的教育與訓練，是邏輯和科學的訓練。也有人說數學的運算與互動，是如人腦內思維與觀念等形而上符號的互動與運作，對於開啓並提升人（腦）的智能，是有所助益的。上述些關於數學教育的褒獎和臆測，或許過於複雜了數學教育相對於"生之本"的重要意義。

　　其實只要將數學，特別是基本數學，如加、減、乘、除、分數、負數、代數等，對照日常生活的方方面面，就已能相當的體會出數學的"生之本"教育意義了。事實上，人類早已進入到數與量的世界也時代。包括時間的數字意義、錢的數字意義、買賣交易、圖表數據、工作、旅行、持家、醫護等，全都離不開數字、也離不開數學的基本運算。所以說，基本數學對於現代人來說，也已是必學必知，不可或缺的"生之本"學科了。

（四）哲學教育

　　"哲學"教育，也既"思想與觀念"的"智學"教育了。

　　在本書概念、觀念知多少？以及意識與行爲等章節裡，都曾提及過人的思想與觀念，不僅主導也制約著個人的心性與行爲，實際影響著個人一生命運的豐盈空虛、興衰榮枯，以及其生命過程上的安危吉凶、喜怒哀樂等。甚至也關聯著群體社會的和諧安樂、互助互利等。其重要意義，恐怕遠比我們一般人所能認知或想像的更爲重要和深遠。

　　然而，古今歷史、天下四方的思想與觀念何其多？如何慎選正確也基本的哲學教育，從來就是東西南北各持己見、古今中外爭論不休的命題了。然，若從道極觀的哲思角度觀見，則傾向於認為，或應先從"人與人"互動與和諧的"倫理學"開啟（註：論理學較不重理論祇教實務），然後是"人與物"互動與和諧的"法理學"（註：開始進入學說與理論的闡釋），再而後，則是人與大社會（包括大自然）互動與和諧的"道極觀"哲學教育了。在倫理學方面（人與人），或可講授孔子的禮與仁等思想，法理學（人與物）方面，可教授老子的不有（緣有）與不爭等觀念，而道德學，則可從道極觀下兼顧"天理"（自然法、天之道）與"人性"（人之道）的存在與穩定、也天人和諧等較深奧些的整體道學哲思與觀念來探討了。

（五）術業教育

『存活有方法，術業有專攻』。術業教育，望文生義，也就是技術與專業的教育了。

觀察大自然生物的生活方法（存活方式），是生物學中令人著迷的部分。著迷有趣的原因其一，既是各類生物存活的專業和技能，通常是妙絕又有趣的。像是蜘蛛的織網補食、蝙蝠的黑夜覓食、鯨魚的音波探食、寄生蟲的剝削強佔，另如螞蟻蜜蜂等的群體與分工、魚與魚礁的互利共生等，都是極具特色也令人印象深刻的活命方法也生存絕活。

另再觀察人類的生活方法，則會是驚訝多於有趣，憂心多於著迷了。驚訝的是人類存活的方法（方式），果然有如生態叢林的比喻。幾乎涵蓋了自然界其他生物"如何存活"的所有方式或類似技倆。包括如自食其力、或分工合作、或機關陷阱、或欺壓拐騙、或剝削強佔、或投機取巧等，五花八門、應有盡有。

而憂心的則是，傳統也時下貴族式教育設計下的所謂術業教育思維與內涵，實已不合時宜也脫離現實，既無所謂的生存技能，也無所謂的活命專長。特別是在一些人口過剩、天然資源匱乏的地區或國家，生存的激烈競爭和冷酷的活命條件，除已使得無以專長教育的普遍人們，存活的更加複雜和不易外，也必然的逼使人們以非正當，甚至邪惡、違法的生活方法（方式），不安或苦難的苟活著。進而影響宏觀社會現象的亂世與醜陋。

撇開因為人口增長失控、資源耗損失衡，所導致的存活競爭慘酷、生活艱辛不易等原由事理略過不談，在此祇僅就術業教育其概念的認知與內涵，做些充實也細節的概論。

1. 術業有專攻

一般的家庭主婦，大都能端出一些拿手的菜餚，弄出一些具特色的粥湯之類，以供家人日常所需。一些能幹的家庭主婦，甚至能擺出一桌較為精緻也較需要手藝的筵席菜餚，以為特殊日子增添內涵。祇是，這些能幹的家庭主婦，若比較專業廚師，能視食材，而利其所長。視季節，而用其配料。視工具，而予以烹煮方式。視節慶，而給予特色與風俗。視所願，而給予東西口味、南北名食。以及比較其刀功、火口的拿捏，調料、醬汁的調理，大菜小食、糕餅點心、雕塑拼花等本事，怕就相形見拙、味道不如了。

術業教育也既如此，意指專業領域的專精與特長。而要做到如此既專且精的意境，不只是相關學知領域的厚實精通，另也需要經驗與技術的老練和純熟。而越是專精與特長，也就越能超脫競爭的層面或漩渦，獲得存活的尊重和保障。

2. 術業與市場的契合

有人說，當下現今學習"人文"專長的畢業生，找到一份與本科相關的工作機會，大約是 100 個畢業生搶一個工作。而學理工專長的畢業生，得到一份與所學相關工作機會，是 100 個相關工作搶一個畢業生，且是待遇優渥、禮遇周到的。這樣的說法或比喻，雖或誇張也失真了些，但卻也充分的顯示了術業與市場（供需）契合的重要意義。

了解所謂的"市場"，就是需求與供應的概略稱謂，若再了解"錢"，實為市場交易下互利與回饋的本質與設計，便能意會到，非關需求與非關供需（利他）的術業，或能做為個人自身的悅己怡心之用，但若想用來"賺錢"活口或生活優裕，恐怕就不切實際，且多半會是無以為業、渡日卑微了。

3.多一門專業更好

"渡小月"擔仔麵，是台灣南部也台南府城的著名地方小吃。其麵的特色是粗細適中、軟滑爽嫩、湯汁淡素清鮮。配上些許如畫龍點睛般效果的香蔥肉燥古味，總是能令人聞香止步、欲罷不能。

然而，認知"渡小月"擔仔麵這響亮名頭，卻是有其來由典故的。原來古早時，由於台南靠海，居民大多仗海捕魚維生。但是捕魚是有魚季、魚汛分際的。魚撈的月份適宜或魚汛來臨時，就以大月稱之。而無魚汛或颱風季節時，則以小月稱之了。當小月來臨時，在家計和收入的考量下，一般漁民大都會另謀一份工作和收入，以渡過小月時的空檔和無業情況。而"渡小月"擔仔麵，也就這樣的出現了。隨著"渡小月"擔仔麵的名聲口碑、馳名聲揚後，當然，原本擔仔麵的竹擔、行頭、和小月意義，也早已被固定麵館和全年無休取代了。

多一門專業的重要意義是很容易明瞭的。不祇能讓人生活的更加穩定踏實，也能讓然人在需錢急時，兩份專業同時運作。甚至也能預防職業倦怠、或發生如"當漁夫愛上森林"時，仍能使生活有所應變和保障。

四、生之趣（樂於存在）教育之內涵與設計

談到“樂於存在”的“生之趣”教育宗旨與方法，對於大多數人來說，大概是有趣多於嚴肅、新奇大於熟悉了。實情亦然，檢視人類千百年來的教育思維，除了兩千年前中國儒家的教學思維中，提倡過的雅學（詩書琴畫）。以及古希臘蘇格拉底強調理性意涵的幸福本質宗旨以降，近百年來，就東西方“主流”的教育觀點而言，已是久不聞其聲，也少見有人精彈此調了。甚至，偶不時的還見得有人將此種怡情養性、識美增華的學習探究，譏諷爲“玩物喪志”或“不務正業”等。實在是識淺福薄，也忽略了“生之趣”教育的身心健康與生命功能等“生機”作用也重要意義了。

然而，我們也要清楚明白的知悉，個人“生之趣”的教育目的與意義，的確是位階在“生之本”教育之後，有著優先順序、主副之分的。換個合宜也通俗的說法是，事關“生命與存在”的“生之本”教育，是必修、必學、甚至強迫下的教育課目。而事關“生命與樂於存在”的“生之趣”學習，則是選修、非必學的自願課目。是在個人有興趣、有時間、有經濟能力等條件和斟酌下的人品修養和人格素質。正也因此，以至於說“生之趣”的教育課目或選項，應是些什麼？其實是不必然也無所謂絕對的。不論是詩、書、琴、畫、騎、射，園藝、烹飪、雕塑、攝影、苦行、旅遊、禪修、太極，或歷史兼考古、地理兼礦石、天文兼星象、科學、經濟、宗教等。只要有所興趣的投入，有所啓趣的功能發揮，都可被引爲“生之趣”課目選項。

然而，善選“生之趣”教育之某些內涵，則有助於我們解決

不知如何選項的困擾。特別是有些“生之趣”的教育學習，必須是從幼小時期就開始，且是曠日費時、長久植入與成長。自是不可迷失於無知、成長於無奈、結果於無功的遺憾境地。而下例建議，則是針對如何善選“生之趣”學科教育內涵的一些參考了。

1.無害與無邪

『賞花不採花。聽鳥不籠鳥』

任何“生之趣”的喜愛或嗜好養成，如果是建立在對他人或他物的侵犯甚至痛苦上，都不是“生之趣”學科的良好選項。若只是爲了殺戮的刺激而狩獵，爲了自家園林的設計，而將大自然的奇石雅樹採集移植，或將大自然的珍禽異獸圈育籠養，此種無視於外物他人權益的喜趣嗜好，其實已是缺德與邪惡的罪行了。

2.不競與無爭

『天之道。利而無害。聖人之道。為而無爭』（道德經 81）

不爭，是老子思想中的一個主要概念，貫穿於整本道德經。老子且認爲；不爭，才得以清靜，清靜才得以入道。也因此，有人甚至將整本道德經文意，精簡並詮釋爲清靜經了。

只是，老子這不競與無爭的哲思與見解，顯然與當今“物競天擇”的西方主流思維格格不入，也無以契合。既不被大多數人接受，甚至也不被大多數人理解。其實，人人都應了解競爭的“本質”，是極其殘酷不仁、也原始獸性的。這從不論是禽獸間競爭時的的血腥哀鳴，或人類社會競爭時的冤恨傷悲等明顯現象，都可清楚無誤的見證著。

不幸的是，這當下的世界，仍然充斥著競爭、推崇著競爭、合理化競爭。特別是人與人的競爭上，我們看到太多的嗜好、旨趣，建立在競爭的模式和設計上。從小至幼稚園的遊戲設計、才藝評比，中到個人的事業成就、家庭狀況，大到世界運動會的內涵與作爲上，包括世界"選美"如此荒謬的競爭比較上。試問，誰有資格決定某種美勝過另種美呢？牡丹的美與玫瑰的美，又何必一定要分出優劣高下呢？也正因如此無所不競、無所不爭的競爭現象與時尚，當今世界，總會讓人感覺到四周瀰漫著一些不自在、不安寧、不舒適、不快樂、甚至不幸福的氛圍了。

3.創造與分享

英國著名夏山（Summer Hill）學校創辦人尼爾的教育觀，是以人爲本位的"幸福與創造"爲宗旨。若比較 2500 年前蘇格拉底所提示的「人生幸福論」教育哲思來說，自有其一貫持續也強韌的西方教育特色與內涵其中。只是，其中卻也添加了"創造"的新意與新象。

然若深究"創造"的教育哲思，特別是將其觀點置放在"樂於存在"的"生之趣"教育本質也存在意義裡來看，就可能見識到"創造"相對於"人之樂"或"生之趣"的大用與價值了。仔細的觀察"創造"這"事情"其實不難發現，不論是創造的起始、或創造的過程、以及創造的結果，都可能帶給其人真實也現實的樂趣與幸福。特別是一些能予人分享、福利大眾的創造，如科學上的創造、醫學上的創造、工具器物的創造、藝術與美的創造等，那更是如附加上成就與價值等桂冠，也更充實了"大趣"或"大樂"的內涵與底蘊。且不說這些人爲創造相對於他人的福利，是多麼的令人感動或感謝，普遍或深遠。單就創造的有所成就對自己心緒上的幸福與樂趣、充實和支撐，通常是能伴隨一生、也滋潤一生的。

創造，有如光和熱的開發或啓動，總能予人，包括自己或他人光明與溫暖，樂於依附、也樂於分享，並總能帶給人們幸福與滿足。

4.大雅

我所觀見的"大雅"教育，那是已涵括了無害與無邪、不競與無爭、創造與分享、甚至變化與雋永等內涵與"美德"。其類似或典型的大雅學課，包括如傳統的詩畫、書法、琴簫、音樂、寫作、雕塑等、另也有如烹飪、閱讀、攝影、旅行、禪修等。這些所好與旨趣，都可隨著經驗和修為不時精進、隨著歲月和接觸而博知廣識。進而能超越或突破故舊之框架，達到創新與啟利之境地。不祇能讓自己獲取生之趣的最大效益，且無所謂後續的負面效應。甚至也能分享和福利他人，帶給這世界更多的新趣與喜樂，可說是"生之趣"教育選項的宏觀也指標參考了。

第二節　如何教育？

有資料顯示，現今世界上雖國家不同、民族互異的家庭主婦，當空閑齊聚、話說家常時，最常談論的話題前三項其一，就是有關子女教育的方法與如何了。可想見知這"如何教育？"的問題，可是一個世界性、也普遍性的教育困擾和問題了。

觀察鄰里家庭主婦閑話教育的問題內容與角度見解，或許不見得能採擷到些什麼多麼深入或創新的心得、觀見等。但卻可能發覺，他們話說教育的談論方式，常是按齡分類、評論直述、重點明確、段落分明，不失為容易理解、也容易聽得懂得談論方式。因此，本章節有關教育的方法也實務論述上，也有樣學樣的採用以分年齡直述、分重點強調，且是從幼兒到成長、從簡易到複雜的循序漸進方式開展延伸。或許能容易一些正處於困惑也關心於如何子女教育的父母和教師等，有所參考和助益。

　　不過，在進入教育實務與方法的論述之前，仍要介紹幾個與
"如何教育？"關係實在也關鍵重要的概念。認知並熟識這些概
念，當更有助於理解和掌握教育的方法與如何。當然，這是我個
人的看法也建議了。分述如下：

一、"尊生學"的教育概念

　　"尊生學"的教育概念提示，簡略的說，也就是了解並尊重
生命在億萬年來自然存續、自然演化，自然而發展出來的生命某
種"自我發展"模式。比方說，就像所有的花果植物，其所需的
環境、成長的速度、開花的時令、果熟的孕育等，都有其自我發
展的內在邏輯和外在的環境互動等機理運作著。任何人為的揠苗
助長、或催果速熟、或扭曲壓力等外在因素，往往是只會見其傷
害，而不會見其成果的。

　　事實上，"尊生學"對於教育的重要啓示與意義，特別是針
對於嬰幼兒教育的萌芽與塑形階段，已越來越被人關注著。就拿
一個時下幾乎所有嬰幼兒都有的學步車為例，就有專家認為；人
為的嬰幼兒學步車，極有可能造成人為的破壞也阻斷了嬰幼兒原
本正常、必要、健康、也自然的自我成長機制。因為時下嬰幼兒
學步車會妨礙嬰幼兒下肢與肌肉的正常發育，甚至使得脊椎發育
受到影響。除此，學步車的嬰幼兒，也被剝奪了"自我"掌握正
確平衡、摸索、刺激、應變等重要的心智鍛鍊也學習機會。更嚴
重的是可能導致日後嬰幼兒不易"專心"也無"耐心"的"壞習
性"。並為日後的學習教育，種下了"先天弱智"的後果。

　　再舉一個與"尊生學"違背不合的常見例子；認知到大自然
新生的生命，大都具生機盎然也活潑好動的生命本能與自然現
象，則不難意會到，幼兒的學習教育設計，應是盡可能的「寄教

化於遊戲、藏訓育於作爲」。而不應是正襟危坐的課堂"背頌"，或狹窄擁擠的教室"聽講"了。經常缺少實物互動或鮮少實際作爲的教育方式，不但無法產生良好的幼兒教育效應，甚至可能造成幼兒從小排斥學習、也不喜歡上學的明顯或內藏（潛在）意識了。

二、"多元與互動"的教育概念

加州柏克萊大學的羅森滋.唯格（Mark Rosenzweig）和其同事，於 1960 年代早期所做的一項實驗是，將第一組的幼鼠放入多元的環境中，有著許多其他幼鼠及各種玩具和不同障礙等。另對照組的幼鼠，則置放入稀少的其他幼鼠，少有玩具，也鮮少障礙等，「缺乏多元與互動」的環境裡。長期觀察後發現在多元、多互動環境下的幼鼠，在各種行爲上的表現，明顯優於貧乏、少互動環境下生長的幼鼠。80 天後，取出所有老鼠的腦部剖析，結果顯示；在多元與互動環境下的老鼠大腦皮質平均超重約 4%。（摘自 Frames of Mind by Howard Gardner 中譯 7 種 IQ 天下出版）。

從了解現象學原理；『現象（變化）來自於結構（事物）間的互動，多元的現象，來自於多元的互動』就不難理解，利用"多元與互動"的環境培育幼兒，不祇能"開啓"幼兒的心智、"鍛鍊"幼兒的體能，促使幼兒更聰明機靈、更活潑健康。也能使讓幼童因接觸與磨擦、互動與碰撞等"自然事理"的訓練也鍛鍊，意識和學習到互動時的相對限制和約束，從而發展出自我克制、妥協、甚至偶而能接受挫折、不順等抗壓性和韌性。包括培養出不偏激、不跋扈等心性與人格，而爲日後更能適應群體、融入社會、合作同儕等建立出成功也關鍵的素養與本質。

三、"植入與成長"的教育概念

了解教育除了是習性與人格的塑形外,另也是「有所知識與觀念建構」的目的也實踐。或說,也既是講究如何植入知識與成長智慧的觀念建構、也知識增構的學問了。

嚴格說來,"植入"與"成長"是兩個不同的教育概念和方法論就。"植入"教育如似"填鴨"教育,單純簡易,只要教授、告知、或使其接觸、經驗、形成"印記"既是了。但是"成長"教育,就複雜也麻煩的多。

我們大都能認同,若使一位學生在數學或物理或任何學科上有所成就的話,最好的教育方式,是能讓這學生對於數學或物理或所習學科產生"興趣"。因爲"興趣",才能讓這學生對於數學或物理等,產生出"自我教育"也"自我發展"的內在動力,進而發揮出數學教育或物理教育的最大教育功能。而這"有所興趣",也正是成長(興趣)教育與植入(印記)教育的差異所在,且也是成長教育的複雜和麻煩所在了。

從掌握"無生有論"的觀念來說,人相對於事物的是否興趣,是在於"本體"與其相對事物的是否有所連接?與能否有所感應?等"內在本質"有關的。那也就像牙醫與他人聊天時,總愛觀察他人的牙齒。或鞋匠逛街時,常喜瞧路人的皮鞋般,越是"熟悉與不斥"於某些事物,也就越易與其物事產生連接和興趣。反之,越是"不熟與不容"於某些事物,也就越是不易點燃對其事物的興趣火苗,或說,越是容易阻斷和熄滅興趣的薪火了。

既然"興趣"是"成長"教育的關鍵所在,也是最好的教育所在。那麼從整理上述相關"興趣"如何產生的許些原理,若再配合本書中如"結構與存在","存在與穩定"等觀點,其實已能清理出一些有關如何培養興趣的方法來，或至少可作為興趣培育的方法參考。順便提供如下。

1.避免在同一時間裡，培養超過一種以上的學科興趣

在學科興趣培養的初始和引導之際，最為忌諱也最要避免的錯誤，就是在同一時間裡，給予多元也"分心"的學習了。特別是對於幼小稚齡的學習階段更是如此。這也意味著時下流行的「幼兒通識與多元教育」，如幼稚園階段，既給予包括國文、英文、詩詞背頌、算數習練、注音符號、才藝美工等學習教育，可說是最為糟糕也糊搞的教育方式了。因為越是同時的多元教育，越易造成學習的混亂和難以消化，進而形成壓力，熄滅學習的興趣，甚至產生排斥也厭惡學習等心態，並釀成學習障礙。

2.學科的了解與熟悉，是學科興趣薪火持續不輟的關鍵因素

『了解連接興趣。熟悉產生信心』。這老生之談，自有其深意與哲理。反之，不了解、不熟悉，則是最易阻斷和熄滅興趣火苗的原因了。

引導式教育的不易也難處其中癥結是，越是稚幼學童，越是對於"抽象"或"形而上"概念，或"模糊不清"的觀念定義，或"隱晦不明"的名詞術語等，難以產生如圖畫或實物般的互動認知和觀念聯繫。常而久之，自然是相對於此些學科或學問的"無心也無意"了。這或許也是一般普遍的小中學生，很難對於如數學、化學、物理學、哲學等"形而上"學科，產生興趣或持續興趣的原因吧！以至於，如何確定的能使學生，明確的了解所學、無誤的熟悉所知，當是教師或引導者的職責所在和能力檢驗了。

3.不斥與連結

『不斥，才有可能連結。連結，才有可能興趣』

若能確實做到如上述所說的：「一時期一門類的單純學科興

趣培育」、「無所競爭和無所壓力的學習方式與環境」、「明確了解所學並熟悉所學」等事項，其實也已爲"不斥"創造條件和厚植績效了。

然而，光僅是與學科的"不斥"，怕還不足以產生"深厚和雋永"的興趣出來。而厚實的興趣或大趣，尙或需要有著與其相關學科更多、更廣泛、更深入的見識或經驗等支撐和架構著。也既更多可供連結、可爲薪火的薪材或材料充實著。而越是連結的廣泛，也就越能燃起興趣的列火，越是積聚的厚實，也就越能持續興趣的熱火長久。

而其方法則是除了正常的課程教學外，另可經常的介紹相關學科領域的"新象"與成就，經常的去參觀與此學科領域的製造或實務場所，經常的安排與此學科的針對性演講或交換學習心得等。簡單的說。也就是盡量給予其所屬或相關學科，認知和學習上的"多元與互動"。

四、"框正與改變"的教育方法

台灣「信誼基金會」在 1998 年，針對現代家庭父母對於子女教育最爲關心、也最感困惑與無措的問題調查統計。排名第一的是父母應如何教育子女的問題（包括教育態度與方法）。排名第二的就是，有關子女不聽話、倔強、反抗、以及犯錯後的"如何框正與改變"問題了。

大致而言，兩三歲左右的幼童，已逐漸發展出"自我"（心我）的主體意識和"自主"行爲出來。如此的"自我"意識，除了如"本能"般的爲其"自我"利益（自利）服務外，也有著當"自我"意識與外在意識互動時，必然會產生的阻力、抗力、磨擦力等自然也必然的"物理"現象。所以說，幼童時期的不聽話、倔強、反抗等現象，雖然是令父母煩惱、生氣的問題，但卻也是種普遍也“正常”問題，無須過於憂慮。

然而，若隨著年齡的增長，這些所謂的幼兒行為也幼稚現象，頑固依舊，甚至變本加厲，並從家庭延伸到幼稚園、到學校、到社會等，就必須嚴肅、認真的給予關注，並施與方法上的框正和改變等教育與作為了。

從本書意識與行為的文章論述可知悉：「人的意識（思想與觀念），主導也帶動人的行為」。以至於說，若要改變人的行為，顯然還得從改變人的意識（觀念結構），或說從改變人的思維、心態，來方法和著手了。而當談及如何改變人的思維與觀念之方法和理論上，我則以為沒有任何學說、理論，能比那馬科斯與恩格斯合著、也著名的鬥爭哲學，也既“唯物辨証法”的理解與掌握，來得更有效、更超越、更具理論基礎了。

“唯物辨証法”的精義，是由矛盾律、質量律、和否定律（異化律）三組概念也觀點所組成。是曾經共產革命運動者，認為是革命與鬥爭的經典智慧和理論了。而這鬥爭理論也就是探究如何改變人的思想，轉化人的意識形態等方法論了。而將如此鬥爭理論套用到頑固或惡習的行為框正與思想改變方法與技術上，可說是成熟可行、也功能彰顯的完整理論也方法了。分別略述如下。

1.矛盾律

如本書前面文章所述，人之行為，不論是“意識下”（有意識）的相對行為，或如本能、制約似的“無意識”下相對行為，都得經由腦內一種如“藍圖與複製”的運作機制也方式，才得以產生。只不過“無意識”（不經心）下的腦中行為藍圖，是已內建化也崁入化，或說已成慣性和本能般的機械制約式相對反應。

而 "意識下" 的腦內行為藍圖，則通常有所謂 "智能" 的相對涉入和運作過程，也既經由腦中內在多元的相對資訊、意識等，比較與整理，排列與邏輯等 "整合" 過程與形成。

換個講法也可這麼說；若人在行為前，腦中沒有相對藍圖，或腦中有超過一種以上相關藍圖的話，都會因為或藍圖空洞、或藍圖矛盾、或藍圖混亂、或藍圖互斥、或藍圖無法整合（得一）等原因，而無法複製出行為出來。而 "矛盾律" 之利用原理，正是從製造腦中意識藍圖的不一、矛盾、不合、甚至是互斥等情況，進而達到或破壞、或混亂、或中斷原本腦中某些 "行為或思想藍圖" 的慣性、完整性、可複製性等原因，而無法產生出行為。（參考本書意識與行為文章）。

擅用矛盾律，可使 "有意識" 下的惡行，或 "無意識" （慣性）下的劣行者，在 "有心" 的行壞或 "無心" 的惡習之前，另產生出意識聯繫（行為藍圖）上的不一、混亂、或躊躇、或不安狀況，以至於無法產生出即時或制約式行為，爭取些理性的思索空間。而方法上，除了平時 "預防式" 也 "植入似" 的道德教育和人文薰陶外，另當小孩錯誤或偏差的行為正進行時、或欲行為時、或已發生時，即時的制止，並給予正確行為意識（正確行為藍圖）的糾正和理解。包括屢犯不聽時，可使用懲罰的 "法律" 方式，以加強框正錯誤行為的正確意識深刻也作用強大等，都是矛盾律的方法與利用了。

2.質量律

不知你是否曾有過如此的經驗，當欲使某行為之前，若有人提出一個像似有理的反對觀點時，或會讓你遲疑一下。若有第二個人提出另一個似乎有理的反對觀點時，你的猶豫或會加大了些。此時，若有第三個人也提出又一個像似有理的反對意見時，你大概就會對原本欲使行爲的"行爲藍圖"有所動搖，甚至改變心意了。也既原本的行爲藍圖已被異化也否定了。同樣的例子如"曾參殺人"的典故：『曾母溪邊洗衣，有鄰人告之曾參殺人，曾母深知曾參良善本性，斥之不應。不久，另有鄰人前來告知曾參殺人，曾母未信置疑。當再三有鄰人告知曾參殺人時，曾母棄衣而逃』。上述量變導致質變的例子，似乎不難意會。

　　不過卻也需要特別強調的是，當針對年幼識淺、經驗貧乏的幼童小兒，是不太可能因由"明事達理"或"舉一反三"的"言教說理"方法或"理性"的教育方式，既能有所觀念互動、事理連結，並有所質變的。而應是要以能致使頑劣者心緒上明確"難過不適"（懲罰）與"畏懼"等多元的"感性"方法也重複再三的"印記"模式等，則更能產生"印記"之智能素材與理性作用。

　　至於"感性"模式的框正方法，應是以較具"法之存在意義"的疼、痛、傷、懼等經驗與感受，或是利用群體意識或公眾壓力的公開懲、戒、刑、罰等方式來做法（參考本書論法、說律、話刑文章）。另至於刑罰程度的拿捏和效應評估等，則另涉及到法科學的複雜領域了。在此也就不再深入論就了。

3.異化律

　　唯物辯證法中的"異化律"（否定律），可視爲是質量律的更深入詮釋與應用。也是對"量變何以導致質變？"特別是如何掌握"質變方向"的探討與方法。

　　本書於前些頁馬克思與唯物論的文章中曾談及到，唯物辯證法中的"異化論"，其實也可當作爲"化學"知識中的"合成論"來理解。如黑色融合白色，會變成"第三類存在"的灰色。

而原本的黑色，實已被異化（否定）了。然而，這也只是"異化"的第一步，若持續用已被異化的灰色，再去摻合白色，又會產生灰白融合的淺灰色。若再持續以淺灰色與白色融合，那麼第三類存在的"質地"，又會遭往更接近白色的方向或指標進步著。

　　如此一步一步驟的以數量和耐心，不斷的給予結構的預期異化作為，從理論上來說，是不祇能產收異化效應，也是能控制（引導）異化方向的。這也是許多時下政治人物在政治鬥爭中慣用的方法，也既從多方面、多角度的鬥爭與妥協中，以進三步退兩步的漸進式方式，獲取政治目的的主導、或利益等伎倆。

　　馬克思的唯物辯證法，就針對如何改變思維，或說如何進行思想鬥爭等學說而言，是較具理論完整和方法可行的有效智慧。而若了解，教育領域中，有關行為的框正和改變等方法，其實也就是深入行為背後的思唯結構和意識型態，並進行鬥爭與變化的如何與方法，就應能了解，唯物辯證法對於框正行為和改變思想的重要意義了。且是除了適用於幼童、稚子的初始犯錯階段外，它同樣適用於青少年、成年人、甚至適用於頑固罪犯的教化、導正上，可說是教育哲思中一門不可或缺的實用知識也工具了。

　　拉雜碎扯的談論了些有關"如何教育"的理論與方法後，接下來，則可回到下例圖表提示，也既；如何以道極觀的「存在與樂於存在」教育宗旨，以興趣與成長教育為設計導向，並以年齡分段施教、摘重檢要、平論直述的提示出"如何教育？"的實務見解與方法建議等，或以供斟酌參考。

○～二歲萌芽期		
	尊生學的特徵與啟示	互動與建議	父母、學校之作為建議

	尊生學的特徵與啟示	互動與建議	父母、學校之作為建議
○－一歲	○眠眠多於活動。 ○眼部的神經網路尚待聯結完成。 ○腦部的神經網路尚待聯結完成。 ○語言的機制有待建構、訓練。 ○牙齒的萌芽冒出喜啃咬手指。 ○頭腦、手、腳、身體運動的配合聯結等自我習練。	○親人的互動－溫柔、不斥。（哺乳、擁抱、觸摸） ○簡單玩具器物的互動（一次一件避免複雜完具危險玩具） ○聲音的互動（母語兒歌等簡單柔和節奏或旋律避免噪音）。	○了解最大的穩定下，才能給予嬰兒最大的成長利基。而相對於寶寶的最大穩定意涵應是包括了環境的穩定（如安靜、乾淨、舒適、溫度等），睡眠以及身體所需的穩定（如食物、水等）。 ○嚴禁對嬰兒的虐待、大聲叱喝、以及隨意干擾或經常中斷嬰兒的穩定狀態。
一－二歲	○眼視、耳聽的內建結構聯結完成。 ○腦部神經網路聯結完成。 ○身體、手、腳、頭腦等的聯結運作配合活動基本完成，可站、立、行走。 ○語言機制的建構與對應聯結逐漸形成可發音、歌唱、說簡單的話。 ○活潑好動。	○除了親人、玩具的互動外，可漸次提升互動的領域，如加入約同齡小孩的互動。另聲音的互動可加入文化的、傳統的、簡單的聲樂，以利於自身民族傳統與文化的臍帶聯繫、深植、內化和傳承。	○父母除給予寶寶安全的觀護和穩定的生活條件，儘可能不要剝奪或阻礙寶寶自身摸索自我成長的機會，諸如儘量不要幫助也放手的讓寶寶翻、滾、爬、行、站立行走、抓拿捏握緊鬆，甚至跌倒摔跤等。 ○除了哺乳外，每天抱寶寶的時間，不要超過一小時。
概論	如果將人比喻為"物我"的器官與本能等硬體部份，以及"心我"的經驗與本質等軟體部分，那麼0-2歲的嬰幼期仍是硬體器官建構和建全的緊要時期。此段時期的關鍵也重要性、極易明白。比如說腦部的硬體器官發育或聯結，若是有所缺陷或障礙，必將會影響腦部器官的運作正常，包括無能於軟體經驗的植入而成為智障者。其它如視能、聽能等硬體器官皆然。此段初始器官的建全期也養生期，對父母而言，最重要的認知應是能了解越是最大的穩定，也越能帶給嬰幼兒最大的成長利基。了解生命原本是自然的產物。而億萬年來的自然演化，已替各類生物做出了最為妥當的生養訓育過程也設計。父母祇要儘量避免人為不當的干涉、扭曲的教育，循著自然的生命成長啟示，我們自當會見証著一個身心健全、活潑健康的寶寶歡樂的成長著。

二～四歲　塑形期		
特徵與啟示	互動與建議	父母、學校之作為建議
○硬體結構的建構基本完成，活潑好動，已為向外在擴大的多元接觸與互動做出準備。 ○心智軟體結構的逐漸萌芽。 ○自我心態與利己意識的凸出明顯，不易與他人合作、分享，不易替他人著想。 ○喜怒歡懼的情緒逐漸細膩複雜。	○持續人與物的互動，如玩具、音樂等。但可稍微提高其互動高度，如玩具可提升到具啟智意義的積木拼圖等。音樂可加入如兒歌、民謠等。 ○持續人與人（同齡幼兒）的互動。並增加基本人倫道德觀。（例如，我沒有侵犯到他人，我經常幫助他人，我沒有騙人等）。 ◎增加人與處事的互動，但宜從簡單可行之事著手。處事教育可注重培養處事原則例如"我可把事情做完"和"我可把事情做好"兩部份。例如：我能將脫下的鞋放進鞋櫃中（把事做完的意義）。我另能將脫下的鞋放在正確的位置，並排列整齊。（把事情做好的意義）。 △人與事的互動訓練切忌、繁雜、過苛。不可同時要求做為多事，必需耐心、鼓勵、長期方法的開展。	○父母應將如此年齡的幼兒托付學校了。原因是學校能給予幼兒更多元的互動，更專業的教導，更齊全的設備等。尤其是學校中同齡幼兒間必然的多元互動包括磨擦、對立、妥協等應變和訓練，可孕育出幼兒容忍、抗挫折、抗壓力、不固執以及合群等美德。 ○父母最要避免的是直接幫助幼兒做事。請記住對於幼兒應做也會做的事情有所直接幫助，其實是剝奪也破壞了幼兒做事的能力訓練和責任感的養成，以及依賴壞習性的開始，可說是一連串錯誤教育的第一步了。 ○學校內應避免競爭以及優先劣後式學科或遊戲設計，宜以合作取代競爭，強調特色取代優劣評比。給予幼兒無所壓力的教育和生長環境。 ○對於幼兒不當的行為給予既時的叱責或懲罰，不要推拖不可放縱，告之叱責的原因，指出懲罰的理由。叱責時不要老帳重提，處罰時可適宜的拿捏聲屬形怒，如此，可加深幼兒對錯誤的深刻認知，以達到"教化"的目的。

二｜四歲

<table>
<tr><td>概論</td><td>

有報告顯示 8 個月以前的幼兒不論種族和地域，祗要在沒有明顯或特殊的因素影響下，所有幼兒的表現、能力等幾乎是沒有差別的。但是到了 3 歲左右便出現了包括情緒、性向、能力等差異出來。而這些差異也會因慣性和自我成長的原理和運作，伴隨也左右人的一生，一如諺語「三歲看到老」的說法。另也如前些年流行的 "混沌" 理論所謂一複雜來自簡單的說法。生命的初始簡單遭向日後的複雜發展，2-4 歲的階段可說伴演著關鍵也決定性的影響了。

幼兒塑形期的教育是真正所謂建構教育的開始。也是心智上從無生有的開展期。塑形期教育學習名目的排序，應是從良好的習性教育開始。這些良好的習性教育，不是在教室或課堂內正襟危坐聽講說學的教導，而是必需實際經由人與物，人與人、人與事的互動，親身經驗，和長時習慣的內化教育，也是慣性互動下的持久養成教育，對老師、父母而言，教育的難度、耐心和棘手等，都是不容易的挑戰與成就了。

另塑形期教育的重要意義是形成結構和習慣，如此的建構教育常是具不易改變和不可逆轉的效應，攸關教育成敗之責。這也是何以建議此階段的養成教育適宜交由學校，讓學校的專家設備、環境，包括同學間的集體複雜作用與功能來助益塑形的原因了。

</td></tr>
</table>

四～十二歲　定形期與基本學科的教育階段

	特徵與啟示	互動與建議	父母、學校之作為建議
四 ｜ 六 歲	○自我意識（心我）的逐漸複雜化。 ○同理心的隱約出現，能感染情緒，也能替他人著想。 ○開始會感到無聊易分心。 ○喜幻想、愛模仿。 ○開始會介意同學同儕對自己的觀感。	○持續音樂的互動、人與人的互動。在人與人的人倫互動方面除了 "無害他人" 的基本道德觀外，可增加基本禮節儀態，以及仁愛，幫助他人等 "利他" 觀念。 ○增加人與事的互動內涵，如簡單的勞動實務如種菜、植樹、養育雞鴨等。 ◎增加與大自然的互動，如戶外教學認識大自然，互外旅遊等。 ◎教學的開始，如基本語文（從圖書故事而非文學詩詞開始）、基本算術。	○勞動實務有助於培育和訓練兒童的做事能力，身體與肌肉的運動鍛練，以及責任心與勤勞等良好習性養成。 ○多接觸並熟悉大自然，有助於幼兒身心健康、性格開朗、並為日後親近大自然、創造條件。 ○可開始防堵不良甚至邪惡資訊污染幼兒的潔白心靈或被引為模仿效應。 ○善加利用同學團體的集體意識、集體力道、集體壓力等影響，以助於學童樂於向善，勤於學習愧於怠惰。

六│十二歲	○開始注意自己的容貌。 ○開始有男女異性的分別與感覺。 ○自尊心的萌芽與顯現。 ○同學、同伴、電視、書刊等外在資訊影響比例：比重上逐漸有超越父母（家庭）老師（學校）之趨勢。 ○心性的逐漸定形。	○持續與音樂的互動、人與人的互動、人與事的互動（加大勞務的類別）持續與大自然的互動。持續基本語文、基本數學的互動，並提升內涵。 ◎增加哲學（觀念學）的開始，可先從基本也簡單的關念開啟（如善良、邪惡、平等、動物、植物、孝、仁等）。 ◎可開始選修“生之趣”學術。	○多觀察子女或學生的朋黨好友，以及交友情形。以防不當之缸染效應。 ○至少每個月一次，父母應與子女在安靜平和的氣圍下，做雙相的溝通，包括共同藍圖出這個月的功課進度、學習重點、零用錢等。 ○男女生可開始分班教導，以利於學習之單純和專心。
概論	4-12歲表相上是基本學科和基礎教育的開展期，但卻是習性教育的定形期也決定期了。了解人之習性以及人格對於其一生命運的至關重要，就能體會此階段教育的沈重和壓力，不祇是父母慨心積慮的觀注所在，也實應是學校和政府教育職責的成敗論究所在了。 從道極觀的教育思維來說12歲之前的定形期教育是真正可捏塑，可著力、可植入、可內化的“可被教育時機”，超過12歲後的教育不祇是習性教育的時機已過，教育效益的事倍功半外，實也應進入“術業”教育的階段了。術業教育也是專業教育，是技術專業領域的知識熟悉、了解和掌握，已不同於習性教育的基本也通俗層面。是如成人教育的擇業而學，且學有專精的個人生計教育了。這也是本書在談論如何教育的建議和觀點上，何以段落分明的切落在12歲的分界和類別原因。 成功良好的習性教育，不祇對於日後“術業”教育有著直接和顯著的有利影響，另也可為日後生命過程，所有的挑戰、拙折、機遇、不幸等，做出了樂群與合作，勤勞與能力，理性與勒性等全方位堅實也有效的準備了。		

第三節　政府與教育

　　在概略的談論了“為何教育？”的哲思、理論，與“如何教育？”的實務、方法之後，若說對於“果然”就能成功的教育出身心健康、品行規矩、學術俱全的菁菁學子，應可說是已相當程度的有所依據和把握了。不過，若說是全然也絕對的有所信心，與可被檢驗、可被實證等效果，恐怕仍會是不盡然、甚至欠理想的。而不盡理想的問題癥結、甚至差錯所在，也既在於政府（國家）與教育的層面和問題了。

問就政府相對於教育的關聯與功能應是些什麼？那可是一個會讓人頭腦發漲思緒混亂的教育問題的。原因說來，或除了教育問題本身實在太過於龐大複雜和個人外，另則是有關時下政府與教育的盤跟節錯關係、又也太過於胡亂主導也差錯深入了。實情如此，且不難可見的是政府對於當下這龐大教育機體之運作，顯然是失矩、失控、也荒腔走板的操作著。是既不知如何的駕馭這龐然巨物，也迷失於這教育巨物的運作方式和存在宗旨。

盡管政府相對於教育的功能是如何的難以透視？政府與教育的互動是多麼的環扣相聯？政府與教育的改革框正是如何的千頭萬緒？我們或多少能意識到，政府與教育的關係密切、責任重大、且無可迴避。特別是在傳統也古老農業社會的大家庭體系已分崩解體。國家也工業型態的小家庭社會已相變成形上，除了小家庭子女的教育關係，會因父母通常雙人工作，親友長輩的遠居分住而難以為之外。另也因為時下教育的"宗旨"，也從傳統"尊貴個人"的單純"育才"性質，趨向"教育眾生"的"生命與存活"、甚至"生命與樂於存活"等複雜知識與習性教育上。這些巨大的教育轉化與教育深化，都已不是一般家庭父母所能輕易勝任、所能健全教育的。此外，另有影響教育既深且巨的教育器物輔助問題、師資專業配合問題、學校監督管理問題，包括影響教育的外在環境問題、文憑證照的考試檢定問題等，都必然也必需聯結著政府、和有賴於政府的功能與所為。而下例些有關政府與教育的一些職責增修建議或關聯減改見解，則是個人的觀見與意見了。

一、穩定與教育

從道學"無生有論"可悉，"穩定"是一切"有"與"成"的利基也前提，包括教育的"有"與"成"亦然。另從了解"穩定之理"其實聯繫於"共相"（宏觀整體）穩定，而所謂政府與教育的共相穩定問題，也既社會與教育的宏觀穩定問題了。是包括了政治的穩定、經濟的穩定、法律和法治的穩定、人口與資源的穩定、生態與環境的穩定、以及其他社會諸多結構的"整體也共相"穩定等，那其實也是政府的"天職"與功能所在了。

比如說吧，有關政治穩定與教育關聯的例子如；上世紀 60年代中國文化大革命 10 年的政治動盪，其結果是使成國家 10 年教育的斷層與空白。也讓整整一個世代數以億計的學子、學生等，身受失學、失術之苦。其影響深遠，至今仍遺害猶在、也遺憾猶存。

再說經濟穩定與教育關聯的例子亦然，當社會經濟（均富與永續的民生經濟）遭受到破壞或嚴重扭曲時，最爲凸出的社會（國家）現象則是普遍的人民生計陷入貧窮和無助的泥淖中。而當社會全面的貧窮、全面的失業，並持續擴張也惡質化時，人民良好的教育、普遍的教育，持續的教育等就會成爲奢談與妄想了。

二、應以檢定文憑取代學歷文憑

以"檢定文憑"取代"學歷文憑"的教育設計與制度，其優點與必要都是顯而易見的。原理上，除了"學歷文憑"其實不能等同能力與學識，也不能符合如"實證"意義的"學成"教育外。另也因爲當今以賺錢營利的"學店式"教育機構（學校等）

濫竽充斥。其"學歷文憑"本身的學歷內涵和設計，大都不足以造就出"專業與實證"的需求和素質。

此外，以"檢定文憑"取代"學歷文憑"的教育設計，可徹底的解決也解脫當今長期窒梏、也從小背袱在稚幼學子、青年學生身心上的層層壓力，包括如，爲了擠進"名牌學校"而壓力讀書，爲了"壓力讀書"而孱弱健康，或爲了因未能進入"頂尖"或"興趣"或"意願"的科系，而遺憾終生的畸形也謬誤教育設計。

事實上，當今"學歷文憑"的教育設計，不只是阻礙著學生可從父母傳承、或自由拜師、或自修、或網路、或電視等多元教學管道或學習工具，得到專業或技能的學習途徑。也扼殺了人們可不受年齡、身體狀況、環境、時空、師資等框架制約，而錯失了活化教育、自我教育也終身教育的教育機會。更甚者是絕大多數的青澀學生可能因未能擠進"名牌"學校後，或自卑自閉、或深陷於非一流學校的缸染與劣質效應等，熄滅也夭折了從小求學習技的熱情與興趣，甚至慘而自甘墮落、怨天恨地般卻也無奈也無助著。

三、教育資源的刀口與對症

所謂"教育資源"的歸根究底而言，也就是公共資源與民脂民膏了。這些來自於守法也勤勞人民的辛苦做工與付出，彌足珍貴與有限，自當善之利用，方能無愧於人民的信託付予。

然而，若深究現今教育資源的分配與利用，就會見識到太多不符合"刀口與對症"的無愧運用，以及被假公濟私的濫用。甚至一些明顯違背社會公義，也無益於全民利益的陳疾癬疥，仍自在、安穩的持續存在著。舉例來說，將公有、全民的教育資源，絕大多數的灌注在祇能成就出極少數個人菁英的大學、或研究所、或博士等身上，是長久來，一直被一些社會公義人士及教育改革者反對也質疑的。特別是時下現今太多這些“獨占鰲頭”的少數菁英，當有所成就時，總常是“人往高處去”般的，完全無視於同胞人民的困苦與解脫、民族或國家的寄託與殷盼，不是想盡辦法的遷移國外、就是“楚才晉用”的為外國經濟（或外國公司）努力奉獻、並以造福外族人民的利益為榮、為業。另也包括這些“無所回饋契約”的民萃精英，大多是日後將如此因由全民膏脂“灌注”所得之知識或巨利，“理所當然”的放入自己的口袋或腦袋裡，為自己個人的私利或財富服務著。

此外，另也有些較隱晦的例子，如一些航空業大亨，公然要求政府“應該”設立“航空專業”的學院，以培養出更多的航空人才。其實也就是間接的要求政府，為他們龐大私人私利的航空壟斷企業，無償免費的培訓和儲備人才。這也就如同不久前，美國的殯葬業者要求美國政府，“應該”建立殯葬禮儀學校，以培訓殯葬禮儀人才，實為其私人營利的龐大殯葬聯鎖企業，無償免費的提供專職訓練般荒謬。

其實，評量教育工程中，最為公義也合理的刀口與對症教育投資，應是將教育資源投入在小學前後的“人本”教育階段上。特別是在四歲以前，人格與習性的塑形階段。因為人本教育的幼兒階段，不光是教育工程中最為重要及關鍵的基礎階段，另也是“全民教育”最為普及和均享的時段。更也是為創造出社會上，能“幼有所恃”也有所教養，經濟上，能代謝新陳、也“老有所奉”，並為日後相互扶持、共生和諧的共有也共享社會，做出藍圖規劃與邏輯必要的“起頭”設計。

至於屬性為個人的術業精修、或專業特長、或博士睿智、或尊貴個人等"高等教育"，還是讓其回歸到「使用者付費」的社會公平與交易機制和市場原理吧！也就是自付學費或自學自得的合理教育機制吧！畢竟，壟斷或少數人獨占全民教育資源的傳統也封建時代早已遠逝。且是無論如何也不可能合理化或長久持續化的。

四、政府對於個人教育的不當涉入問題

台灣當下小學教育的必修學科，是政府指定也全省統一的。美國當下小學的必修學科，是由各學校的教育董事會決定，但是教材仍得從州政府認可的教科書中選擇。法國小學生的必修學科，則是在不偏離"教學目標"也整體教育理念以及國家意識下，由學校老師與家長代表共同決定。

究竟是政府？或學校？或家長？誰最有資格涉入到代替懵懂無辜的學童，做出決定和影響他們一生命運的初始認知和啓萌所學呢？理想的答案是包括政府（國家）、學校董事會、老師、家長等，統統都應給予學童教育最好的關注和介入。但也統統要避免不當甚至錯誤的涉入。特別是挾國家公權力也"公器"的政府，尤其要避免不當涉入的。

就如同「法律是規範與約束的精神，而不是驅使或要求的法理」。或說法律其實是規範或約束人們不可做些什麼（Do not）的深意，而不能是規範或要求人民必須去做些什麼（Do yes）的深意般。政府對於教育的任何強制性要求，不論是學科教育的本國歷史或地理，或外國語文或文化或信仰，甚至包括強制性的 9 年國民義務教育等，都是不宜涉入，甚至是"違法"作爲的。

就拿時下 9 年國民義務教育的政府法規爲例，目前強制性國民義務教育的時段是 7 歲-16 歲。而此階段其實也是人生教育最

爲精華、也是最適宜於專業訓練和學習技術的關鍵時期。那麼，既然是政府要求也強制性的國民教育時段，並設計其必修和必學學科。請問，政府是否要爲佔用了個人此段人生術業教育最佳也僅有時機，而爲那些國民教育畢業後，其實既無一技之長、也無以一術爲生的年青人負起日後生存活命的責任呢？或又真能負起什麼可以彌補的責任呢？

　　政府與教育的直接關係，或應除了政治的“穩定與維護”基本意義外，應祇是協助和審核的作爲。協助是從提供教育資源、專家、顧問、市場、以及學習環境、學習工具器物等方面。而審核則是從批審地方教育學科設計及內涵的無邪、無害等“合法(憲法)性”，到各類專業領域“檢定文憑”的考試檢定等。至於各學區、地域的學童教育“必修科目”，還是交由家長代表、老師、學校顧問，共同研商設計吧！畢竟學生家長、老師、及學校顧問與學生的關係更緊密、更直接、更了解，也更能微觀的照顧到每一處地域和每一方小角落學童的最大教育宗旨(存在與樂於存在)利益。

　　平實說來，談論當今教育，如像談論時下的經濟或政治般，就算是對其有所學、有所識、也有所專長的學者專家來說，恐怕仍多半是不論從理論到實務、從現象到本質、從功能到效應等，都未必能盡窺透視或全然掌握的。這從目前的教育功能不彰、教育的問題層出不窮、教育改革的呼籲呼聲不斷、以及教育的爭議從未共識等事實，不難見其端倪。在我嘗試整理、並精簡出教育的“本相”與方法過程中，不時經常的會爲這龐大又雜蕪的教育巨大結構也體系工程，感到棘手又難爲。除了理論的建構與完整不易外，另有關原有教育體系的改革、解構，以及教育實務所涉及到的方法與經驗等資訊參考，也會因爲多有缺失或爭議，而讓人有著無從著手、或四顧茫然之感。

此外，深入教育的"本質"探究，也不時的會讓人感到不安，甚至驚悚的意識著，教育相對於個人命運和社會面相的休戚相關和至關重要。就拿人的階段教育爲例，0-2歲的嬰幼兒教育，可比喻爲一些宿命論者或存在主義者最爲深沉的悲哀與無奈了。嬰兒無自主、無選擇的被出生了。這嬰兒也許幸運的出生在一個幸福美滿的家庭，在愛顧與祝福中成長。也許不幸的出生在一個極不穩定、貧窮、緊張、混亂的家庭。或出生在一位未成年、惶恐、又無所自我生存能力的單親少女懷中。如果這位身心尚未健全成長的嬰幼兒，從生命出始起，就不時的承受著長期的無法穩定，包括驚駭、恐懼、飢餓、甚至虐待等。並因而造成這嬰仔幼兒身心上的缺陷或障礙。那麼這孱弱無辜也無助的嬰幼兒，可說是不用審判的，幾乎已被判定了一生命運的殘缺和苦難。

2-4歲的幼童期亦然，由於此段生命期的"自然教育"意義，是"習性'植入也"人格"塑形的啓蒙階段與關鍵過程。以至於任何偏頗、扭曲、或錯誤不當的教育，都必然會以不可逆、也緊黏著幼童心性等"潛意識"的崁入方式植入並成長。且往往會阻礙也桎梏著幼兒心性的正常和健康發展，甚至畸形發展，而結果是禍害了幼兒的一生。

童年至青少年的啓智教育階段，則容易受到時下無遠弗界、也無隙不入的"有害"資訊污染。事實上，一些絕非"思無邪"的週遭有害資料訊息，不時無刻的形塑著青少年的偏差心態，或捏造著青少年心緒上的畸形欲求，包括習性行爲上的乖張弱智等，不僅混淆著青少年生命價值的認知取向、無益於自身和社會、且與教育的"大道"宗旨矛盾或"背道"，而終將導致青少年教育的無以成就，甚至積邪成害。

除了上述家庭與政府相對於教育成就的比重與意義外，另也順便要談及到的教育關鍵也階段所在，既是教師的部分了。由於教師是時下教育過程中最為直接著教育實務的執行者、催生者、也實踐者，教師的重要性，自是不言可喻了。教師是否有耐心、有學識、有方法、有責任，或至少不可有負面教育效應的誤人子弟作為，常是教育成功與否的其中關鍵也環節了。

教育的弔詭之處，就是原本應屬性為個人"生之本"（存在）與"生之趣"（樂於存在）的學知與訓練，其後續也連鎖效應，總會反應也呈現在集體互動也關係聯繫的社會上，並由大社會承受和檢驗。而我們所有個人的喜怒哀樂、甚至禍福命運等，又皆是與這集體共相的大社會（包括生態、環境等），如所謂的命運共同體般，牽聯互動也相互影響的。如此的互動邏輯與因果關係，實也清楚的說明了教育的整體性與複雜性，以及何以父母、教師、社會（政府）等，對於教育全都有著不可迴避、不可無為的原因了。而教育的存在價值與功能意義，也就在於它那不僅是"善個人"也是"善天下"的完整意義也宗旨了。

第二十二章 太極觀
─ 通達 "太平有象" 美好世界的行道法典

太極分解圖的最後也尾銜圖案是 "太極" ，也既 "人之道"了。或還記得本書於前面文章中曾略提及過 "太極圖" 就道家的表徵符號來說，是符示著道家學說與信仰中的某種 "天機" ，而所謂的 "天機" ，也就是大自然如何運作的機理與秘密。然，另就 "太極圖" 的字義闡釋來說，則是示意著一種無上崇高與美好境界的生活指引圖。或簡易白話的說，就是告訴人們應如何 "正確" 的生活，才可能活得更好、才可能活得常久、才可能建構出理想也完美的社會，且也是最為符合天理、順應人道的生活哲思與方法實踐指引圖了。

是否真有一種生活哲學能方法也有效的讓你、我、他活得更為安適、快樂？讓這個社會更為和諧、無憂？包括讓這個自然世界更為美麗也長久？如似 "香格里拉" 或 "烏托邦" 意境的真實呈現？這乍聽來頗易引人思量卻也讓人欲言又止的話題，其實也是千百年來，令東西方無數哲人迷惘、困惑、和陷入學思無解的 "大問" 命題了。

事實上，若順著這條人本也人文哲思的 "大道之問" 與脈絡深入，我們會見到不論是西方早期哲學中如真理、理性、正義等哲思與觀念的思辨，或如 18 世紀的自由、民主、人權、甚至 "共產主義" 等革命訴求，或如東方儒家思想的仁禮學說，墨子的 "大同與博愛" ，莊子:「寧可物質上貧窮但自在，也不願物質上富有但束縛」的逍遙生活觀，包括如陶淵明於桃花源記裡寄寓的「隱世與清靜、自在與無爭」等理想生活也意境描述等。其思維訴求或概念背後的根由、動機，都是離不開如此脈絡和道理的。只不過是各具觀點、各呈已見罷了。而"太極"，做爲道家特有的"大道"哲思與生活哲學，自也是"道"義跟隨、"理"所當然的無所例外了。

只是，千百年來，這"自稱" 最爲順應自然與天理、也最爲"利而無害"的太極圖符，顯然是從未被人明確的理解、和真正的參透過。因爲，直到日前迄今，這太極圖符到底傳達著什麼樣的天機或天理？指引著什麼模樣的美好或上善意境？似乎從未見聞有過任何人，給予過形象清楚的描繪、或說理實在的論述。這從盡管遍尋古今有關太極圖符的論述、遍翻中外有關太極圖符的文章，不曾見識有人針對太極圖符做出符合其表徵闡釋、字義描述的事實，足可鑒之。

那麼，"太極圖"是否真如傳說般，藏有著所謂洞悉天機、順應天理的大智慧？且內涵著"上善"理想世界的"人之道"生活指引或規章法則呢？

沒有牽強附會、也沒有困惑質疑，我個人以爲不但是有的，且是現成的。我甚至認爲這"上善"也完美的"太極"意境，其實是可以用"太平有象"這句中國古老也拙樸簡單的祝禱詞，來概論和詮釋這人類遠古迄今，最具宏觀與完整、理想與方法的人本也生活哲學了。

真乎？假乎？是耶？非耶？請容我做些說明和解釋！

"太平有象"是由"太平"與"有象"兩組概念集合而成的整體也宏觀觀念。"太平"可以解釋爲"最大的穩定與和諧"之意，另也內涵著最大的一致性與"大同"等哲理。"有象"的概念，則可解釋爲最爲多元與豐實的"大有"之意。(**請參閱本書相與象的文章**)。而"太平有象"這兼容著"大穩"(**大無**)與"大有"(**多元的有**)的太極圖符，從"太極分解圖"全圖也過程明細來看，正介於"人之道"的"大有"與"天之道"的"大無"兩者既銜接，卻又分立狀態和意境之間，極具特殊也巧妙的意境描述與排列，也極富"天人接合"道理的聯接。寓意玄奧奇妙，讓人思量深遠。

"太平有象"這句古樸也傳統的祝禱詞，在以往中國廣袤土地上最常使用和所見之時際，是在中國農曆新春年節時的"春聯"橫幅上。是描述也期祝太平社會下的豐盈喜慶。可說是一個吉祥討好的詞句了，也是以往中國一般樸實人民心中，相對於"烏托邦"也理想社會的簡略概念描述，和卑微願景投射了。

然而，就如同任何"現象"的背後，都必然藏有著涉及到如此"現象"何以形成？爲何產生？的結構機理和運作邏輯。"太平有象"，這既是"大無"(**大穩**)又兼"大有"的奇特也非單純現象描述，其實是一種頗爲複雜也矛盾對立的觀念組合。以至於其背後所涉及到的機理與邏輯，自當更加是機理複雜、邏輯矛盾的不易讓人透視和理解了。甚至對於一些思想慎密反應敏銳的讀者而言，在尚未深入太極概念理解和無所細實解釋之下，或怕會是直覺也直言的質疑著，意味著"大無"與"大有"的並體共存、"一元"與"多元"的共相兼容，如此的"太平有象"整體觀念，會不會原本就是個邏輯錯亂、說理不通的瑕疵或扭曲觀念？

其實，你無須懷疑，我也沒有錯亂。參考下例一些大無與大有、一元與多元共體並存的實例，就或能有所釋懷了。

〇大自然億萬年來，在一種相對慣性也不變的"大穩定"情況下，卻產生並兼容著最爲多元與"大有"的物種和生態。

○最大“穩定”的經濟體，必然是最為均利多有（均富）和
　永續不輟的經濟體。

○最大“穩定”的政治體，必然是能為最為“多元”（多數）
　眾生，創造出最大福利（大有）的政治結構。

○最大“穩定”的家庭，通常也是最為多趣、多樂、多滿意
　等“多元”與“大有”的家庭。

○最大“穩定”的愛情，依然是最為多趣、多樂、多滿意等
　“多元”與“大有”的愛情。

○人之心緒在越是“穩定”也平靜之時際，不但越能容許無
　數心思漫游閒動，也越是容易產生出美、趣、喜、悅等“多
　元”與“大有”的契機。

　　經由上述些有關“太極”的引喻認知，也明確出“太極”意
境的“太平有象”意涵和觀念，以及其意境存在的真實性、普遍
性、自然性後。或已能讓你的“太極”觀念豁然開朗、意涵明確
些了吧！如此，我們既可就“太平有象”如此複雜觀念，包括其
觀念背後的一些模糊面相與機理困惑等，做些深入探究等。且先
就“太平”的概念與機理困惑來說談。

一、太平與穩定

　　如前文述及，“太平”的概念字解，可理解為“最大的穩定
與和諧”意義或面相描述。而“太平”的機理，其實也就是“穩
定之理”，另也是“道之理”了。只是，若深入問就“穩定之理”
（道之理）的知悉和掌握，可也不是那麼的容易簡單。甚至，可
能比你所能想像到的玄奧復雜，還要艱澀和困惑些。原因則是“穩
定之理”的龐雜也諸多面相等，的確讓人困擾糊塗，有待釐清和

明確。例述如下。

1.“穩定之理”的首先困惑是“穩定”概念的難以明確和定義

“穩定”的一般定義或解釋，包括了不變與慣性、存在與長久、均勻與平衡等觀點。另說“穩定”在道德經中則更是以“一”如此隱晦、也難以“名狀”的形而上概念來比擬、論述，而“一”在道德經中的概念描述或用法，又是包括著“整體的”、“連接的”、“契合的”等諸多意義或詮釋。這些分呈、深奧、又相異的“穩定”觀點，或正也是以往人們混亂、困惑、和難以確切掌這“道之理”（穩定之理）的箇中原因吧！

其實，解釋或透視一與穩定、穩定與存在、存在與結構、結構與均勻的其中關係和問題，若參考些可易辨識的例子，或能更容易的有所概念清楚、和有所概念掌握。比如說，一個生命體、或一則故事、或一任何存在物事，它若是存在的，就必需是結構的、也必然是穩定的。反之，若這故事或生命體或任何存在物事等是無所結構的，或其整體（共相）結構的內涵結構，是不穩定的互斥不合（不一）或混亂不清，不能成爲一個相容也關聯的整體結構。那麼，這個故事或生命體或任何物事等，必然會是空、洞、虛、無，或支、離、破、碎的無以存在，或難以長久存在的了。

人更是如此。人與穩定、穩定與存在的生命機理亦然。大致說來，人這生命機體（共相結構），會因爲其機件的互動新陳、能量的耗損代謝等原因，使成整體機體的穩定也均衡狀態，不斷的被破壞、被耗損、被改變，並因而產生不斷失穩（失一）也不均衡（不一）的問題與現象。這些非穩定（失穩）的現象與問題，包括了當“致虛極”（嚴重失穩）時，所制約反應出來的飢、渴、睏、疲、倦、累等現象或負面不快、不適情緒等，也包括了當“滿溢"時的賀爾蒙化學效應，如性慾與亢奮等生理需求等。這些不同的"失穩"也"失常"等生理制約反應現象，都需要或自外擷取、獲得，或在有所補充、滿足（契合、得一），甚至在有所發洩排除後，才能得以使讓生命機體回復到整體穩定、平衡、也無所狀況的"無相"也"正常"狀態。

　　一與結構、結構與穩定、穩定與存在且長久等"道之理"，除了可用於解釋包括人、事、物任何存在（結構）與變化的關係和問題，更也是老子所謂：「一（道、穩定）生萬物」理論以及「無生有」論的源出也支撐理論等，可說是"穩定之理"的較爲基本也"本相"概念了。

2. "穩定之理"的其次困惑，是"穩定"的大象無形和難以切割

　　前些年流行也新穎的觀念中，有所謂"蝴蝶效應"概念。其概念大意說是：『因由太平洋赤道附近的一隻蝴蝶展翅，如此些許微小氣壓的變化，卻可能引發出數千公里外大西洋上空的一場大風暴』。而其概念的理解，可比喻爲一個極小的失穩失序，卻有可能引發出一場巨大的失穩或相變效應。

　　這"蝴蝶效應"概念之所以讓人印象深刻，也常被人引用的原因，是這概念的普遍性也重要性。比如說，政治上的"蝴蝶效應"，可常見到的是地方或少數人的權力不穩定，有可能會引發出一場從地方到中央的政治大風暴。比如說經濟上的"蝴蝶效應"，可常見到的是一個有欠穩定的不利財經訊息或微小徵兆，可能引發出一場包括金融股匯的大混亂或大災難。比如說法律上的"蝴蝶效應"，不難所見的是，一個不合法理的小案例，可能引發出一連串不合法理的法律大亂相出來。另比如說；一人情緒上的小失衡、小失穩，可能會引發出一場嚴重失常也情緒失控的"蝴蝶效應"也大禍出來。

如此的一個小失穩、小變化，或小失序，有可能導致一個大穩定被改變或被破壞的"蝴蝶效應"，另也指示出一個極為重要的概念，那也就是說：『在一個大而開放的體系中，或說在一個宏觀共相的大結構裡，其穩定的形成和存在，是由其所有不同的"次穩定元素"相互聯接、相互支撐、相互制約、且是難以切割的』。

實際亦如此，就從這大自然龐大也開放的共相穩定體系來說吧，早在 19 世紀中葉，恩格思的"系統整體觀"就指出，整個世界從宏觀到微觀、從無機界到有機界、從自然界到人類社會界，各種事物無不處在相互聯接、相互依賴、相互作用也相呼影響中。

我們從觀察區域內自然生態的食物鏈，若其中一環節遭受破壞或中斷，常導致整體生態的大混亂或大災難，可略窺其意。另從觀察人類社會的人為建構，如政治、經濟、法律、教育、思想與觀念等社會結構。當其中任何的次結構不穩定時，都會影響到整體、和關聯的其他不穩定。如政治的不穩定必然會影響（破壞）經濟的不穩定。經濟的不穩定，必然會導致包括法律、思想的混亂。而法律的不穩定，又會導致社會的失序、混亂等，都是不難理解的例子。只是，這許多環扣相聯也難以切割的穩定聯結與關係，常因其過於龐雜也"大象無形"了些，而讓我們會有「不識廬山真面目、祇知身在此山中」的茫然或無明了。

知悉"穩定"的宏觀共相性與不可切割性，有助於讓我們清楚的了解，原來宏觀也共相穩定（大穩定）的生、成、形、有，是由許多相對穩定的次結構積聚集結而成。那也就像是由眾多穩定的小肥皂泡沫積聚集結，形成一個大而共相穩定的大肥皂泡沫般，而其中任何小泡沫的變化消長，都可能會引發整體大肥皂泡沫不穩定（失穩）的連鎖效應。

此外，認知到"穩定"的共相性與整體性，另也能讓我們意會到，處理或解決人為社會、經濟、政治、教育、衛生、生態等宏觀也共相結構的穩定與長久問題，有關內在方面的作為，必須從處理或解決其共相結構內，所有次結構的穩定性（致一性、致穩性）著手，並從所有次結構防微杜漸的"穩定與維護"方法著手，才有可能成功的維護穩定或達致穩定。

3.三說"穩定之理"的"知常曰明"困惑

『夫物云云。各歸其根。歸根曰靜。靜曰覆命。復命曰常。知常曰明。不知常妄作凶』（道德經 16）

在道德經中論述"穩定之理"的文句中，不時會見到"常"字的出現，顯示著"常"與"穩定之理"的似乎聯通也密切關係。只是深入"常"字的概念理解，又會發現"常"與"穩定之理"的關係或比擬，其實是隱藏弔詭也令人困惑的。

比如說，奴隸制度曾經在人類的社會上，如律如常般的持續了數千年之久。那麼，這奴隸制度，也能算是一種穩定的社會制度嗎？另比如說，人在某種忍辱偷生的情況下，度過了半生寒暑。那麼這段忍辱偷生、內心壓抑不平衡的半生歲月，也能算是一段穩定的生命歲月嗎？或另就"像似自然"的現象來看，中國黃河的混濁之水，如昔如常般的流經了千百年之久，那麼這黃河之濁水，能算是一種穩定的自然現象嗎？或只能說是一種非穩定現象的持續呢？

從上述"常"與"穩定"的其實不對稱例子來看，老子所謂的"知常曰明"概念，或許並不是指一般"常"字的慣性或持續等單純意義和解釋，而是兼具另類穩定的深意。或可說是指一種"正常"，而不包括"非常"或"異常"的細膩也精確詮釋。

然而，若以"正常"的較細膩和明確意義，比擬或做為認知"穩定"的"知常曰明"概念詮釋，仍然是有困惑的。那也就像我們其實很難明確定義出，什麼樣的人，才是"正常"的人。什麼樣的社會，才是"正常"的社會。什麼樣的經濟，才是"正常"的經濟。什麼樣的政治體系，才是"正常"的政治體系般。除非，我們能有些相關"正常"的明確依據或參考指標，否則，"正常"這概念，就會像西方人的"真理"概念般，變得渾沌不明、爭論四起了。

整理道德經中一些其他與穩定有所聯繫也明確的概念，或說整理老子思想中一些與"正常"概念有所相關或內涵類似概念，或可用清、靜、合、祥，四字來概略統稱。如"清"意味著不混、不濁，道德經中有「天得一以清」的說法。"靜"意味著無相、大通，道德經中有「歸根曰靜」的說法。"合"意味著和諧、無斥，道德經中有「知合曰常」的說法。"祥"意味著吉利、美好，道德經中有「益生曰祥」的說法。若深入探究這些概念的背後結構或現象原理，則就會意識到，全都與穩定或穩定之理有著機理聯繫或關聯密切的，甚至可說就是穩定之理的不同形式、也多方面相了。

事實上，我們也的確可將清、靜、合、祥這些概念集合，完整共用的並用於檢驗事物"正常於否"（穩定於否）的多方面也全方位評估依據和參考。特別是用於查驗和評鑑於一種開放與互動的"大共相結構"。包括如大自然的生態、人類的社會、人為建構出來的政治、經濟、法律，甚至個人的心緒等事物與存在上。比如說；

當大自然的生態最為"正常"也穩定之際，天空是蔚藍、清澈的，大地是寧靜、安怡的，物種的存在是和諧、共生的，生命的狀態是吉祥、美好的。

當社會是最為"正常"也穩定之際，社會的面相是不亂、不濁的、社會的運作是大通、平靜的，社會的群體之間是和諧、無斥的，人們的生活是吉祥、美好的。

　　同樣的是，若當檢驗人爲的政治、經濟、法律等這些龐大複雜的物事 "正常" 於否？ "穩定" 於否等？仍然可依其 "存在（物事）與現象" 是否不清、混濁？運作是否大通、平靜？互動是否和諧、無斥？效應是否吉利、美好？來作爲評鑑或查驗的依據與參考。甚至，我們且可經由觀察個人的思維是否不清、混濁，個人的身心是否大通、平靜，個人的心緒是否和諧、無爭，個人的作爲（行爲）是否吉利、美好，來衡量或判斷個人的 "正常" 狀況或 "是否正常？"。包括我們也可引用如生活不宜混濁、不清，身心不宜窒滯、不暢，心緒不宜衝突、不寧，以及作爲（行爲）不宜凶險、醜陋，來校正也調整我們對於生活的 "知常（正常）曰明" 依據，和 "何以致穩？" 的方法參考。而事實上，當宏觀的生態、環境、社會等，或微觀也個人的生活或身心等，越是清、靜、合、祥之際，也越是接近 "正常" 和穩定的 "大道" 了。

二、有象與多元

　　稍許的談論了 "太極"（太平有象）觀念中，有關 "太平" 概念的幾多面相或機理困惑後，再下來要論及的 "有象"（多有、大有）困惑，可就更具哲思的挑戰性、突破性、和困難性了。因爲，若說涉及到 "太平" 的 "穩定之理"，已讓我們深切的感受到複雜、艱澀、和不易盡窺其秘密的話。那麼，關係到 "有象"（多有、大有）機理的 "無生有"，理論，或可能會更加的讓人覺得玄奧、陌生、和不明所以了。

　　道德經（11）:『有之以爲利、無之以爲用』。大意是說； "有"

（結構與德）可以予人以利，而“無”（穩定與道）則可以幫助“有”的生成和運作。而這「有（德）以利」、「無（道）以用」，可說是擷取也精簡道德經的全書精華也“上層”哲學了。

祇是，不同於「無（道）以用」的道法自在和運作天成，是無需人工或人為刻意作做的。這「有（德）以利」的“有”，特別是多有和大有，則是需要人為做工也人事刻意作為，才可能“利有”和“所得”的。而了解並掌握這“大有”的如何生、有、形、成，則需要從老子那神秘又玄奧的“無生有”理論來理解了。

一般說來，相對於人的「有以利」類別，可分為物質上的“利有”，以及心緒（心靈或精神）上的“利有”兩大類別。物質上的“利有”是包括了如食、衣、住、行、醫、藥等基本民生之物的多元需求等，而心緒上的“利有”則是如美、趣、歡、樂、喜、悅等人文與藝術了。

其實，論及到人們物質上如何得以“多有”與滿足？那正如是新世紀“民生經濟學”的設計功能也存在意義了。這有關新世紀“民生經濟學”（均富與永續）的“無生有”方法和過程，包括一些“民生經濟學”基本也重要理論，請參考本書錢與經濟以及梳理與補遺等文章內涵，不再細節贅述。在此，僅就如此“民生經濟學”其中重要也關鍵部分稍作概念提示也溫故省思番。

不同於傳統也時下“財富經濟學”的“斂財無所上限”和“貧富極端懸殊”等經濟現象。新世紀經濟學所揭櫫的“民生經濟學”，是遵循著人民生活基本物質“均富（均有）與永續”的穩定經濟學概念與人本宗旨而存在，其基本事理，概論如下。

生命（人）是需要生命物質支撐和持續的，人之生活所需的物質越是豐盈與多元、無缺與永續，人也就越是生活無缺與美滿。反之，“人需之物”越是缺失與無繼，人也就越是貧窮與苦難了。

祇是，個人的專長（技能）和體能都是有侷限的，是不可能多元創造和永續生產的，以致於無論個人是如何的專業和努力工作，但卻是不可能真正“多有和永續”的。然而，若人人皆能發揮出其個人的所長與專業，並在與他人互利和分工的合作體系也機制下（註：新世紀民生經濟學的設計以及共生社會主義思維下），那麼，人人都能從他人的分工與付出，得到最為多元也最為專業的“大有”（多有）也“均富”（均利）效益了。那也正符合道德經（81）：『既以為人已越有。既以予人已越多』的“道理”實踐和“道德”深義了。

再說“錢”，“錢”作為“均富與永續”新世紀民生經濟體系下的一種如酵素如營養素般功能與設計，其實也就是能將上述互利也分工的經濟機制也原理落實，和使之發揮出最大功能和效益的“工具”了。而“工具”如同方法，只是為了方便達到目的、解決問題而存在。所以說，“錢”其實只是為了民生經濟的“均富與永續”目的、願景，而服務、而存在。而不是如今時當下“財富經濟學”思維與作為下所凸顯的；「經濟是工具、錢財是目的」如此本末倒置錯亂，且令人“憂鬱”的扭曲經濟學和錢財觀了。而這新世紀“均富與永續”的民生經濟學宗旨，和“錢”的工具也方法意義，是不可無知、或混淆的。

另說“心緒”（心靈、精神）層面的“利有”意義，則是指包括了美、趣、歡、樂、喜、悅等“快樂”心緒的生、有、形、成了。如前述文章所言述，所有成人都應知曉並遵循的人本也生活學常識既是；人不祇是需要“物我”也“本能”上的需、求、滿、足。人另也需要“心我”也“本質”上的滋、潤、補、益等，才能以支撐和維護生命的健康和正常。這心靈滋潤的生命也生活學觀點與智慧，特別是於時下現今的後工業時代，人們普遍惶恐於生活的得失、焦慮於生活的壓力、苦悶於生活的空虛、無助於生活的侵犯擾亂、苦難於環境的污染破壞，甚至深陷於生活的掙扎夢魘之中，且形神俱疲也急待方法解脫與觀念清澈的時刻，或尤其是為人需求甚至懇切盼望的生活智慧了！

然而，當談及到美、趣、歡、樂、喜、悅等有關心靈與快樂之哲學，不論是亞里士多得的幸福論、或莊子的逍遙與自在觀、或印度神秘的靈修與信仰、或基督教的伊甸園天堂、或佛教的蓮花與極樂世界、甚至林語堂博士提倡的"生活之藝術"學說等，除了只是讓我們憑添了更多些有關生活哲學的方向確認與美好期盼外，其實對於"心靈與快樂"的何以形、生、相、有等，並沒有多麼完整且邏輯的理論和方法。甚至其中的某些觀點論述，是瑕疵也誤導的。

比如說吧！佛教有"極樂"世界的描述。那是一個琉璃金玉環繞、霞光異彩流動、無懼無憂、鳥獸悠閒、草軟花香、和平也華麗的境界。基督教則有伊甸園的天堂述說，那是一個如樂園如花園般的所在，樂園裡的人民善良又有禮，花園裡的花樹果實豐盈又無缺，天堂裡寧靜又美麗，無災也無難....。然而，這些有關"極樂"境界或美麗"樂園"的意境描述，其實都是外在境相的外相描述，而非個人內心內相的快樂感覺。而外在境相的盡管完美無缺，並不必然是內心的歡、樂、喜、趣等。這也是說，既使人是生活在錦衣玉食、高樓華廈，如似天堂般理想也美麗境界下，但卻內在心裡未必是快樂或幸福的。而人的快樂心緒或意識，雖是聯繫著外在的物事與互動，但仍是來自於內心意識的有所啓動、或正面情緒的召喚、或精神（心靈）感動的呼應等心靈現象與感應作用。

"快樂"（人之樂），可說是種"情緒"且是種"正面情緒"

的統稱。祇是，“情緒”又是什麼呢？神經生理學家甘德絲.柏特（Candace B.Pert）對於“情緒”的研究心得認爲：『情緒是由所謂 “配體”（Ligand 內分泌、神經傳導物質）的情緒分子，與所謂 “受體”（Receptor 印記、經驗）的情緒分子，如印證、如契合般，形成連接或互動，並產生出來的持續共振也生化效應。這些原本發生在細胞層次的微細生化現象，如果屬於較大面相細胞的連接與共振，或說引發聯鎖性的大生化效應產生，就會引起包括生理運作、行爲活動、以及心緒意識的明顯也強大變化了』。

柏特有關“情緒”的解釋，雖精采和突破，但也稍嫌精簡概略，讓人餘惑未解多有。而對於如何的全面掌握人與“情緒”的相、生、形、有等機理，若能予補充以老子的“無生有論”，或能更有助於我們對於人與“情緒”的宏觀識知和細節理解。而下例添加論述，則是從“無生有論”的觀見也見解下，分述情緒，特別是正面也快樂情緒的如何形、生、相、有，完整過程與其中機理了。提供以爲參考。

1.人（道體、本體）與穩定

誠如本書禪之美文章所述，人之美趣等快樂情緒，來自於人（本體）之空靜（穩定、無相）後的美之運作與感應呈現。請記住，人若在身心不寧、情緒傾軌的非穩定（負面）狀態或前提下，祇會有混亂不清或苦澀的“負面”感受生成，而不會有如喜樂情趣般的“正面”情緒產生。而人之身心，越是處於穩定安怡的“正常”狀態下，越是已爲美趣等“正面”情緒，清除了障礙、窒滯，也越是容易與美趣等正面情緒產生互動和連接。

只是，這身心穩定無恙，才得以連接或開啓快樂幸福的道理，雖是明白易懂，卻也是一個複雜難解的大問題。原因就在於穩定是個由小而大、由微而巨、相聯互扣、也難以切割的共相關係和整體問題。比如說，就像是我們身體的健康穩定，其實聯繫著清新的空氣、潔淨的水質，無毒的食物、無污染的環境等。而我們心緒的穩定無恙，更是聯繫著自身的安危、自在、自尊、親人、家庭、工作、人事、以及周遭社會、國家民族等由內而外、由近而遠，無所近憂也無所遠慮等，眾多的事物或多方環節影響上。而麻煩的是，上例那些物事或環節的穩定，又絕非個人自身的"獨善其身"或有所作為，既可湊效的。而是有賴於我們所有人（社會群體）的有所共識、有所遵循、和有所共業共為，或才能得以"道"得（德）的。這也是說，任何個人自身的快樂和幸福，其實仍是與外在事物也外在社會多少連接也微妙關係的。

2.人與對象

"唯物辯證"哲思的核心也關鍵觀點是說，任何物事（包括快樂）的生成或變化，都不會是無原無故的來由，不會是"自我"而生的。這道理淺顯易懂，就如我們的任何"感受"，不論是本能層次的色、音、味、覺、痛、苦等，或本質層面的美、醜、喜、惡、悲、樂等，都必然連接到有所相對事物的互動和有所感應作用使然。若無所對象，也就無所感應，更無所謂情緒了。

所以說，人若想讓自己快樂些、高興些，這人就必須要主動也積極些的盡量去有所對象、有所接觸、有所作為、也有所感應等，才有可能。一個被動或懶散的"本體"，一個完全孤獨或長久寂靜的心靈，雖然也能是存在的或穩定的，但卻是無趣的、乏味的、和空虛的了。

3.人與本質（或本能）

人之樂，是有本能與本質，以及小樂與大樂之分的。本能之樂如食、色、性、愛、冬暖、夏涼等，大都是單純、明確、且是直接聯接著實物（物質）的互動和作用而"生有"的。所以也可稱爲"物我"之樂。

　　另"本質"之樂,如美、妙、趣、賞、榮耀、幸福等,則是非直接且隱晦的聯繫著相對於物事與存在的有所認知與不斥、感覺與良好、比較與凸出、契合與適應等,細膩也複雜的"心智"運作與"心緒"感應而"生有"的。所以也可稱爲"心我"之樂。

　　由於"心我"之樂,來自於心智與其對象互動時的正面感應而來,而"心智"的正面感應,又與"心智"相對於其對象物事的認知與無斥、經驗與無害、感覺與良好、比較與凸顯等諸多"感性"因素的召喚也印證等,有著絕對關聯的。如當"心智"與其對象互動時的樂之感性素材儲備越是多元與充實,其樂之感應也就越是強大和長久,契合的越是深入和召喚的越是廣泛,樂之感應也就越是明確與全面了。(相關文章可參考本書禪之美文章)。

4.人與現象

　　『現象來自於結構與互動,什麼樣的結構與互動。必然產生出什麼樣的現象』(現象學原理)

　　如本書前面些文章所述,傳統哲學習慣將"現象"與"意識"的概念相提並論,其實是複雜了"現象"的概念認知,另又過於簡化了"意識"的複雜。而"現象"的較爲精確知識,或可用物事與存在的"變化"或"慣性中斷"概念來解釋。而如此"物事與存在"的變化或慣性中斷,相對於人的"智能"也"意識機能"而言,則會作用出"現象"的概念出來。另相對於"物理"而言,則會作用出如"能"或"功"的物理概念描述了。

　　由於"現象"的"變化"解釋,其實涉及到他物(相對物)的介入與互動,且也是"能"或"功"的產生原因。而"現象"的持續,也意味著"變化的持續與進行",那是一種運動持續的功、能狀態,也是標準的現象學原理了。如此的現象學原理,除了可解釋人之"意識"的如何開啓，解釋人之"意識"如何與外界物事形成互動等艱澀問題外，另也可解釋何以伯特·甘德絲會解釋 "情緒"會是以一種"互動"也"共振"的生化作用與擴散感應了。

　　了解了現象學原理，則可對於"情緒"的發生或終止等，有所方法和智慧。比如說，佛教的出家或出世，以及所謂"根塵脫黏"或"識無所寄"等脫苦、解苦方法，其實也就是終止互動，也中斷"相生"的原理。另比如說，尋樂或增樂的方法，就必須要有所對象、有所互動、和有所"正面現象"的掌握和運作了。（註：相關文章請參閱本書象與相文章以及禪之美文章）。

5.情緒與結構（心智結構）

　　若以爲認知也理解了從人（本體）的穩定、到人與對象的互動、再到雙方本能（或本質）的契合與"能量"效應，而運作出"現象"的完整過程，就能掌握了"情緒"，特別是"正面情緒"的"無生有"秘密。恐怕仍會是"事與願違"或不盡其然的。而其問題的缺失所在，也既這情緒與結構的問題了。

　　概略說來，人之心智上有所"現象"的產生（感應），的確意味著人之"意識"的生有或形成。但是，"意識"並不等同"情緒"，更不等同像是大樂或大悲等"強烈情緒"了。這也就像是單音不能成爲旋律，獨木無法成爲森林般。人之"情緒"的產生，是由數量眾多且相關屬性（致一性）的"意識"（感知召喚），連接也積聚的經由量子（結構）力學的原理，作用而出。換個講法也就是說，越是"相關意識"元素的大量連接積聚，所作用出來的"相關情緒"，也就越是強大激烈。而"相關意識"元素的連接積聚越是稀少淺薄，"相關情緒"的召喚感應也就越是微弱不彰。"相關意識"元素的連接積聚若越是分歧雜亂，則"相關情緒”怕會越是五味雜陳、苦樂摻合了。

　　了解情緒與結構（意識結構）的關係，對於掌握情緒的“質
與量”結構元素，有著重要的意義。事實上，美、趣、歡、樂等
“正面情緒”，是可從幼小年齡時，就能經由多元設計的學、養、
訓、育等意識培育和觀念建構等而達到；「從小，人格上就多趣常
樂」等宛如“天生”的“樂觀”性格也“美德”。另比如說，就
像是“愛智者”更常容易接觸到真理的意義般，從小就經常與
美、好、歡、笑等接觸或薰陶的“喜樂者”，遠較一般人對於美、
好、歡、笑的感受也越是敏銳細膩、廣泛和深入。這也是說，從
小教育內涵上的思無邪、行無害，以及外在生活環境上的隱罪惡
醜陋、揚善良美好等社會風俗，就容易對於一般人造就出一種大
體上純潔的內在心靈與意識結構出來。而一個純潔善良的心靈，
對於驚、怖、恐、懼等人之負面情緒，就會如諺語“仁者無憂”
所言意般的豁免和減少了。而當人經常處在“無憂與常樂”的生
命也生活狀態下，也就掌握了“樂於存在”的生命真諦了。

三、太平有象

　　分別就“太平”及“有象”概念與其機理困惑，做了些道學
觀見上的提示與見解，接著下來要繼續談論的，則是這接合著太
平與有象的“太平有象”（太極）整體哲學也“人之道”觀念的
深入探究了。也可說是真正進入到道學中最為精采大觀也極盡巧
思細膩，且叫人敬畏動容的哲思與智慧了。

　　談論著「太平、有象」如此“大無”（大穩）與“大有”兩
相共存，“一元”（致一）與“多元”（不一）雙相合一的內涵
複雜也矛盾觀念，或會讓人聯想到哲學界域裡的“悖論”說。“悖
論”又可稱為“詭論”或“謬論”，是說一種可導致矛盾或混亂

的辯論，或說是一種難辨是非真假，兩難兼顧的命題。著名的"悖論"例子如古希臘哲人芝若的『飛失不動？』或如『克里島人說克里島人都是說謊者』（這克里島人的話究竟是真是假？），此外，也有人將如此"既能見樹也能見林"或說"既是大無也是大有"的"太平有象"命題，也視爲典型矛盾且難解的"悖論"了。

　　"太平有象"真是一種兩難兼顧也相對矛盾的"悖論"？且不可能有所真實答案的"假'命題嘛？當然未必！我們不妨參考 2500 年前的老子思維，是如何的看待和解決這千百年來被人視爲是兩難也無解的"悖論"命題與命題破解！

　　對於如何實務也方法上解決"太平有象"的"太極"命題？老子是參考億萬年來大自然是如何的"自我"解決"自己本身"就是"太平有象"的面相與事實來作答的。換句話說，老子這"太極"答案原也不是什麼偉大的人爲創造或天才發明等，而是對原本自然也真實存在的一種自然運作機理的卓越"觀見"與寫實描述了。

　　精簡老子的"太極"法則，其實也就是老子那「尊道、貴德」的"道德"學說與法則論述了。而簡易老子的"尊道"概念或可這麼來理解，道家"尊道"的概念，類似"尊法"也"不違法"的概念（道德經；道亦法）。老子認爲道法（穩定之法理）原本就是自在也天成的，且是"好在"的。"好在"的原因是因爲，它對於天下一切物事而言都是"無害有利"的。而人只要不去破壞和遵循這道法（穩定之法理）的正常也自然運作，這"善利天下而無害"的道法（自然法），則一直在那也永遠在那"正常"運作的。

　　另說"貴德"的概念，就較爲麻煩曲折和不易理解了些。麻煩的所在是這概念，其實是針對極具特殊也奧秘的人（或生命物）

之行爲，而設計和理論的。

簡略的這麼解說吧！老子認爲大自然之"道"（穩定暨穩定之理）的存在與運作，原本是不需要人爲刻意的有所作爲，就能自行運作也自然天成的。這也是道德經（38）『上德無爲。而無以爲』的"無爲"概念與概念說法了。老子且認爲，大自然如此的道之運作也"方法"實踐上，是以"解構"（致無名、代謝結構）與"利它"的自然方式也物理法則運作的（參考道德經；天之道。損有餘。以補不足）。

然而，人（生命）之"道"（穩定暨穩定之理）則是必需個人（生命）的有所作爲和外物得取才能"道"得的（道德經；下德為之。而有以為）。而如此"人之道"的運作之道與方法實踐上，卻是以"增構"（外物擷取）與"利己"的人爲（做爲）方式也本能法則運作的（道德經；人之道。以不足。以奉有餘）。

比較上述自然之道（天之道）的"上德無爲"、"解構"、"利它"等法理，與人（生命）之道的"下德有爲"、"增構"、"利己"法理，不難所見，兩照之間的巨大差異和果然隱藏著矛盾與不容的"本質"和機理了。這也是說，人（生命）的任何"利己"、"增構"等本能作爲，其實是隱藏著違背天理也"有違天和"的因由事理了，只不過是，如此"違和"或"傷天害理"程度的深淺輕重和範圍的廣泛差異罷了。

無可否認，人（生命）的自我穩定需求，是建立在對外物的"取得"甚至"侵犯"意義上，原是有害於共相也整體穩定機理，且是"背道"、"違法"的意義。而"天人合一"的共相和諧穩定，原也確實是有所"先天對立"與"潛在矛盾"的。然而，老子又也認爲，人若是能在不有、不積、知止的"玄德觀"也"貴德"法則（法條文、律）下拿捏得宜和作爲得體的話，就有可能做到在盡可能不破壞自然穩定（或說在自然穩定不至於失穩失控的允許範圍內）的"尊道"意義也前提下，又能滿足人之"外物與利有"的生命需求與"有象"滿足。而也只有在『既無害於共相整體穩定，且有利於微觀個人穩定』的述求實際達成，才可說是符合且解決了天人共相穩定或"既能見樹也能見林"的"太極"（太平有象）述求。而如此上德（大穩定）與下德（小穩定）兩相共存，天人共相穩定並得（德）的情形，或也可用古諺：『取之有德。德之有道』來比喻說事，且它也正是"貴德"概念的內涵與深意了。

實在說來，老子那尊道（尊法）貴德（不有、不積、知止）的道德觀也"太極"法則，理論玄奇隱晦，法則深奧曲折。特別是理論與實務的聯繫及實踐上，明顯有所窒礙難行也難以運作的問題與所在，且有待充實圓滿。比如說，"不有"與"不積"的"玄德觀"之間，或應補充以"緣有"的概念與法理，以爲關鍵和聯繫（參考本書緣有的法則）。再比如說，"不積"與"知止"的依據或上限等明確數據或參數等，該應如何的拿捏或設定呢？如說政治穩定的個人權責"緣有"問題，經濟穩定的個人財富"上限"問題，生態穩定的人類數目"知止"問題，環境穩定的人爲污染"不使擴張"問題，包括個人心緒穩定的煩惱"不積"問題等，都需要各行業專家於其專業領域，補以論証參數，齊以法則規範等，而後，或才能以實務運作和應用方便。而這些更深入、更細節、也更廣泛複雜的道德（得道）學問，實在是不易爲一般人全所洞悉知識了。而這些相對於「尊道、貴德」理論的艱澀事理、瑕疵來由，或許也既是長久來何以老子那"道德"學說之所以被視爲"玄學"的箇中原因吧！

雖然說，老子那「尊道、貴德」的"道德"觀也"太極"法則，理論與觀念上仍有待完善及貫通，方法與實踐上仍有待充實和明確，甚至細節上有待各方學知領域學者專家的數據論証等，尚還不是一成熟完整，也不易被一般知識掌握的理論。不過，我們或仍可在邊等待其理論完備，內涵充實之前，邊應急也方便的引用“無害、有利”如此更白話、更口號、更簡易且可“速食”的概念，來勉為其難也暫且替代「尊道、貴德」那高深莫測的道德法則來著。

將“無害、有利”的道德概念若比較“利而無害”的概念，乍看上來，不過是排列上優先順序的不同，然而，卻也是關鍵和重要的不同所在。其重要也差異之處，可不只是在提示如，食物的安全，應比較食物的好吃或有營養更需優先考慮。或如，遊戲的安全無害性，應比較遊戲的樂趣性更應事先顧及等，“避凶”應優先於“趨吉”淺顯易明之理。而其更深層的意義其實在於如此“無害、有利”的道德概念，是可類比也解讀為道學中「尊道、貴德」概念的，正如“無害”可簡易的解釋為不破壞也不違法的“尊道”概念，“有利”則可簡易的解讀為有所前提也法則下的“利有”也“貴德”述求。

且莫輕視小窺了這“無害、有利”四字簡易諍言，也“道德”基本法則。請試想，若當人人都能以“無害、有利”如此簡易“道德”思維也“基本道德”觀，作為個人自身行為的準則，也包括作為當個人行為涉及到他人、它事、它物時，相對於他人、它事、它物的“無害、有利”考量和準則的話，這世界人間會是如何的一幅景象呢？

○想像那些罪犯者，若是遵循著相對於他人、它事、它物“無害、有利”的行為規範也“道德”準則，他們會成為一個無良的罪犯嘛？

○想像那些農人，若是堅持著相對於他人、它事、它物"無害、有利"的道德思維與行為，他們會拿著那些沾附著農藥或內固醇或抗生素等農作物市場販售嘛？

○想像那些工廠老闆，若心繫著相對於他人、它事、它物"無害、有利"的道德述求，他們仍會將工廠的污染或毒物等，隨意的污染和擴散嘛？

○想像那些社會名士、新聞達人的光彩榮耀，若是建立在相對於他人、它事、它物"無害、有利"的事蹟上。這社會將會是一種如何的清新面相與無邪風尚？

○想像那些家庭父母或學校教師，若是能以"無害、有利"的思維與方法，養育子女和教導學生，家庭能會有受虐待的子女嘛？學校能會有厭學的學生嘛？

○想像那些政治權力者，若真能睿智也辛勞著相對於他人、它事、它物"無害、有利"的工作上，政治就會成為"替天行道"的工具，而非醜陋邪惡的事物了。

○想像那些經濟學家，若能將那相對於他人、它事、它物"無害、有利"的道德思維也觀念，注入到現代民生經濟"均富與永續"的宗旨也實務上，"經濟學"還會是一門"令人憂傷的科學"嗎？

○想像時下年青人的行事風格、處事原則，若是能以"無害、有利"的思維與作風，取代當下"自我"或"自由"或"人權"等西方膚淺思維，以為觀照自己也對照他人、它事、它物之評估、依據的話，社會何其幸甚？父母何其幸甚？年青人何其幸甚？

事實上，若是人人都能以"無害"（尊道）、"有利"（貴德）的道學思維也"道德"述求，作為自身行為處世也待人接物的法則也依據。我們自可見證著一個天地清靜、鳥語花香、人禍消弭、社會和諧的外在香格里拉美麗世界，以及一個少苦少難、平安祥和、寬心自在、富裕無缺的個人內心世界。

不難所見，無害（尊道）、有利（貴德）這"太極"法則也"道藥"土方，它可比時下口號響亮悅耳，卻內涵錯亂、功能不彰的"民主、自由"等"西藥"洋方，相對於實際上個人的脫苦解難，或社會上的和諧穩定，或自然的生態與環境維護等，理論紮實也功能有效的多。但也要於此處順便一提的是，人不可能僅憑因為有了兩句空洞或口號式的"無害、有利"思維與觀念，就能作為出不會犯錯和不受災禍的豁免效應。事實上，針對許多物事是否"無害、有利"的斟酌、拿捏、判斷等，既使是處世老練也老謀深慮的智者而言，也不是一件容易事。像是對小孩的過度愛護照顧，實則有害於小孩。像是科技產物的許多人本創造發明，實是對人的禍害大於福利。另像是愛情的一些施、捨、氾、濫，其實是害人兼害己等，都是顯而易見的例子。特別是對於那些學經歷識淺、盲從、任性、固執、感性凌駕於理性之上的年青人而言，尤其不具"無害、有利"的學思與素養，也更易於犯錯於衝動、苦難於無明。而論補救之道其實無它，除了平時「多學多問多看書報」的知識擷取外，另就是謹言慎行，以及養成任何重大行為前至少過濾"無害、有利"兩思而後行的習性也"美德"了。再其次，也另要緊的強調事項，則是要再次的敦促我們不同學知領域的學者專家們，發掘也探究出其專屬領域中更多"無害、有利"的正確知識和明確"律戒"出來，以供民眾"傳道解惑"之用，以不負學者的良善使命，且不論是哲學、政治、經濟、法律、教育、倫理、生態、環保、藝術……皆然。

人的生命哲思與生活哲理，其實是自然也必然的聯繫著"生命與存在"的"穩定"（太平）機理，以及"生命與樂於存在"的"有象"需求的。換句話說"太平有象"的生活方式與"太極"哲理，它原本就是人類最為"自然"也"本能"（或本質）的生活方式，既使你是完全沒有"太平"或"有象"的觀念和認知，然而，你的生活方式與宗旨，仍會是朝著如此意願、目的、也方向作為或"心嚮往之"的。此外，掌握"道"（穩定、太平）生萬物（多有、大象）的道之理，則又應得知"穩定"（太平）可是一切"生"之始，"有"之初的利基也前提，這也是說，萬象與多元的大有與多利，其實是與太平（穩定）的物事邏輯也事理因果的，是無法切割的，而只有在最大的穩定也太平機理下，人人才會得有最大的福利，包括最大的無害與無所苦難。

雖說"太平有象"（太極）的生活哲思與方式，是一個不辯自明，也原本"自在"的人類自然生活方式也合理生命哲學，但卻也由於這"太極"觀念，其實隱藏著通達順暢的運作機理，以及解惑窮理的"道德"智慧等，所以仍然是有其觀念需要開釋、機理有待指引的。而其中"道學"的開光，"道德"的啟智，以及"太平有象"觀念的加持，尤其是關鍵和不可無明的了。除此，另也由於"太極"的"太平"與"有象"機理，涉及到多元互動也共相穩定的整體且系統關係，是有賴於我們這世界上所有地區、所有國家（社會）、所有個人的認知與共識，並經由每一個人的"尊道、貴德"法則實踐，才能得以真實呈現的。而任何個人的"獨善其身"思維，或是如將"太平"的責任交由政治，將"有象"的實踐交由經濟，將"法則"的運作交由司法等，推託卸責也便易行事，都將是缺失也無功的。這也是說，既使個人的生活意願或僅祇單純簡易如似莊子般自在逍遙的微觀太極意義，或願望如香格里拉般美好壯觀的"太極"境界，其實都是需要靠及你、我、他，所有也個人的識知教育和共業實踐才能真實呈現的，這事理邏輯，也是我何以稱之 "太極" 又也是 "人之道" 的深層原因了。

　　若問，是否真有一種生活哲學能方法也有效的讓你、我、他活得更為安適、快樂？讓這個大千社會更為和諧、清靜？包括讓這個自然世界更為美麗、長久？思量著這古老、斑駁、幾乎已被時人忽視遺忘的哲思與觀念，針對著這鮮少能被時人明確回答的命題與解答，我審慎的以為不僅是有的，且是現成的了。或其大哉之問已然遙遠生澀，哲人雋語已然模糊莫辨，然其答案長久來一直就在那似隱若現，且遠古至今四處呈顯著的，依如在那曾經無垠草原上的悠揚牧歌唱合中，在那昔日南海椰島的鼓聲熱鬧裡，在那億萬年來天地悠悠，萬物成長也生機盎然的自然運作下，也在那久遠流傳下來的 "太極" （太平有象）傳說與古老故事裡……。